全国船舶工业职业教育教学指导委员会"十三五"重点规划教材

船舶动力装置

主　编　王　滢

副主编　刘善平

主　审　顾正伟

哈尔滨工程大学出版社

Harbin Engineering University Press

内 容 简 介

本书是全国船舶工业职业教育教学指导委员会"十三五"重点规划教材,按照"船舶动力装置"课程的教学大纲编写而成。本书具有实用性、实时性、易读性、多层面性,主要内容包括:船舶动力装置概述;船舶轴系;船舶推进装置的传动设备;船舶管路系统;船、机、桨工况配合特性;船舶动力装置设计;船舶辅助装置及甲板机械。

本书是针对二、三年制高等职业教育编写的,可供船舶制造类专业学生使用,也可作为船员考证培训和船舶企业工程技术人员自学参考用书。

图书在版编目(CIP)数据

船舶动力装置/王滢主编. —哈尔滨:哈尔滨工程大学出版社,2020.12(2025.7 重印)
 ISBN 978 – 7 – 5661 – 2890 – 4

Ⅰ.①船… Ⅱ.①王… Ⅲ.①船舶机械—动力装置—高等职业教育—教材 Ⅳ.①U664.1

中国版本图书馆 CIP 数据核字(2020)第 272086 号

船舶动力装置
CHUANBO DONGLI ZHUANGZHI

选题策划	史大伟 薛 力
责任编辑	张 昕
封面设计	李海波

出版发行	哈尔滨工程大学出版社
社 址	哈尔滨市南岗区南通大街 145 号
邮政编码	150001
电 话	0451 – 82519989
经 销	新华书店
印 刷	哈尔滨午阳印刷有限公司
开 本	787 mm×1 092 mm 1/16
印 张	21
字 数	511 千字
版 次	2020 年 12 月第 1 版
印 次	2025 年 7 月第 3 次印刷
定 价	55.00 元

http://www.hrbeupress.com
E-mail:heupress@hrbeu.edu.cn

船舶行指委"十三五"规划教材编委会

编委会主任: 李国安

编委会委员: (按姓氏笔画排名)

马希才	王　宇	石开林	吕金华	向　阳
刘屈钱	关业伟	孙自力	孙增华	苏志东
杜金印	李军利	李海波	杨文林	吴志亚
何昌伟	张　玲	张丽华	陈　彬	金湖庭
郑学贵	赵明安	柴敬平	徐立华	徐得志
殷　侠	翁石光	高　靖	唐永刚	戚晓霞
蒋祖星	曾志伟	谢　荣	蔡厚平	滕　强

前　　言

本书是全国船舶工业职业教育教学指导委员会"十三五"重点规划教材,按照"船舶动力装置"课程的教学大纲编写而成,在编写的过程中,注重以就业为导向,以职业能力培养为核心,面向行业企业,充分体现职业教育的特色,满足高素质技能型船舶装备制造类专业高等职业人才培养的需要。

本书共分七章,本着实用性、实时性、易读性、多层面性的原则,对内容进行了精心的设计和编写,主要包括船舶动力装置概论,船舶轴系,船舶推进装置的传动设备,船舶管路系统,船、机、桨工况配合特性,船舶动力装置设计,船舶辅助装置及甲板机械等方面的知识。本书不仅适合船舶制造类专业学生使用,还适用于船员考证培训和船舶企业工程技术人员自学参考。

参加本书编写工作的有:主编江苏海事职业技术学院王滢(编写第 1 章、第 5 章、第 6 章);副主编江苏海事职业技术学院刘善平(编写第 2 章);参编武汉船舶职业技术学院夏霖(编写第 3 章、第 7 章),江苏省无锡交通高等职业技术学院刘方(编写第 4 章)。

本书由南通中远川崎船舶工程有限公司顾正伟担任主审。江苏华阳重工科技股份有限公司(暨东台船舶及海洋工程设备研究所)丁郁华也参与了本书的审阅,并提出了许多宝贵意见,在此表示感谢!

限于编者的经验和水平,书中难免有疏漏与不足之处,恳请读者批评指正,以便修订时完善。

编　者

2020 年 4 月

目　　录

第1章 船舶动力装置概述

【知识目标】
1. 正确叙述和理解船舶动力装置的定义、作用；
2. 正确叙述和掌握船舶动力装置的类型、特点及其基本组成；
3. 正确叙述和掌握船舶动力装置的基本特性指标；
4. 正确叙述对船舶动力装置的一般要求。

【能力目标】
1. 能根据不同船舶的用途选择船舶动力装置的类型；
2. 能简单计算船舶动力装置的技术指标、经济指标、性能指标。

1.1 船舶动力装置的定义及其组成

1.1.1 船舶动力装置的定义

船舶历史悠久,在以往相当长的岁月里,船舶都是以人力、风力为航行的动力。直到1807年,"克莱蒙特"号这艘以蒸汽机作为推进动力的船舶建成,才开始了船舶以机械动力作为推进动力的新纪元。当时,这艘船是由蒸汽机带动一个有桨叶的转轮作为推进器,这种推进器的大部分露在水面,人们称之为"明轮",而把装有明轮的船称为"轮船",把产生蒸汽的锅炉和驱动明轮转动的蒸汽机等成套设备称为"轮机"。因此,当时的"轮机"仅是船舶推进设备的总称。随着科学技术的发展,为适应船上的各种作业、人员生活、财产和人身安全的需要,船舶不仅推进设备逐步完善,而且还增设了诸如船舶电站、起货机械、冷藏和空调装置、制淡水装置及饮水、蒸汽、压缩空气、压载、舱底、消防等系统,扩大了"轮机"一词所包含内容的范围,丰富了"轮机"的内容。"船舶动力装置"的含义和"轮机"基本相同,是为了满足船舶航行、停泊、作业、人员正常工作与生活需要所设置的全部机械、设备和系统的总称。因此,船舶动力装置是保证船舶正常营运而设置的动力设备,为船舶提供各种能量,是各种能量的产生、传递和消耗的全部机械设备及其系统的有机组合体,是船舶的一个重要组成部分。

1.1.2 船舶动力装置的组成

根据船舶动力装置中各种机械、设备和系统的作用不同,船舶动力装置可分为以下几个部分:推进装置、辅助装置、船舶管路系统、船舶甲板机械和机舱自动化设备等。

1. 推进装置

推进装置是产生和提供船舶推进动力的成套动力设备,用以满足船舶正常航行需要。它由船舶主机、传动设备、船舶轴系和推进器,以及为这些推进设备服务的辅助设备、管路系统和仪表所组成。

①船舶主机。船舶主机指用于船舶推进的热力发动机,其类型有蒸汽机、汽轮机、柴油机、汽油机和燃气轮机等。对于无推进器的工程船舶,用于驱动主发电机、液压油泵或工程机械(如泥浆泵)等的发动机也称为主机。一般民用船舶的主机绝大多数是柴油机。

②传动设备。传动设备的作用是将主机功率传递给船舶轴系和推进器,并根据需要起减速、倒顺车、调速、并车或分车、离合等作用。传动设备主要由减速齿轮箱、离合器和联轴器等组成。

③船舶轴系。船舶轴系位于主机(或传动设备)的输出法兰和螺旋桨之间。它的作用是将主机的能量传递给螺旋桨,螺旋桨产生的推力又传递给船体,从而推动船舶运动。它主要由传动轴、支承传动轴用的轴承和轴系附件等组成。

④推进器。推进器是能量转换装置,是将船舶轴系传递的主机功率转换为船舶推进动力的设备。船舶推进器的种类很多,如螺旋桨、喷水推进器等,现代运输船舶绝大多数采用螺旋桨。

图1-1所示为船舶推进装置示意图。图中示出了主机(柴油机)、传动设备、轴系及螺旋桨的连接情况。启动主机2,即可驱动传动设备3和轴系4,使螺旋桨5旋转。当螺旋桨在水中旋转时,产生推力,使船舶前进或后退。图中驾驶员从驾驶室通过车钟与机舱中的值班轮机员取得联系(或直接遥控机器),改变主机的转速和轴系的转动方向,从而控制船舶航行的快、慢和进、退。

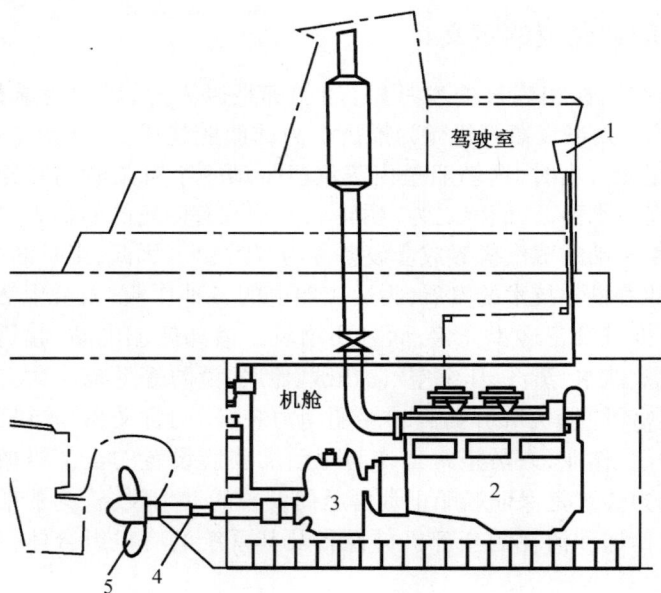

1—遥控操纵台;2—主机(柴油机);3—传动设备;4—轴系;5—推进器(螺旋桨)。

图1-1 船舶推进装置示意图

2. 辅助装置

在动力装置产生能量的诸装置中,除了直接产生船舶推进动力的装置外,还有产生其他使用能量的装置,以保证船舶的正常运行、作业、人员生活需要。辅助装置便是这种提供船舶除推进动力以外其他所需能量的设备,一般包括船舶电站、辅助锅炉装置、液压泵站和压缩空气系统等。它们的作用分别为产生电能、蒸汽热能、液压能和压缩空气供全船使用。

①船舶电站。船舶电站是提供船上电能的动力装置,由发电机组、配电板及其他电气设备等组成。常用的发电机组有柴油发电机组、轴带发电机组、废热发电机组等。船舶电站除提供照明和生活用电外,还提供电动辅机、通信、雷达、航海仪器、报警、检测和控制设备所需的电能。

②辅助锅炉装置。辅助锅炉装置是利用燃料燃烧的热能,对水加热产生蒸汽的设备。其主要作用是利用锅炉产生的蒸汽,满足对燃油和润滑油的加热、空气调节和取暖、生活用水等方面的需要。辅助锅炉装置由辅助锅炉及为其服务的燃油、给水、鼓风、送汽设备及管路、阀件等组成。

3. 船舶管路系统

船舶管路系统是用来连接各种机械设备,并输送流体(如水、油、蒸汽、空气等)的管系。它由管路及其阀件、附件、机械设备(如泵、空气压缩机和通风机等)、仪表等组成。

船舶管路系统按用途可分为以下两种:

①船舶动力管路。它主要指用来为推进装置(主机)和辅助机械服务的管路,包括燃油管路、滑油管路、冷却水管路、压缩空气管路和进排气管路等。

②船舶系统。它主要指用来为船舶平衡、稳性、人员生活和安全提供服务的管路系统,包括压载水系统、舱底水系统、供水系统、消防系统、机舱通风系统、空调系统、特殊船舶专用系统等。

4. 船舶甲板机械

船舶甲板机械是指在机舱以外依靠动力驱动的船舶机械设备,其主要作用是控制船舶航向、停泊、装卸货物等。

船舶甲板机械包括操舵机械设备、锚泊机械设备、起货设备、系缆设备、救生艇绞车、舷梯升降机等。此外,在一些专用船舶上还设有其他相应的甲板机械,如滚装船的跳板和升降平台、打捞船的打捞设备、挖泥船的挖泥设备、渔船的网具收放设备等都属于甲板机械的范畴。例如:操舵机械设备是控制船舶航行方向,保证船舶操纵性能的装置,它主要由舵、舵机、转舵机构、操纵机构等组成;锚泊机械设备用于水上固定船舶、协助船舶调头或离开码头,它主要由锚、锚链、锚链筒、止链器、锚机、锚链管、锚链舱等组成;起货设备用于船舶在锚泊时进行货物装卸。

5. 机舱自动化设备

机舱自动化设备包括对动力装置的远程、集中和自动控制的各种系统,主要由遥控、自动控制、自动调节、监视、安全和报警等设备组成。机舱自动化设备的使用,可改善船员工作条件、减轻劳动强度和维护工作量、提高工作效率及减少人为操作错误。

随着人们对环境保护的重视,有的船舶将防污染装置(包括油水分离系统、生活污水处理系统及焚烧炉等)也列入船舶动力装置的范畴。这些系统及设备能有效地处理船舶生活场所及工作场所产生的各种污染物,保证船舶不会对大气及海洋产生污染。

船舶动力装置的组成情况大体如上所述,但不能一概而论。根据船的大小、种类、用途、航线等情况不同,船舶动力装置的组成情况也会有所变化,例如:油轮就没有起货装置,而必须有货油泵和惰性气体系统;经常靠离码头的船舶往往设有侧推器;大型客轮通常设有减摇装置;工程船根据任务不同就更具特色,像航道挖泥船需要提供疏浚作业的动力装置。

船舶动力装置中,推进装置是一个重要的组成部分,它影响整个船舶动力装置的性能,其工作性能的好坏,直接关系船舶的正常航行和安全,所以在对其进行设计、建造、使用管理工作中都要特别注意,以保证船舶动力装置正常工作。

1.2 船舶动力装置的类型及其特点

在船上,产生船舶推进动力的原动机称为船舶主机。主机的功率要比船舶辅机的功率大得多,因此船舶动力装置的类型一般是以主机的结构形式来命名的。

根据主机采用燃料的性质、燃烧的场合、使用的工质及其工作方式的不同,船舶动力装置主要可分为蒸汽动力装置、柴油机动力装置、燃气轮机动力装置、核动力装置、联合动力装置及特种动力装置等类型。

目前,蒸汽动力装置在船舶中应用较少,绝大多数民用船舶采用柴油机动力装置,如远洋运输船舶多采用大型低速柴油机,内河船舶则采用中高速柴油机,军用中小型舰艇多采用中高速柴油机,大型军用舰船可采用燃气轮机、蒸汽轮机、联合动力或核动力等装置。具有特殊用途的船舶可采用特殊动力装置,如有的高速游船上采用喷水推进装置。下面介绍几种典型的船舶动力装置。

1.2.1 蒸汽动力装置

蒸汽动力装置是以水蒸气作为工作介质,推动主机对外做功的一种动力装置,基本类型有往复式蒸汽机和旋转式蒸汽机两种。往复式蒸汽机由于热效率低已被淘汰,常见的是旋转式蒸汽机,也称蒸汽轮机或汽轮机。蒸汽轮机动力装置主要由蒸汽锅炉和蒸汽轮机等组成,蒸汽锅炉是利用燃料在锅炉炉膛内燃烧所产生的热量,对水加热产生蒸汽的设备;蒸汽轮机是将蒸汽的热量转换成机械能的动力机。这种装置中燃料在发动机的外部燃烧,即是在锅炉中进行的,为此蒸汽轮机也是外燃机的一种类型。

1. 蒸汽动力装置的组成与基本工作原理

蒸汽动力装置由锅炉、汽轮机、冷凝器、轴系、管系及其他有关机械设备组成,如图 1-2 所示是蒸汽动力装置原理图。

燃料在锅炉 1 的炉膛中燃烧,放出的热量被汽鼓中的水吸收。水汽化成饱和蒸汽,饱和蒸汽在蒸汽过热器 2 中继续吸热成为高压过热蒸汽,过热蒸汽经过管路 3 先后进入高、低压汽轮机 4,两次膨胀做功,带动汽轮机叶轮高速旋转,经齿轮减速器 5 使转速降低,最后带动螺旋桨工作。为反复使用淡水,已做功的蒸汽在冷凝器 7 中将热量传给冷却水,蒸汽凝结成水后由凝水泵 9 抽出,并经给水泵 10,通过给水预热器 11 后重新进入锅炉 1 的水鼓内,从而完成一个工作循环。冷凝器的冷却水由冷却水循环泵 8 自舷外打入,在冷凝器内吸热后排出舷外,不断循环。

在汽轮机内部,汽轮机的汽轮如图 1-3 所示。高压过热蒸汽自喷嘴喷出时,形成具有很大动能的高速流动的蒸汽,冲到汽轮机的叶片 4 上使汽轮转子做高速旋转。

2. 蒸汽动力装置的主要特点

蒸汽动力装置具有如下优点。

①单机功率大。蒸汽轮机的转子在高温、高压、高速流动的蒸汽作用下连续工作,转速

较高(船舶推进主机转速一般为 $3 \times 10^3 \sim 7 \times 10^3$ r/min,汽轮发电机转速大多大于等于 3×10^3 r/min),而且可采用高压、低压几级汽轮机,因此单机功率很大。现代蒸汽轮机单机功率可达 1.2×10^3 MW,因此主机本身的单位质量尺寸指标优越。

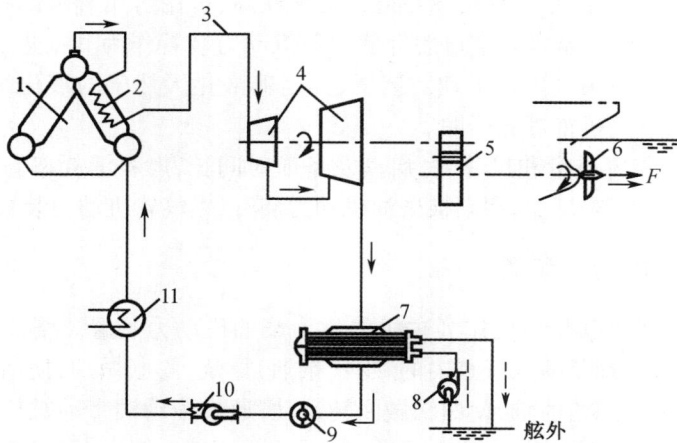

1—锅炉;2—过热器;3—蒸汽管路;4—高、低压汽轮机;5—齿轮减速器;6—螺旋桨;
7—冷凝器;8—冷却水循环泵;9—凝水泵;10—给水泵;11—给水预热器。

1 – 2　蒸汽动力装置原理图

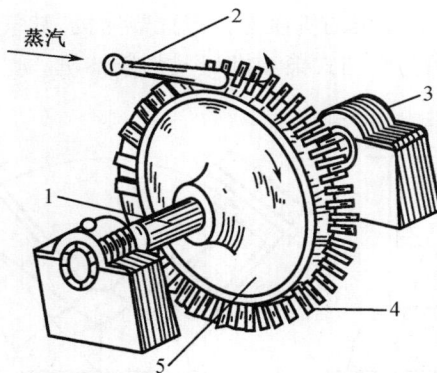

1—转轴;2—喷嘴;3—轴承;4—叶片;5—汽轮。

1 – 3　汽轮机的汽轮

②蒸汽轮机运行平稳,工作可靠。蒸汽轮机工作时,由于没有周期性作用力,因此噪声和振动小、可靠性高、使用寿命长。蒸汽轮机的使用期限高达 10^5 h 以上。

③蒸汽轮机对所采用的燃料要求比较低,可使用劣质燃油。

蒸汽动力装置具有如下缺点:

①结构复杂,质量和尺寸大。蒸汽动力装置由于装备锅炉、冷凝器以及辅机和设备,故整个动力装置比较复杂,装置质量和尺寸大。动力装置单位质量为 24 ~ 26 kg/kW,占去了船舶许多营运排水量。

②热效率较低,燃油消耗率大。蒸汽动力装置热效率较低,为 25% ~ 35%,燃油消耗率较高,一般为 232 ~ 313 g/(kW·h),经济性较差。

③机动性差。由于蒸汽机启动前要加热滑油冷凝器,主机暖机时蒸汽参数达到规定值才能启动,故启动前准备时间为 30 ~ 35 min,缩短暖机过程后也需要 10 ~ 15 min。另外,从一种工况变换到另一种工况的过渡时间也较柴油机长 2 ~ 3 倍。

由于蒸汽动力装置单机功率大、寿命长、可靠性高、可用劣质燃料的特点,目前仍然有一些大型军舰,如巡洋舰、常规航空母舰等使用蒸汽动力装置作为其推进装置。另外,当今也有少量民用船舶仍使用蒸汽轮机动力装置,如运输液化天然气的液化气船(LNG),是目前极少数专门用蒸汽轮机推进的船舶。

由于蒸汽动力装置质量和尺寸大,启动及备航时间长,燃料消耗率高,经济性较差,因此其在船舶中的应用越来越少,逐渐被柴油机动力装置、燃气轮机动力装置等所取代。

1.2.2 柴油机动力装置

船舶动力推进装置以柴油机作为主机的称为柴油机动力装置。柴油机是一种往复式内燃机,其基本工作原理是喷入气缸内的燃料(柴油)燃烧,膨胀做功,使活塞做上下往复运动,通过连杆把动力传递给曲轴,使曲轴做回转运动,通过传动轴带动螺旋桨转动。柴油机热效率高,功率范围广,具有启动迅速、维修方便、运行安全、使用寿命长等特点,因而在船舶上得到广泛应用。柴油机在船舶上除用作主机外,还广泛用作发电机的原动机、应急发电机原动机和应急消防泵原动机等。

1. 船舶柴油机的类型

根据船舶柴油机所使用的场合、目的不同,对其要求也不同,因而柴油机种类繁多。

①按气缸排列方式分。船舶柴油机通常为多缸柴油机,其气缸的排列方式有直列式、V形和W形等,如图 1 - 4 所示为直列式柴油机与 V 形柴油机。

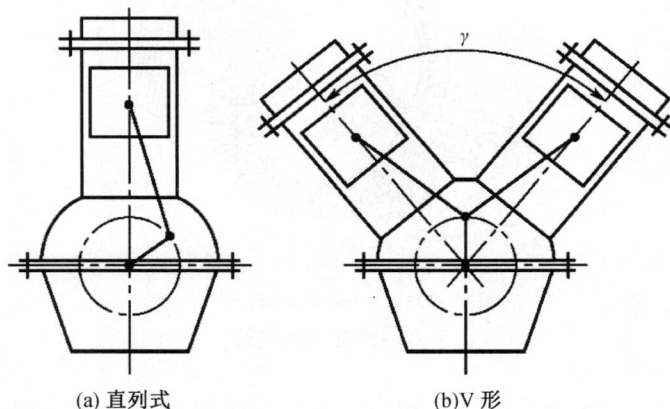

(a) 直列式　　　　　(b)V 形

图 1 - 4　直列式柴油机与 V 形柴油机

具有两个或两个以上直列缸,并且一列布置的柴油机称为直列式柴油机。具有两个或两个以上气缸,中心线夹角呈 V 形,并共用一根曲轴输出动力的柴油机称为 V 形柴油机。

直列式柴油机气缸数一般不超过 12 缸,气缸数超过 12 缸的通常用 V 形柴油机,V 形柴油机一般用于中高速柴油机。

②按冲程数分。根据柴油机工作时完成一个工作循环(进气、压缩、燃烧、膨胀和排气)所需要的冲程数,柴油机可分为四冲程和二冲程柴油机两类。

③按冷却方式分。根据柴油机气缸的冷却方式,柴油机可分为水冷和风冷柴油机两种。

④按转速分。柴油机的转速可以用曲轴转速 n 或活塞平均速度 C_m 来表示。其指标一般为:

低速柴油机	$n \leqslant 300$ r/min	$C_m = 6.0 \sim 7.2$ m/s
中速柴油机	$300 < n \leqslant 1\ 000$ r/min	$C_m = 7.0 \sim 9.4$ m/s
高速柴油机	$n > 1\ 000$ r/min	$C_m = 9.0 \sim 14.2$ m/s

中低速柴油机一般用作船舶的主机。高速柴油机一般用作发电机的原动机、救生艇发动机、应急发电机的原动机和应急消防泵原动机等。

⑤按进气是否增压分。柴油机根据进气是否增压分为非增压柴油机和增压柴油机。增压柴油机按增压压力大小又可分为低增压 $P_k < 0.15$ MPa(进气空气被压后达到的压力称为增压压力,一般以 P_k 表示。),中增压 $P_k = 0.15 \sim 0.25$ MPa,高增压 $P_k = 0.25 \sim 0.35$ MPa,超高增压 $P_k > 0.35$ MPa。

⑥按柴油机本身能否逆转分。柴油机根据本身能否逆转分为可逆转柴油机和不可逆转柴油机。可逆转柴油机可由操纵机构改变自身转向。不可逆转柴油机其曲轴仅能按同一方向转动。

⑦按柴油机在船舶的布置位置分。从柴油机功率输出端向自由端看,正车时沿顺时针旋转的柴油机称为右旋机,一般布置在船舶的右舷。从柴油机功率输出端向自由端看,正车时沿逆时针旋转的柴油机称为左旋机,一般布置在船舶的左舷。单机布置的柴油机通常为右旋机。

⑧按柴油机的活塞与连杆的连接方式分。柴油机根据活塞与连杆连接方式分为筒形活塞式和十字头式柴油机。筒形活塞式柴油机是用活塞销连接活塞与连杆。十字头式柴油机用沿着倒车导板滑动的十字头连接活塞与连杆,如图 1-5 所示。

2. 柴油机动力装置的主要特点

柴油机动力装置具有如下优点。

①经济性好。柴油机具有较低的燃油消耗率,高速柴油机燃油消耗率为 200 ~ 250 g/(kW·h),中速柴油机燃油消耗率为 150 ~ 220 g/(kW·h),低速柴油机燃油消耗率为 160 ~ 180 g/(kW·h)。某些中低速柴油机可采用重油为燃料,燃油消耗率稍高,但燃油价格低,故经济性好。柴油机具有高热效率,一般为 40% ~ 50%。如此高的热效率,是其他动力装置无法相比的。而且柴油机在停车状态时不需要消耗燃料,故燃料费用低,船舶的续航力大。

②机型多、功率范围广。船舶柴油机的功率从几十千瓦至数万千瓦,具有大、中、小型和高、中、低速之分,可满足各类船舶航行的需要。

③机动性能好。柴油机动力装置操纵简单、启动迅速、正倒车方便。柴油机一般只需

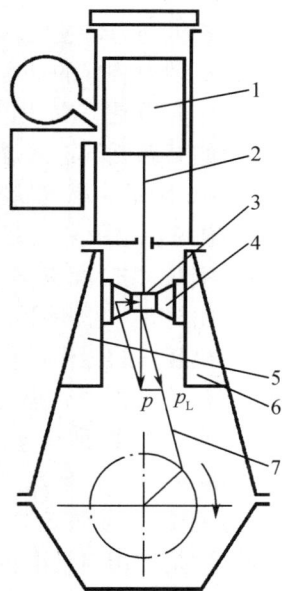

1—活塞;2—活塞杆;3—十字头;
4—滑块;5—正车导板;
6—倒车导板;7—连杆。

图 1-5　十字头式柴油机结构简图

几秒钟或几分钟即可启动,且能很快达到全功率。主机正、倒车换向迅速,只需几秒或几十秒即可完成。

④尺寸、质量小。柴油机动力装置无须像蒸汽轮机那样另设庞大的锅炉及附属设备,这减小了柴油机动力装置的尺寸和质量,布置简单,特别适合于在交通运输等动力装置中应用。

柴油机动力装置存在如下缺点。

①柴油机工作中振动噪声大。由于柴油机工作循环的周期性,主要运动部件做往复运动,故振动噪声大,应采取减振降噪措施,以满足船舶规范要求。

②柴油机排出的废气中含有有害物质,如 CO、HC、NO_x 和碳烟微粒等,会污染环境。因此,柴油机需要采取废气排放净化措施,减少污染排放。

③柴油机工作时,磨损较大,大修周期较短。中高速柴油机运动部件磨损较严重,因此大修周期短,一般中速柴油机为 $2 \times 10^4 \sim 5 \times 10^4$ h,高速柴油机为 $10^4 \sim 2 \times 10^4$ h,船用轻型高速强载柴油机大修周期为 $2 \times 10^3 \sim 5 \times 10^3$ h。

柴油机动力装置虽然存在一定的不足之处,但由于其经济性好、安全可靠、性能优良,而广泛应用于货船、客船、渔船、油轮、工程船舶以及军工舰船上。

1.2.3 燃气轮机动力装置

利用燃料燃烧所产生的燃气推动叶轮回转的机器称为燃气轮机。采用燃气轮机作为主机的动力装置称为燃气轮机动力装置。

1. 燃气轮机动力装置的基本组成与工作原理

燃气轮机动力装置的基本结构和工作原理与蒸汽轮机相似,只是做功的工质不同。蒸汽轮机的工作介质是蒸汽,燃气轮机的工作介质是燃气。燃气轮机是利用燃料在燃烧室内燃烧所产生的高温燃气进入燃气轮机推动叶轮旋转,通过传动轴带动螺旋桨转动。

如图 1-6 所示为燃气轮机动力装置示意图。它主要由以下三部分组成:

①压缩机 2。它用来压缩进入燃烧室 6 的空气。

②燃烧室 6。它为燃料燃烧产生燃气的空间。

③燃气轮机 8。它将燃气的热能转换为机械能,驱动传动轴和螺旋桨回转。

燃气轮机装置的工作过程如下:空气由进气管 1 被吸入压缩机 2,经压缩的空气温度升高到 100~200 ℃,再送入燃烧室 6;与此同时,燃料泵 9 将燃料通过喷油嘴 5 喷入燃烧室,燃料在燃烧室中燃烧,所产生燃气的温度高达 2 000 ℃,该高温燃气与二次空气混合后,温度一般为 600~700 ℃,然后进入燃气轮机 8,在燃气轮机的叶片槽道内膨胀,将其所获得的动能转换为机械功,使气轮高速旋转,再通过减速齿轮装置和传动轴带动螺旋桨工作。燃气轮机的启动是利用启动电机进行的,电动机通过联轴器 3 与压缩机 2 相连接,排气管 7 将燃气轮机工作后的废气排至大气中。

2. 燃气轮机动力装置的特点

(1)燃气轮机动力装置的优点

①结构紧凑,单位功率的质量、尺寸较小。燃气轮机动力装置不需连杆、曲柄、飞轮等装置,又不需锅炉,因此结构紧凑、体积和质量小。加速用燃气轮机动力装置的单位质量可达 0.65~1.3 kg/kW,全工况用燃气轮机装置单位质量为 2~4 kg/kW。

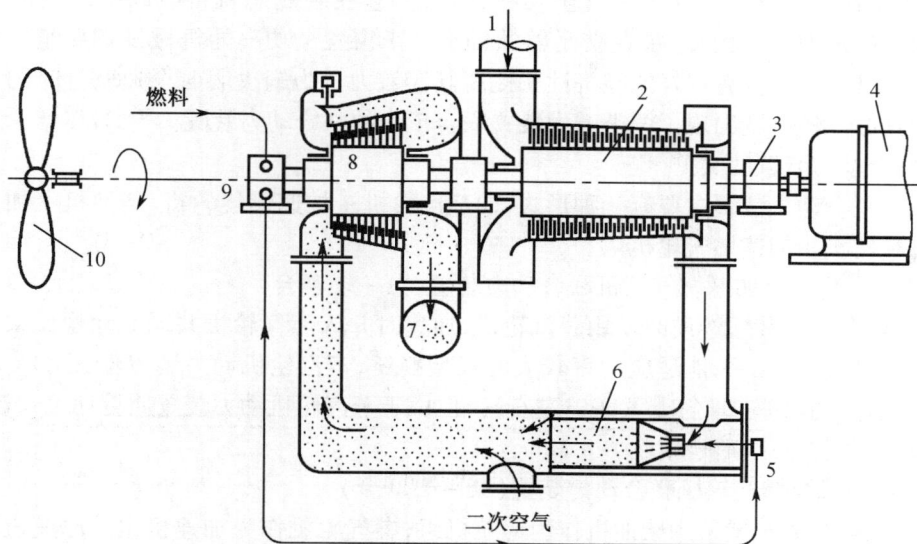

1—进气管;2—压缩机;3—联轴器;4—启动电机;5—喷油嘴;
6—燃烧室;7—排气管;8—燃气轮机;9—燃料泵;10—螺旋桨。

图1-6 燃气轮机动力装置示意图

②启动快,加速性能好。它可以随时启动,并且在很短时间内发出最大功率,在 2～3 min内,可由冷车状态启动达到全负荷的工作状态,大功率复杂线路的燃气轮机动力装置也只需 3～5 min,加速性能极好。

③功率大。燃气轮机动力装置机组功率较大,如复杂线路的燃气轮机装置(有中间冷却、中间加热和回热设施)机组功率可达 6×10^4 kW。

(2)燃气轮机装置的缺点

①主机不可反转,必须为其专门设置倒车机构或配用调距桨。

②必须借助启动马达或其他机械启动。

③叶片及燃气发生器均在高温高压下工作,使用寿命相对较短。如燃气温度在 1 200 ℃以上的燃气轮机,使用寿命仅 8 000 h。

④燃料耗油率大。燃气轮机动力装置燃料耗油率一般为 200～390 g/(kW·h),经济性较差。

⑤由于燃气轮机工作时空气流量很大,一般为 16～23 kg/(kW·h)[柴油机约为 5 kg/(kW·h),汽轮机约为 6 kg/(kW·h)],因此其进、排气管道的尺寸大,机舱内布置相对困难,甲板上需要较大的管道通过切口,会影响船体强度。

燃气轮机动力装置很好地满足了现代舰艇对动力装置提出的高速、高机动性能和极低单位质量的技术战术要求,目前主要用于军用舰艇。由于燃气轮机在高温、高压下工作,对燃油质量要求很高,热效率也比柴油机低得多,因此在民用运输船舶上应用不多。

1.2.4 联合动力装置

联合动力装置由两种不同形式的动力装置组成。联合动力装置在商船上应用极少,主要用于军用舰艇。对于军用舰艇,从提高战斗力的角度来说,应尽可能地提高航速和机动能力。舰艇在全速时要求动力装置全功率运行,但它在舰艇总航行时间中所占的比例极小,一般不超过1%。为此它要花费足够的排水量来安置全功率的机械设备质量。而舰艇的巡航时间极长,要求有良好的经济性来提高其巡航力。为解决舰艇全速航行时的大功率和巡航时的经济性,就出现了两类动力装置联合工作的联合动力装置。

1. 联合动力装置的类型

目前,联合动力装置主要有三种形式,即蒸汽轮机 + 加速燃气轮机、柴油机 + 加速燃气轮机、燃气轮机 + 加速燃气轮机。

(1)蒸汽轮机与加速燃气轮机联合动力装置(蒸 - 燃联合)

这种联合动力装置巡航时使用蒸汽轮机,加速时并入燃气轮机共同驱动螺旋桨。蒸汽轮机与燃气轮机联合后,能适应功率较大的轻型舰艇,蒸汽轮机动力装置保证80%全速以下航行所需要的功率(即全功率50%左右)。但由于蒸汽轮机动力装置质量和尺寸较大,这种联合动力装置已逐渐被淘汰。

(2)柴油机与燃气轮机联合动力装置(柴 - 燃联合)

这种联合动力装置采用柴油机作为巡航机组,燃气轮机作为加速机组。巡航机组的使用方式有两种,一种是柴油机仅在巡航时工作,加速时不工作,称作柴 - 燃交替联合装置。一般在柴油机功率占总功率的比例较小时(< 25%)采用这种方式。另一种是加速时燃气轮机和柴油机都投入运行以获得最大的航速,称为柴 - 燃并列联合装置。这种方式通常是在巡航速度较高,柴油机功率在总功率中所占比例较大时(> 50%)采用,并车后可获得较大的航速。

(3)燃气轮机与加速燃气轮机联合动力装置(燃 - 燃联合)

这种联合动力装置也有两种工作方式,一种是巡航时采用小功率燃气轮机,加速时改用大功率燃气轮机,称为燃 - 燃交替联合装置。这种方式通常用于巡航速度较低的舰艇。对于一些排水量较大的军舰,要求有较大的巡航功率,又要保证较高的全航速,这时巡航机组和加速机组采用功率较大且机型相同的燃气轮机。巡航时只用巡航机组,加速时巡航机组和加速机组同时使用,称为燃 - 燃并列联合装置。

另一种联合动力装置是柴油机 - 电力推进装置(柴 - 电联合),这种装置由船舶柴油机驱动发电机,将产生的电力提供给船舶电站,由船舶电网供电带动螺旋桨。电力推进装置主要应用在舰艇上,但由于其噪声小、机动性好等因素,在大型游轮等商用船舶上也获得了应用,并且应用前景广阔。目前,一种吊舱式推进装置已在大型旅游船舶上得到广泛应用。

2. 联合动力装置的特点

(1)联合动力装置的优点

①在保证足够大的功率情况下,动力装置质量、尺寸小。

②操纵方便,备车迅速,紧急情况下可用燃气轮机立即开车。

③自巡航到全速工况加速时间短。

④两机组共用一个减速齿轮箱,具有多机组并车的可靠性。

(2)联合动力装置的缺点

①必须配置适用不同机种的燃料及相应的管路和储存设备,不同类燃料的储存比例会影响舰艇战术性能。

②两机组共同使用一个主减速器,小齿轮数目多,结构复杂。

③在减速器周围布置两种不同类型的机组难度较大。

1.2.5　核动力装置

核燃料在核动力装置的反应堆中发生裂变反应,释放巨大的热量。这些能量被不断循环的冷却水吸收,后者又通过蒸汽发生器将热量传给二回路中的水,使之变为蒸汽后到汽轮机中做功。现有的核动力舰艇基本上采用压力水型的反应堆,即压水堆核动力装置。

1. 压水堆核动力装置的基本组成与工作原理

图1-7所示为压水堆核动力装置示意图。核反应堆2的堆芯中存放着核燃料,如浓缩的^{235}U,控制棒1可以控制核裂变速度及释放出的能量,控制棒同时也用于反应堆的启动和停堆。核裂变时释放出的热能被压力水带走。压力水由冷却剂循环泵(即一回路泵)16供给。压力水经过反应堆时自身被加热后温度升高,它同时对反应堆起冷却作用,所以又称为冷却剂。

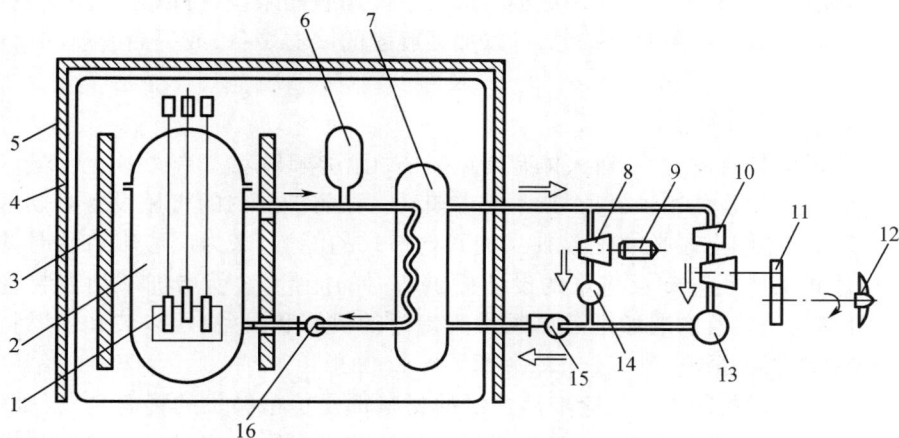

1—控制棒;2—核反应堆;3——次屏蔽物;4—密封外壳;5—二次屏蔽物;6—加压器;7—蒸汽发生器;
8—辅助汽轮机;9—发电机;10—高低压汽轮机;11—减速器;12—螺旋桨;13—主冷凝器;14—辅冷凝器;
15—主给水泵(二回路泵);16—冷却剂循环泵(一回路泵)。

图1-7　压水堆核动力装置原理示意图

然后压力水进入蒸汽发生器7将热量传递给水而使之产生蒸汽。压力水温度随之下降,放热后的压力水(即冷却剂)又进入冷却剂循环泵,重新被送入反应堆加热,或者说对反应堆进行冷却。因此,压力水形成一个闭合回路称为第一回路或一回路。由蒸汽发生器产生的蒸汽,一路进入高低压汽轮机10膨胀做功,通过减速器11后,驱动螺旋桨12工作。另一路蒸汽进入辅助汽轮机8膨胀做功,凝水由主给水泵(即二回路泵)15送入蒸汽发生器7,这样也完成一个工作循环,称为第二回路或二回路。第一回路中的加压器6(也称稳压筒)的作用是使一回路中的水具有足够的压力,使其即使在高温下也不会发生汽化。

2. 核动力装置的特点

(1)核动力装置的突出优越性

①核动力消耗极少量的核燃料而释放出巨大的能量,从而使船舶获得足够高的航速和续航力。如轴功率为1.1×10^4 kW的核动力装置,航速可达25 kn,一昼夜仅消耗核燃料15~18 g。一般一艘核动力舰船反应堆装载一次核燃料可连续运行几年,最新设计的船用核动力反应堆从下水投入航运起至舰船退役不需要更换核燃料,反应堆与舰船具有同样的

使用寿命。

②核动力装置功率大。核动力装置在限定舱室空间内所能供给的能量,比其他形式的动力装置要大得多,也就是说,核动力装置的功率极高,并且输出功率大小可控。

③在核裂变过程中不消耗空气,这对于潜艇是有极重要意义的,潜艇可以长时间在水下航行而不必浮出水面,因此核动力潜艇在现役潜艇中占有相当大的比例。对于水面核动力舰艇,由于不需要进排气装置和管路,船体上无烟囱,进排气口小,因而减小了甲板开口,有利于全船的封闭。这对于防止放射性及有毒物质进入舱内是有利的,也可避免被红外侦察器发现及被红外制导武器攻击。

④采用核动力可使舰船的有效载重量提高,有利于提高舰船的航速。普通舰船由于装载了大量储备燃料而减少了有效载重量,舰船的吨位越大相应储备燃料量也越多,按比例增加。若改用核动力,则所装载的核燃料质量几乎可以忽略不计,而且随着舰船的吨位加大,核动力舰船中动力装置质量比例更小。这对于民用舰船来说,可以加大装货量,或加大功率,提高航速,而对于军用舰艇来说,可以加强舰艇的武器装备,或提高舰艇的航速,提高其战斗性能。

(2)核动力装置的缺点

①核裂变反应具有放射性,对人体有严重损伤,也污染环境。

②操纵管理检测系统比较复杂,技术要求较高。在防护层内的机械设备必须远距离操作,而且在核动力船舶上还必须配置独立的其他形式的能源,来为反应堆启动时的辅助设备和反应堆停止工作后冷却反应堆的设备提供所需的能量,这就增加了动力装置的复杂性。另外,在核动力装置的船舶上还必须设置专门的机器和设备,用以装卸核燃料和排除反应堆中的放射性废弃物。

③核动力装置造价昂贵。反应堆活性区的材料都是价格昂贵的稀有金属(如镉金属、铍金属、硼钢等),根据统计,建造一艘舰艇反应堆比建造同样排水量潜艇的柴油机动力装置造价要高10倍。另一方面,核燃料也昂贵,尤其是浓缩铀,浓缩度愈高价格愈贵,如核动力潜艇加满一次核燃料(用2~2.5年)要比载有一般动力装置的潜艇在同一时间内所需燃料的费用高10倍左右。

目前核动力装置主要用在军用舰艇或破冰船上,在常规民用船舶上应用极少。

1.2.6 特种动力装置

特种动力装置是指在特种用途船舶上应用或正在研究发展的动力装置,如高速船上的喷水推进装置、正在研究的燃料电池推进装置等。

1.3 船舶动力装置的基本特性指标

各种船舶动力装置虽然存在类型、传动方式及航区等条件的不同,但对某些基本特性指标却有着共同的要求。船舶动力装置的基本特性指标通常是指技术指标、经济指标和性能指标。这些指标是我们对船舶进行选型、设计和判断性能优劣的重要依据。

1.3.1 技术指标

技术指标是标志动力装置的技术性能和结构特征的参数,主要包括功率指标、质量指标和尺寸指标。

1. 功率指标

它表示船舶做功的能力。为了保证船舶具有一定的航行速度,就要求推进装置提供足够的功率。

（1）船舶有效功率

船舶有效功率指是船舶航行时,克服水、风对船体阻力所消耗的功率。船体阻力与船舶线型、吃水、尺度、航速、海面状况及航道状况等因素有关。船舶动力装置的功率是按船舶的最大航速并考虑一定的储备后确定的。

若已知船舶航行速度和此航速下的运动阻力,则船舶的有效功率 P_e 为

$$P_e = R \cdot V_s \times 10^{-3} \tag{1-1}$$

式中　P_e——船舶有效功率,kW,常称为拖曳功率,可以从船模或实验中获得;

　　　V_s——船舶运行速度,m/s;

　　　R——船舶运动阻力,N。

R 相当于以速度 V_s 拖动船模（或实船）时绳索上的拖曳力。

在新船设计时,船舶有效功率 P_e 可用"海军常数法"估算:

$$P_e = \frac{\Delta^{\frac{2}{3}} V_s^{3}}{C} \tag{1-2}$$

式中　Δ——排水量,t;

　　　V_s——航速,kn;

　　　C——海军系数,与船型有关,若已知母型船的航速 V_o,排水量 Δ_o 和功率 P_{eo},则有

$$C = \frac{\Delta_o^{\frac{2}{3}} V_o^{3}}{P_{eo}} \tag{1-3}$$

（2）主机输出功率

主机输出功率,即主机曲轴输出的功率,也称主机有效功率。由于在主机发出的有效功率变为船舶有效功率的过程中,存在着能量转换和传递损失,因此船舶有效功率仅是主机有效功率的一部分。考虑推进效率 η_d（$\eta_h \eta_r \eta_o$）和轴系传动效率 η_s 后,主机的输出功率为

$$P_b = \frac{R \cdot V_s}{\eta_s \cdot \eta_d} \times 10^{-3} \tag{1-4}$$

式中　P_b——主机输出功率（也称有效功率）,kW;

　　　R——船舶运动阻力,N;

　　　V_s——船舶运行速度,m/s;

$$\eta_d = \eta_h \, \eta_r \, \eta_o$$

其中　η_h——船身效率;

　　　η_r——螺旋桨相对旋转效率;

　　　η_o——敞水效率。

（3）相对功率

对于排水量相同的船舶,由于其性质、任务不同,动力装置所要求的功率相差很大。为便于比较,通常用相对功率表示。所谓相对功率就是指对应于推进船舶每吨排水量所需的主机有效功率,即

$$P_r = \frac{P_b}{\Delta} \times 10^{-3} \quad (\text{kW/t}) \tag{1-5}$$

因为 $P_b = \dfrac{\Delta^{\frac{2}{3}} V_s^3}{C_2}$，又令 $C_2 = C \cdot \eta_d$，$\eta_d = \dfrac{P_e}{P_b}$ 为推进效率，所以 $P_r = \dfrac{\Delta^{\frac{2}{3}} V_s^3}{C_2 \Delta} = \dfrac{V_s^3}{C_2 \Delta^{\frac{1}{3}}}$。

由此可见，相对功率与船速 V_s 的三次方成正比，与排水量的立方根成反比，故高速船舶每吨排水量所需要的功率较大。船的用途不同，该值也有一定差别，内河船舶的相对功率比海船大些，军用船舶最大。

2. 质量指标

船舶的排水量由船体质量、动力装置质量、消耗品质量、载运货物质量以及旅客质量四部分组成，其中动力装置质量占很大比例。在一定排水量的情况下，动力装置质量增大，必然将减少消耗品及载运货物质量。因此对动力装置的要求是在满足功率需求下，尽量使其质量轻些。

质量指标通常是相对于主机功率或船舶排水量而言的。动力装置的质量指标，常由以下几项比值系数表示。

（1）主机的单位质量

主机的单位质量是指主机单位有效功率的质量，表达式为

$$g_z = \frac{G_z}{P_b} \tag{1-6}$$

式中　g_z——主机的单位质量，kg/kW；

　　　G_z——主机质量，kg；

　　　P_b——主机的有效功率，kW。

该比值系数用于比较不同类型主机间质量的差别，一般转速越高，g_z 越小。

（2）动力装置的单位质量

动力装置的单位质量是主机单位有效功率所需的动力装置的质量，表达式为

$$g_\varepsilon = \frac{G_\varepsilon}{P_b} \tag{1-7}$$

式中　g_ε——动力装置的单位质量，kg/kW；

　　　G_ε——动力装置的总质量（包括主机、辅机、管路、轴系、电站及锅炉），kg；

　　　P_b——主机的有效功率，kW。

动力装置质量有三个不同的内涵，即干重、湿重和总重。

动力装置的干重是指所有的机器、设备和管系的质量，不包括内部的工质和消耗物品及其存储量。

动力装置的湿重是指所有的机器、设备和管系的质量，包括其内部所装工质和消耗物品质量，但不包括消耗品存储量。

动力装置的总重是指所有的机器、设备和管系的质量，包括其内部所装工质、消耗物品质量和消耗品存储量。

计算时常用湿重。一般 g_ε 为 g_z 的 2～3 倍，内河船舶的 g_ε 较海洋船舶小。

（3）主机的相对质量

主机的相对质量是指主机质量与船舶满载排水量之比，即

$$g_{zr} = \frac{G_z}{\Delta} \tag{1-8}$$

式中　g_{zr}——主机的相对质量,kg/t;

　　　G_z——主机质量,kg;

　　　Δ——船舶满载排水量,t。

（4）装置的相对质量

装置的相对质量是指动力装置质量与船舶满载排水量之比,即

$$g_{\varepsilon r} = \frac{G_\varepsilon}{\Delta} \tag{1-9}$$

式中　$g_{\varepsilon r}$——装置的相对质量,kg/t;

　　　G_ε——动力装置的质量,kg;

　　　Δ——船舶满载排水量,t。

对于装置本身而言,其单位质量越小,表示该装置越轻,所消耗的金属材料也越少,但考虑到船舶种类及装置质量对船舶整体的影响,往往还要考虑相对质量,即 g_{zr} 和 $g_{\varepsilon r}$ 这两个因素。

3. 尺寸指标

动力装置的机械设备,绝大多数集中布置在机舱内。机舱的大小应当能够把这些机械设备合理地安排在舱内,并便于维修管理。从这点出发机舱应宽敞些为好,但从增加船舶有效装载容积角度考虑,又要求机舱小些为好。不同的船舶,对机舱尺寸要求也不统一。

动力装置的尺寸指标有机舱的绝对尺寸和机舱的相对尺寸。

机舱的绝对尺寸有:机舱总长度 L_Σ,m;机舱总占有面积 S_Σ,m²;机舱总占有容积 V_Σ,m³。

机舱的相对尺寸有:机舱的相对长度、机舱的面积饱和度和机舱的容积饱和度。机舱的相对尺寸用于表征机舱的长度、面积和容积的利用率情况。

（1）机舱的相对长度

机舱的相对长度是指机舱的总长与船长之比,用符号 K_1 表示,表达式为

$$K_1 = L_\Sigma / L_{wl} \tag{1-10}$$

式中　K_1——机舱的相对长度;

　　　L_Σ——机舱的总长,m;

　　　L_{wl}——船长,m。

（2）机舱的面积饱和度

机舱的面积饱和度是指每平方米机舱面积所分配的主机有效功率,用符号 K_S 表示,表达式为

$$K_S = \frac{P_b}{S_\Sigma} \tag{1-11}$$

式中　K_S——机舱的面积饱和度,kW/m²;

　　　P_b——主机有效功率,kW;

　　　S_Σ——机舱所占面积,m²。

（3）机舱的容积饱和度

机舱的容积饱和度是每立方米机舱容积所分配的主机有效功率,用符号 K_V 表示,表达

式为

$$K_V = \frac{P_b}{V} \qquad (1-12)$$

式中 K_V——容积饱和度,kW/m³;

P_b——主机有效功率,kW;

V——机舱所占容积,m³。

K_S 和 K_V 大,表示机舱内机械设备布置得紧凑,利用程度高,但这种情况下机舱的通风、散热差,管理不便,应在保证动力装置正常工作及维修方便的条件下选取较大的机舱饱和度值。不同类型船舶的机舱饱和度指标也有差别。

1.3.2 经济指标

经济指标代表燃料在该动力装置中的热能转换率,包括燃料消耗率、装置总效率、推进装置热效率、每海里航程燃油消耗量及动力装置的运转维修经济性。

动力装置的经济指标常用以下指标表示。

1. 主机燃料消耗率

主机燃料消耗率指在单位时间内主机单位有效功率所消耗的燃料量,即

$$b_z = \frac{B_z}{P_b} \qquad (1-13)$$

式中 b_z——主机燃料消耗率,kg/(kW·h);

B_z——主机每小时燃料消耗量,kg/h;

P_b——主机有效功率,kW。

2. 动力装置的燃油消耗率

动力装置的燃油消耗率是指动力装置每小时燃油总消耗量与主机有效功率之比,即

$$b_\varepsilon = \frac{B_\varepsilon}{P_b} \qquad (1-14)$$

式中 b_ε——动力装置的燃油消耗率,g/(kW·h);

B_ε——整个动力装置(主机、发电柴油机和辅锅炉)每小时的燃油总消耗量,kg/h;

P_b——主机有效功率,kW。

3. 推进装置的有效热效率

推进装置的有效热效率是指有效功的热与所消耗的热之比,表达式为

$$\eta_e = \frac{3\,600 P_e}{B_\varepsilon H_u} \qquad (1-15)$$

$$P_e = P_b \cdot \eta_s \cdot \eta_o \cdot \eta_\tau \cdot \eta_h$$

式中 P_e——推进装置的有效功率,kW;

H_u——燃料的低发热值,kJ/kg;

η_s——轴系传动效率;

η_o——螺旋桨敞水效率;

η_r——螺旋桨相对旋转效率;

η_h——船身效率。

从以上三个指标看出,降低燃料消耗率的方法是降低 B_ε 值以求提高 η_e,所以对动力装

置进行热力学综合性能研究是普遍关注的问题。由于 B_z 在 B_ε 中占有相当比例,因此研究工况配合以减少 B_z 也是热点问题。

以上三个经济指标都代表动力装置在有效功率下,燃料和热能利用的经济性,但是有些船舶全功率、全航速时间不多,经常使用部分负荷运行,或者工况变化非常频繁。这种情况下就产生了一个全面性的燃料经济指标——装置每海里航程燃油消耗量。

4. 每海里航程燃油消耗量

每海里航程燃油消耗量是指船舶每航行 1 n mile,动力装置所消耗的燃油总量,其表达式为

$$b_n = \frac{B_\varepsilon}{V_s} = \frac{B_\varepsilon \cdot t}{V_s \cdot t} \qquad (1-16)$$

或

$$b_n = \frac{B_z}{V_s} + \frac{B_f + B_g}{V_s}$$

式中 b_n——每海里航程燃油消耗量,kg/n mile;

   V_s——航速,kn;

   t——航行时间,h;

   B_z——主机每小时燃料消耗量,kg/h;

   B_f——发电柴油机每小时燃油消耗量,kg/h;

   B_g——锅炉每小时燃油消耗量,kg/h。

一般,B_f 和 B_g 与航速无关。

主机每海里航程消耗的燃油量为

$$b_{nz} = \frac{b_z P_b}{V_s} = \frac{B_z}{V_s} = \frac{B_z \cdot t}{V_s \cdot t} \qquad (1-17)$$

又因为

$$P_b = \frac{\Delta^{\frac{2}{3}} \cdot V_s^3}{C_2}$$

所以

$$b_{nz} = \frac{b_z \Delta^{\frac{2}{3}} V_s^3}{V_s C_2} = \frac{\Delta^{\frac{2}{3}}}{C_2} b_z V_s^2$$

由此可见,b_n 既与 b_z 有关,又与 V_s 有关。这项经济指标与船舶营运管理水平和轮机管理水平密切相关。

图 1-8 所示为燃料消耗率和每海里航程燃油消耗率随航速变化的关系曲线。

当船舶处于慢速航行时,虽然 b_z 会有所增加,但 b_z 因航速降低其增加的幅度仍将下降。图中 b_n 的最小值所对应的航速常称为经济航速。应该指出,这里的经济航速并非船舶的最大盈利航速,尚须考虑船舶的折旧费、客货的周转量、运输成本及利润等因素。不同的航区和航行方法将有其相应的最大盈利航速,需要通过调研、统计分析加以确定。

5. 节能投资的经济标准

为了评估某项节能措施在经济上是否可行,必须有一个经济标准,符合标准的节能措施就采用,否则就不用。在多方案比较中,经济性最优的就采用,差的就不用。这样可以避免投资的盲目性,使所采用的节能措施在技术上可行,经济性也合理。评价节能措施的经

济性主要有投资回收年限 n_1，其计算式为

$$n_1 = \frac{\lg \dfrac{A}{A - iP}}{\lg(1 + i)} \qquad\qquad (1 - 18)$$

式中　P——节能措施的投资额，它等于所有节能设备的成本、运费、安装费、税费等之和；

　　　A——节能增加的年收益，即每年节约的燃料费用和节能设备维修保养费之差；

　　　i——贷款利息。

一般投资回收年限越短越好。我国船舶近期节能技术改造项目的投资回收年限一般为 3 ~ 5 年。

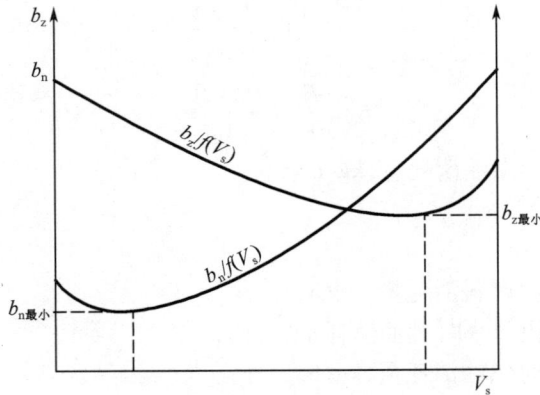

图 1 - 8　b_z 和 b_n 随 V_s 变化的特性曲线

1.3.3　性能指标

性能指标是进行动力装置选型的重要依据，也是反映装置性能好坏及特点的重要指标，它主要包括：动力装置的可靠性、机动性、振动和噪声控制，以及主机遥控和机舱自动化等。

1. 动力装置的可靠性

对于船舶来说，动力装置的可靠性总是最重要的前提要求，工作不可靠，则其他性能都是不真实的。如果动力装置的可靠性不足，可能额外增加排除故障的开支，增加维修工作量，延长停航修理时间，严重的可能会导致海损事故和海洋污染。因此，动力装置应在规定的航行环境（如风浪、盐雾、冰区）和航行状态（如规定风浪下的摇摆、纵倾、横倾等）下安全可靠运行，这是船舶最重要的性能要求。

可靠性有两层含义：一是装置在使用阶段，非计划检修时间前能保持正常工作的能力，以使用阶段的故障发生率和因此而发生的停航时间（进行检修或更换损坏零部件）来表征。二是使用寿命，指装置在大修前能确保可靠工作的期限，常以主、辅机修理间隔时间作为衡量依据，故要求其主要零部件及易损件的使用寿命较长。如柴油机活塞组大修前的使用寿命是：低速大型柴油机为 4×10^4 ~ 8×10^4 h；中速柴油机为 8×10^3 ~ 1.2×10^4 h；高速柴油机为 3×10^3 ~ 5×10^3 h。

动力装置的可靠性与动力装置的设计、制造、安装质量有关，也与正确的使用管理和设备的配置有关。对重要辅助设备的配置需要考虑到有部分损坏时不致影响动力装置的正

常运行。

动力装置的可靠性既取决于设备本身的可靠性,也取决于整个系统的组成。应采用冗余理论和技术,使动力装置在某一或几台设备发生故障或损坏时,仍能维持推进力及供电。随着设备可靠性的提高以及装置设计的日趋简化、合理,船舶动力装置越来越具有较强的生命力。

2. 动力装置的机动性

动力装置的机动性是指动力装置中的各种机器设备改变工况时的工作性能。机动性对于军舰和经常改变负荷、改变工况的船舶(如拖船、破冰船、渔船和救助船等)尤为重要,它是船舶安全航行的重要保证。船舶启航、变速、倒航和回转性能是船舶动力装置机动性的主要体现。

各种动力装置的机动性各有优缺点:柴油机和燃气轮机的启动性能好,但低速稳定性较差;汽轮机低工况稳定性好,但启动性较差;双机双桨动力装置能提高船舶的转向能力,调距桨在加速、急停、倒航等机动性能方面较定距桨优越;电力传动虽然两次能量损失较大,但由于具有较好的操纵性能而在某些船上得到应用。

3. 动力装置振动和噪声控制

振动影响船员和乘客的舒适性,对于军舰还影响其隐蔽性。严重的振动会导致设备、仪表和船体局部结构损坏。

振动主要来源于往复式机器和螺旋桨。柴油机运转时,其动力是不平衡的,因此在设计和制造时应采取适当的平衡措施,如装设平衡质量、平衡装置。在发动机与机座之间安放弹性隔振器可以减少和隔离机器振动向船体传递。螺旋桨若机械不平衡和工作在不均匀流场中则会引起船舶振动,在制造时可通过精细的平衡和采用合适的桨叶叶梢与船体之间的间隙来解决这一问题。

船舶主机与螺旋桨的激励力会使推进轴系发生振动,包括扭转振动、回旋振动和纵向振动。

推进轴系的扭转振动是由主机和螺旋桨的不均匀扭矩引起的,它会导致轴系断裂和传动齿轮损坏。划定转速禁区、改变推进系统的自振频率(如加大轴径、采用弹性联轴节)、降低干扰力矩和采用减振器等,可减少甚至消除扭转振动。

回旋振动又称横向振动,是由轴系设备的制造和安装误差、材质不均匀、螺旋桨的干扰力引起的,它会导致艉管密封漏水或漏油、轴承磨损、轴承座松动,甚至破裂。调整中间轴承位置、数目和改变螺旋桨叶数,可减少回旋振动。

纵向振动是由螺旋桨推力不均匀引起的,严重时会使推力轴承严重磨损和烧坏、曲柄箱破裂、传动齿轮损坏。改变桨叶数、加强推力轴刚度、对轴系进行中校核等,可减少纵向振动。

中速柴油机、高速柴油机、燃气轮机、减速齿轮箱、通风机、增压器、空压机和齿轮泵等设备是最强的噪声源。为降低机舱噪声级、改善工作环境,一般采取下列措施:

①减少噪声的传出,如装设消声器和隔声罩;

②吸收噪声的能量,如装设吸声屏板和敷设吸声材料;

③设置隔声效果好的集中控制室,使轮机员和机器设备分开。

动力装置的强烈噪声严重影响轮机人员的健康。为此船舶噪声标准中,对机舱区的噪声做出如下规定:

①无控制室机舱主机操纵,噪声小于等于 90 dB;

②无人机舱或有控制室机舱,噪声小于等于 110 dB;

③机舱控制室,噪声小于等于 75 dB;

④轮机人员工作间,噪声小于等于 85 dB。

4.主机遥控和机舱自动化

这是衡量船舶现代化程度的标志,也是改善船员工作条件和提高船舶航行与生产能力的重要措施。根据船舶自动化程度,机舱可分为值班机舱和无人机舱两类,而主、辅机的操纵管理分为驾驶台远距离遥控、微机自动化管理和机旁控制三类,机旁控制只用于故障时紧急情况的操纵管理。

5.动力性和配合性能

动力性和配合性能指柴油机动力的发挥、利用情况及螺旋桨的配合性能。一般应使柴油机的功率得到充分发挥,并与所驱动的螺旋桨匹配得当,既不能供大于求,也不能求大于供。

1.4 船舶动力装置的要求

1.机电设备安全可靠

动力装置是船舶的"心脏",是船舶动力的来源。如果船舶机电设备发生故障,那么船舶就会失去活动能力和作业能力,严重影响船员、乘客的工作、生活以及船舶的安全,并将造成严重的经济损失。为此,动力装置的安全可靠性是极为重要的。对于推进装置,要求能长期安全运行,有些重要设备如发电机组等,除正常工作运转以外,还须配置备用机组;对于船用机电设备,必须符合有关安全规定,必须经过严格的质量检查。

2.船舶动力装置的经济性要好

船舶在营运中,动力装置的运行及维护费用占船舶总费用的比例很大,目前该比例已超过 50%,为提高船舶的营运效益,使船东能获得更大的经济效益,必须尽量提高动力装置的经济性。因此要求动力装置在设计、建造和使用管理等方面提高经济效益,具体有以下几个方面:

①降低燃料消耗。动力装置的燃料费用,一般占船舶总营运开支的 30%~40%,故降低燃料消耗对提高经济效益意义重大。为此,在动力装置方面采用热效率较高的发动机和高效率的推进装置,可降低耗油率。油耗降低不但在节省燃料开支方面有好处,而且在相同的航程中,可以减少所携带的燃料质量,以及燃料所占的空间,从而增加载货吨位,提高船舶运营能力,降低运营成本。

②采用低质廉价燃料。重柴油比轻柴油价格便宜。因此,在保证发动机正常运转的情况下,尽量采用重柴油或低质燃料油代替轻柴油。以往低质燃料油在大型低速柴油机上应用,随着科技的发展,中速柴油机也已使用低质燃料油,有些高速柴油机也开始使用重柴油,这对降低船舶运营成本,提高效益是大有好处的。

③废热利用。燃料在柴油机中燃烧所产生的热量一部分转换成有用的机械能,另一部分由冷却介质带走和机体表面散发到大气中,还有一部分被排出的废气带走,这三者约占燃料总热量的 1/3。为了提高动力装置的热效率,降低燃料的消耗,应设法从排出的废气及冷却水中回收部分热量。如将排出的废气送到锅炉中,使水加热成蒸汽,再将蒸汽引入汽

轮发电机中发电;大型船舶利用废气驱动废气涡轮达到给柴油机增压的目的,提高柴油机的功率;也有些中小型船舶利用废气的热量加热废气锅炉中的水,再用水产生的蒸汽加热燃油、滑油及供生活之需要;有的海船利用排出的冷却水热量淡化海水,为船舶提供生活淡水。因此,利用废热是提高动力装置热效率的重要途径。

3. 具有一定续航力

续航力是指船舶不需要到港口或基地去补充任何物质(如燃油、滑油、淡水及备件等)所能航行的最长时间或最大距离。经济航速下的续航力,民用船舶称为最大航程。续航力与动力装置的经济性、每海里航程燃油消耗量及其他物资储备有关。为此在动力装置的设计过程中必须满足船舶续航力的要求。

续航力是根据船舶的用途和航区确定的。为了满足船舶续航力的要求,船上必须设有足够大的油、水舱柜。

4. 具备良好的操纵性

所谓良好的操纵性就是要求动力装置启动迅速,主机在较短的时间内由启动工况达到全速工况,并能保持稳定运转,同时使船舶具有迅速改变航速和航向的能力。另外要求动力装置有足够的倒车功率,使船舶倒航迅速,向前滑行的距离短且回转半径小。这些性能对于内河及港口作业船舶尤为重要。

5. 耐波性要好

耐波性指船舶在风浪等恶劣天气条件下完成任务的性能。一般来说,水面舰船应能在横摇45°、横倾15°、纵摇10°、纵倾5°情况下正常航行。民用船在横摇15°、横倾22.5°、纵摇5°、纵倾7.5°情况下,主辅机及与船舶安全有关的设备能正常运转。

6. 主、辅机选型合理

主、辅机的技术、经济、性能指标既要有一定的先进性,又必须从现实条件出发。主、辅机之间配套应合理,避免出现供大于求或供不应求的现象。

7. 其他方面的要求

①在不同工况下,机桨配合要得当;

②具有相适应的主机遥控和机舱自动化设备;

③船舶的建造成本要低;

④质量、尺寸小,机舱面积饱和度和容积饱和度合理;

⑤检测、维修、管理方便;

⑥所选用的各种机械设备及有关计算应满足船舶建造规范的要求。

1.5 船舶动力装置设计建造的发展概况

一条船舶的建成需要经过设计人员的精心设计和工程巨大、工艺复杂的生产过程,不仅要投入大量的人力、物力,而且需要很高的技术水平,生产周期也较长。随着计算机技术的发展,船舶动力装置的设计从传统的手工设计、计算、绘图逐渐发展成计算机辅助设计和系统优化设计,缩短了设计周期、提高了设计质量、降低了造船成本。另外,模块造船技术也是船舶动力装置设计建造的一个发展方向。

1.5.1　计算机辅助设计

自从计算机应用于船舶设计以来,由于计算机的容量大、计算速度快,因此能轻而易举地完成烦琐的船舶动力学的种种计算。新的计算方法和优化技术在船舶设计中得到了综合应用。

从20世纪70年代以来,世界各造船国家投入了大量的经费和研究力量,用于开发船舶计算机辅助设计/制造(CAD/CAM)系统。各国已研制出包括设计、建造和生产管理的集成系统,从而初步实现了计算机辅助船舶设计与生产。

随着微型机和微机工作站、图形交互技术的普遍使用及智能技术的迅速发展和应用,船舶智能化设计与生产也有了很大发展。

现代计算机系统的硬件设备日趋成熟,快速绘图和高分辨率图像显示装置的使用为交互设计自动生成船型曲面、各项性能计算、图形的绘制输出提供了强有力的工具,从而使船舶从设计到生产建造形成一体化。而这同时也促进了计算机辅助船舶设计学科的发展。

20世纪50年代,国外就开始把计算机用于造船。当时只限用于单一的设计计算、数控切割和绘图等方面的使用。到了60年代,计算机在船舶设计、生产和管理等方面的应用也都有了较大的进展。自60年代中期起,从"船舶设计、建造和生产管理一体化"的思想出发,研究人员陆续研制出了许多计算机辅助船舶设计和建造集成系统,大大提高了计算机系统的功能。

船舶动力装置计算机辅助设计是用计算机作为辅助工具进行动力装置设计的一种先进设计方法。为使设计人员更迅速而有效地提高设计质量,加快设计进度,避免设计中的重复计算以及在判断上易于出错等问题,经过我国造船界科技人员的不断努力,已经研制出了一系列电子计算机辅助船舶动力装置设计系统。由于动力装置设计的复杂性,这些设计系统还仅限于考虑整个动力装置中的局部子系统的设计,但经过不断完善,已在实际设计与生产中逐步推广应用。相信随着造船技术的不断提高与完善,将会出现更完备的动力装置计算系统。

1.船舶动力装置设备选型集成系统

船舶动力装置设计中需要进行大量的设备选型和比较分析计算。该系统是按照船东提出的技术要求及船体设计提供的信息,在计算机硬件的支持下,辅助设计人员进行船舶动力装置设备的选型优化设计。其主要能实现以下功能:

①按不同方案进行主机和所匹配的螺旋桨选型,校核该主机与螺旋桨的最佳匹配。

②柴油发电机组辅机选型。

③完成各动力管路、船舶系统及设备的计算与选型。

④完成废热利用热线图计算,提供不同废热利用方案及经济性比较;对给定的废热利用方案,计算其经济指标,提出废热利用设备的技术参数。

⑤打印规范化的主要设备初步计算书及规格化设备选型计算书和设备明细表。

该系统由如下部分组成:

①程序主控模块,根据设计人员输入的信息,控制整个系统的操作流程。

②执行各种功能的程序模块,由主推进装置选型模块,废热利用设计模块,燃滑油管系设计模块,压缩空气管系设计模块,蒸汽管系设计模块,舱底、压载、消防管系设计模块及辅机发电机组选型模块等组成。

③专用数据库,数据库内存储设计任务书的数据要求,船体有关数据,主、辅机及各辅助设备的型号、规格、参数、价格等各种参数。

2. 船舶轴系设计程序系统

该系统主要实现在计算机上进行轴系的振动校核与校中计算。它的主要功能和结构模块如下:

①扭转振动计算模块,计算轴系自由振动及强制振动。

②纵向振动计算模块,用我国船舶柴油机纵向振动计算标准或 GOTAVERKEN 方法计算强制振动,并计算纵向振幅许用值。

③回旋振动计算模块,计算横向振动固有频率,正、逆回旋的固有频率和临界转速;计算与固有频率相应的各轴截面上的相对位移、转角、剪力和弯矩。

④校中计算模块,计算轴系校中时各截面上位移、转角、剪力、弯矩和轴承负荷;计算各轴承负荷影响系数,并在各种限制条件下的轴承高度的合理变化值和此时轴系变形与受力;计算法兰开口和偏移以及此时轴系受力与变形。

此系统的发展将与满足规范的轴系强度设计、自动生成轴系结构、零件图以及轴系附件的选型设计相结合,形成船舶轴系设计集成系统。

3. 船舶管路程序集成系统

该系统采用电子计算机技术辅助船舶的管系综合布置设计,能替代人工进行管子零件计算和出图,绘制管路系统布置图,并提供管材统计表格和组织生产的指导性文件等。

该系统的主要功能与模块结构如下:

①计算机辅助管路布置模块,根据机舱布置图进行自动排管,完成最佳路径计算,并自动划分管子零件及弯管工艺性检查与干涉检查,其共有四个子模块用于完成上述功能。

②管子零件计算与绘图模块,完成管子零件计算,绘制符合生产设计要求的各种形式的安装图和视图,它包含两个子模块用于完成上述功能。

③管材统计模块,完成管材、支架等统计功能及进行重心计算等,它共有四个子模块用于完成上述功能。

4. 船舶机舱布置设计程序系统

该系统能代替人工进行机舱各层子面及有关部位结构图的绘制、机舱及设备图绘制与定位、机舱布置图的修改与绘制,并自动生成必要的文件。

该系统的主要功能与模块结构如下:

①机舱平面布置模块,可生成机舱平面各层结构图、设备平面视图以及生成机舱平面各层的设备布置图,此外还具有打印设备明细表的功能。

②机舱横向布置模块,具有绘制和生成机舱设备布置任一肋位横向剖视图的功能。

③机舱中纵面布置模块,具有绘制并生成机舱布置纵中剖视图的功能。

④文件生成模块,能自动生成机舱布置所需的有关文件。

除了上述所研制的、较完整的并已移植于微机进行推广的集成程序系统外,在船舶动力装置设计的其他个别内容中也已采用了电子计算机进行辅助设计计算,如油舱柜的蒸汽加热计算、机舱通风管路阻力计算、传动设备设计计算等。实践表明,应用计算机辅助船舶动力装置设计具有巨大的优越性,适用于各个设计阶段。

1.5.2　系统优化设计

随着生产的不断发展及设计的复杂化，进行动力装置优化所涉及的因素越来越多，这时仅凭经验和直观判断，难以得出最优设计方案，借助系统优化设计技术可使优选更加科学、合理。

最优化设计的思想是首先确定设计目标，然后选择对目标有影响的设计参数，依据问题的性质及特点建立设计参数需要满足的各种关系，这些关系就构成了设计参数优选过程中的约束条件。将这些设计目标、约束条件转化成设计参数的函数，即可建立优化的数学模型，然后利用最优化技术在计算机上进行优化设计，寻找出一组使目标在量值上最优的设计参数。

在船舶动力装置设计中，如何选取合理的设计参数，使装置效率最高、油耗最小、材料最省；在机舱管路系统的布置设计中，如何使所选设备容量最小、管路最短，而又满足设计要求；在轴系布置中如何使轴承布置的间距最短，才能使轴承负荷小而均匀，如此等等都属于优化设计问题。

近20多年来，船舶工程师在优化设计方面做了大量的工作，并已研制出一些船舶动力装置优化设计的软件程序，诸如船用齿轮箱优化设计程序、船机桨工况最优配合设计程序、船舶柴油机余热利用系数优化设计程序、船舶动力装置海水冷却管路温度参数的最优选择等。这些程序在船舶动力装置设计中起到了很好的作用并且显示出了一定的经济效益和社会效益。

现代船舶动力装置优化设计中，除了常规使用的线性方法、非线性方法、分级优化法、动态规划法外，由于某些参数或者变量很难用准确的数值或数学公式表示，最近20年来模糊数学优化方法在造船界也越来越受到重视，中国造船界在这方面的研究也处于世界领先地位。

船舶动力装置优化设计是船舶动力装置设计的必然趋势与发展方向，是新科技、新方法在船舶动力装置设计中的应用之一。目前，优化设计在动力装置设计中还仅限于局部问题上的最优化，今后的发展趋势将向着整个动力装置系统，乃至全船系统，包括船体、船机和船舶电气综合系统优化的方向发展，以形成船舶设计集成系统。这也需要我们认真学习，并进一步研究和探索。

1.5.3　模块造船技术

1.模块造船技术发展及特点

传统的造船方式如图1－9所示。船舶从一开始建造就在船坞中，直至整艘船下水，一直在露天进行。

图1－9　传统船坞造船方式

后来造船业发展了模块造船的新技术。模块的概念可以定义为具有独立功能并可以被安装到其他船上的单元。模块造船的最初阶段实际上是分段造船,即把船舶分成了很多段,同时在车间或其他场所制造,最后在船坞组装。当然在分段时也可能把同一个货舱再分成上下两段,此时的机舱是作为一个整体单元进行建造的,如图1-10所示。

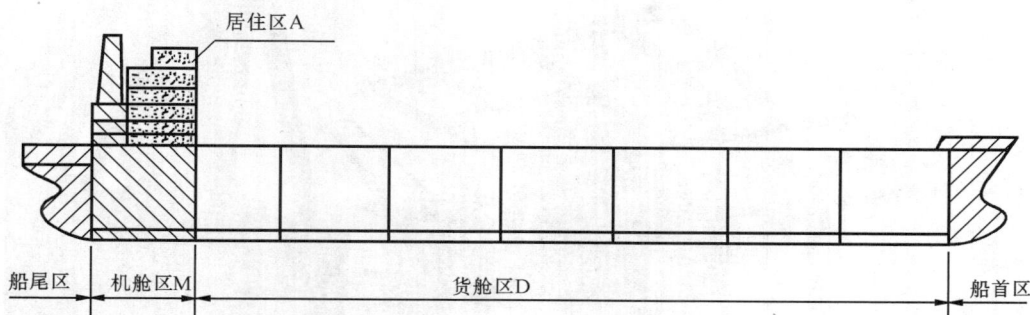

居住区A

船尾区　机舱区M　　　　　　　　货舱区D　　　　　　　船首区

图1-10 模块造船

现代的模块造船技术是将机舱内部设备也分成很多模块。如图1-11和图1-12所示分别是压载水系统模块和典型的机舱模块吊装。

图1-11 压载水系统模块

模块安装的思想最早从20世纪60年代末、70年代初就出现了。传统造船中存在的最大问题是整个建造过程都在船坞中进行,这样的结果就是造船周期过长,特别是在造船和修船很集中的时候就会造成船坞紧张,影响效益。另外一直在露天作业,工作环境不是很好,对吸收一流人才有一定的影响。

图 1 – 12　典型的机舱模块吊装

机舱的安装历史如表 1 – 1 所示。

表 1 – 1　机舱安装历史

年份		1950—1960	1960—1970	1970—1975	1975—1980	1980—1990	1990 至今
安装方法	质量/t	0.1 ~ 2	1 ~ 20	1 ~ 20	20 ~ 50	20 ~ 50	> 60
	技术变迁	使用简单的管子单元	机器单元	大型机器单元	分段安装开始	标准单元开始	超大型模块开始

而采用模块建造的方法后，可以对不同的模块在不同的车间同时建造，船坞仅仅用于组装。其具体的优点总结如下：

①船舶设计可以和安装并行进行。

②船舶设备的制造和安装可以并行。

③对船壳建造的扰动较少。

④较少的船台时间。

⑤在船体内的安装速度更快且工作环境更舒适。

⑥有利于减少在分承包方面的花费。

⑦采用标准模块后可以减少组装时间。

日本轮机工程学会对采用和未采用模块造船的船舶在人工、时间方面进行了统计，采用模块造船后在设计方面所花的时间可以减少 30%，在现场的时间可以减少 13%；同时也对使用材料及模块辅助平台方面等进行了比较，管子量减少 13%；在最初造价方面也可以减少 28% 左右。因而采用模块造船后可以获得巨大的利益。

模块造船在世界各国得到了很大的发展。欧洲各国、美国和日本等船厂都大量采用了模块造船法。

2. 机舱模块的分类

机舱模块必须要考虑到与其他模块有良好的组装界面,所以在船舶设计中一般是以独立的系统作为一个模块,并且也可以把管路系统集中到一起成为一个模块。机舱的空间模块(左、右舷)要预先安装在船壳上。

下面是一个1700TEU的集装箱船的机舱模块分类:

①机控室模块;

②高温淡水系统模块;

③低温淡水系统模块;

④包括污水、消防水、压载水及海水冷却水泵等的海水系统模块;

⑤发电机模块;

⑥通风系统模块;

⑦集成电缆模块;

⑧饮用水系统模块;

⑨包括加热器、泵以及污油柜等的燃油净化系统模块;

⑩制冷及空调系统模块;

⑪柴油机启动、做功及控制空气系统模块;

⑫集成消防系统模块;

⑬滑油系统模块。

这些模块先要在相应的工厂内制作成标准尺寸,然后在机舱内安装和测试。机舱的模块必须有一定的支撑,并且也可以做成模块。如图1-13所示是标准模块框架。

图1-13 标准模块框架

3. 模块技术存在的问题

现代的模块造船技术还处于发展阶段,因此还存在着不完善和需要解决的问题:

①由于模块越来越大,必须要注意模块的振动问题,可能要加装防摇设备;

②如何避免由于采用公共平台等原因引起的质量增加;

③解决在维修空间等方面与船东的沟通;

④海上试航时的振动应对对策;

⑤如何从船东的立场进行设计。

另外对于初次进行模块建造的厂家,还有以下问题:

①初次设计和研究费用的增加;

②船舶类型太多,如何规范模块(不同于汽车工业可以大批量生产同一型号的汽车,很容易使设备模块化)。

由于我国还没有对模块造船进行深入的研究,所以后几个问题就显得更重要。应该说我国现在已进入世界造船大国的行列,但是绝不是造船强国,特别在技术开发和研究方面还有较大差距。如果世界上主要的造船大国大规模采用了模块造船技术,节省了大量的时间和成本后,使得价格和出坞时间缩短,再加上技术上的差异,那么我国造船界的价格优势将会受到严重的挑战。

思考与练习

一、填空题

1. 推进装置由_____、_____、_____和_____以及为这些推进设备服务的辅助设备、管路系统和仪表所组成。

2. 船舶推进器的种类很多,如螺旋桨、喷水推进器等,现代运输船舶绝大多数采用_____。

3. 船舶动力装置类型主要可以分为_____、_____、_____、核动力装置、联合动力装置以及特种动力装置。民用船舶运用最广泛的船舶动力装置是_____。

4. 船舶动力装置的基本特性指标通常是指_____、_____、_____。这些指标是进行船舶选型、设计和判断性能优劣的重要依据。

5. 动力装置的经济指标通常用_____、_____、_____三个指标表示。这三个指标代表动力装置在有效功率下燃料和热能利用的经济性。

二、选择题

1. 船舶动力装置的任务是( )。

A. 提供能量,并利用　　　　　B. 提供使螺旋桨转动的机械能

C. 提供推动船舶前进的动力　　D. 提供各种能量,并转换和使用

2. 现代船舶主机的能量转换形式是( )。

A. 将各种燃料燃烧所产生的热能转换为电能

B. 将各种燃料的化学能直接转换为热能

C. 将各种燃料热能转换为化学能

D. 将各种燃料燃烧所产生的热能转换为机械能

3. 关于蒸汽轮机动力装置的优点,说法错误的是( )。

A. 运转平衡　　　　B. 热效率高　　　　C. 磨损小　　　　D. 振动轻

4. 现代民用船舶动力装置应用最广泛的类型是( )。

A. 汽轮机　　　　　B. 柴油机动力装置

C. 核动力装置　　　D. 往复式蒸汽机

5. 燃气轮机有诸多优点,但在商船上应用甚少,其主要原因是( )。

A. 单位质量大　　　B. 单机功率小

C. 经济性差　　　　D. 高负荷运转性能差

6. 蒸汽轮机的工作介质是( ),燃气轮机的工作介质是( )。

A. 蒸汽/空气　　　B. 空气/燃油　　　C. 蒸汽/燃气　　　D. 空气/燃气

7. 核动力装置船舶所独有的特点是( )。

A. 热效率高、耗油量低

B. 不需要空气助燃,无进排气问题

C. 结构简单、运转可靠

D. 单机功率大、运转平稳、摩擦小、噪声低

8. 对船舶动力装置的一般要求,主要体现在( )等方面。

A. 可靠性、经济性、生命力　　　B. 经济性、机动性

C. 机动性、续航力　　　　　　　D. 可靠性、经济性、续航力、操纵性、耐波性

9. 按各机械、设备、系统所起的作用不同,船舶动力装置可主要划分为( )。

A. 推进装置、管路系统两部分

B. 推进装置、辅助装置、管路系统、甲板机械、机舱自动化系统五部分

C. 推进装置、管路系统、辅助装置三部分

D. 推进装置、甲板机构、管路系统三部分

10. 船舶轴系的作用是( )。

A. 推动船舶前进

B. 将主机的功率传递给螺旋桨,螺旋桨推动船舶运行

C. 控制船舶的方向

D. 产生推动船舶前进的动力

三、简答题

1. 什么是船舶动力装置,它由哪几部分组成?

2. 简述船舶推进装置的组成。

3. 动力管路及船舶系统由哪几种管路或系统组成?

4. 船舶动力装置的类型有哪些?

5. 简述柴油机动力装置的主要特点。

6. 汽轮机动力装置由哪几部分组成?

7. 简述核动力装置的工作原理。

8. 动力装置的基本特性指标有哪些?

9. 简述对船舶动力装置的要求。

第 2 章 船舶轴系

【知识目标】

1. 正确叙述和理解船舶推进装置的作用、组成、类型及其工作特点；
2. 正确叙述和理解船舶轴系的作用、组成及要求；
3. 正确叙述并掌握船舶轴线的布置设计要求；
4. 正确描述船舶传动轴的结构和类型，理解传动轴的计算方法和强度校核方法；
5. 正确叙述传动轴承的作用、结构、类型和特点，理解传动轴承的技术参数；
6. 正确叙述和理解艉管装置的作用、组成、结构、类型和特点，理解艉管装置主要部件的技术参数；
7. 正确叙述和理解轴系附件的作用、结构和类型，明确轴系零部件的材料使用和要求。

【能力目标】

1. 能根据船舶的用途、航区选择船舶推进装置的类型；
2. 能进行船舶轴系的布置设计；
3. 能正确选用船舶轴系的材料。

2.1 船舶推进装置的类型及其特点

船舶推进装置是船舶动力装置的一个重要组成部分，一般由主机、传动设备、轴系和推进器等组成。其作用是将主机发出的功率，通过传动设备和轴系传递给推进器，推进器将产生的推力传递给船体，最终实现船舶推进。

船舶的用途、航区、推进性能的不同，使得主机的类型与数目、传动方式、轴系的数目、推进器的类型与数目必然不一，这就构成了具有不同特点的推进装置。

船舶推进装置的类型根据动力传递方法不同，一般可分为直接传动推进装置、间接传动推进装置和特殊传动推进装置三类。

2.1.1 船舶推进装置的类型

1. 直接传动推进装置

直接传动推进装置是主机直接通过轴系把功率传递给螺旋桨的传动装置。图 2 − 1 所示为单机单桨直接传动推进装置，其在主机与轴系中无其他传动设备，在任何工况下，螺旋桨与主机具有相同的转速与转向。由于螺旋桨在较低转速时有较高的效率，因此直接传动装置在远洋运输船舶中得到了广泛应用。

直接传动推进装置的优点是：结构简单、使用寿命长、燃料费用低、维修保养方便、噪声小、传动损失小、推进效率高等。

但这种推进装置也存在一些缺点:质量与尺寸大,要求主机有可反转性能,其机动性差,非设计工况下运转时经济性差,低速和微速航行时受到柴油机最低稳定转速的限制。

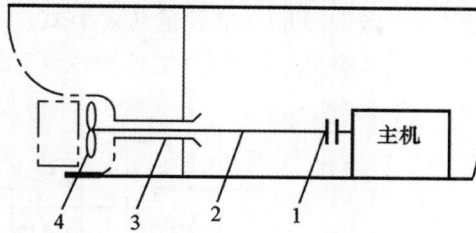

1—联轴器;2—轴系;3—管系;4—螺旋桨。

图 2 - 1　单机单桨直接传动推进装置

因此,这种推进装置适用于工况变化较少、航程较远、采用大功率低速柴油机作为主机的船舶上。

2. 间接传动推进装置

间接传动推进装置是通过中间传动设备(齿轮减速器和离合器等)使主机与轴系连接在一起的一种传动方装置,如图 2 - 2 所示。齿轮减速器可以降低主机传递给螺旋桨的转速,以提高螺旋桨的推进效率。离合器用来脱开或接通主机与轴系的连接,有的还具有倒车的作用。在这种传动装置中,主机转速与螺旋桨转速有差别或保持一定的转速比。

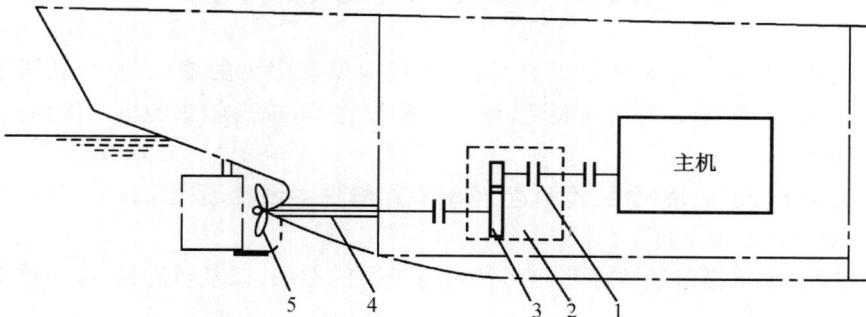

1—离合器;2—传动设备;3—齿轮减速器;4—艉轴;5—螺旋桨。

图 2 - 2　间接传动推进装置

间接传动推进装置的优点是:质量与尺寸小,主机的转速不受螺旋桨要求的转速限制;轴系布置方便灵活;带倒顺离合器时可选用不可逆转的主机,主机不用换向,使主机结构简单、工作可靠、管理方便、机动性提高;有利于多机并车、单机分车及轴带发电机布置。

间接传动推进装置的缺点是:结构复杂、传动损失大、传动效率低。

间接传动装置多用于中小型船舶及以大功率中速柴油机、燃气轮机为主机的大型船舶上。

3. 特殊传动推进装置

特殊传动推进装置是一种与直接和间接传动推进装置不同的传动方式。其类型有很多,主要有可调螺距螺旋桨推进装置、Z 型传动推进装置和电力传动推进装置等。

（1）可调螺距螺旋桨推进装置

可调螺距螺旋桨推进装置简称调距桨推进装置，如图2-3所示。调距桨推进装置是通过改变螺旋桨的螺距达到正、倒车或改变船舶航速的传动方式。在这种装置中，螺旋桨的桨叶在桨毂上是可以相对转动的，只要相对转动桨叶，便可改变螺距，从而改变螺旋桨的推力大小及方向。

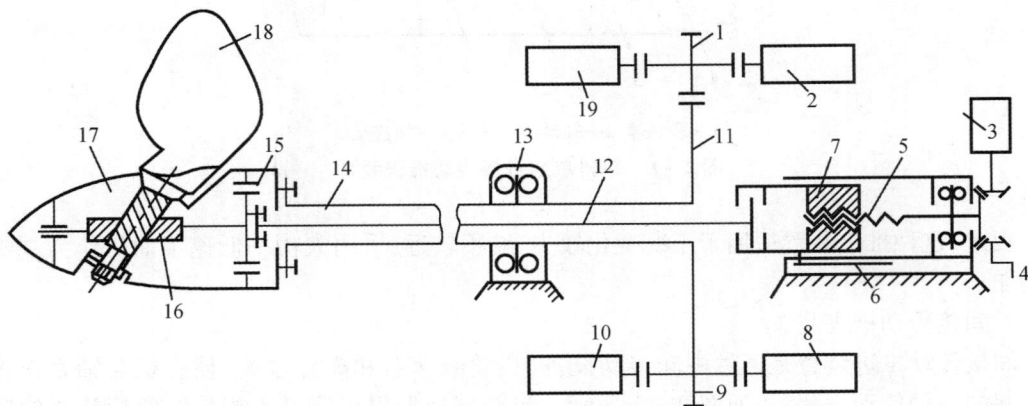

1,9—小齿轮;2,8,10,19—主机;3—电动机;4—手轮;5—螺杆;6,15—花键槽;7—移动螺母;11—大齿轮;12—传动杆;13—推力轴承;14—螺旋桨轴;16—齿板;17—桨壳;18—桨叶。

图2-3　可调螺距螺旋桨推进装置简图

优点:在部分负荷下能有较好的经济性，能适应船舶阻力的变化，充分利用主机的性能，主机或减速齿轮箱不必设换向装置，使其结构简化;可提高船舶的机动性和操纵性;有利于驱动辅助负载。

缺点:机构比较复杂，整个装置制造、安装及维修保养困难，造价高;桨毂尺寸较大，在设计工况下效率比定距桨低。

可调螺距螺旋桨推进装置多用于多种航行工况的船舶，以及机动性、操纵性要求高或需超低速航行的船舶。

（2）Z型传动推进装置

Z型传动推进装置又称悬挂式螺旋桨推进装置。图2-4所示为Z型传动推进装置的结构原理图。Z型传动方式最显著的特点是螺旋桨可绕垂直轴做360°回转。当启动一个电动机（或液压发动机）带动蜗轮蜗杆装置10中的蜗杆运动时，蜗轮会带动旋转套筒17在支架18中回转，从而使螺旋桨13绕垂直轴12在水平面内做360°回转，使螺旋桨推力方向在360°范围内任意改变。

它具有以下优点:

①操纵性能好，螺旋桨的推力方向可以自由变化，使船舶的操纵性能优于其他传动方式，特别是采用两台主机、每台分别带动一个Z型传动装置时，可使船舶原地回转、横向移动、快速进退及微速航行等;

②可以省掉舵、舵柱和舵管等结构，使船尾结构简单，船体阻力减少;

③可以使用质量和体积小的中高速柴油机，而不需要单独的减速齿轮装置;

④不需要主机换向，可以延长主机使用寿命;

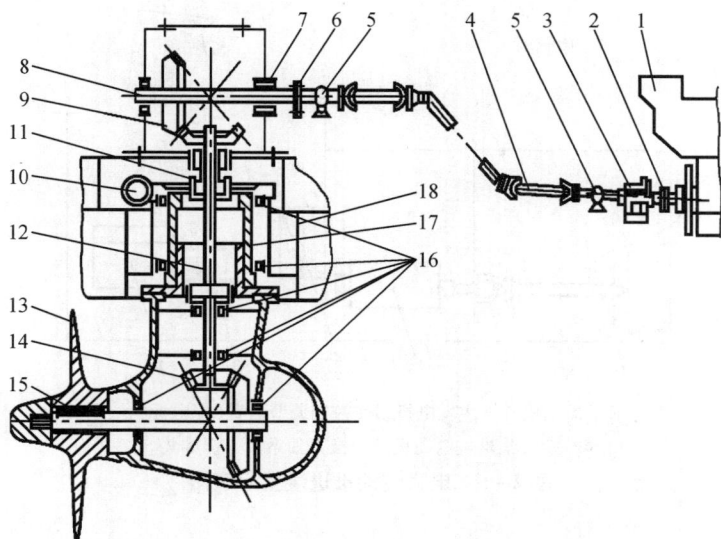

1—主机;2—联轴器;3—离合器;4—带有万向节的传动轴;5—滑动轴承;6—弹性联轴节;7,16—滚动轴承;
8—上水平轴;9—上部螺旋锥齿轮;10—蜗轮蜗杆装置;11—齿式联轴器;12—垂直轴;13—螺旋桨;
14—下部螺旋锥齿轮;15—下水平轴;17—旋转套筒;18—支架。

图 2-4　Z 型传动推进装置的结构原理图

⑤悬挂式螺旋桨装置可由船尾部甲板开口处吊装,检修不用进坞,可大大缩短检修时间。

它具有以下缺点:

①结构比较复杂,使传递功率受到一定的限制;

②整个装置制造、安装及维修保养困难,造价高;

③桨毂尺寸大,在设计工况下效率比定距桨低。

Z 型传动推进装置仅适用于小型船舶,特别适用于港口作业船舶和在狭窄航道中航行的船舶。

(3)电力传动推进装置

电力传动推进装置一般是主机驱动主发电机发电,所发出的电能并网,经过控制调节装置(配电板)供给螺旋桨的推进电动机,以驱动螺旋桨旋转的一种传动类型。这种推进装置主机和螺旋桨间没有机械联系,机、桨可任意布置。图 2-5 所示为电力传动推进装置示意图。

这种推进装置的优点如下:

①机组配置和布置比较灵活、方便,舱室利用率高;

②改变直流电动机的电流方向可使螺旋桨转向改变,便于遥控,机动性与操纵性好;

③发电机转速不受螺旋桨转速的限制;

④正、倒车具有相同功率和转速性能,具有良好的拖动性能;

⑤可消除螺旋桨对原动机的振动冲击,船舶振动大大减轻;

⑥在柴油机-电力推进装置中,可采用分机组修理的方法,以缩短因船舶修理而造成的停航时间。

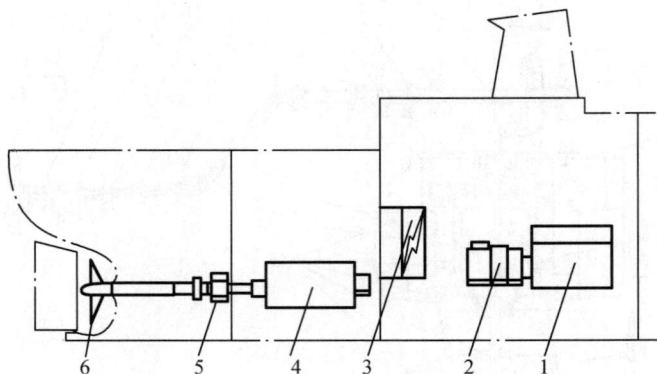

1—原动机;2—主发电机;3—控制调节装置(配电板);
4—螺旋桨推进电动机;5—推力轴系;6—螺旋桨。

图2-5　电力传动推进装置示意图

电力传动推进装置的缺点是:

①电力传动要经过两次能量转换,损失大,传动效率低;

②增加了发电机和电动机,传动推进装置总的质量和尺寸较大,造价和维修费用较高;

③控制系统复杂,管理维护难度大。

因此,电力传动推进装置的发展受到一定的限制,仅在破冰船、潜艇、调查船和渡船等要求有较好操纵性和机动性的船舶上使用。

目前,随着计算机和大功率半导体电力电子元件及技术的高速发展,变频调速技术在电力推进中得到了广泛应用。吊舱式电力推进器(也称动力舵)的诸多优点更加速了电力传动推进技术的发展,增大了电力传动推进装置在船舶,尤其在滚装船、拖船、破冰船等上的市场占有率。如图2-6所示为吊舱式推进器的结构原理。这种推进器的传动驱动螺旋桨的大型电机装在吊舱内,吊舱可以在垂直方向360°任意角度转动,能产生水平任意方向上的推力,因此船舶的操纵性得到极大的提高。随着环保要求的提高和新型能源(如燃料电池、太阳能等)的快速发展,电力推进很可能在不久的将来代替机械推进成为船舶推进的主流方式。除上述特殊传动推进装置以外,还有喷水推进装置、超导电磁推进装置、表面驱动推进装置等,应用在一些特殊用途的船舶上。

由于船舶主机、传动设备、传动方式及推进器的类型很多,因此它们可以组成多种形式的推进装置,如表2-1所示。如图2-7所示为常见的柴油机动力装置推进传动方案。

表2-1　船舶推进装置的传动方案

序号	推进装置的传动方案	
1		单机单桨刚性直接传动,定距螺旋桨,主机反转
2		单机单桨刚性直接传动,调距桨,主机不反转

表 2 - 1（续）

序号	推进装置的传动方案	
3		单机单桨齿轮减速传动,定距螺旋桨,双转向齿轮箱,主机不反转
4		双机单桨齿轮减速传动,定距螺旋桨,主机反转
5		三机单桨齿轮减速传动,调距桨,主机不反转
6		柴油机 - 燃气轮机单桨齿轮减速联合传动,调距桨,主机不反转
7		燃气轮机 - 燃气轮机单桨齿轮减速联合传动,调距桨,主机不反转
8		双机单桨电传动,定距螺旋桨,主机不反转
轴系数目	单桨　　双桨　　三桨　　四桨	

注:1—柴油机;2—定距桨;3—调距桨;4—齿轮减速器;5—离合器;6—燃气轮机;7—发电机;8—电动机。

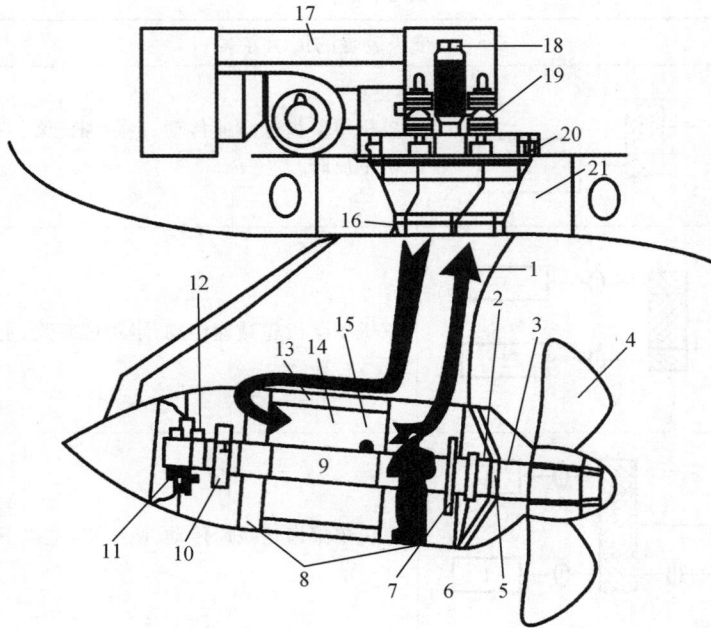

1—冷却气流;2—内密封;3—外密封;4—螺旋桨;5—径向轴承;6—轴接地装置;7—制动器与锁定装置;
8—污水吸口;9—螺旋桨轴;10—励磁机;11—推力轴承;12—内密封;13—定子;14—转子;15—电动机;
16—密封;17—空气冷却室;18—电刷滑环单元;19—转舵发动机;20—回转轴承;21—机座。

图2-6 吊舱式推进器的结构原理

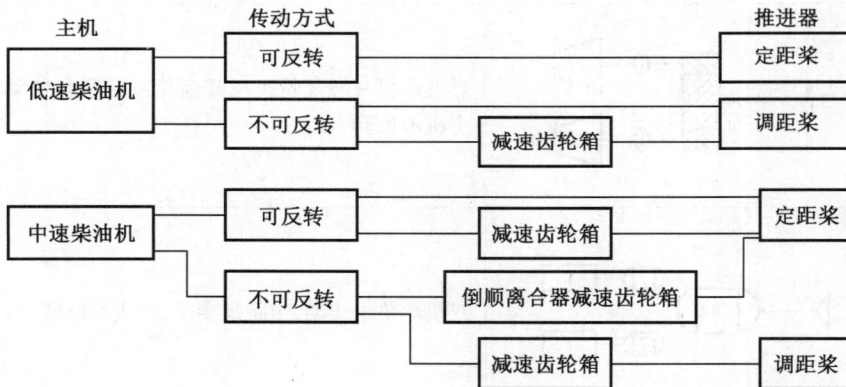

图2-7 常见的柴油机动力装置的推进传动方案

2.1.2 推进装置类型的组合选择

正确确定推进装置的类型除了选择传动方式外,还涉及轴系的数目(单轴、双轴、多轴)、推进器的类型(螺旋桨、喷水推进、平旋推进)、螺旋桨的类型与数目(定距桨、调距桨;单桨、双桨、多桨)等,一般可以从以下四个方面考虑。

1.按船舶用途、种类与要求进行选择

沿海货船、远洋货船、油船其航行工况比较稳定,除主机采用大型低速柴油机外,推进装置大多是单机单桨直接传动,螺旋桨采用定距桨,在设计工况下推进效率较高。客船的重要技术指标是快速性,要求较高的航速,吃水相对较小,同时对其安全性、机动性、操纵性要求很高,因此客船的推进装置一般采用双机(多机)双桨(多桨)。如果主机采用中速柴油机或高速柴油机,则必须采用间接传动装置以降低螺旋桨转速。渡船、拖船、渔船等船舶由于工况变化频繁,机动性要求高,而且机舱尺寸有限,故主机采用中或高速柴油机,多机多桨,并采用间接齿轮减速倒顺离合器传动箱或多速齿轮箱,有的为解决多工况问题也采用可调螺距螺旋桨以适应多变工况的要求。港口的港作船对其操纵性要求高,可采用中、高速柴油机与双机(多机)双桨(多桨)或 Z 型全回转推进装置。对于特殊的工程船,如挖泥船、破冰船等可采用液力传动或电力传动装置等。

2. 按主机总功率的大小进行选择

这种情况下需要考虑主机类型与数目、轴系与桨的数目。大型低速柴油机单机功率大、耗油率低、耐用可靠,并可较大幅度降低运输成本和提高运输量,但质量和尺寸大,适宜大型沿海和远洋运输船舶选用,一般采用单机单桨直接传动。若要求更大的主机总功率,则可采用双机单桨(单轴)、双机双桨(双轴)或多机多桨(多轴)等类型,此时主机大多采用中速或高速柴油机,其质量和尺寸小,便于机舱布置。

3. 按船舶航区的吃水深度进行选择

单机单桨直接传动的传动损失小,推进效率较高,但须选用可逆转的低速柴油机,吃水相对较深。采用双桨(多桨)可减小螺旋桨的直径,其舵的转向效果好,能提高机动性,减少船舶的吃水深度。有时根据特殊需要可在传动机组中设置并车或分车装置等以适应船舶航区的吃水深度。

4. 按推进装置的经济性进行选择

在选择不同的推进装置类型时,应考虑其初期投资、运输费用和初期投资回收年限等涉及经济性与综合效益的因素。直接传动比间接传动的传动损失少,效率高。间接传动可降低螺旋桨的转速,提高推进效率,但要增加传动设备,初期投资高。近年来,中速柴油机单机功率不断增大,又成功解决了烧重油的问题,燃油耗油率有很大降低,可靠性和使用寿命大为改善。此外,其质量和尺寸小,有利于机舱布置。目前世界上大型低速柴油机趋于采用热效率高、燃料费用低的高效节能机,如 MAN B&W-MAN、Wärtsilä-SULZER 等品牌。世界上有些大型船舶,为了进一步节约能源,采用了超低速螺旋桨,利用大型减速齿轮箱,螺旋桨具有高效率,从而进一步提高经济性。

综上所述,在考虑推进装置类型时,要抓住主要矛盾,从全局的经济性出发,权衡利弊,优化方案,选择最佳的推进装置类型。

2.2 船舶轴系的组成和布置

船舶轴系是船舶动力装置中的重要组成部分。所谓船舶轴系是指从主机的曲轴输出端法兰(或减速齿轮箱末端)至螺旋桨之间的传动轴、轴承以及轴系附件的总称。

船舶轴系的作用是连接主机与螺旋桨,将主机发出的功率传递给螺旋桨,同时又将螺旋桨所产生的推力传递给船体,以实现推进船舶的目的。

2.2.1　船舶轴系的组成

船舶轴系位于主机的输出法兰和螺旋桨之间,从主机到螺旋桨之间有一定的距离,其间用传动轴加以连接。为了加工、制造、运输、拆装的方便以及实现不同的功能,往往将传动轴制成许多节,并用联轴器加以连接。各传动轴由相应的轴承支承和定位。

由于船舶动力装置的类型不同,轴系的具体组成也有所不同。

对于直接传动的推进装置,船舶轴系的基本组成如图 2-8 所示,其一般包括以下三部分:

①传动轴,指推力轴、中间轴、艉轴(或称螺旋桨轴);

②传动轴轴承,指推力轴承(大型柴油机推力轴承设在基座内)、中间轴承及艉管轴承;

③轴系附件,指用于连接传动轴的联轴器、制动器、隔舱填料函、艉管密封、中间轴承、推力轴承、艉管轴承的润滑与冷却管路、轴接地装置等。

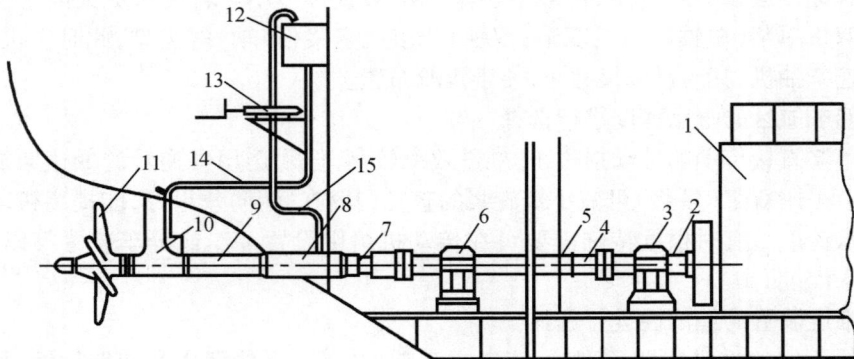

1—主机;2—推力轴;3—推力轴承;4—中间轴;5—隔舱填料函;6—中间轴承;7—艉轴;8—艉管支承;
9—艉管;10—人字架;11—螺旋桨;12—艉轴油箱;13—油泵;14—进油管;15—回油管。

图 2-8　直接传动推进装置的轴系

对于间接传动的推进装置,船舶轴系除了上述组成以外,还有船用齿轮减速箱、离合器、液力耦合器等传动设备。

图 2-9 所示为大型低速柴油机直接传动轴系的组成简图。机舱 1 位于船舶的中后部,柴油机 18 通过推力轴,调整短轴 16 和中间轴 9、11、14 以及艉轴 8 驱动螺旋桨 6。推力轴承 17 给整个轴系轴向定位,推力轴由推力轴承内的径向轴承支承,中间轴由中间轴承 10、12、15 支承。轴承 7 是最后一道位于轴隧内的中间轴承,但其作用是和艉管中的艉轴承一同支承艉轴,也称艉轴前轴承。艉轴从艉管 5 伸出船尾,曲轴、推力轴、中间轴和艉轴之间通过法兰联轴器 13(联轴器的一种类型)用螺栓连接,螺旋桨用键和螺母固定到艉轴上。

图 2-10 所示为一艘内河航行的小型客船所采用的间接传动推进装置的轴系。主机经减速齿轮箱 12 与轴系连接,每条轴系都包括推力轴 10、中间轴 7 和艉轴 4。推力轴、中间轴和艉轴之间由可拆式法兰联轴器 6 连接。推力轴和中间轴分别由推力轴轴承 11 和中间轴轴承 8 支承,艉轴的支承常采用水润滑的橡胶轴承,艉轴前端用较短的艉管前轴承 5 支承,而尾端采用人字架轴承 3 支承。

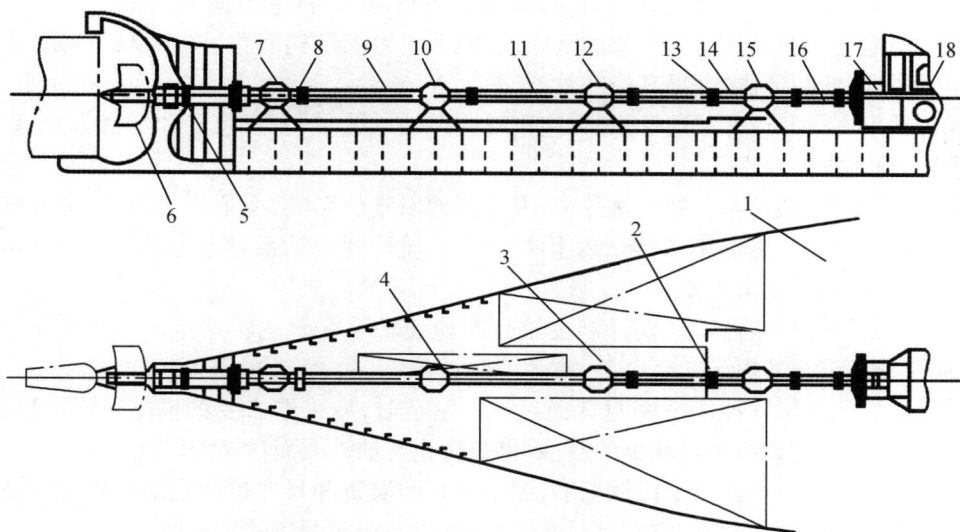

1—机舱；2—隔舱填料函；3—轴隧；4—窗口；5—艉管；6—螺旋桨；7,10,12,15—中间轴承；8—艉轴；
9,11,14—中间轴；13—法兰联轴器；16—调整短轴；17—推力轴承；18—柴油机。

图 2 - 9　大型低速柴油机直接传动轴系的组成简图

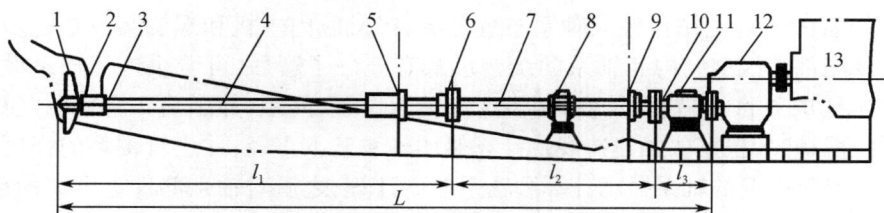

1—螺旋桨；2—人字架；3—人字架轴承；4—艉轴；5—艉管前轴承；6—可拆式法兰联轴器；7—中间轴；
8—中间轴轴承；9—隔舱壁填料函；10—推力轴；11—推力轴轴承；12—减速齿轮箱。
L—轴的长度；l_1—艉轴长度；l_2—中间轴长度；l_3—推力轴长度。

图 2 - 10　间接传动推进装置的轴系

2.2.2　轴系的工作条件及其要求

由于轴系位于水线以下，一部分轴系长期浸泡在水中，工作条件比较恶劣，受力复杂，工作时承受着很大的扭矩、推力和由此产生的扭应力及拉压应力。另外，轴系、螺旋桨以及其他附件自重的作用，使轴系产生弯曲应力；安装误差、船体变形、轴系的扭转振动、横向振动、纵向振动以及螺旋桨的不均匀水动力作用等还会在轴系中产生附加应力。上述诸力和力矩往往是周期性变化的，这更增加了它们的危害性。此外，轴系在工作中，轴颈与轴承发生摩擦，当用海水作艉轴承润滑剂时，艉管和轴颈还会受到腐蚀。如果轴系设计布置或安装不当往往会使轴发热、磨损剧烈，甚至引起断轴事故，修理时船舶往往不得不进坞，从而造成很大的经济损失。

轴系应满足船舶规范的要求，主要包括以下几个方面：

①工作可靠且使用寿命长。轴系传动部件应有足够的强度和刚度，轴系应保证在船舶

横倾 15°、横摇 22.5°、纵倾 5°、纵摇 10°以及其他不利情况同时发生时能可靠运行。

②结构简化。在满足工作需要的基础上,轴系应力求结构简化,这不仅给制造、安装带来方便,还能降低制造成本,提高经济效益。

③传动损失小。设计制造轴系时,应正确选择轴承数目、布置位置和润滑方式,以减少传动损失,提高推进效率。

④船体变形影响要小。船舶航行中,因受各种因素的影响,变形不可避免,而船体变形会使轴系各支承点产生位移,这会产生附加应力。设计制造轴系时应力求这种附加应力尽可能小,不影响轴系正常工作。

⑤具备良好的抗振性能。设计制造轴系时应使轴系在营运转速范围内不产生扭转共振、横向共振及耦合共振。

⑥有良好的抗腐蚀性能及密封性能。设计制造时,应采取必要的措施,选择良好性能的密封装置,既要防止海水对艉轴的腐蚀,也要防止滑油外漏而污染海洋环境。

⑦质量和尺寸要小。对于民用船舶,缩小轴系的质量和尺寸也就是缩小机舱所占的空间,这样可以提高装载货物的空间,增加营运量以提高船舶营运的经济性。

2.2.3　船舶轴系的布置

船舶轴系的布置与整个船体设计建造有密切的关系,应满足船舶总体性能,是船舶动力装置设计建造中一个比较重要的环节。

船舶轴系的布置工作一般从轴系布置开始,当机舱内主机和螺旋桨位置初步确定后,且对船体的尾部总线型结构和轴的结构形式有充分了解后,可着手进行轴系设计工作。首先确定轴线的数目、位置和长度,初步选定轴承位置、间距,并画出布置草图,包括滑油、冷却水系统图;然后根据船舶建造规范计算船舶轴系基本直径,并进行轴系的强度校核,大型船舶还应进行必要的轴系振动计算和轴系校中计算;之后对轴系部件进行结构设计及选型;最后绘制轴系布置图、艉轴艉管总图及有关部分图纸。轴系布置设计本身是一个逐步调整的过程。轴系布置设计程序流程图如图 2 - 11 所示。

当然,在布置轴系时首先要充分了解船舶总体、线型、肋距、结构等方面的有关图纸;认真考虑轴系装卸运输路线、顺序、起重设备与工具;高度重视调距桨的轴系、双轴线桨轴较长的轴系布置、辅助设备的配合与安装工艺,力求考虑周全,避免差错。

1. 轴线的布置

轴线布置主要是指确定轴线的数目、长度和位置。轴系的结构种类很多,有常用型螺旋桨推进装置轴系、可调螺距螺旋桨推进装置轴系、正反转螺旋桨推进装置轴系和可回转式螺旋桨推进装置轴系等。它们相互之间区别很大,各不相同,但就目前我国民用船舶来看,除工程船舶与内河某些小型船之外,大多数属于常用型螺旋桨推进装置轴系。这里仅介绍常用型螺旋桨推进装置轴系。

(1)轴线的数目

主机到螺旋桨间的轴系,往往是由几段位于同一直线的轴相互连接起来的,这种位于同一直线上的轴称为轴线。轴系根据轴线的数目分为单轴系、双轴系和多轴系。轴线数目取决于船舶的类型、航行性能、主机的结构形式及特征,以及推进装置在多种工况下的经济性及其工作可靠性等。

民用船舶通常采用单轴系或双轴系,如大型远洋船舶通常采用单轴系,客船、港作船、集装箱船等要求操纵性好的船舶则一般是双轴系,以提高其快速性、机动性及可靠性,但双轴系船舶的结构复杂,建造的工作量大,成本也高。

对于军用舰船,为了提高其航速、生命力和机动性,一般采用双轴系或三轴系,个别的为四轴系。

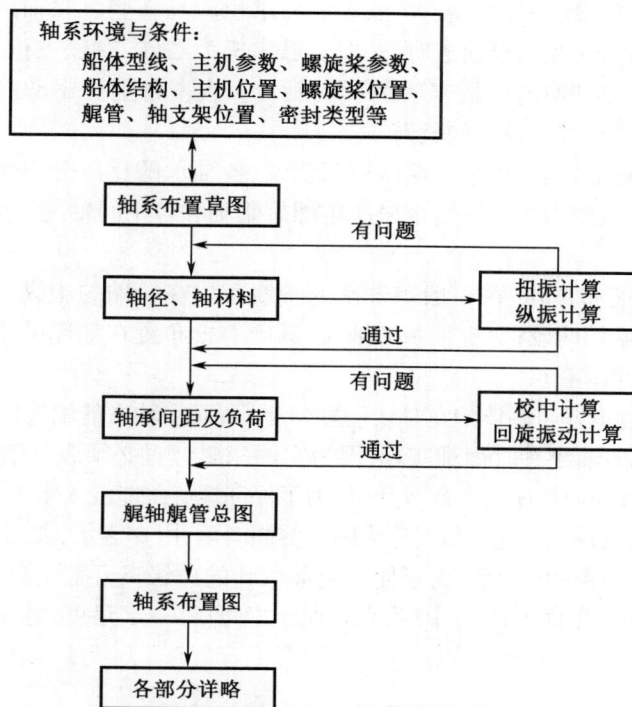

图2-11　轴系布置设计程序流程图

（2）轴线的长度

轴线的长度是指主机(或离合器或齿轮箱)输出法兰端面中心至螺旋桨桨毂端面中心间的连线,如图2-12所示。两端点的距离 L 为轴线的基本长度, H 和 H_1 分别为轴线尾端和前端距基线的高度。

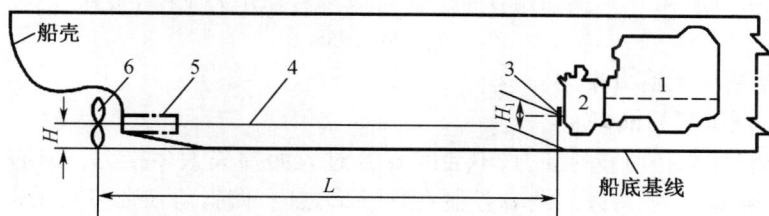

1—主机;2—齿轮箱;3—齿轮箱输出法兰;4—轴线;5—螺旋桨艉管;6—螺旋桨。

图2-12　轴线长度及位置图

传动轴的实际长度应考虑螺旋桨桨毂端面中心后的轴段长度,即用来安装螺旋桨轴段和螺纹的长度。

轴系根据轴线的长短分为长轴系和短轴系。在船舶总体设计时,机舱可以布置在舯部,也可以布置在艉部。当机舱布置在舯部时,轴系就比较长;当机舱布置在艉部时,轴系就比较短。一般来说,具有两根或两根以上中间轴的轴系,称为长轴系。具有中机型的大型船舶的轴系长度有的达 100 m 左右,其中间轴多达 10 余根。只有 1 根,其长度可短至 7～8 m 或者没有中间轴的轴系称为短轴系。长轴系的柔性比较好,比较容易调整,但调整、安装的工作量大;短轴系的刚性比较大,安装的要求也就高一些。双轴系船舶,左右主机回转方向必须相反,当船舶在正车前进时,一般右舷主机为右转,左舷主机为左转。如果主机回转方向一致,则可通过换向机构来实现反向旋转。当一台主机驱动左右两套轴系时,也可安装换向机构来使左右轴系反向旋转。

轴线总的长度确定以后,再根据船体尾部线型、各轴承的比压分布情况、工厂的实际加工能力,以及轴系在机舱内的装卸要求来决定螺旋桨轴和各中间轴的长度。

(3)轴线的位置

轴线在水平面的布置位置:一般单轴系的轴线布置在船舶的中纵剖面上;双轴系的轴线往往对称布置在船舶两舷;而三轴系的轴线,其中一根布置在船舶的中纵剖面上,其余两根轴线则对称布置在两舷。

理想的轴线位置最好与船体的龙骨线(基线)平行,而多轴系的轴线应保持与船舶中纵剖面对称,但这种理想的轴线有时很难实现,因为它的艏艉位置必须服从于主机和螺旋桨的位置。如主机位置比较高而船舶吃水比较浅时,为了保证螺旋桨能浸入水下一定距离,须使轴线向船艉尾部倾斜一定的角度,这一角度称为轴线的倾斜角,用 α 表示,如图 2－13(a)所示。

有些双桨或多桨船舶的轴系,为了使螺旋桨桨叶的边缘离开船的外板并留有一定的空隙,允许轴线在水平投影面上不与中纵剖面平行,而偏斜一定角度,这个角度称为偏斜角,用 β 表示,如图 2－13(b)所示。

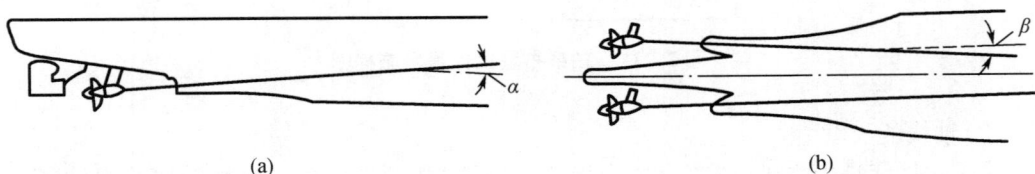

图 2－13　轴系的倾斜角 α 和偏斜角 β

轴线出现了倾斜角 α 和偏斜角 β 都会使螺旋桨有效推力下降,则其有效推力为

$$T = T_{桨} \cos \alpha \cos \beta \qquad (2-1)$$

式中　T——螺旋桨的有效推力;

　　　$T_{桨}$——螺旋桨的推力。

为了保证螺旋桨有足够的推力,不会因 α、β 过大而损失太多推力,必须对倾斜角 α 及偏斜角 β 加以限制,一般将倾斜角 α 控制在 0°～5°之内,偏斜角 β 则控制在 0°～3°之内,但对于高速快艇,由于条件的限制,倾斜角可达到 12°～16°,但很少超过 16°。

轴线的位置由其艏艉两基准点的位置来确定,当主机和螺旋桨的位置确定以后,轴线的位置就随之确定了。

①主机的布置高度,一般应使主机(或齿轮箱)的油底壳不碰到船的双层底或肋骨,并使它们之间留有适当的间隙,还应考虑油底壳放油时所需的操作高度。这样,主机(或齿轮箱)及其输出法兰的高度位置 H_1 就可以确定下来,如图 2－12 所示。

②螺旋桨的位置一般由船体设计人员来确定。螺旋桨位置应紧靠船体且不能露出水面及船体中部轮廓线;叶梢离开基线一定距离,以避免船舶在浅滩航行时,螺旋桨被碰坏,并能充分利用主机所发出的功率。但螺旋桨又不能与船体外板相距太近,否则会造成船体的振动及不必要的附加阻力。船体产生振动的原因之一是,螺旋桨叶尖与船体外板间没有足够的间隙,致使螺旋桨在运转时产生的水流冲击外板。

螺旋桨布置的原则是保证螺旋桨工作可靠、有效。如图 2 - 14 所示是螺旋桨的位置简图。其具体要求如下:

①螺旋桨的叶梢不超过船舶中部轮廓之外。

②螺旋桨边缘与舵叶间应留有一定间隙 a。

③螺旋桨边缘与艉柱间应留有一定间隙 b。

④螺旋桨叶梢与船体外板要有一定间隙 c,否则易引起船体振动。

⑤螺旋桨底部叶梢与舵承艉柱要有一定的

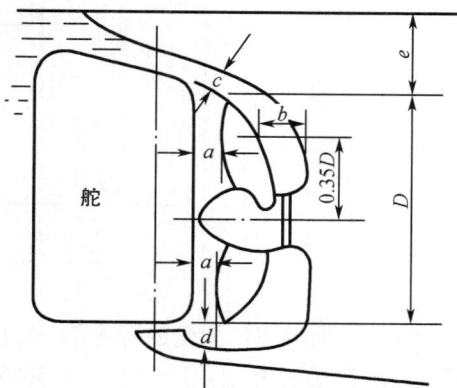

图 2 - 14　螺旋桨的位置简图

距离 d,该距离不能太小。对于单桨船,如距离 d 过小,舵承艉柱受螺旋桨叶梢高速水流的冲刷易被侵蚀;对于双桨船,在搁浅时桨叶易损坏。

⑥螺旋桨应浸入水中一定深度,其深度值用 e 表示,要求单桨船 $e = (0.25 \sim 0.30)D$,双桨船 $e = (0.4 \sim 0.5)D$,D 为螺旋桨直径。

螺旋桨相对船体的间隙如表 2 - 2 所示。

表 2 - 2　螺旋桨相对船体的间隙

适用范围	钢质海船	长江水系钢船
螺旋桨边缘与舵叶间隙 a	0.12D	0.10D
螺旋桨边缘与艉柱间隙 b	0.20D	0.18D
螺旋桨叶梢与船体外板间隙 c	0.14D	0.10D
螺旋桨叶梢与舵承艉柱间隙 d	0.04D	0.04D

2. 中间轴承的布置

轴承数目、间距的大小和位置安排对轴的弯曲变形、应力和轴承的工作状态均有很大的影响,若处理不当,会造成轴承因负荷不均匀而发热和加速磨损,从而影响轴系运转的可靠性。

(1)中间轴承的数目

轴承数目与轴承间距的大小对轴的弯曲变形、柔性和应力均有很大的影响。一般适当减少轴承的数目,增加轴承间距,对轴系变形牵制小,进而会使额外负荷减小,增加轴系柔性,工作更为可靠。通常每根中间轴只设一道中间轴承,一些很短的中间轴甚至不设中间轴承,但如果中间轴过长,也可以设两道中间轴承。

(2)中间轴承的间距

轴承间距的大小与轴承负荷、比压、轴系校中和振动都有关系,必须考虑各方面的影响,然后确定轴承间距。轴承间距的大小一般根据经验公式估算。

①中间轴直径为 $400\ mm \leqslant d \leqslant 600\ mm$ 时的轴承间距。

a. 中间轴承的最大间距。

假设在一长轴系中,有三根连在一起的等直径中间轴,每根轴分别由一个中间轴承所支承,各轴承的间距与每轴的长度相等为 l,如图 2 − 15 所示。

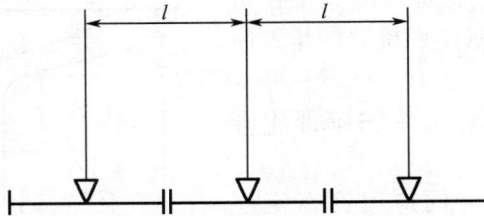

图 2 − 15　中间轴承支座布置

此时,每个中间轴承受的静重为 $\pi d^2 l \cdot \gamma / 4$。一般中间轴承的长度为 $(0.7 \sim 0.8)d$,这里取 $0.8d$,设最大许用比压 $[p] \leqslant 58.86\ N/cm^2(0.588\ 6\ MPa)$,则有下列不等式:

$$\frac{\pi d^2}{4} l \cdot \gamma \leqslant 0.8 d^2 [p] \tag{2-2}$$

式中　d——中间轴直径,cm;

　　　γ——轴的重度,取 $\gamma = 0.076\ 9\ N/cm^3$;

　　　l——两轴承间距,cm。

由式(2 − 2)可求得中间轴承比压作为决定轴承间距的表达式:

$$l \leqslant 779.60 \tag{2-3}$$

因此,中间轴承最大间距 $l_{max} = 7\ 796\ mm$。

b. 中间轴承的最小间距。

中间轴承底座通过螺栓与船体刚性连接,但船体由于受水压、装载等因素影响而产生变形(尤其垂向),另外轴承安装时还存在轴承位置的安装误差,这样会使各轴承的实际中心线偏离理论中心线。轴系在运转时,其变形将使传动轴和轴承的配合处产生附加负荷。轴承间距愈小,当轴承变位时,它对轴线的牵制作用愈大,其附加负荷也愈大,故轴承的间距太小是不利的,应对它有所限制。

研究认为,如果安装最大误差允许值为 0.25 mm,附加负荷所产生的比压不应超过 0.343 4 MPa,则可计算出最小轴承间距:

$$l_{min} \leqslant 24.9 \sqrt[3]{d^2} \tag{2-4}$$

式中,d 为中间轴直径,cm。

轴系布置应力求使两轴承的间距满足 $l > l_{min}$。

②一般轴颈中间轴承的轴承间距。

一般轴颈中间轴承的最小间距仍然为

$$l_{min} = 24.9 \sqrt[3]{d^2}$$

一般轴颈中间轴承的最大间距可根据以下经验公式计算。

俄罗斯尼古拉也夫推荐的公式:

$$l \leqslant 125\sqrt{d} \qquad\qquad (2-5)$$

式中,d 为中间轴直径,cm。

德国劳氏船级社(GL)对轴承间距最大值的规定:

$$l \leqslant 142\sqrt{d} \qquad\qquad (2-6)$$

式中,d 为中间轴直径,cm。

轴系布置时,要求两轴承的间距可以根据上述推荐公式考虑,但轴承间距也不能过大,它受到下面因素的限制:

a. 轴系临界转速的限制。过大的轴承间距会使轴系回旋振动固有频率降低,易产生轴系的横向振动和回旋振动。

b. 比压和挠度的限制。增大轴承跨距,减少轴承数量,使轴承比压增加,挠度增加,同时造成轴承负荷的不均匀性。

c. 制造和安装工艺的条件限制。增大轴承跨距给轴系的制造和安装带来困难。一般中间轴长度不超过 9 m,具体情况视各船厂的加工条件、舱室间的距离等而定。

(3)中间轴承的位置

中间轴承间距确定以后,在确定中间轴承位置时,应尽量避免两轴段连接法兰的位置处于两轴承间距的中部,不然易使相应轴段产生过大的挠度,造成法兰的安装和对中困难。一般在不影响装卸的前提下,中间轴承应安装在靠近法兰处,并尽可能使轴承中心到连接法兰中心线的距离等于 0.2 L(L 为中间轴长度),如图 2-16 所示。

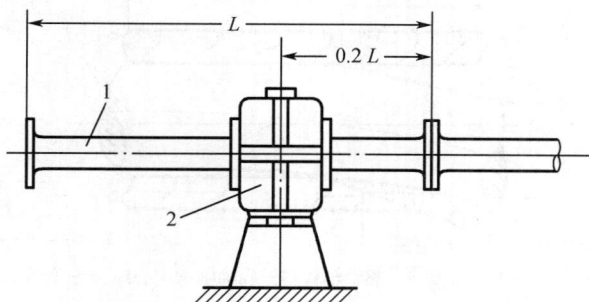

1—中间轴;2—中间轴承。

图 2-16 中间轴承支座简图

(4)中间轴承的设置要点

①艉管无前轴承者,中间轴承尽量靠近艉管前密封;

②中间轴承设在轴系上质量集中处附近,如调距桨轴系的配油箱附近;

③热源附近避免设中间轴承,如滑油循环舱顶部;

④每根中间轴一般只设一个中间轴承(极短中间轴不设)。

3. 艉轴轴承的布置

(1)艉轴轴承的间距

由于艉轴轴承工作条件比较恶劣,受到螺旋桨旋臂负荷的作用,其受力情况沿轴承长度是不均匀的,为此较易损坏,故对艉轴轴承的间距要求比中间轴承更为严格。通过大量计算和实船调查,艉轴轴承间距 L 与艉轴基本直径 D 的比值大致推荐如下:

当 D 为 400 ~ 600 mm 时,$L/D \geqslant 12$;

当 D 为 230 ~ 400 mm 时,$L/D = 14 ~ 25$;

当 D 为 80 ~ 230 mm 时,$L/D = 16 ~ 40$。

对于具有艉部机舱的货船或油轮,由于受到空间位置的限制,L/D 的值常小于上述推荐数据(L/D 只有 8 ~ 9,甚至更小)。

对于双轴系的船舶,其螺旋桨往往较长,为此可采取下列措施:

①将艉部船体板凸出,装置用艉管支架来支承螺旋桨的质量;

②在艉部增加一道人字架来支持;

③如果螺旋桨轴太长,可将其分为两段,并可在适当位置增加支承托;

④一般双轴系的艉轴承的间距比单轴系大,必要时可用三个艉轴承支承。

(2)艉部轴承支点位置

所谓支点是指轴段与轴承的接触点,如果接触是均匀的,那么可以假设支承点是轴承的中点,否则就不能这样假设。

对于艉管后轴承或靠近螺旋桨的最后一道轴承,由于受到较重的螺旋桨的悬臂力矩,其受力是不均匀的,艉轴承后侧局部负荷较大,艉轴常是侧倾的,因此不能假设支承点为轴承的中点,轴承支承点位置要相应后移,如图 2 – 17 所示。为此,在布置艉轴承或在决定支承点位置时必须考虑这一情况。

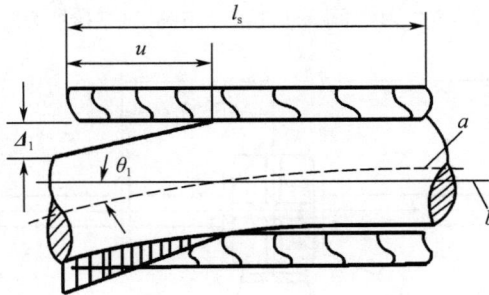

Δ_1—使用 4 年间隙;a—艉轴轴线;b—艉轴轴承中心线;θ_1—倾角。

图 2 – 17 艉轴承的受力与磨损间隙

对于油润滑的白合金轴承通常选取:

$$u = 0.5D$$

对于水润滑的橡胶(或木质)轴承:

$$u = \left(\frac{1}{4} : \frac{1}{3} \right) l_s$$

式中 u——艉轴承后端面至支反力作用点间的距离,mm;

D——螺旋桨轴径,mm;

l_s——艉轴轴承衬套长度,mm。

由于螺旋桨轴与轴承在运转中不断发生摩擦,为此距离 u 在安装初期和运转一段时间之后是不同的,式中 u 指的是磨合稳定后的数据。

艉管前轴承或其他轴承,u 取 0.5D。

螺旋桨的悬臂负荷将使艉管后轴承局部区域比压较大,轴承的磨损较快,为改善这种状况,一般采用轴系合理校中及使艉管中心与船体基线倾斜一定角度的做法,即所谓的斜镗艉管法。

4. 轴承负荷分配与调整

一般轴承负荷的大小用轴承的比压表示:

$$p = \frac{R}{Dl_s} \tag{2-7}$$

式中　p——轴承的比压,MPa;

　　　R——轴承负荷,N;

　　　D——轴颈直径,mm;

　　　l_s——轴承衬套长度,mm。

在进行轴系布置时,应尽量使轴系各轴承的负荷比较均匀,并使其比压在允许的范围内,这是最佳的设计布置,可延长轴承的使用寿命。但是,在设计计算时,往往会发生如下情况。

(1)轴承负荷过重

轴承负荷过重,即轴承负荷超过轴承的许用比压。造成轴承负荷过重的原因为轴承间距过大,轴承位置不合适等。这时不可以采用增加轴承长度的方法来降低比压值,应重新布置轴承位置与间距大小,校核计算比压值再进行调整。如果采用增加轴承长度使约束增加的方法,则轴承附加应力增加,不一定达到预期效果。

(2)轴承负荷很小或为零

这种情况时表示轴承基本上不起作用,实际上,很可能是由船体变形或其他原因造成的。轴承负荷为零,轴承间隙又很大时,轴瓦将脱离下轴承座,这样一方面使轴承的负荷计算与实际不符,另一方面影响横向振动的频率计算,设计者应考虑加大轴承间距甚至取消这道轴承,以改变轴承受力状况。

(3)轴承负荷为负值

轴承负荷为负值时说明反作用力是向下的,这种情况应该避免。这是由相邻轴承负荷过重或轴承间距太小造成的。设计者应增大轴承间距或取消一道轴承,适当更新设计调整。

总之,在轴承的布置设计时,必须使各轴承的比压在轴承材料允许的范围内,轴承负荷过大或过小都是不合理的,应力求使各轴承的负荷分配均匀。

5. 轴系布置的典型实例

图2-18所示为远洋46 000DWT货船单轴系布置图。该船的主机采用一台二冲程、中冷、直流扫气、废气涡轮增压、直接换向十字头式低速船用柴油机,机型为SULZER6RTA52U。该主机经传动轴直接与螺旋桨相连接,这种大型低速机本身带有推力轴承,故在该船轴系中未另设推力轴与推力轴承。整个轴系总长为14 210 mm,由一根中间轴2、艉轴艉管装置1、中间轴承4、轴系接地装置3等组成,中间轴与艉轴采用整段法兰连接,螺旋桨与桨轴采用无键液压套合连接,提高了轴系的强度。该轴系属于直接传动方式,有结构简单、传动效率高等优点。这种传动方式在大型远洋船舶中应用广泛。图2-19所示为长江线客船的双轴系布置图。该轴系由推力轴2,中间轴5,7,8,9及艉轴、艉管10组成,每根中间轴分别由中间轴承4支承,推力轴2上设有推力环,推力环两侧有推力块,用以传递主机功率,并承受螺旋桨的推力。中间轴上装有测功仪,用于测量主机所传递的功率大小。艉轴通过艉管10伸出船外,艉管中设有密封装置,避免舷外水进入舱内及滑油外泄到船外。因艉轴伸出艉管外距离较长,为了支承螺旋桨的质量及保护伸出船体外的艉轴部分,装设一人字架。

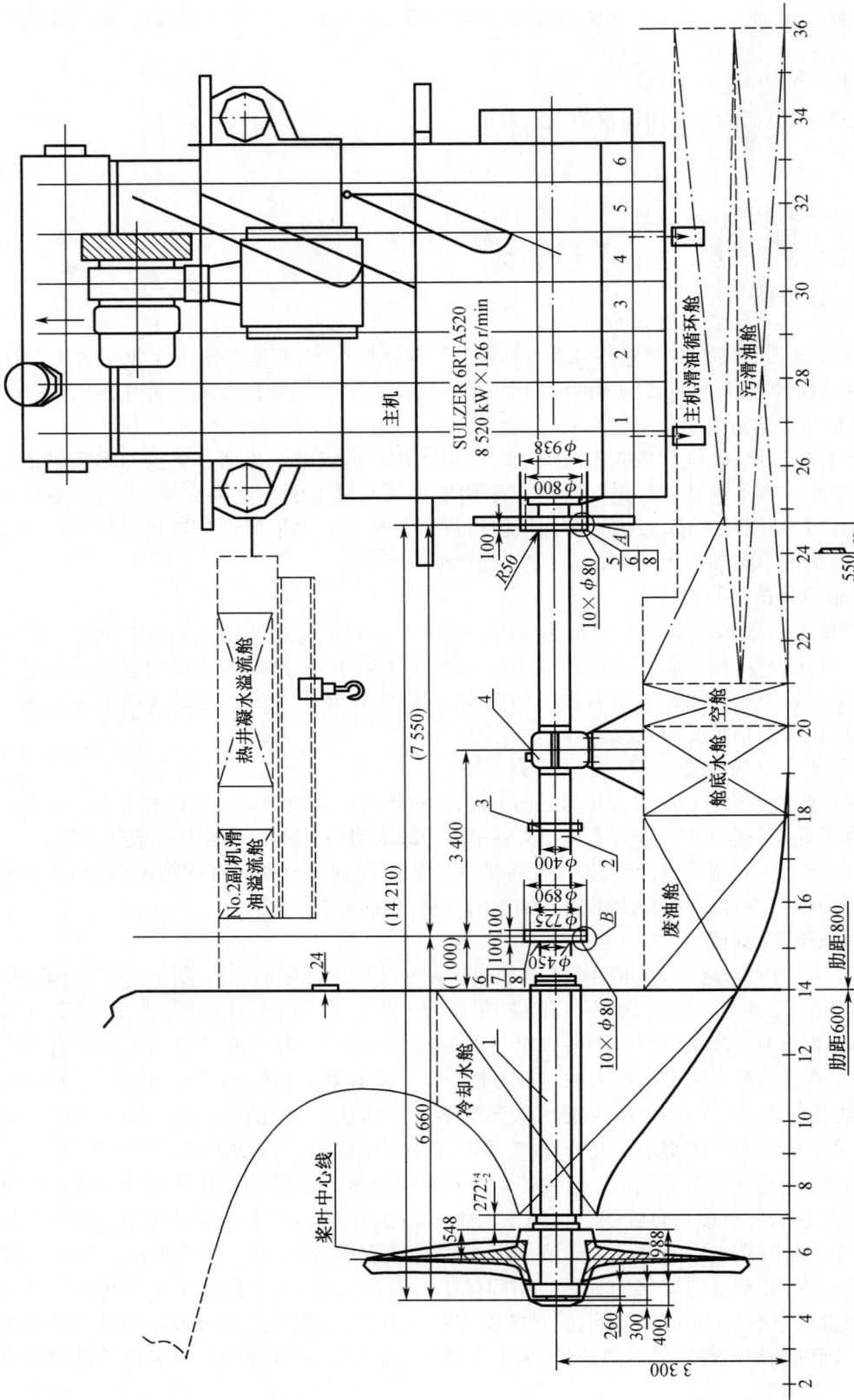

图 2-18 远洋 46000DWT 货船单轴轴系布置图

1—艉轴艉管装置；2—中间轴；3—轴系接地装置；4—中间轴承；5，7—轴栓；6—螺母；7—垫片。

主机 SULZER 6RTA520 8 520 kW×126 r/min

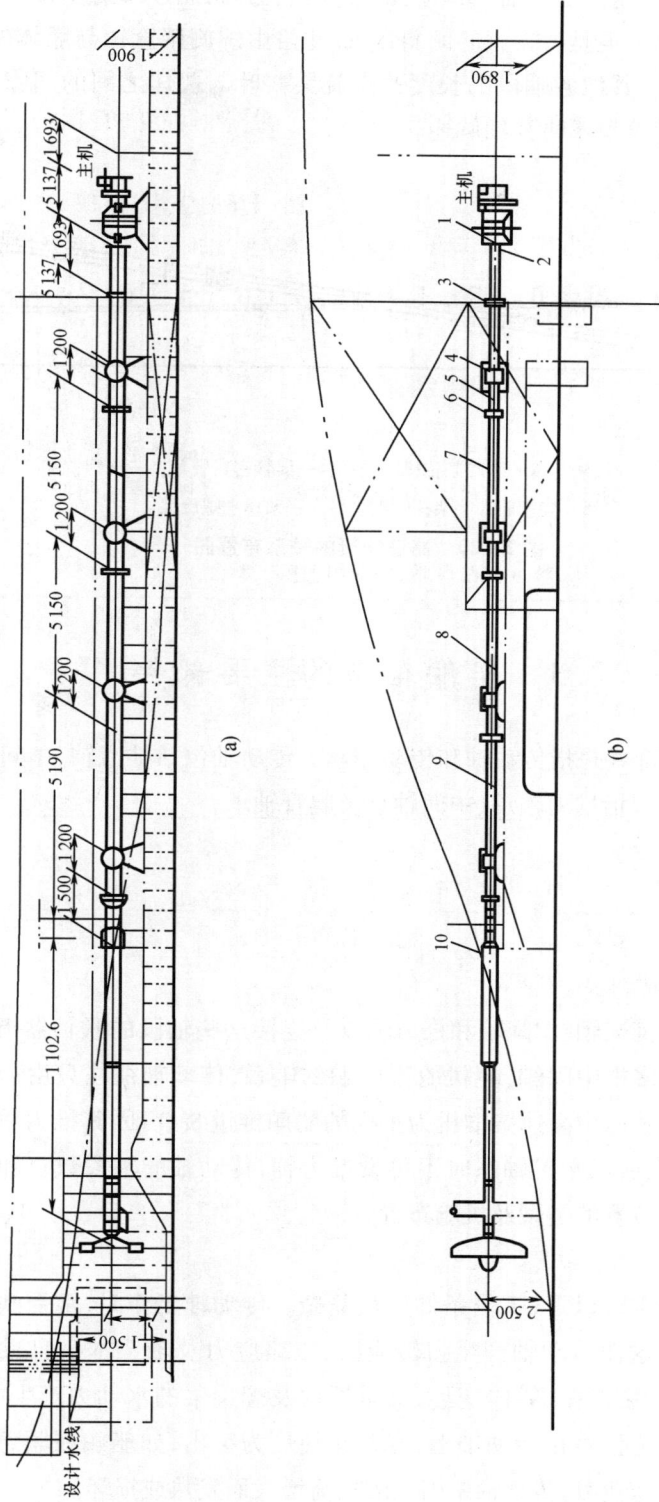

图 2-19 长江线客船的双轴系布置图（单位：mm）

1—推力轴承；2—推力轴；3—隔舱填料函；4—中间轴承；5—中间轴（Ⅰ）；6—中间轴连接法兰；
7—中间轴（Ⅱ）；8—中间轴（Ⅲ）；9—中间轴（Ⅳ）；10—艉轴艉管。

图 2-20 所示为高速快艇的轴系布置图。它要求主机功率大而艇体狭小、吃水浅,主机和螺旋桨虽呈直线布置,但是有较大的倾斜角 α,此角由螺旋桨直径与船体外壳间隙、主机布置高度等因素决定。其他各轴段的长度及螺旋桨桨叶与船体之间的间隙参照有关高速艇布置要求进行设计,这里不再详细阐述。

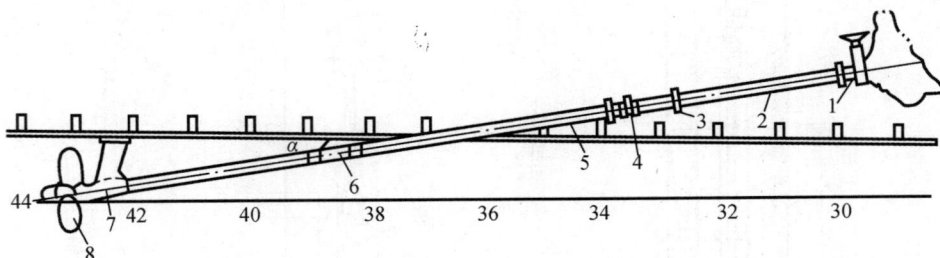

1—连接法兰;2—螺旋桨轴;3—轴承;4—艉管密封装置;5—艉管;
6—艉管前人字架;7—艉管后人字架;8—螺旋桨。

图 2-20　高速快艇的轴系布置图

2.3　船舶轴系的主要部件

船舶轴系的主要部件是指传动轴和传动轴承。传动轴包括推力轴、中间轴、艉轴(或称螺旋桨轴);传动轴承包括推力轴承、中间轴承及艉管轴承。

2.3.1　传动轴

1. 传动轴的组成和要求

(1)传动轴的组成

传动轴通常由螺旋桨轴、中间轴和推力轴以及连接这些轴段的联轴器组成。中机舱型船舶的轴系一般采用多根中间轴;尾机舱型船舶的轴系,传动轴往往只由一根中间轴和一根螺旋桨轴组成。有些以中高速柴油机为主机的船舶推进装置,因其推力轴已放置在减速齿轮箱中或主机自带,所以布置轴系时不再设推力轴,传动轴的轴段数目和配置主要取决于船舶的类型和动力装置的类型及机舱布置。

(2)要求

传动轴位于船舶水线以下,工作条件比较复杂。传动轴工作时,常受到螺旋桨产生的阻力矩及推力作用。这使传动轴产生扭转应力、压缩应力及轴系本身自重产生的弯曲应力,此外还有轴系的安装误差、船体变形、轴系振动及螺旋桨的水动力产生的附加应力等。以上诸力往往周期变化作用在传动轴上,有时作用更为突出,如船舶在紧急刹车、倒航、转向及在恶劣天气航行作业时,传动轴系因受的负荷增大而发热或损坏。

为了保证传动轴工作安全可靠,使用寿命长,要求传动轴具有足够的强度、刚度,有合理的结构尺寸,并尽量减少其长度与质量,还应有利于制造和管理。

2. 传动轴的结构

（1）螺旋桨轴

一般船舶的螺旋桨轴也称艉轴。少数螺旋桨轴伸出船体过长的多轴线船舶的轴系，为了便于制造与安装，往往将螺旋桨轴分成两段，并用联轴器将两段相连，这时与螺旋桨连接的轴段称为螺旋桨轴，通过艉管但不安装螺旋桨的轴段（即联轴器前面的轴段）称为艉轴，如图2－21所示。由于民用船舶的螺旋桨轴很少分为两段，所以通常情况螺旋桨轴与艉轴是同一概念。

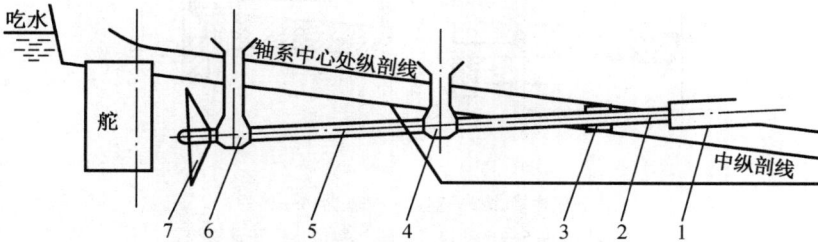

1—艉管；2—艉轴；3—夹壳联轴器；4,6—人字架；5—螺旋桨轴；7—螺旋桨。

图2－21 螺旋桨轴与艉轴

① 螺旋桨轴的结构。

螺旋桨轴是轴系中最末的一段轴。它穿过艉管而伸出船尾，其首端与中间轴连接，尾端安装螺旋桨。

螺旋桨轴的基本结构如图2－22所示。其主要由尾部（装螺旋桨的锥形轴和螺柱）、轴干、轴颈和首部（锥形轴、螺柱或法兰）组成。

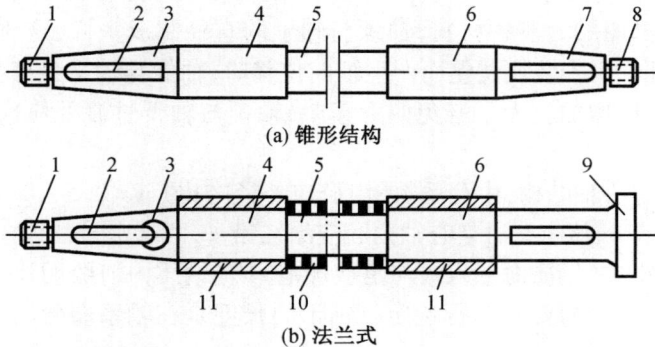

(a) 锥形结构

(b) 法兰式

1—尾螺纹；2—键槽；3—尾锥体；4—后轴颈；5—轴干；6—前轴颈；7—前锥体；
8—前螺纹；9—前连接法兰；10—轴包覆；11—轴套。

图2－22 螺旋桨轴的基本结构

螺旋桨轴直接与艉轴轴承接触处，或装有轴套的部位称轴颈，轴颈中间最细的部分为轴干。艉轴的尾部制成锥形轴，供安装螺旋桨所用，其艉轴轴端螺纹部分供装锁紧螺母之用。螺旋桨轴首部结构形式有两种：一种是锥形结构，供装可拆联轴器之用，如图2－23(a)

所示,这种结构形式可由船体外向船体内安装艉轴;另外一种是法兰式[图2-22(b)],法兰与艉轴制成一体,这种结构形式可由船体内向船体外安装艉轴,故在船内应留有一定的空间,便于艉轴吊入船内安装。法兰式艉轴具有质量和尺寸小等特点,在大型船舶中应用较多。

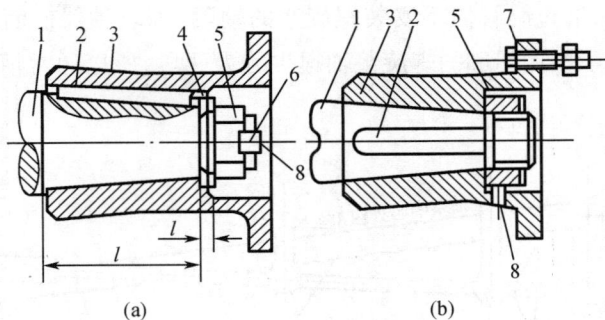

1—螺旋桨轴;2—键;3—联轴器;4—垫片;
5—锁紧螺母;6—止动块;7—连接螺栓;8—止动螺钉。

图2-23 螺旋桨首部锥体与可拆联轴器连接

图2-24所示为40000 t油轮的螺旋桨轴结构图。

a. 轴颈与轴干。

轴颈是直接与艉轴承相接处的部分,它主要起到传递动力的作用,并有摩擦损失。因此轴颈是螺旋桨轴的工作表面。轴颈间的部分为轴干,其两端与轴颈相连,轴干是螺旋桨轴的非工作表面。

对于艉轴轴颈,为了使其外圆面在磨损后便于修复,一般其直径比轴干大5~30 mm;为了便于安装,前后轴颈直径大小应略有差异,一般差值为2~10 mm。由船体外向船体内安装的艉轴,其首部轴颈直径应略小些。带有整段法兰式的螺旋桨轴,其后部轴的直径应略比首部小。有的小型船舶为节省材料,轴颈与轴干的直径制成一样,这时轴颈长度应比轴承长度略长,以保证轴系安装或调整而产生轴向位移时,轴能与轴承良好接触,以免使其接触长度缩短,接触比压增加。为了避免应力集中,轴颈与轴干过渡处应采用锥形或圆弧过渡来减轻质量。

有时也可采用空心轴结构,中孔系数(内径与外径之比)$m = 0.5 \sim 0.75$,对于尾部锥形部分为保证强度要求m值小些。空心轴内腔应涂红铅丹,两端密封,以防内表面腐蚀。

轴干直径的大小按《钢质海船入级与建造规范》或《钢质内河船舶建造规范》的有关公式计算求得,再按标准化的要求进行选定。轴干的长度是在轴系布置时确定的,它与轴线数和船体线型有关。

b. 轴套与轴干保护层。

轴套是套在螺旋桨轴轴颈上的金属圆筒,可用来防止轴颈的擦伤和腐蚀。采用水润滑轴承的海船艉轴轴颈上均装有轴套。

轴套材料一般用锡青铜,小型内河船舶可采用锰黄铜。

轴套一般采用热套(红套)法装配在轴上。设计、制造、安装时,轴套和轴颈上应留有适当的过盈量:若过盈量太大,会使轴套和轴颈上产生过高的应力,引起轴套胀裂;过盈量过小,则轴套在工作时会发生转动。轴套和轴的配合过盈量可按表2-3选取。

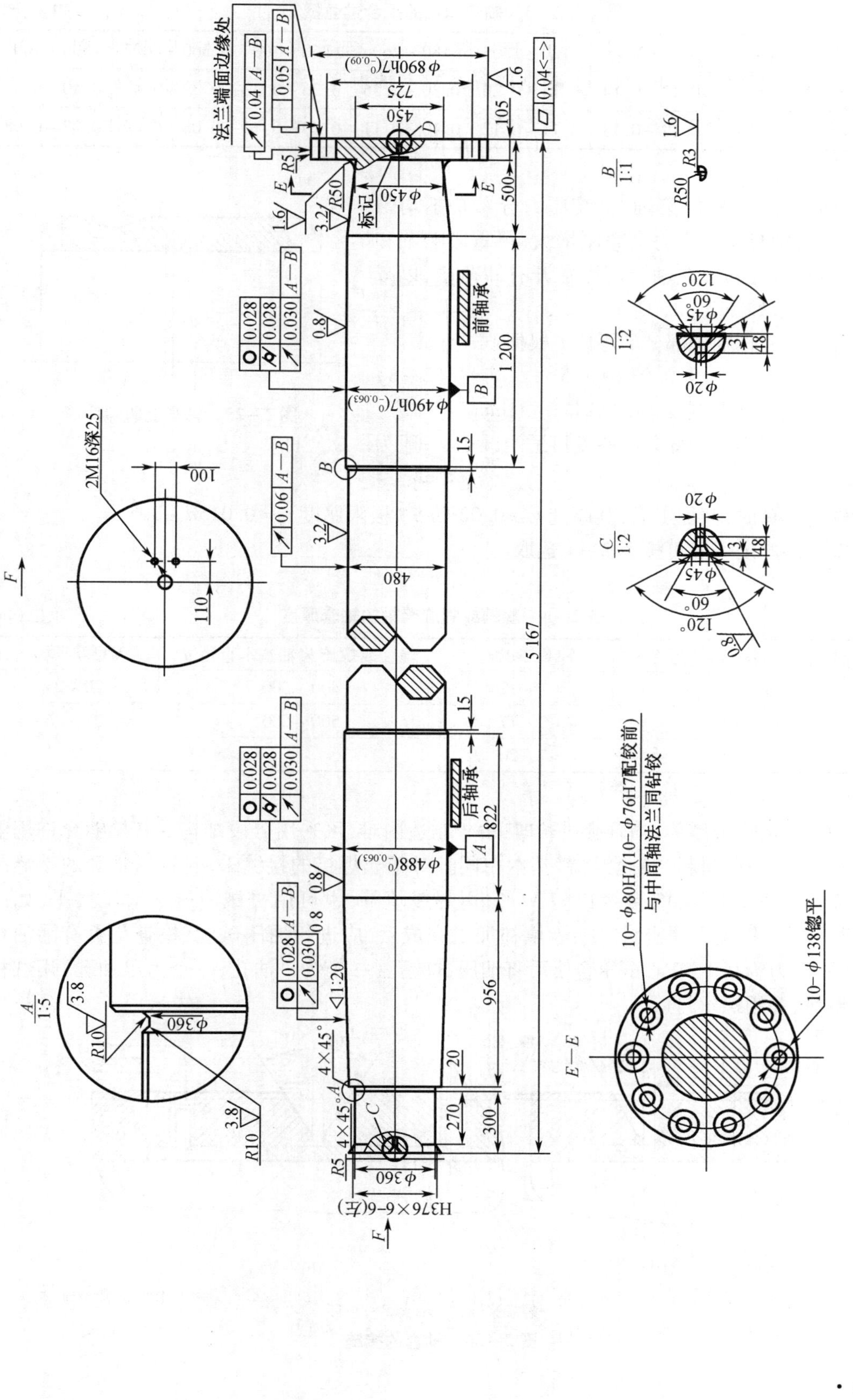

图 2-24　40 000t 油轮的螺旋桨轴结构图

表 2 – 3 轴套和轴的配合过盈量　　　　　　　　　　　　　单位:mm

轴颈直径	< 120	120 ~ 180	180 ~ 260	260 ~ 360	360 ~ 500	500 ~ 700
过盈量	0.12 ~ 0.14	0.14 ~ 0.20	0.20 ~ 0.26	0.26 ~ 0.32	0.32 ~ 0.40	0.40 ~ 0.50
过盈量百分比/%	0.12 ~ 0.13	0.11 ~ 0.12	0.10 ~ 0.11	0.09 ~ 0.10	0.08 ~ 0.09	0.07 ~ 0.08

　　轴套套装在螺旋桨轴上,其应力分布是不均匀的,冷却后轴套端部应力会急剧增大,严重影响轴和轴套的强度。因此,在轴套两端常开有卸荷槽,以减少应力集中,如图 2 – 25 所示。

　　轴套的工作轴颈部分的厚度 t_s 根据下式计算:

$$t_s \geqslant 0.03d + 7.5 \qquad (2 - 8)$$

式中,d 为艉轴或螺旋桨轴的基本直径,mm。

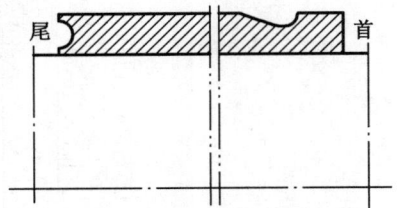

图 2 – 25 轴套上的卸荷槽

　　轴套非工作轴颈部分的厚度可适当减小,一般为 $0.75t_s$。

　　轴套修理时,精加工后,其厚度 $t_s \geqslant 0.02d + 5$,极限厚度 $t_s = 0.015d + 3.5$。

　　轴套的厚度一般可按表 2 – 4 选取。

表 2 – 4 艉轴或螺旋桨轴的轴套厚度　　　　　　　　　　　　单位:mm

艉轴或螺旋桨轴基本直径 d	轴套厚度 t_s	艉轴或螺旋桨轴基本直径 d	轴套厚度 t_s
100 ~ 150	11 ~ 12	400 ~ 500	20 ~ 23
150 ~ 300	12 ~ 17	500 ~ 600	23 ~ 26
300 ~ 400	17 ~ 20		

　　轴套一般做成整体,当轴套过长时,由于制造困难,可采用分段结构。其接缝允许用电焊填补,要求焊条材料与轴套材料基本相同。对于非焊接的接缝采用搭接,轴套的接缝制成图 2 – 26 所示的形式,接缝口呈 V 形,用焊锡填补,也可用机械滚压法滚压接平,如图 2 – 27 所示。接缝必须密封。接缝填补加工完成后,应进行油压试验,检查是否有漏油现象,试验压力为 0.1 MPa,试压合格后将油压试验孔(一个为进油孔,一个为出油孔)用红粉白漆填涂,并用螺丝封口。

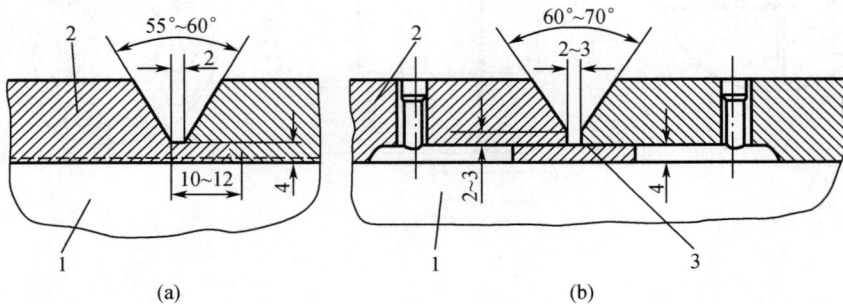

1—螺旋桨轴;2—轴套;3—垫环。

图 2 – 26 轴套的接缝

采用红套法将轴套套装在螺旋桨轴,在操作时,如果动作慢,冷却过快,可能无法完成套装,同时也无法拉出,容易造成返工。因此,目前已开始采用环氧树脂胶合法来配合艉轴铜套。这种方法比较先进,对铜套的配合表面粗糙度要求不高,一般只要求 Ra 达到 $6.3 \sim 3.2 \ \mu m$。套合前应先用丙酮洗擦艉轴,然后用布或棉纱擦拭干净方可涂上环氧树脂。

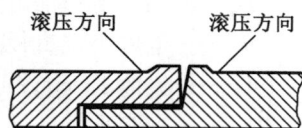

图 2-27 轴套滚压接缝

由于螺旋轴与轴套、螺旋桨轴与螺旋桨的材料不同,为了防止轴干遭受电化腐蚀和海水的化学腐蚀作用,在海水中运行的螺旋桨轴必须考虑防腐措施,避免机械损伤。因此,在艉轴或螺旋桨轴的轴干上应有保护层。

对于螺旋桨轴的电化腐蚀常采用阴极防护法进行防腐,民用船舶除采用上述方法外,主要采用覆盖保护法进行防腐和防止机械损伤。一般采用在轴段表面涂上红丹、防腐油漆、玻璃钢包覆、橡胶覆盖层等方法。目前使用最多的方法是玻璃钢包覆层。玻璃钢主要材料为黏合剂(环氧树脂、增塑剂、稀释剂及硬化剂)和玻璃布。其包覆工艺是先用丙酮或香蕉水将轴擦洗干净,将配置好的黏合剂在艉轴表面均匀涂抹,再将浸有黏合剂的玻璃布缠绕在轴上,艉轴均匀转动直至黏合剂不流动为止,然后让其自然固化48 h后才能使用。

为了保证轴套与玻璃钢包覆层的紧密结合,保持其水密性,在轴套与轴干接触处采取如图 2-28 所示的筒套接触保护层端头的结构形式。

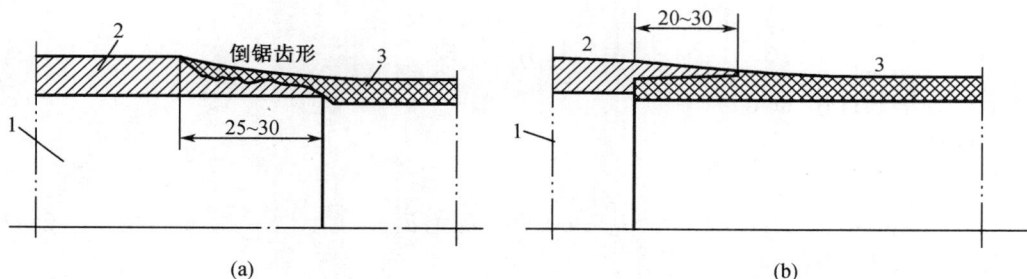

1—螺旋桨;2—筒套;3—玻璃钢。

图 2-28 筒套接触保护层端头的结构形式

c. 螺旋桨轴的尾部结构。

螺旋桨轴的尾部结构如图 2-29 所示,主要由尾部锥体、锥体键槽和尾部螺柱组成。螺旋桨轴的尾部用于安装螺旋桨,并传递和承受各种载荷。主机的转矩依靠连接键或液压连接时螺旋桨桨毂锥孔与轴过盈配合锥面的摩擦力传递给螺旋桨。工作时,螺旋桨轴的尾部锥体部分承受正车推力,尾部螺柱安装固定螺母承受倒车拉力。螺旋桨轴最末端的螺纹用于安装导流罩,作用是减少桨后面的涡流损失以及保持轴末端的水密性。

为了满足强度要求,螺旋桨轴的尾部应有一定的结构尺寸要求,一般通过螺旋桨轴直径进行估算,参考图 2-29 所示的结构,经验数据如下。

(a)锥形部分。

锥度 K 为

$$K = \frac{(D_K - d_K)}{L_K} = 2\tan \alpha_K \qquad (2-9)$$

式中　D_K——锥体大端直径,mm;

　　　d_K——锥体小端直径,mm;

　　　L_K——锥体长,mm;

　　　α_K——1/2 锥角。

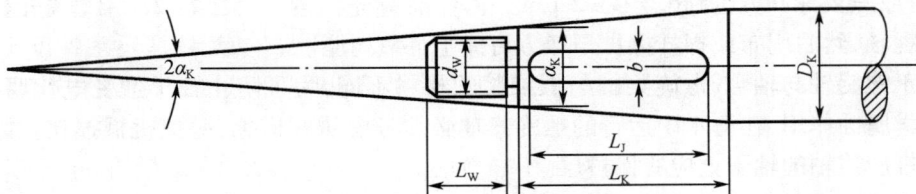

D_K—锥体大端直径;d_K—锥体小端直径;L_K—锥体长;L_J—锥槽长;

b—锥槽宽;d_W—螺纹直径;L_W—螺纹长;$2\alpha_K$—锥角。

图 2-29　螺旋桨轴的尾部结构

船舶轴系的锥度 K 值有 1:10、1:12、1:15、1:20 等四种。尽管 K 值大时拆卸方便,但强度相对减小且易松动,我国采用 1:15 居多。

锥体长 L_K 为

$$L_K = (1.6 \sim 3.3)D_K \tag{2-10}$$

锥体小端直径 d_K 为

$$d_K = D_K - KL_K \tag{2-11}$$

式中,D_K 为轴颈直径,mm。

（b）螺纹部分。

螺纹直径 d_W 为

$$d_W = (0.75 \sim 0.9)d_K \tag{2-12}$$

螺纹长度 L_W 为

$$L_W \approx d_W \tag{2-13}$$

为了避免螺帽因自重的惯性产生松动,尾部螺纹的旋向一般与螺旋桨的旋向相反并加锁紧装置。

（c）键的主要尺寸。

键长 L_J 为

$$L_J = (0.90 \sim 0.98)L_K \tag{2-14}$$

键宽 b 为

$$双键\ b = (0.017 \sim 0.19)D_K,单键\ b = (0.2 \sim 0.3)D_K$$

键高 h 为

$$h = (0.5 \sim 0.6)b \tag{2-15}$$

在设置双键时,圆周方向两者应呈 120° 或 180°。为了减少键槽的局部应力,键槽的棱角应做成圆角,首端应制成雪橇形;当轴颈大于或等于 500 mm 时,应制成汤匙或雪橇形。尾锥体上键槽的形状和尺寸如图 2-30 所示。

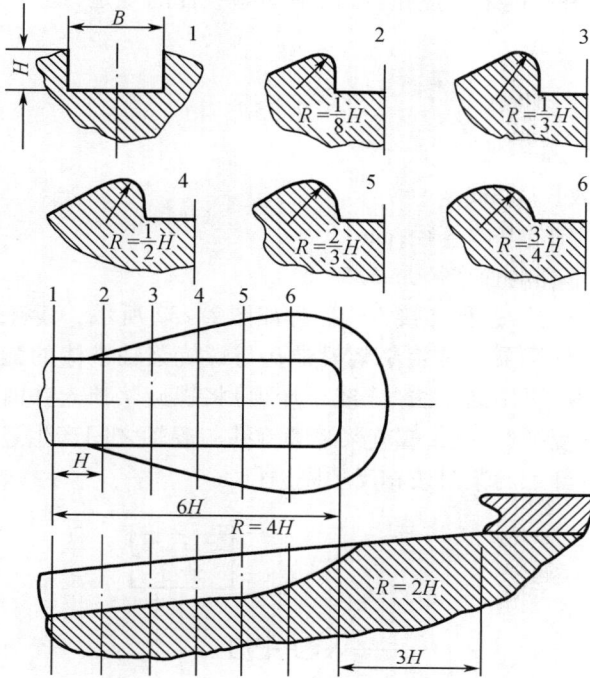

B—键槽宽度;H—键槽深度;R—键槽圆角。

图 2－30 尾锥体上键槽的形状和尺寸

②螺旋桨轴与螺旋桨的连接形式。

螺旋桨轴与螺旋桨常见连接形式有三种。

a. 机械连接。机械连接由螺旋桨的桨毂锥孔与螺旋桨轴的锥体紧密配合来实现,主要用键来传递扭矩,如图 2－31 所示。螺旋桨的桨毂锥孔与螺旋桨轴的锥体通过研磨配制,保证接合面在全长上均匀贴合,贴合面积要求达到总接触面积的 75% 以上,且尽可能地使桨毂锥孔大端接触得实些,以避免锥体小端负荷集中。当用色油检查时,要求 25 mm×25 mm 面积内接触点不少于 2 点。键与键槽的两侧亦须均匀接触,应在 80% 周长上插不进 0.05 mm 的塞尺,键的底面与键槽底面不能悬空,接触面积要在 30% 以上。机械连接时,尾部螺母应有锁紧装置,在螺旋桨的尾部通常应装有导流帽。

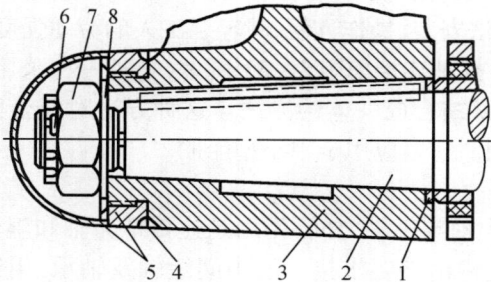

1—橡胶圈;2—螺旋桨轴;3—螺旋桨;4—防松环;

5—导流罩;6—销子;7—螺母;8—垫圈。

图 2－31 螺旋桨在螺旋桨轴上的装配图

由于机械连接主要用键来传递扭矩,按中国船级社的规定,键所受剪切力的有效截面积为

$$BL_g \geqslant \frac{d^3}{2.35d_m} \qquad\qquad (2-16)$$

式中　　B——键的宽度,mm;

　　　　L_g——键的有效长度,mm;

　　　　d——计算中间轴的基本直径,mm;

　　　　d_m——在键中部处的轴直径,mm。

b. 无键液压套合连接。这种连接方式原理如图2-32所示。其将螺旋桨套在螺旋桨轴上,用油泵将高压油由油管泵入螺旋桨桨毂锥孔与螺旋桨轴锥体的配合面,使螺旋桨桨毂锥孔产生弹性变形胀开,再用油压法兰(或千斤顶)将螺旋桨顶入并前移至规定位置;然后泄放高压油,使桨毂恢复弹性变形,螺旋桨桨毂锥孔与艉轴之间产生过盈配合;最后旋紧尾部螺母,锁紧即可。拆卸螺旋桨时按相反顺序进行。

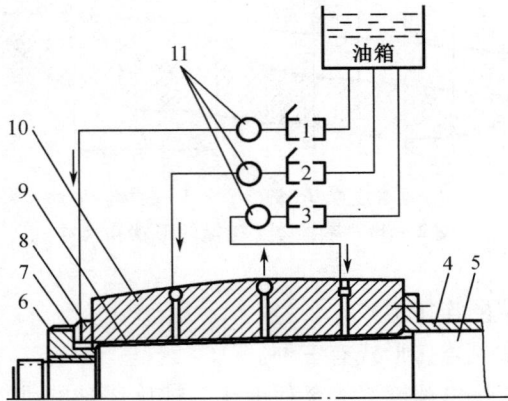

1,2,3—油泵;4—保护套;5—艉轴;6—特殊螺母;7—环状活塞;
8—油压法兰;9—通油间隙;10—桨毂;11—油压表

图2-32　无键液压套合连接原理

无键液压套合连接的优点:

(a)接合面依靠过盈配合产生摩擦力,使传递主机输出扭矩具有足够的安全系数;

(b)由于螺旋桨轴上无键槽,使加工简化,螺旋桨轴的强度也有所提高;

(c)螺旋桨用液压方法安装,操作方便,减轻了工人的劳动强度,提高了劳动效率。

c. 环氧树脂胶合法。这种连接如图2-33所示,它是一种采用环氧树脂等配方作为黏合剂,使螺旋桨和艉轴紧紧黏合成一体的方法。这种方法对配合面加工精度要求不高,可节省大量的研磨配制时间。它多应用于中小型船舶。

(2)中间轴

中间轴一般设在推力轴与艉轴之间,作用是连接推力轴和艉轴,并实现扭矩及推力的传递。有的柴油机的飞轮输出端要求接一段中间短轴及轴承,用以承受飞轮质量,以免影响曲轴的臂距差,使之满足规范的要求。

①中间轴的结构。中间轴主要由两端锥体和螺柱或连接法兰、工作轴颈、非工作轴颈组成。各中间轴用联轴器连接,中间轴上还可以设置轴系接地装置、制动装置、测功仪等附件。

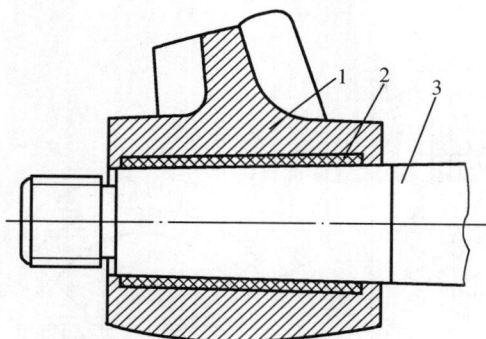

1—螺旋桨;2—环氧树脂黏合剂;3—螺旋桨轴。

图 2 − 33　螺旋桨用环氧树脂胶合

中间轴的结构形式根据中间轴两端的连接件不同,主要有整锻法兰式和可拆法兰式两种,如图 2 − 34 所示。

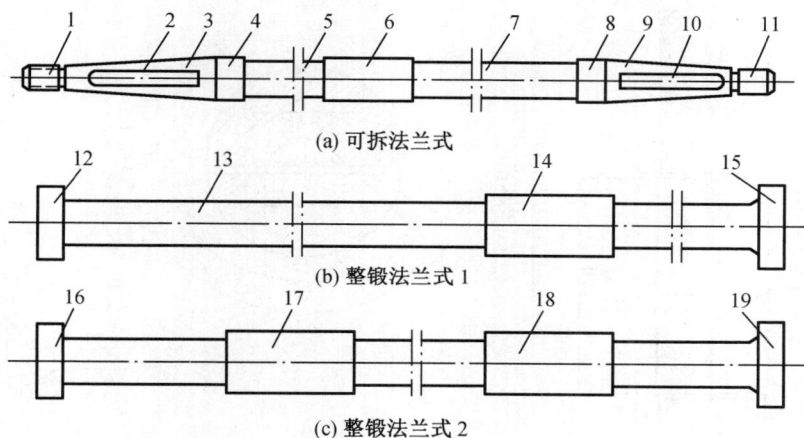

(a) 可拆法兰式

(b) 整锻法兰式 1

(c) 整锻法兰式 2

1,11—螺纹部;2,10—键槽;3,9—锥体;4,8—加粗部;5,7,13—轴干;6,14,17,18—轴颈;12,15,16,19—法兰。

图 2 − 34　中间轴的主要类型

a. 整锻法兰式中间轴。目前大中型船舶广泛采用这种形式的中间轴,它具有质量和尺寸小及安装方便等优点,但需要锻制整锻法兰的锻压设备进行加工,不过法兰也可采用焊接结构。

图 2 − 35 所示为 46 000 t 油轮的中间轴结构。

b. 可拆法兰式中间轴。可拆法兰式中间轴即两端为锥体的中间轴,用于小型船舶或采用滚动式中间轴承的船舶。由于联轴器可拆,所以这种中间轴的质量和尺寸也相应增大。

②中间轴的主要尺寸。工作轴颈的直径较非工作轴颈的直径一般大 5 ~ 20 mm,以便磨损后有足够的精加工余量。轴承处的轴颈或通过水密隔舱填料函处的轴段都要适当地加粗,中间轴轴颈直径系列参照表 2 − 5。

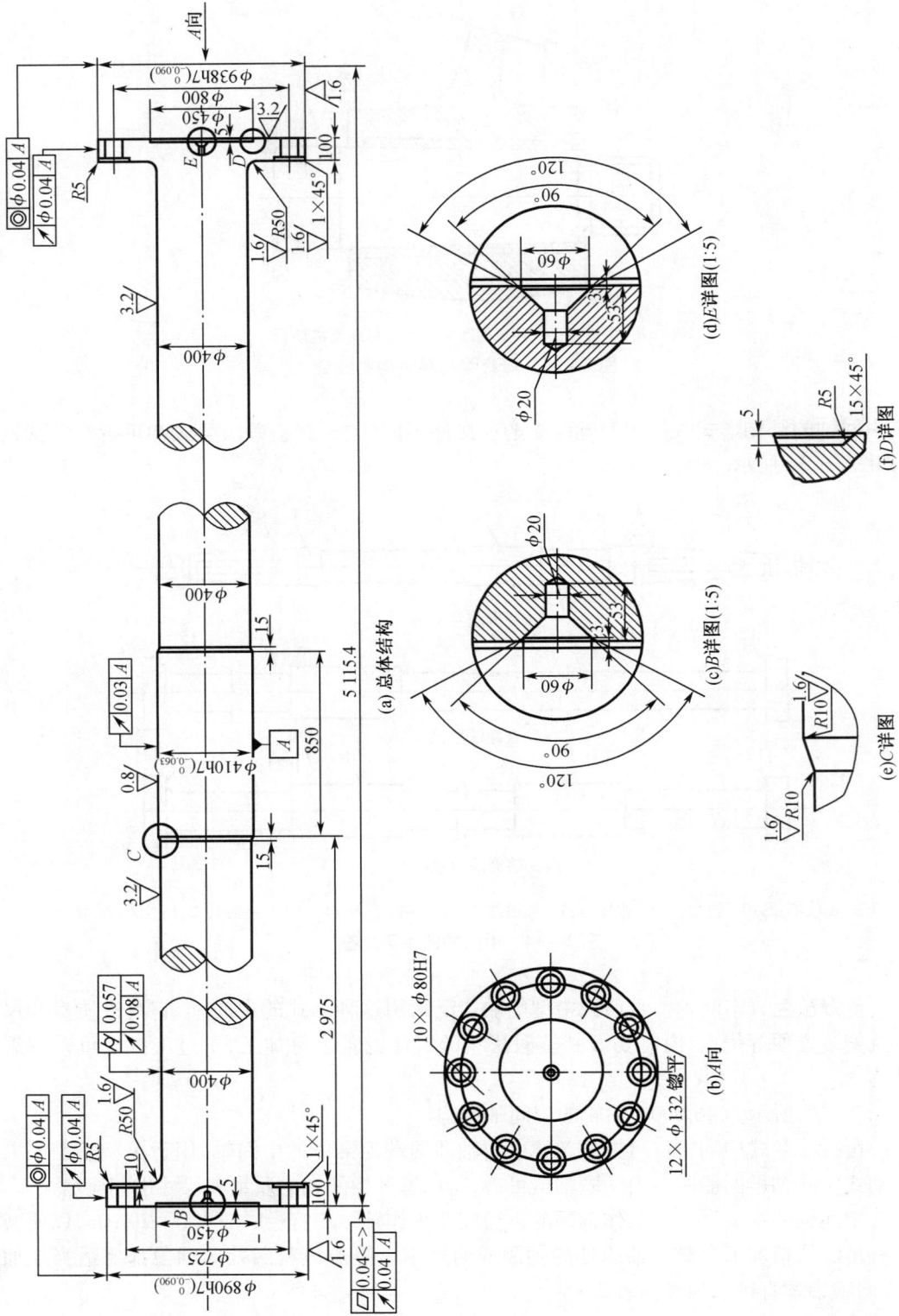

图 2-35　46 000 t 滑轮的中间轴结构

表 2-5　中间轴轴颈直径系列　　　　　　　　　　　　　　单位:mm

40	(45)	50	(55)	60	(65)	70	(75)	80	(85)
90	(95)	100	(105)	100	(105)	110	(115)	120	130
140	150	160	170	180	190	200	220	250	280
300	320	350	380	400	450	470	500	530	560
600	630	670	710	750	800				

注:①尽可能不采用括号内的尺寸。
　　②滚动轴承所支承的中间轴及推力轴轴颈直径按相关标准。
　　③中间轴和推力轴的轴颈直径与基本直径之差满足:
　　　　当直径为 150 mm 以下时,应不小于 5 mm;
　　　　当直径为 160 mm 以下时,应不小于 10 mm。

中间轴的长度和数量由轴系的长度决定:对于中部机舱的船舶轴系,由于轴线长,中间轴数量可能有几根;而对于舱部机舱的大型远洋船舶其轴系一般只有一根中间轴。

(3)推力轴

①推力轴的结构。推力轴位于主机与中间轴之间,作用是将主机的扭矩传递给中间轴,同时将螺旋桨轴、中间轴传递来的螺旋桨推力传递给船体,对轴系进行轴向定位。

推力轴的结构如图 2-36 所示。推力轴的中部设有推力环,推力环的两侧装有扇形推力块与其配合,用来承受和传递螺旋桨的推力;轴颈放置在推力轴承的径向支承中;为了防漏,在轴颈上还装有甩油环。

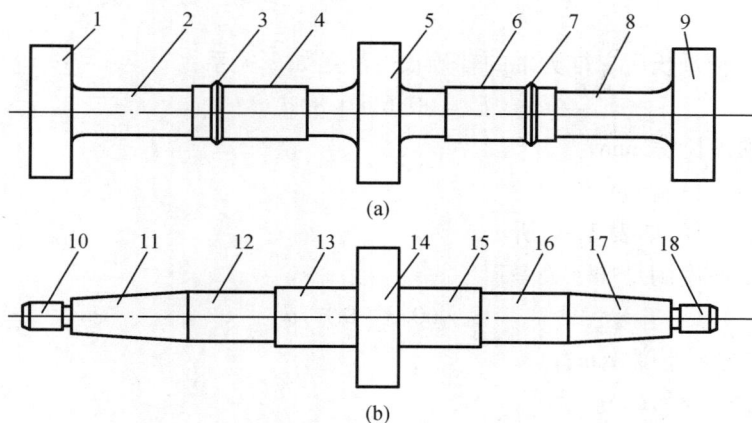

1,9—整锻法兰;2,8,12,16—轴干;3,7—甩油环;4,6,13,15—轴颈;
5,14—推力环;10,18—螺纹部;11,17—锥体。

图 2-36　推力轴的结构

推力轴两端的连接方式,一般有固定法兰式和可拆联轴节式两种。选用何种形式取决于船舶结构位置、轴系的布置和安装等。一般固定法兰式推力轴应用较多。

②推力轴的主要尺寸。

a.推力轴的轴颈直径。推力轴的轴颈直径略大于中间轴直径,当中间轴需要穿过隔舱壁时,须在设置隔舱填料函的部位布置轴颈。一般轴颈的直径比轴干大5~20 mm。轴颈与轴干的过渡处须采用斜锥或圆弧,以免应力集中。其连接法兰一般布置在靠近支承位置,但又要考虑便于拆装和调整。

推力轴的轴颈直径 d 常见的部分尺寸如表2-6所示。

表2-6 推力轴与推力轴承的主要尺寸参数

型号	轴颈直径 d/mm	最大使用推力 p_{max}/N	最大使用推力时的转速 n/(r·min^{-1})	推力块承压面积 F/cm^2	推力块与推力环之间的总间隙 Δ/mm	推力块数目 Z	推力环直径 D/mm
TZ140	140	60 000	300~600	390	0.40~0.60	6	340
TZ160	140	90 000	200~600	600	0.40~0.60	6	410
TZ180	140	120 000	200~600	660	0.50~0.70	6	430
TZ200	140	160 000	180~500	750	0.50~0.70	6	470
TZ220	140	20 000	180~500	1 005	0.50~0.70	6	520
TZ280	140	300 000	120~350	1 530	0.65~0.80	6	640
TZ250	140	400 000	250~550	1 665	0.80	8	600
TZ280	140	500 000	250~550	2 000	0.90	8	670
TZ300	140	600 000	200~520	2 340	0.90	8	710

b. 推力轴的轴颈长度。推力轴的轴颈长度满足如下关系:

$$L_0 = (0.6 \sim 0.8)d \qquad (2-17)$$

式中 L_0——轴颈长度,mm;

d——轴颈直径,mm。

c. 推力环的直径,如表2-6所示。

d. 推力环的厚度满足如下关系:

$$B = (0.3 \sim 0.4)d \qquad (2-18)$$

式中 B——推力环厚度,mm;

d——轴颈直径,mm。

3. 传动轴的材料与锻制技术要求

船舶轴系中的中间轴、艉管轴、螺旋桨轴等材料一般用优质碳素钢锻制而成(只有小功率的船舶允许用热轧圆钢,其直径应不超过250 mm)。有关轴系传动轴的材料详见本章2.5节。

传动轴锻制应符合如下技术要求:

①锻件必须缓慢而均匀地加热。

②最终成型比为锻造钢坯3:1,轧制钢坯4:1。

③锻件的中心应和钢坯中心相同,应切除锻件的头尾以保证成品锻件中无缩孔和有害

的偏析。

④锻件表面不应有夹层、折叠、裂纹、结疤、夹渣和过烧现象等缺陷。

⑤所有锻件应进行热处理以消除内应力,并使锻件在全长度内获得均匀的细结晶粒组织,达到所要求的力学性能。热处理规程由钢材成分和锻件尺寸决定。

⑥无损检验。锻件经最终热处理后,应在锻件表面做径向和轴向的超声波检验,检验方法与评定标准应经中国船级社认可,且在验船师在场时进行检验。

⑦锻件缺陷的处理与修正。锻件的表面轻微缺陷可用凿削或修磨的方法去除并用磁粉探伤或着色检查证实该缺陷已被完全消除。锻件表面一般不允许用焊接方法修正缺陷。低应力区的微小缺陷验船师同意补焊时,应将补焊的详细情况及检验程序提交中国船级社审查。

4. 传动轴的直径计算（知识拓展）

目前我国民用船舶轴系设计时,传动轴的基本直径一般都是按照我国的有关船舶建造规范进行计算,必要时做一些强度校核。

船舶建造规范是国家船舶检验部门为了确保船舶安全航行,通过理论分析,并根据长期航行的经验所编制的条文和法规。由于世界各国和各地区自身积累的经验、数据及理论分析的观点和方法不尽相同,因而产生了各个国家或地区自己的规范和相应的计算公式。虽然这些计算公式形式各不相同,但计算结果大致相近。同时由于船舶的航区、用途不同,船舶检验部门制定了各种船舶建造规范,如我国编制的《钢质海船入级与建造规范》和《钢质内河船舶建造规范》等。

在船舶轴系计算时,通常以中间轴作为基本轴径,然后根据中间轴直径计算推力轴、艉轴的直径。

下面介绍我国民用船舶建造规范中关于传动轴直径的计算公式。

（1）按《钢质海船入级与建造规范》有关规定计算

按下列公式计算的传动轴最小直径,其扭转振动附加应力应满足规范的规定。

①传动轴的基本直径计算。传动轴的基本直径 d 应不小于式（2-19）的计算值：

$$d = F \cdot C \cdot \sqrt[3]{\frac{P_e}{n_e}\left(\frac{560}{\sigma_b + 160}\right)} \qquad (2-19)$$

式中　d——传动轴的基本直径,mm;

　　　F——推进装置类型系数,$F=95$ 时适用于涡轮推进装置、具有滑动型联轴节的柴油机推进装置和电力推进装置,$F=100$ 时适用于所有其他类型的柴油机推进装置;

　　　P_e——轴传递的额定功率,kW;

　　　n_e——轴的额定转速,r/min;

　　　σ_b——轴材料的抗拉强度,对于中间轴,若 $\sigma_b > 800$ N/mm^2 时,取 800 N/mm^2,对于螺旋桨轴和艉管轴,若 $\sigma_b > 600$ N/mm^2 时,取 600 N/mm^2;

　　　C——设计特性系数,不同轴的设计特性系数如表 2-7 所示。

表 2-7 不同轴的设计特性系数

具有下述结构形式的中间轴					发动机外的推力轴		具有下述结构形式的螺旋桨轴		
整体连接法兰	液压无键套合联轴节	键槽	径向孔、横向孔	纵向槽	在推力环处向外等于推力轴直径的部分,其余部分可按圆锥减少到中间轴直径	在轴向轴承处,此处滚柱轴承用作推力轴承	油润滑,且具有认可型油封装置或装有连续无键套合或法兰连接的螺旋桨轴[6]	油润滑,且具有认可型油封装置或装有连续轴套合的有键螺旋桨轴[6]	螺旋桨或艉管轴到艉尖舱舱部的直径
1.0[1]	1.0	1.10[2][5]	1.10[3][5]	1.20[4][5]	1.10	1.10	1.22	1.26	1.15

注:①法兰根部过渡圆角半径应不小于 $0.08d$。
②至少在键槽及从键槽两端延伸到 $0.2d$ 的长度范围内,C 取 1.10,在这个范围以外,轴的直径可以减至以 $C=1.0$ 所计算的直径;键槽底部横截面积的过渡圆角半径应不小于 $0.012\,5d$。
③至少在孔及从孔两边缘延伸到 $0.2d$ 的长度范围内,C 取 1.10,轴的直径可以减至以 $C=1.0$ 所计算的直径;镗孔直径应不大于 $0.3d$。
④至少在槽及槽两边延伸到 $0.3d$ 的长度范围内,C 取 1.20,轴的直径可以减至以 $C=1.0$ 所计算的直径键槽长度应不大于 $1.4d$,宽度应不大于 $0.2d$。
⑤当遇到轴上的多种结构形式时,则其修正时,多个系数应连乘计算。
⑥其中 d 为以 $C=1.0$ 所计算的值。

②传动轴的基本直径修正。在下列情况下,计算传动轴的基本直径要进行修正。

a. 如果轴的中间空心孔直径 d_o 大于 $0.4d$ 时,则其轴的基本直径按式(2-20)进行修正:

$$d_c = d\sqrt[3]{\frac{1}{1-\left(\dfrac{d_o}{d}\right)^4}} \qquad (2-20)$$

式中　d_c——修正后轴的基本直径,mm;
　　　d——按规范计算得到的轴的基本直径,mm。

b. 对于有键槽的直轴,至少在键槽及从键槽两端延伸到轴直径的 20% 长度范围内,其直径应增加 10%。

c. 对于有径向孔的轴,至少在孔及从孔两边缘延伸到轴直径的 20% 长度范围内,轴直径应增加 10%。孔径应不大于规定的轴直径的 30%。

d. 对于有纵向槽的轴,至少在槽及从槽两边延伸到轴直径的 30% 的长度范围内,轴的直径应增大 20%。槽的长度和宽度应分别不大于规定的轴直径的 1.4 倍和 0.2 倍。

e. 螺旋桨轴从螺旋桨毂前到艉管后轴承前端部分的直径 d_v 应不小于式(2-21)的计算值:

$$d_v = 1.08\sqrt[3]{\frac{\sigma_b \cdot b_1 \cdot t_1^2}{\sigma_s}} \qquad (2-21)$$

式中　σ_b——螺旋桨桨叶材料的最小抗拉强度,N/mm²;
　　　b_1——$0.25R$(R 为螺旋桨直径)处桨叶和截面的设计宽度,mm;

t_1——0.25R 处桨叶截面的设计厚度,mm;

σ_s——螺旋桨桨叶材料的屈服强度,N/mm²。

f. 对于仅在港口内航行的船舶轴系直径,可较上述相应减少3%。

g. 对于航行于冰区的船舶轴系直径,可根据中国船级社船有关规定对轴直径进行加强修正。

(2)按《钢质内河船舶建造规范》计算

①中间轴、推力轴、螺旋桨轴(或艉轴)的直径 d 应不小于式(2-22)的计算值:

$$d = 98 \cdot K \cdot \sqrt[3]{\frac{P_e}{n_e}\left(\frac{570}{\sigma_b + 157}\right)} \qquad (2-22)$$

式中 P_e——主机的额定功率,kW;

n_e——传动轴的额定转速,r/min;

K——材料的修正系数,可按表2-8、表2-9选取;

σ_b——轴材料的抗拉强度,对于螺旋桨轴 $\sigma_b > 600$ N/mm²时,取600 N/mm²。

表2-8 用于中间轴、推力轴的 K 值

与法兰为整体的轴	与法兰联轴器为红套配合或推入配合或冷配合的轴	开有键槽的轴	有径向孔的轴	有纵向槽的轴	有推力环的两侧轴承处
1.0	1.0	1.1	1.12	1.2	1.1

表2-9 用于螺旋桨轴的 K 值

序号	适用范围		K
1	从桨毂前到相邻轴承前端的螺旋桨轴段	无键螺旋桨的轴	1.22
		有键螺旋桨的轴	1.26
2	除1外,向前到艉管前填料函前端之间的螺旋桨轴段		1.15
3	艉管前填料函前端到联轴器的轴段		1.15

②传动轴的基本直径计算。中间轴、推力轴、螺旋桨轴的中间空心孔直径 $d_o > 0.4d$ 时,须按式(2-23)进行修正:

$$d_c = d \cdot \sqrt[3]{\frac{1}{1 - \left(\frac{d_o}{d}\right)^4}} \qquad (2-23)$$

式中 d_c——修正后轴的直径,mm;

d——按式(2-22)计算出的各传动轴直径,mm。

5. 传动轴的强度校核(知识拓展)

船舶系数受力比较复杂,不仅受静载荷作用,而且还承受附加动载荷的作用。目前国内外主要是依据船舶建造规范的经验公式计算轴径。为了反映船舶实际的受力情况,以及对依规范公式计算出的轴径做进一步检验,有必要对传动轴的强度进行校核。传动轴强度校核的基本方法是在按规范公式计算出传动轴的基本直径的基础上,计算出传动轴静载荷条件下的合成应力,再引用实际经验所确定的安全系数来考虑动载荷的作用。用这种方法来验算轴的强度,虽然与实际情况不尽相符,但实践证明是可行的,目前国内仍广泛采用这种校核方法。

（1）中间轴的强度校核

将轴看作是一根自由放置在两个支点上的简支梁,取出跨距最大、受力情况复杂一些的轴段。设该轴段所受的外力为扭矩 M_t,推力为 T,集中载荷为 G_o（联轴节法兰所受重力）,轴自重为 Q。不考虑相邻跨距的相互影响,中间轴强度计算示意图如图 2 - 37 所示。

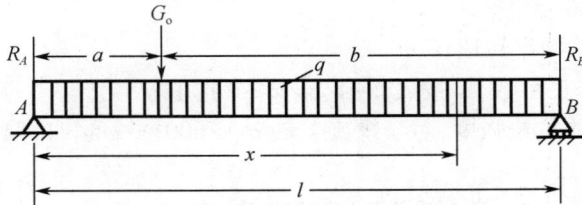

R_A,R_B—支点反作用力;q—轴自重;x—截面位置;l—跨距。

图 2 - 37　中间轴强度计算示意图

螺旋桨最大推力可按式（2 - 24）进行估算：

$$T = 1\ 943.2 \cdot \frac{P_{\max}}{V_s} \cdot \eta_p \qquad (2-24)$$

式中　T——螺旋桨最大推力,N；

　　　$P_{\max}$——传递最大功率,kW；

　　　V_s——船舶航速,kn；

　　　η_p——螺旋桨效率,一般推拖船 $\eta_p = 0.3 \sim 0.6$,客货船 $\eta_p = 0.6 \sim 0.78$,快艇 $\eta_p = 0.45 \sim 0.70$。

一般中间轴强度校核考虑主机转矩产生的剪切应力,螺旋桨推力产生的压缩应力,中间轴自重产生的弯曲应力和安装误差引起的弯曲应力,下面具体介绍。

①由主机转矩产生的剪切应力。

$$\tau = \frac{M_t}{W_w} \qquad (2-25)$$

式中　W_w——中间轴抗扭截面模数,m^3。

对于实心轴有

$$W_w = \frac{\pi \cdot d_z^{\ 3}}{16} \qquad (2-26)$$

对于空心轴有

$$W_w = \frac{\pi \cdot d_z^{\ 3}}{16}(1 - m^4)$$

式中　m——中孔系数,$m = \dfrac{d_0}{d_z}$

d_z——中间轴直径,m;

d_0——中间空心孔直径,m;

M_t——主机最大功率时的转矩,N·m

$$M_t = 9\ 550\ \frac{P_{max}}{n_{max}}i \cdot \eta_g \qquad (2-27)$$

其中　P_{max}——主机最大功率,kW;

n_{max}——主机最大功率时的转速,r/min;

i——减速箱的传动比;

η_g——减速箱的传动效率。

②由中间轴自重所产生的弯曲应力计算。

$$\sigma_w = \frac{M_w}{W_{zw}} \qquad (2-28)$$

式中　M_w——中间轴本身及法兰质量所产生的最大弯矩,N·m;

W_{zw}——中间轴抗弯截面模数,m^3,且对于实心轴,$W_{zw} = \frac{\pi d_z^3}{32}$,对于空心轴,$W_{zw} = \frac{\pi d_z^3}{32}(1-m^4)$;

m——中孔系数。

最大弯矩可按图 2-37 任取两截面,列出弯矩 M_w 的一般方程。比较两截面弯矩的大小,取出最大弯矩,具体步骤为

$$\begin{cases} M_{wI} = R_A x - \dfrac{qx^2}{2} & (0 < x < a) \\ M_{wII} = R_A X - \dfrac{qx^2}{2} - G_0(x-a) & (a < x < l) \end{cases} \qquad (2-29)$$

分别对跨距 x 求一阶导数,从而求得最大弯矩轴段的横坐标:

$$\begin{cases} R_A - qx_1 = 0, x_1 = \dfrac{R_A}{q} \\ R_A - qx_2 - G_0 = 0, x_2 = \dfrac{R_A - G_0}{q} \end{cases} \qquad (2-30)$$

代入方程(2-29),求得最大弯矩 M_{wI} 或 M_{wII}

$$\begin{cases} M_{wI} = \dfrac{R_A^2}{2q} \\ M_{wII} = \dfrac{(R_A - G_0)^2}{2q} + G_0 q \end{cases} \qquad (2-31)$$

支点的反作用力 R_A、R_B 为

$$\begin{cases} R_A = \dfrac{ql}{2} + G_0\dfrac{b}{L} \\ R_B = \dfrac{ql}{2} + G_0\dfrac{a}{L} \end{cases} \qquad (2-32)$$

代入式(2-31),即可求得 M_w 值。

③由螺旋桨推力所产生的压缩应力计算。

$$\sigma_y = \frac{T}{S_w}$$ (2-33)

式中　T——螺旋桨推力，N；

　　　S_w——中间轴截面积，m^2。

④由安装误差引起的附加弯曲应力 σ_{wl} 计算。

根据经验选取 $\sigma_{wl} = 14.7 \sim 29.4\ N/m^2$。

⑤合成应力 σ_H 计算。

根据强度理论计算其合成应力为

$$\sigma_H = \sqrt{(\sigma_y + \sigma_w + \sigma_{wl})^2 + 3\tau^2}$$ (2-34)

式中　σ_H——合成应力，N/m^2；

　　　σ_y——由螺旋桨推力所产生的压缩应力，N/m^2；

　　　σ_w——由中间轴自重所产生的弯曲应力，N/m^2；

　　　σ_{wl}——由安装误差引起的附加弯曲应力，N/m^2；

　　　τ——由主机转矩产生的剪切应力，N/m^2。

⑥安全系数 K 计算。

传动轴静强度校核结果应符合下列要求：

$$K = \frac{\sigma_s}{\sigma_H} \geq [K]$$ (2-35)

式中　σ_s——材料屈服极限，N/m^2；

　　　σ_H——传动轴强度计算的合成应力，N/m^2；

　　　$[K]$——许用安全系数，如表2-10所示。

表2-10　许用安全系数

传动方式	类别	一般船舶	军用船舶
刚性直接传动	中间轴	2.5 ~ 5.5	3.5
	螺旋桨轴	2.8 ~ 5.8	4.5
液力耦合器、电磁离合器或电传动	中间轴	1.7 ~ 2.5	2.0
	螺旋桨轴	2.0 ~ 2.8	2.2

许用安全系数一般由实际经验来确定，选择时考虑以下几个方面：

①轴的负荷情况：艉轴的工作条件比中间轴差，系数复杂又与海水直接接触，安全系数应取大些；刚性传动轴受发动机交变载荷作用，材料易发生疲劳，安全系数应取大些。

②材料的性质及加工和装配质量：如选用合金钢等材料，应力集中系数高，若制造装配质量不容易达到技术要求，安全系数应取大些。

③军用船舶轴系的工作条件比商船好，其轴径的计算是以最大负荷为依据的，实际在轻负荷下航行较多，为了减轻轴系质量，往往采用较高的许用应力和较低的安全系数。

（2）螺旋桨轴的强度校核

螺旋桨轴因为受螺旋桨悬臂载荷作用,受力比较复杂,又与舷外水直接接触,工作条件恶劣,是轴系的薄弱环节。一般要先确定桨轴的危险截面,然后对其进行强度校核。

①主机转矩产生的剪切应力。

$$\tau = \frac{M_t}{W_w} \tag{2-36}$$

式中　M_t——主机最大功率时的扭矩,N·m;

　　　W_w——桨轴抗扭截面模数,m³。

②螺旋桨推力引起的拉、压应力。

$$\sigma_y = \frac{T}{S_w} \tag{2-37}$$

式中　T——螺旋桨推力,N;

　　　S_w——螺旋桨轴的截面积,m²。

③螺旋桨与螺旋桨轴自重产生的弯曲应力。

$$\sigma_w = \frac{M_{w-w}}{W_w} \tag{2-38}$$

式中　M_{w-w}——危险截面的扭矩,N·m;

　　　W_w——桨轴抗扭截面模数,m³。

④合成应力。

$$\sigma_H = \sqrt{(\sigma_w + \sigma_y)^2 + 3\tau^2} \tag{2-39}$$

2.3.2　传动轴承

1. 推力轴承

推力轴承的作用是承受螺旋桨产生的轴向推力,并传递给船体,使船舶航行,同时还承担推力轴的径向负荷。有些直接传动的大型低速柴油机主机,往往主机自带推力轴承;带有减速齿轮箱的推进装置,其推力轴承设在推进装置内,对于这类船舶轴系,一般不需要再设推力轴承。但采用中速机作为主机的推进装置要单独配置推力轴承。

推力轴承分为滑动式和滚动式两种,目前滑动式推力轴承具有承载力大、工作可靠等优点,为此在大中型船舶中广泛应用,而滚动式推力轴承多用于小型船舶。下面重点介绍滑动式推力轴承,滚动式推力轴承简要介绍。

（1）滑动式推力轴承

①滑动式推力轴承的结构原理。如图2-38所示是一种单环式推力轴及推力轴承的结构原理简图。推力轴和滑动式推力轴承安装在推力轴承座上,推力轴承座安装在船舶双层底上。螺旋桨推力可经推力轴上的推力环、推力块、推力轴承座传递给船体,推动船舶。推力轴的左右两轴颈由推力轴承中的径向轴承支承。

常见的滑动式推力轴承如图2-39所示。推力轴两端的法兰分别与主机功率输出法兰和中间轴法兰连接。推力轴承中部设有一个推力环,在推力环两侧各安置一组独立的扇形（或称腰形）推力块,用来承受轴向推力,其推力块均匀分布在推力环前、后端圆环端面上,承受螺旋桨的正车推力和倒车推力。每块推力块在与推力环的接触面上都浇有白合金,其背面设有淬硬的顶头,偏心地支承在支撑垫4上,使推力块在推力环转动时有一定的浮动能力,以便形成楔形油膜,达到良好的润滑状态,从而减小摩擦阻力。在支撑垫 4 的后面装有调整板 7,用来调整推力环与推力块间的间隙大小。轴的左、右两轴颈由推力轴承中的径向轴承支承,上轴瓦 9 和下轴瓦 11 分别放置在上下轴承座中用来承受径向负荷。冷却水管17 用以供给海水来冷却滑油。在正常运行时,推力环将滑油带起流往推力块的摩擦面上。在推力轴承两端部则设有挡油盖 10、16,并在其中加入主毡环,以防止润滑油漏出。

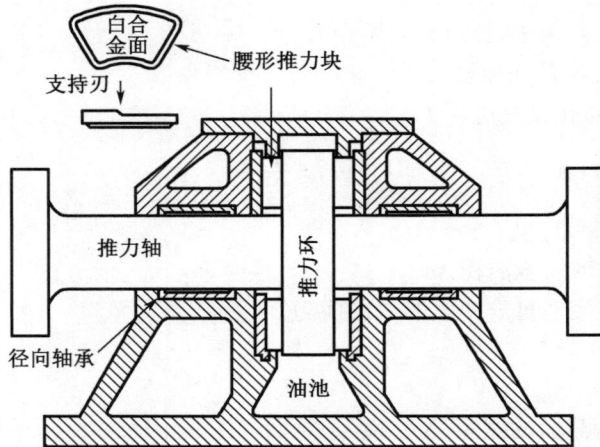

图 2-38 单环式推力轴及推力轴承的结构原理简图

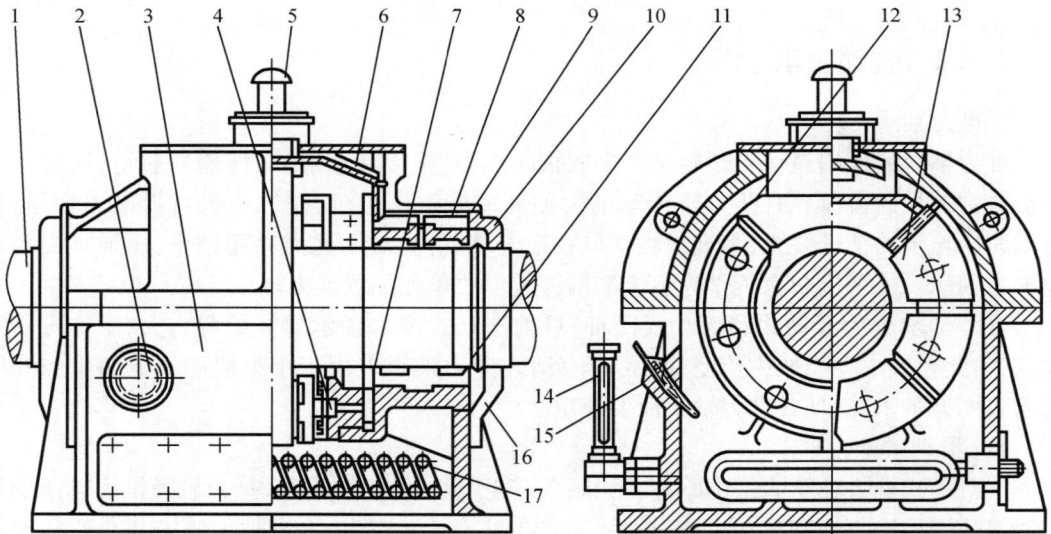

1—推力轴;2—螺塞;3—下壳;4—支撑垫;5—通气罩;6—刮油器;7—调整板;8—上壳;9—上轴瓦;10—上挡油盖;11—下轴瓦;12—压盖;13—推力块;14—油位表;15—油温表;16—下挡油盖;17—冷却水管。

图 2-39 滑动式推力轴承

②滑动式推力轴承的润滑。

a. 推力轴承的润滑作用和方式。推力轴承的润滑作用是通过推力环和推力块接触表面形成楔形压力油膜,以减小摩擦阻力,降低推力轴功率损耗,减轻磨损,延长推力轴承使用寿命。

推力轴承的润滑方式一般有两种:一种是压力润滑,这种方式采用单独的滑油泵或主机滑油泵将滑油打入推力轴承,工作后受热的滑油被抽出送至冷却器,再至循环油柜;另一种是自然润滑,这种方式滑油不进行压力循环,而是依靠滑油的飞溅和油雾进行润滑,滑油的冷却通过蛇形管用舷外水进行冷却。

b. 推力轴承的润滑原理(知识拓展)。

楔形压力油膜的形成基本原理如图 2-40 所示。如图 2-40(a) 所示为速度 V 等于 0 或启动工况;如图 2-40(b) 所示为速度提高后推力环将油膜带入接触表面形成楔形压力油膜的情况;如图 2-40(c) 所示为推力块结构示意图。当推力环 1 沿着箭头方向运动,并在螺旋桨推力作用下压向推力块 2 时,由于推力块 2 与支撑块 4 的接触中心偏离其几何中心,则压力中心与支承中心不重合,这样摩擦面间的油膜压力 p 与反作用力 R 形成一对力偶,使推力块产生倾斜。随着推力块的倾斜,压力中心向支点移动,当 p 与 R 重合时,推力块 2 保持一定的倾斜位置,从而形成楔形油膜防止推力环与推力块直接作用,使两者之间得到良好的润滑,并能承受较大的工作压力。

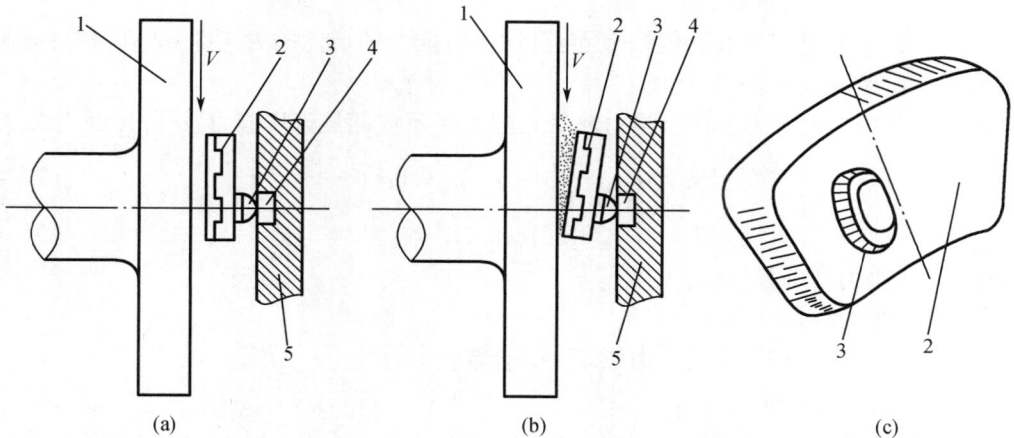

1—推力环;2—推力块;3—顶头;4—支撑块;5—支撑。

图 2-40　单环式推力轴承的润滑原理(形成楔形压力油膜)

③推力轴承的参数选择(知识拓展)。

a. 推力块的数目 Z 一般取 6~12 块。

b. 有效面积系数 m,指推力块有效面积与理论环面积的比值,即

$$m = \frac{Z\theta}{2\pi} \qquad (2-40)$$

式中　θ ——推力块扇形圆心角,如图 2-41 所示;

　　　Z ——推力块的数目。

有效面积系数对推力轴承的承载能力影响较大,一般 m 取 0.5~0.9,自然润滑取下限,强制循环润滑取上限。

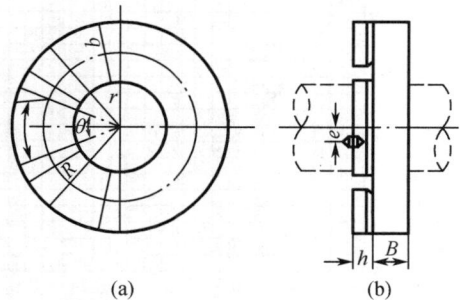

图 2-41　推力块和推力环的尺寸

c. 推力块尺寸比。推力块尺寸如图 2 - 41 所示。推力块半径比 r/R,一般取 $0.5 \sim 0.7$;长宽比 l/b,一般可取 $1 \sim 1.25$,l 为推力块平均半径 $(R+r)/2$ 处圆弧长,b 为推力环的宽度。

d. 偏心距 e。目前对偏心距的大小选择不尽一致,一般为 $(0.05 \sim 0.1)l$。

我国船用推力轴承的结构已基本定型,其外形尺寸及技术数据可根据我国的国家标准确定,如表 2 - 6 所示。

④强度校核(知识拓展)。

推力轴承的主要结构尺寸参数确定后,一般需要校核推力块与推力环的接触单位面积比压 p_m 和推力环的最大应力 σ。

a. 推力块与推力环的接触单位面积比压校核,其计算公式为

$$p_m = \frac{T_{max}}{S_1} \qquad (2-41)$$

式中　p_m——比压,$MPa(N/mm^2)$;

　　　T_{max}——螺旋桨最大推力,N;

　　　S_1——推力块总面积,mm^2。

p_m 的计算结果应符合以下数据范围:自然润滑推力轴承比压为 $1.5 \sim 2.0\ MPa$;强制润滑推力轴承比压为 $2.0 \sim 3.5\ MPa$。

b. 推力环的最大应力校核。推力环最大应力 σ 不应超过许用应力 $[\sigma]$,其表达式为

$$\sigma = \left(\frac{R}{B}\right)^2 \cdot \alpha \cdot p_m \leqslant [\sigma] \qquad (2-42)$$

$$[\sigma] = 0.2\sigma_s \qquad (2-43)$$

式中　R——推力环外径,mm;

　　　B——推力环厚度,mm;

　　　α——系数,根据 r/R 的值由图 2 - 42 查取;

　　　p_m——比压,MPa;

　　　$[\sigma]$——许用应力,MPa;

　　　σ_s——材料的屈服极限,MPa。

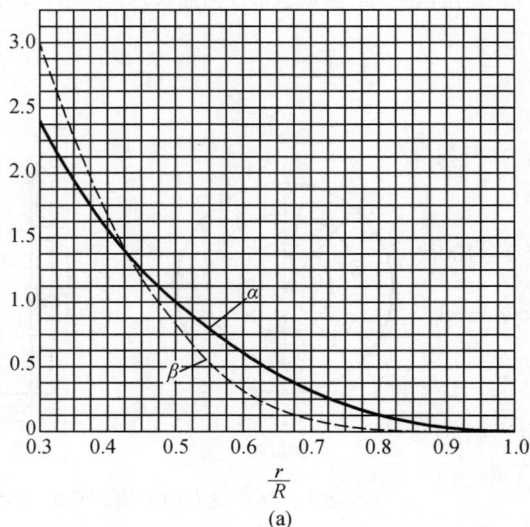

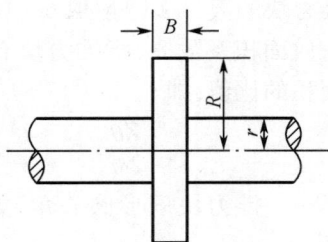

图 2 - 42　系数 α 的选择

⑤推力轴承的间隙。推力轴与支承轴承的径向间隙、推力环与推力块的轴向间隙如表2－11所示。

表2－11　推力轴承的间隙　　　　　　　　　　　　　单位:mm

轴径 d	推力轴与支承轴承的径向间隙		推力环与推力块的轴向间隙		推力块轴承合金层极限厚度
	安装间隙	极限间隙	安装间隙	极限间隙	
≤100	0.10～0.15	0.40	0.10～0.20	0.40	1.20
>100～120	0.13～0.18	0.45	0.15～0.25	0.45	1.40
>120～150	0.15～0.20	0.50	0.20～0.30	0.50	1.60
>150～180	0.18～0.23	0.55	0.25～0.35	0.60	1.80
>180～220	0.20～0.25	0.60	0.30～0.40	0.70	2.00
>220～260	0.22～0.30	0.65	0.35～0.48	0.80	2.20
>260～310	0.25～0.33	0.70	0.40～0.55	0.90	2.40
>310～360	0.32～0.40	0.80	0.45～0.60	1.00	2.60
>360～440	0.36～0.45	0.90	0.50～0.70	1.15	2.80
>440～500	0.40～0.50	1.00	0.55～0.75	1.30	3.00
>500～600	0.45～0.55	1.10	0.60～0.80	1.45	3.00
>600～700	0.50～0.60	1.20	0.70～0.90	1.60	3.00

（2）滚动式推力轴承

滚动式推力轴承适用于小功率船舶轴系,图2－43所示为滚动式推力轴承的常用结构形式。

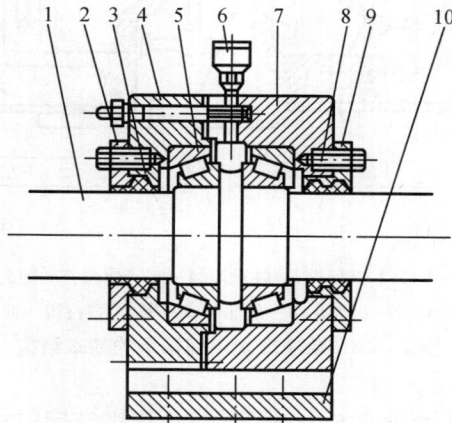

1—推力轴;2—油封压盖;3—油封圈;4—后推力轴承座;5—单列圆锥滚子轴承;
6—油杯;7—前推力轴承座;8—油封圈;9—油封压盖;10—推力轴承支座。

图2－43　滚动式推力轴承的常用结构形式

这种滚动式推力轴承,螺旋桨正反方向的推力,可经推力环分别由前后两个单列圆锥滚子轴承5经后推力轴承座4和前推力轴承座7及推力轴承支座10传递给船体。

滚动式推力轴承的优点是摩擦损失小、传动效率高、结构紧凑、滑油消耗量少、管理方便;其缺点是承受推力小,而且推力轴的两端要设置可拆联轴器,否则无法装卸轴承。

2. 中间轴承

中间轴承是为了减少轴系挠度而设置的支承点,它用来承受中间轴本身的质量以及因其运动或变形而产生的径向负荷,从而保证中间轴有一个固定的轴向位置。中间轴承按其基本结构及摩擦形式可分为滑动式中间轴承和滚动式中间轴承两种。

(1)滑动式中间轴承

①滑动式中间轴承的基本结构。由于中间轴的轴颈直接与中间轴承的轴衬(轴瓦)相接触,所以轴瓦上浇有白合金。为了减少轴颈与轴瓦之间的摩擦,必须在两者之间供给一定的润滑油,形成良好的油膜,以减缓中间轴对机座的冲击,并起到散热作用。滑动式中间轴承通常制成单独润滑系统并有滑油的冷却设备。滑动式中间轴承按其润滑方式主要有:油环式中间轴承和油盘式中间轴承两种形式。

a. 油环式中间轴承根据套在中间轴轴颈上油环的数目分为单油环式中间轴承、双油环式中间轴承。常见的单油环式中间轴承的基本结构如图 2 - 44 所示。

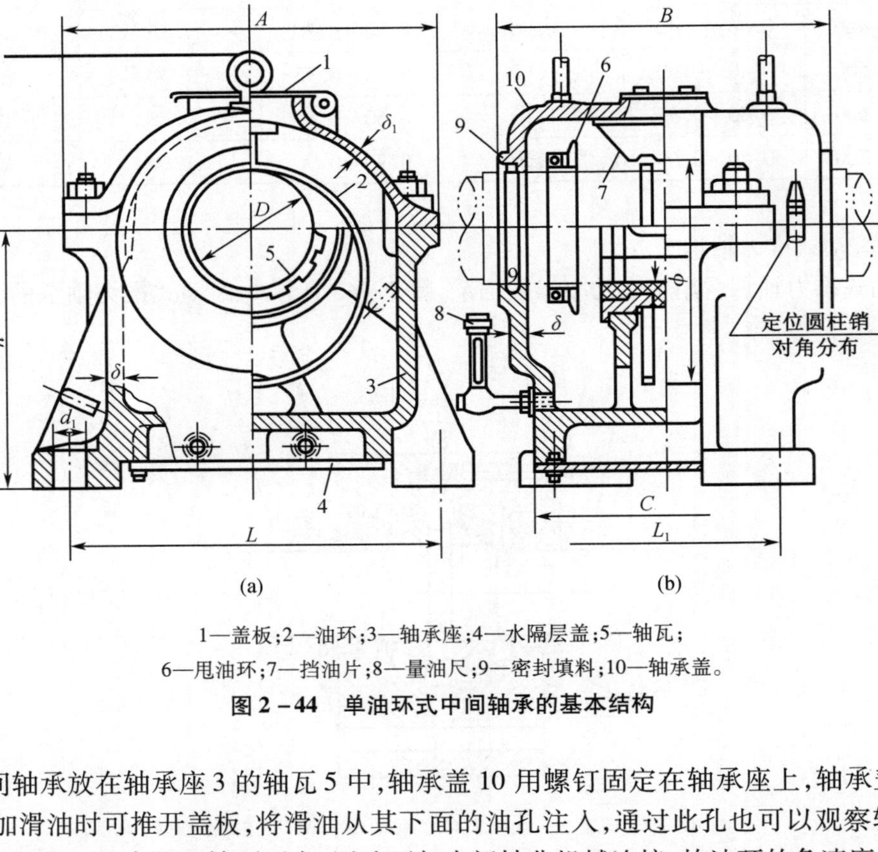

1—盖板;2—油环;3—轴承座;4—水隔层盖;5—轴瓦;
6—甩油环;7—挡油片;8—量油尺;9—密封填料;10—轴承盖。

图 2 - 44　单油环式中间轴承的基本结构

中间轴承放在轴承座 3 的轴瓦 5 中,轴承盖 10 用螺钉固定在轴承座上,轴承盖上设有盖板 1,加滑油时可推开盖板,将滑油从其下面的油孔注入,通过此孔也可以观察轴承的运行情况。油环 2 的直径比轴颈要大,因油环与中间轴非机械连接,故油环的角速度比中间轴慢。轴旋转时,油环依靠摩擦力跟随中间轴一起转动,油环的下部浸入底部油池区,油池中的滑油被转动的油环带到轴颈的上部,再由刮油器刮下,并使滑油沿着轴面均匀分布,然后随轴转动,把油带到轴瓦 5 的油槽中,对轴颈与轴瓦的摩擦面进行润滑。两摩擦面间的热滑油在轴颈载荷的压力作用下,有一部分从轴瓦的两端溢出,流回轴承底座的油池中。

　　大中型中间轴承的油池底部设有冷却水管,通入舷外水以冷却油池中的热油。为了防止滑油泄漏到轴承座外,轴瓦两端外侧的中间轴上装有甩油环6,其作用是使流至甩油环的滑油在甩油环回转时的离心力作用下被甩掉,从而大大减少流向轴承座两端的滑油量。轴承座两端装有密封填料9用来阻止滑油的外漏。油池中滑油液面的高度由量油尺8测量。

　　这种单油环式中间轴承主要适用于小型船舶。

　　对于中型船舶,轴承相对较长,为了改善润滑质量,一般采用双油环式中间轴承。双油环中间轴承的结构如图2-45所示。其润滑原理与单油环式相同,这里不重复介绍。

　　油环式中间轴承的轴承座与轴承盖、轴瓦、油环及甩油环的结构均采用剖分式,以便拆卸配装。但这种浮动式油环适用于连续稳定运行的轴系,当船舶低速航行或港湾作业,工况变化比较频繁时,转速变化较大,油环供油效果较差,特别当转速低于60 r/min 时情况更糟,润滑的可靠性不能保证。因此这种轴承仅适用于中小型船舶,因其轴系的转速较高,可以保证润滑效果。

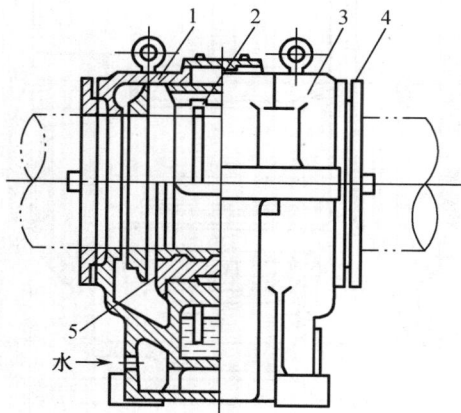

1—甩油环;2—油环;3—轴承盖;4—压盖;5—轴瓦。

图2-45　双油环中间轴承的结构

　　b. 油盘式中间轴承的基本结构如图2-46所示。它是克服油环式中间轴承在低速运转时油环跟随性差的缺点而设计的一种结构形式,这种轴承在轴瓦的左侧装有供轴承润滑用的甩油盘4。运行时,油盘与中间轴一起旋转,将油池中的油带到上面,并靠布置在上部的刮油器6刮油,使滑油沿轴向分布在需要润滑的轴颈上。因此,这种轴承在轴低速运转时效果良好。一般情况下,油盘装在轴承的船尾侧,且开口方向朝前,主要为了轴系尾倾时仍有利于从油池中携油,并防止润滑油抛向轴承尾部的填料函处而产生漏油现象。轴承底部的冷却水腔可引入舷外水,供冷却滑油用。

　　②滑动式中间轴承的特点。

　　a. 滑动轴承的优点:结构简单,工作比较可靠;制造成本低,安装维修方便;由于轴颈与轴瓦间具有油膜,故抗振、抗冲击性能较强;所承受载荷较大。

　　b. 滑动轴承的缺点:摩擦因数较大,升温较高;油膜的形成须轴颈与轴承间具有一定间隙,影响回转精度的提高;当转速与载荷过大时难以形成承载油膜。

　　③滑动式中间轴承润滑原理(知识拓展)。

　　一般油膜形成分为三个阶段,如图2-47所示,其中 $c = R - r$ 为轴承与轴颈的半径差,O、O_j 分别为轴承和轴颈圆心。

　　a. 干摩擦阶段:如图2-47(a)所示,轴颈与轴承直接接触,没有润滑油相应的摩擦性质属于干摩擦阶段。

　　b. 半液体润滑阶段:如图2-47(b)所示,在轴开始低转速运行时由于轴承对轴颈的摩擦力方向与轴颈表面周围速度方向相反,使轴颈沿轴承内孔表面瞬时向右滚动、偏移,致使轴承表面瞬时受到摩擦,这时往往部分接触表面形成液体润滑,而其余部分表面则为干摩擦。

图 (a) 标注：
A 6 7 8
B
5 4 3 2
1
350
320
11
220 225 118
545
680
(a)

图 (b) 标注：
A—A   B—B
φ470安装间隙0.54~0.66
φ600
300
最高油位
最低油位
45 45
1090 500 10
480
740
840
(b)

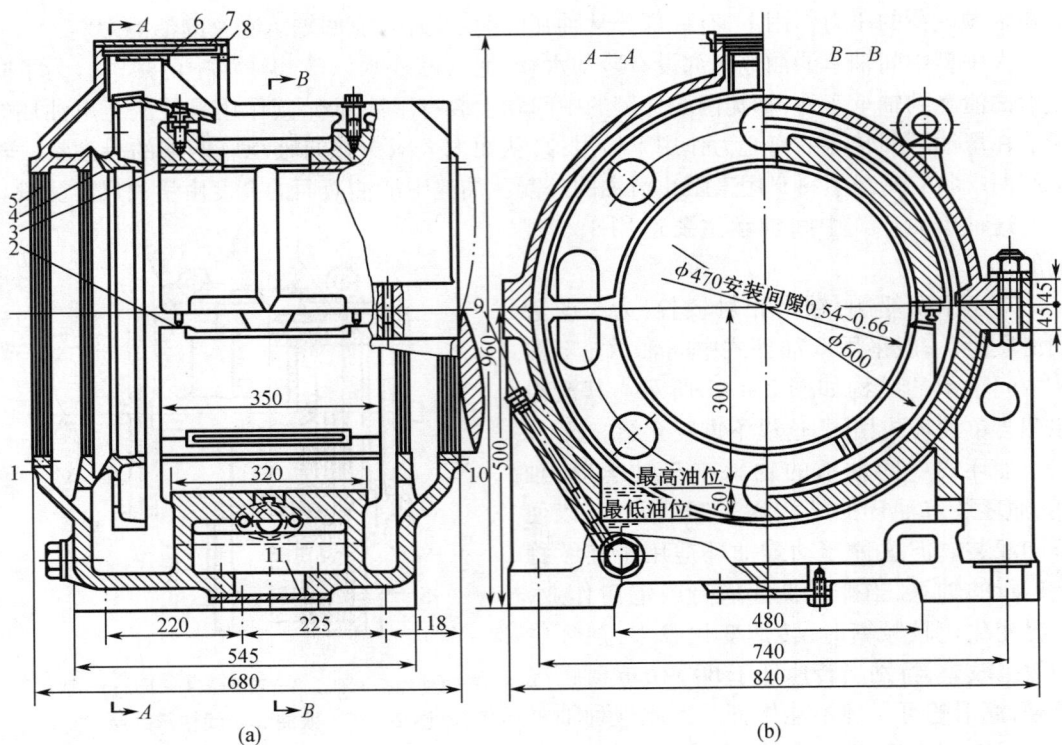

1—轴承座;2—下轴瓦;3—上轴瓦;4—甩油盘;5—轴承盖;6—刮油器;
7—观察盖板;8—网格;9—油尺;10—油盖封头;11—封板。

图 2－46　油盘式中间轴承的基本结构

c. 液体润滑阶段:如图 2－47(c)所示,当轴转速提高,轴颈与轴承间隙内的油量增加,润滑油膜中的压力逐渐形成,两表面完全被润滑油隔开,油膜厚度大于两接触表面间隙之和,摩擦因数显著下降,最终达到与外载荷相平衡的位置。这种状态称为液体润滑。

理论上讲,当轴的转速继续增大时,轴颈中心逐渐向轴承孔中心漂移,即轴颈中心与轴承中心相重合,如图 2－47(d)所示。由此可见,当轴颈转速和轴承承载不同时,对油膜的形成有很大影响。油膜形成的厚度主要与轴颈与轴承间的载荷大小、相对速度、间隙及滑油黏度有关。在一般情况下,轴颈转速越高,润滑油的黏度越大,承受的载荷越小,则形成的油膜越厚;反之,油膜的厚度就越薄。

④滑动式中间轴承主要技术参数的选择。

a. L/d 值,指轴瓦长度 L 和轴颈的直径 d 的比值。轴瓦长度 L 与轴承单位面积的承载能力大小密切相关。一般在满足比压的条件下推荐选取较小的 L 值。若 L 值太大因轴弯曲变形或安装误差较大,容易致使轴瓦两端过早发生严重磨损;若 L 值过短则承载能力变小,造成轴承的比压增大,此外,滑油易从两端溢出不利于润滑。设计时建议取 $L/d = 0.7 \sim 0.8$ 为宜。

b. 径向配合间隙 δ,指轴承孔径 D 与轴颈直径 d 的差值,即 $\delta = D - d$。通常用相对间隙 $\varphi = (D - d)/d = \delta/d$ 来表示径向配合间隙。φ 值对轴承的承载能力、回转精度、温升等影响较大,因此它是滑动轴承的一个重要技术系数。一般情况下 φ 值越小,轴承的承载能力和回转精度越高,但安装精度要求也高。径向间隙 δ 过小的间隙滑油流量小,不宜建立良好的油膜,轴承易发热致使油温升高较快;反之,轴承径向间隙 δ 越大,轴承的承载能力和回转精度趋于下降,但可增大润滑油流量,降低轴承温度,并可降低安装要求。

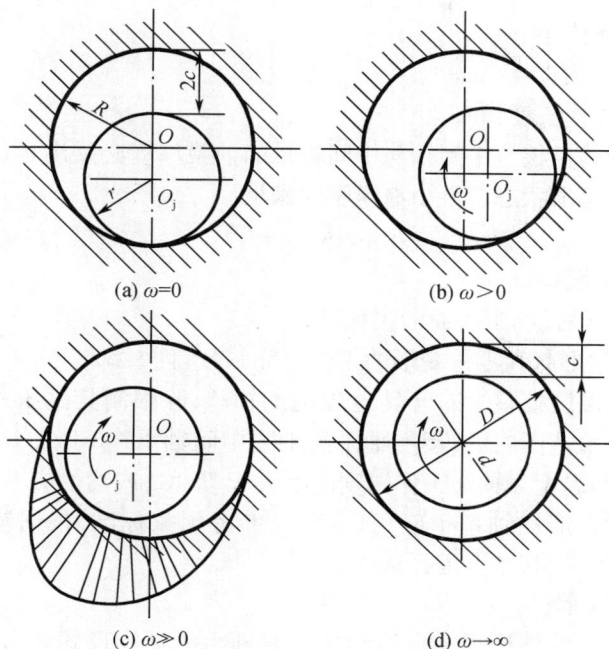

图 2 - 47　润滑油膜形成过程

《船舶轴系滑动式中间轴承》(GB/T 14364—2008)对轴承类型、结构和尺寸、表面质量、尺寸公差、材料、性能等做了规定,其中滑动式中间轴承与轴的装配间隙(沿径向)如表 2 - 12 所示。

表 2 - 12　滑动式中间轴承与轴的装配间隙(径向)　　　　　　　　单位:mm

轴颈直径 d	装配间隙	轴颈直径 d	装配间隙
80 ~ 100	0.13 ~ 0.18	350 ~ 400	0.42 ~ 0.52
120 ~ 140	0.16 ~ 0.21	420 ~ 480	0.54 ~ 0.64
140 ~ 160	0.20 ~ 0.25	500 ~ 600	0.65 ~ 0.75
180 ~ 200	0.23 ~ 0.30	630 ~ 710	0.75 ~ 0.86
220 ~ 250	0.27 ~ 0.35	750 ~ 850	0.85 ~ 0.96
280 ~ 320	0.36 ~ 0.44	900 ~ 1 000	0.95 ~ 1.08

⑤滑动式中间轴承润滑性能的校核(知识拓展)。

在轴承的结构、尺寸确定后,需要校核承载能力、最小的油膜厚度以及轴承工作时的温度等几项指标。

a. 承载能力校核。承载能力大小通常用比压 $[p]$ 校核,为了不使滑油在工作时被挤出或因轴承长度 L 不足而使比压太高导致轴承过早磨损、发热,轴承比压 $[p]$ 应满足以下

要求:

$$[p] = \frac{p}{dL} \leqslant 0.59 \qquad (2-44)$$

式中　　p——轴承的载荷,N;

d——轴承的轴颈直径,mm;

L——轴承的工作长度,mm。

b. 最小油膜厚度的校核。中间轴与中间轴承的油膜厚度必须满足以下条件,才能确保轴承处于良好的液体润滑状态。最小油膜厚度满足:

$$h_{\min} \geqslant K(f_1 + f_2) \qquad (2-45)$$

式中　　$h_{\min}$——最小油膜厚度,mm;

$f_1 \sqrt{f_2}$——轴颈、轴瓦加工表面的粗糙度;

K——表面几何形状和零件变形的工作可靠系数,且 $K \geqslant 2$。

c. 轴承工作时的温度校核。对于转速较高的轴承,除限制其比压外,还必须限制轴承工作时的温度在允许值范围内。《船舶轴系滑动式中间轴承》(GB/T 14364—2008)规定轴承工作时,相关部件的温度为轴瓦工作温度应不大于 70 ℃,或油温应不大于 65 ℃。

滑动式中间轴承在船舶轴系中应用广泛,应参考国家标准,根据轴的粗细、负荷的大小、船舶的结构与要求,按其特点进行选择。

(2)滚动式中间轴承

①滚动式中间轴承的结构形式。滚动式中间轴承的结构形式随着轴承的型号变化而略有变化。其轴承座与滑动轴承一样,通常用铸铁或铸钢铸造而成。小型轴承也有用钢板焊接的整体式结构,而大中型轴承座则采用剖分式结构。

滚动式中间轴承结构如图 2-48 所示,该轴承采用双列向心球面滚柱结构。轴承内圈通过锥形套 5 和调整螺母 4 固定在中间轴 6 的支承轴颈上,并随轴一起转动。轴承外圈则紧固于轴承座 9 上。安装滚柱轴承 12 时,应先将轴承装在轴颈上,在自由状态下用千分表测出它的径向间隙;然后逐步旋紧锥形套 5 上的调整螺母 4,这时由于轴承内圈的内径呈锥形,故内圈逐步胀大、间隙变小,当间隙减小到 40% 左右时,即可认为安装安全牢固。这种双列向心球面滚柱自动调心的滚动轴承,不能承受轴向负荷,因而安装时要特别注意将滚柱轴承装入轴承座壳体的中部,使两端轴向移动量(空余尺寸)A_1 和 A_2 相等。另外,这种轴承因其外圈之间允许有 1°~2.5° 的偏斜角,加之锥形套沿轴向有移动的可能,故安装比较方便。一般对于轴径小于 $\phi70$ mm,特别是负荷小、转速高的小型船舶应用这种调心滚动轴承。

②滚动式轴承中间轴承的特点。滚动式中间轴承与滑动式相比具有摩擦阻力小、传动效率高、滑油消耗量小、工作时有自动调心能力等优点;其缺点是工作噪声大,而且为装拆轴承的需要,中间轴必须采用可拆式联轴节,因此其承载能力小、安装工艺要求高。

选择中间轴承时,要根据轴的粗细、负荷的大小、船舶的结构与要求,按其特点进行选择。

3. 艉管装置

(1)概述

艉管装置是用来支承艉轴(或螺旋桨轴),并保持船体的水密性,防止舷外水大量进入船内,亦防止艉管装置的润滑系统滑油外泄。因此,艉管装置必须具有足够的强度和刚度,

在船舶航行时不产生有害的变形;应有良好、可靠的密封;在船舶任何航行环境下,能保证
艉轴承、密封装置等可靠润滑与冷却;能承受螺旋桨轴的动载荷,工作可靠,寿命长。

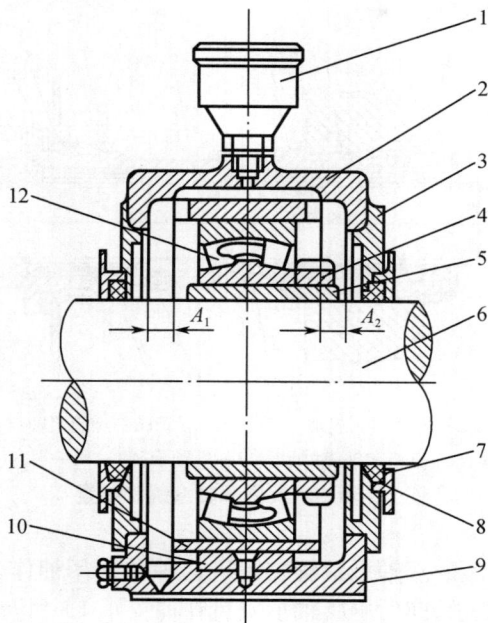

1—油杯;2—轴承盖;3—端盖;4—调整螺母;5—锥形套;6—中间轴;7—羊毛毡;
8—密封盖;9—轴承座;10—键;11—导向环;12—滚柱轴承;A_1、A_2—轴向移动量。

图2-48 滚动式中间轴承结构(双列向心球面滚柱轴承)

艉管装置一般由艉管、艉轴轴承、密封装置及冷却润滑系统等组成,如图2-49所示。

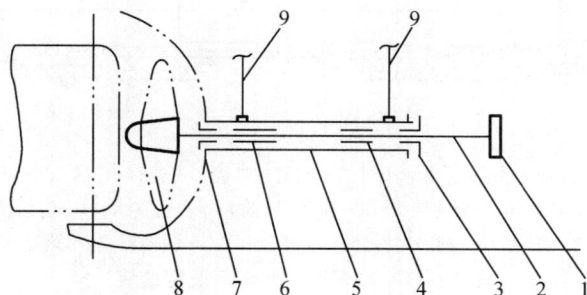

1—联轴器;2—螺旋桨轴;3—尾部密封;4—前轴承;5—艉管;
6—后轴承;7—尾部密封;8—螺旋桨;9—润滑油管。

图2-49 船舶螺旋桨轴艉管装置简图

艉管装置的结构,按其轴线数目可分为单轴系和双轴系;按其润滑的方式可分为油润
滑和水润滑。一般油润滑艉管轴承使用白合金材料,而水润滑的艉管轴承则采用铁梨木、
桦木层压板、橡胶等材料。水润滑的艉管装置使用舷外水作为润滑冷却剂,为此只需设置
首部密封装置。

图2-50所示为水润滑单轴系艉管装置。螺旋桨轴6由前、后木质轴承13、4支承。为

了防止海水对艉轴的腐蚀,在与轴承相接触处的轴上镶有铜套14或其他包覆层,裸露于外面的轴干表面还须包扎玻璃钢等材料。这种装置用水作为润滑冷却剂,靠水压由尾端进入艉管内,完成润滑冷却作用。

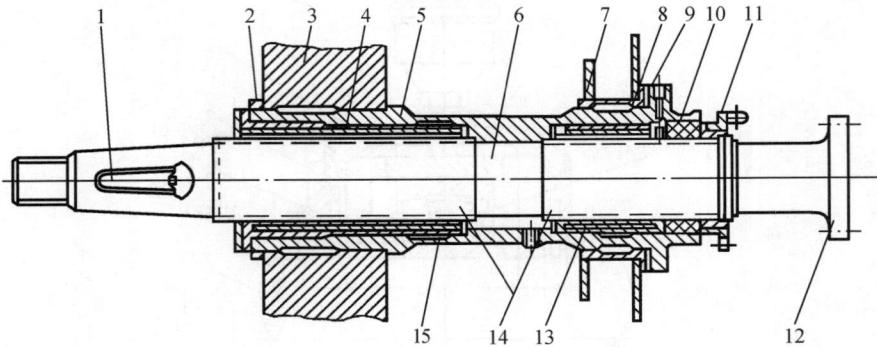

1—螺旋桨键;2—锁紧螺母;3—尾柱;4—艉轴承(后);5—艉管;6—螺旋桨轴;7—轴承支座;8—隔舱壁;
9—垫板;10—密封填料;11—压盖;12—联轴器;13—艉轴承(前);14—铜套(轴包覆);15—衬套。

图2-50 水润滑单轴系艉管装置

图2-51所示为油润滑的双轴系艉管装置。这种装置用油作为润滑冷却剂,螺旋桨轴由前后白合金轴承12、6支承,前后艉管轴承安置在前支承13和人字架毂7内,为了防止艉管装置的油不外漏,避免舷外水的渗入,在艉管的前后端均设有密封装置。

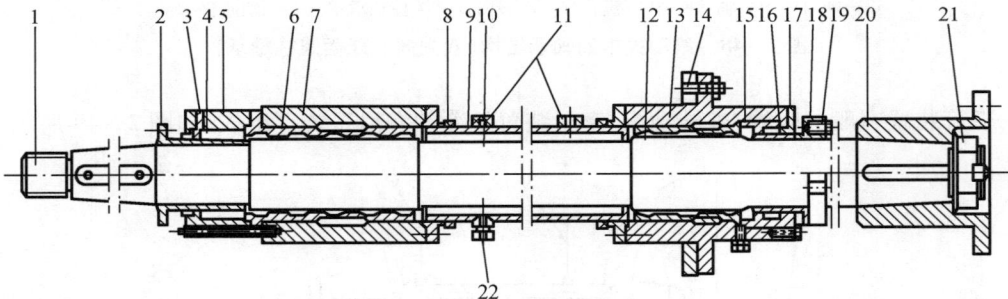

1—螺旋桨轴;2—防磨衬套;3—压盖;4—密封填料;5—密封件外壳;6—艉轴承(后);7—人字架毂;8—锁紧法兰;
9—锁紧螺母;10—艉管;11—油管接头;12—艉轴承(前);13—前支承;14—垫板;15—密封支座;
16—密封填料;17—压盖;18—前防磨衬套;19—锁紧环;20—联轴器;21—螺母;22—放油螺塞。

图2-51 油润滑的双轴系艉管装置

(2)艉管的结构形式、材料与主要尺寸

①艉管结构形式。艉管的结构形式主要有整体式尾轴管和连接式艉管两种。

整体式艉管一般用于单轴系船舶,是支承艉轴的重要部件。艉管内部装有艉轴承、艉轴、密封装置等构件。艉管一般从舱内向船后安装,使其穿过隔舱壁及艉柱,其末端有外螺纹,用螺母将其固紧。艉管前端设有法兰,将其固定在隔舱壁的焊接座板上、法兰与座板间装有铅质垫片。

连接式艉管由几部分连接而成,这种艉管一般用在双轴系的船舶上。如图2-51中的10,它由法兰和螺纹法兰固定于人字架壳和前支承上,起到保护艉轴的作用。

②艉管的材料。整体式艉管的材料一般采用铸钢、铸铁或球墨铸铁;连接式艉管的材料则一般采用钢管或无缝钢管。

③艉管的主要尺寸。艉管的轴向尺寸由轴系布置及所安装轴系附件决定;径向尺寸(壁厚和孔径)按照设计手册及所安装轴系附件相关尺寸确定。

整体式艉管的主要尺寸如图 2-52 所示,图中 a、b、c 为不同位置艉管壁厚,D 为艉轴直径。

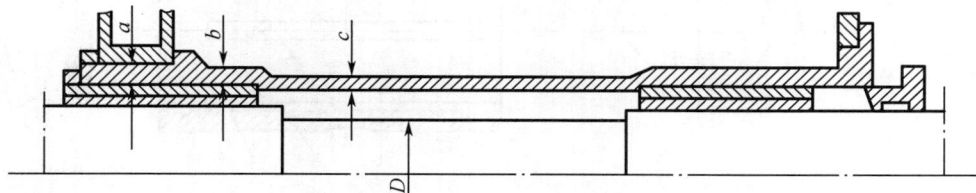

图 2-52 整体式艉管的主要尺寸

a. 灰铸铁艉管壁厚:

当轴颈 $d < 210$ mm 时,$c = \dfrac{D}{12} + 12.7$ (mm);

当轴颈 $d \geqslant 210$ mm 时,$c = \dfrac{D}{20} + 20$ (mm)。

$a = (1.5 \sim 1.8)c$ (mm)。

$b = (1.2 \sim 1.5)c$ (mm)。

b. 球墨铸铁艉管壁厚为灰铸铁的 $0.7 \sim 0.8$ 倍。

c. 钢质艉管装配衬套处最小厚度按表 2-13 规定选取。

表 2-13 艉管壁厚 单位:mm

轴颈 d	< 80	60 ~ 120	120 ~ 150	150 ~ 180	180 ~ 260	260 ~ 360	360 ~ 500	500 ~ 700
装衬套处厚度	10	12	14	16	18	20	22	24

(3)艉管轴承

艉管轴承设置在艉管或人字架中,它除了承受螺旋桨轴的质量外,还要承受更为复杂的负荷。特别是后轴承因承受螺旋桨在水中旋转时不均匀悬臂负荷,受到螺旋桨及轴在运转过程中的振动负荷等影响,其工作条件更为恶劣。艉轴承在船舶航行时很难检查,只能在船舶进坞时才能进行检修。为了避免因其故障而影响船舶营运,它应具有可靠和紧固的结构。

艉轴承的润滑分为油润滑和水润滑两种,由于润滑剂的不同所采用的轴承材料也不同。油润滑艉轴承与转轴接触处采用耐磨性很高的白合金材料,小型船舶则使用青铜或铸铁。水润滑的艉轴承采用铁梨木、橡胶、桦木层压板和增强塑料等耐磨材料。鉴于铁梨木需要进口且价格昂贵,故水润滑轴承采用桦木层压板和橡胶轴承的较多。下面介绍常见的几种艉轴承。

①白合金艉轴承。白合金艉轴承应用较多,其断面结构如图 2-53 所示,其中 a 为承套

间隙,m 为承套厚度。这种轴承白合金浇铸在铸钢、铸铁或球墨铸铁的轴承衬套上,经机械加工后压入艉管中。浇铸白合金的轴承衬套 1 的材料常用青铜或黄铜制造,但也有用钢、铸铁或球墨铸铁制造的。

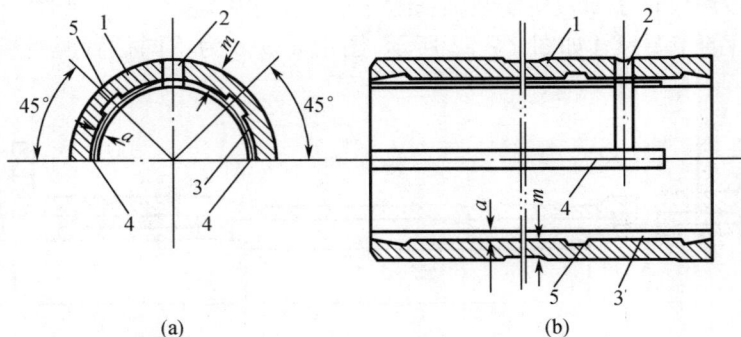

（a）　　　　　　　　　　　　（b）

1—轴承衬套;2—润滑油孔;3—白合金;4—油槽;5—燕尾槽。

图 2 – 53　白合金艉轴承的断面结构

轴系工作时,白合金将承受剪切摩擦力。为了使白合金不致脱落,一般在轴承衬套 1 上开有纵向和横向的燕尾槽 5,使白合金浇入后,牢固地与衬套结合成一体。白合金浇好后,应在其轴线方向开有油槽(一般有三条),以便更好地分布润滑油。润滑油孔 2 应开在轴承衬套不受压力的一边,并通过半圆形油槽与轴向油槽相通。

白合金分为两大类:以锡为主体的锡基合金(其中锡的含量约占 83%)和以铅为主体的铅基合金(其中锡的含量约占 16%)。锡基合金性能优越,而铅基合金价格较低。这两种白合金的化学成分和机械性能如表 2 – 14 所示。

表 2 – 14　白合金的化学成分和机械性能

合金种类	化学成分/%				轴承负荷/MPa		机械性能 P_V/(Pa·m/s)
	锑	铜	锡	铅	静负荷	冲击负荷	
锡基合金	10 ~ 12	5.5 ~ 6.5	其余		<10	<10	当 $V>5$ m/s 时,为 500
铅基合金	15 ~ 17	1.5 ~ 2.0	15 ~ 17	其余	<10		当 $V>1.5$ m/s 时,为 150

白合金艉轴承的特点是耐磨性好、不伤轴颈、抗压强度高、散热快,不易发生摩擦发热而烧轴的事故,使用寿命长;缺点是制造、修理复杂,价格昂贵。

采用白合金艉轴承时可以省去螺旋桨轴(或艉管轴)轴套,但艉管应设有良好的密封装置。

白合金艉轴承的使用寿命取决于尾部油封装置的可靠性和艉管结构安装的正确性。一般白合金艉轴承的使用寿命为 2 ~ 3 年,锡基合金的使用寿命相对长些。

白合金艉轴承衬套的外圆在安装时与艉管应紧密配合,否则衬套可能随轴转动,导致发热烧坏。前衬套的前端做成凸肩与艉管紧密配合,并用止动螺钉固紧在艉管上;后衬套的后端往往设有法兰,用螺栓紧固于艉管上。

白合金艉轴承的内径是按艉轴轴颈直径加上安装间隙进行加工的。白合金艉轴承安装间隙如表 2 – 15 所示。

表 2 – 15 白合金艉轴承安装间隙　　　　　　　　单位:mm

轴颈直径 d	安装间隙	轴颈直径 d	安装间隙
< 100	0.45 ~ 0.55	260 ~ 310	0.75 ~ 0.85
100 ~ 120	0.50 ~ 0.60	310 ~ 360	0.80 ~ 0.90
120 ~ 150	0.55 ~ 0.65	360 ~ 440	0.35 ~ 0.95
150 ~ 180	0.60 ~ 0.70	400 ~ 500	0.90 ~ 1.00
180 ~ 220	0.65 ~ 0.75	500 ~ 600	1.00 ~ 1.10
220 ~ 260	0.70 ~ 0.80		

a. 白合金艉轴承的安装间隙也可按以下经验公式计算:

$$\delta = 0.001d + 0.50 \quad (\text{mm}) \tag{2–46}$$

式中,d 为轴颈直径,mm。

极限间隙 $\delta_{\mathrm{j}} \approx 4\delta$。

b. 白合金艉轴承的铜衬套厚度可按以下经验公式计算:

钢质海船铜衬套厚度为

$$t = 0.03d + 7.5 \quad (\text{mm}) \tag{2–47}$$

式中　t——铜套厚度,mm;

　　　d——艉轴在轴承处的直径,mm。

内河船舶铜衬套厚度为

$$t = d/32 + 6 \quad (\text{mm}) \tag{2–48}$$

式中,d 为桨轴直径,mm。

c. 白合金艉轴承长度要求:钢质海船应不小于所要求的螺旋桨轴直径的 2 倍;内河船舶前轴承长度为艉轴直径的1.5 倍;后轴承长度为艉轴直径的2.5 倍。

②橡胶艉轴承。

a. 橡胶艉轴承的结构分为板条式和整体式两种。

板条式橡胶艉轴承(简称条式橡胶艉轴承)由多块橡胶板条(类似木板条)组成,每块橡胶板条由金属衬板(铜板或镀铜钢板)外包橡胶组成。制做橡胶板条时,在压制前先加入金属衬板,以增加其刚性,然后将橡胶在压模上硫化。制成的橡胶板条,一块块地镶嵌入轴承衬套内,并用沉头螺钉固定。

图 2 – 54 所示为桶形安装的具有金属衬板的板条式橡胶艉轴承。为了防止橡胶板条 1 沿着衬套内表面滑动,将沉头螺钉 2 从衬套外面旋入橡胶板条中的金属衬板 4 上,以便把橡胶板条紧固于衬套 3 上。板条式橡胶艉轴承制造比较简便,橡胶板条在磨损或损坏时更换比较容易。

板条式橡胶艉轴承一般应用于大型船舶上,其负荷较高,艉轴直径大于 360 mm。

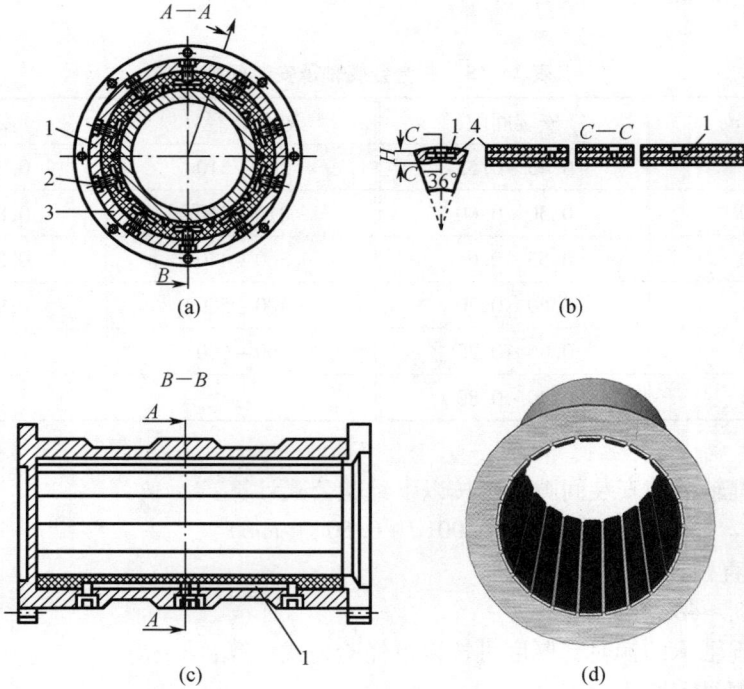

1—橡胶板条;2—沉头螺钉;3—衬套;4—金属衬板。

图 2-54　板条式的橡胶艉轴承

整体式橡胶艉轴承如图 2-55 所示,它将橡胶通过模具直接硫化于衬套之内。衬套的材料通常采用青铜,对于内河船舶也可以采用铸铁或钢管。这种轴承橡胶工作表面呈凸形,冷却水槽沿纵向布置,以便橡胶散热及冲走泥沙。整体式橡胶艉轴承因其结构较板条式简单,故在中小型船舶上得到广泛应用。

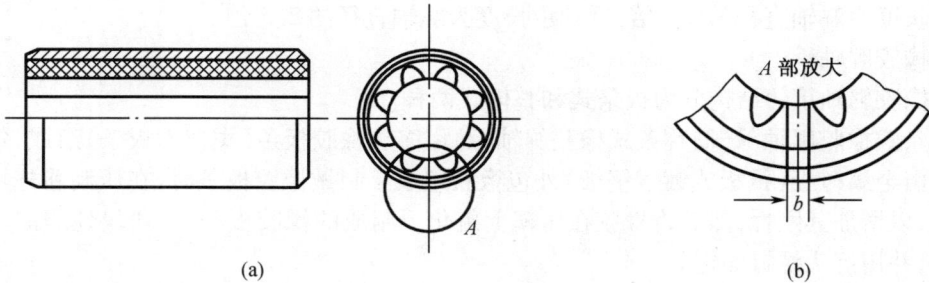

b—底部橡胶接触宽度。

图 2-55　整体式橡胶艉轴承

b. 橡胶艉轴承的特点。

(a)橡胶艉轴承的优点:由于橡胶艉轴承具有一定的弹性,比其他木质轴承接触面积大,负荷分布比较合理;橡胶艉轴承能吸收振动,故对轴系的安装误差及其冲击的敏感性较小,轴系的安装和找正比较容易,工作噪声小,工作平稳;由于没有后密封装置,这种轴承结构简化、管理方便,还可以避免这部分因摩擦导致的做功损失;这种轴承采用水作为润滑冷却剂,营运成本低且对水体无污染;橡胶艉轴承对水中的泥沙有一定的适应能力。

（b）橡胶艉轴承的缺点:制造比较麻烦,需要加工精确的模具,对硫化工艺要求高;橡胶传热性差,温度超过65 ℃时易老化失效,必须采取必要的冷却、散热措施;橡胶中含有硫,对轴有一定的腐蚀性,要求轴与橡胶接触表面用防腐材料进行包覆;长时间停船时要定期转动艉轴。

c.橡胶艉轴承的主要技术参数及尺寸(知识拓展)。

（a）比压的计算如下:

$$p = \frac{R_1}{bL} \leqslant [p] \tag{2-49}$$

式中　p——比压,MPa;

R_1——底部橡胶的支反力,N;

b——底部橡胶接触宽度,mm;

L——橡胶艉轴承长度,mm。

$[p]$——许用比压,MPa,一般橡胶艉轴承许用比压在(0.2～0.49)MPa 内选取,材料好的可选上限。

橡胶艉轴承比压需要通过受力分析来进行计算,图2-56 所示是具有12 条槽道结构的橡胶艉轴承的受力分析,可知:

$$\begin{aligned} R_n &= R_1 + 2R_2\cos\alpha_1 + 2R_3\cos\alpha_2 \\ &= R_1 + 2R_1\cos^2\alpha_1 + 2R_1\cos^2\alpha_2 \end{aligned} \tag{2-50}$$

式中,R_n 为轴的总负荷,N。

因此

$$R_1 = \frac{R_n}{1 + 2\cos^2\alpha_1 + 2\cos^2\alpha_2}$$

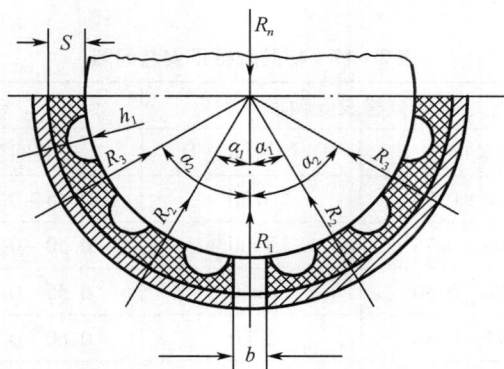

R—各槽道橡胶支反力;S—橡胶层厚度;h—槽道深度;b—底部橡胶接触宽度;α—各槽道间夹角。

图2-56　橡胶艉轴承受力分析示意图

由上述计算可知,R_1 的计算公式与橡胶的槽道数有关,一般采用8 或12 槽道较多。对于8 槽道底部橡胶支反力的情况,读者可自行参考计算。

（b）冷却润滑水量 Q 的计算：

轴径 $d = 30 \sim 140$ mm 时，冷却水量 $Q \leqslant 1.5$ t/h；

轴径 $d = 140 \sim 350$ mm 时，冷却水量 $Q = 5.5\, d^2 \times 10^{-3}$ t/h；

轴径 $d > 350$ mm 时，冷却水量 $Q = (6 \sim 7)\, d^2 \times 10^{-3}$ t/h。

（c）橡胶艉轴承的长度 L 的计算。橡胶艉轴承的长度 L 的数值主要根据比压大小、安装难易程度及轴径大小而定，各国无统一标准，参考数据为：德国取 $L = 0.25d$；英国取 $L = 4d$；日本取 $L = (2 \sim 4)d$；我国海船规范规定水润滑轴承 $L = 4d$，内河钢船规范规定 $L = 3d$。d 为螺旋桨轴直径。

（d）橡胶层厚度 S 计算如下：

$$S = \frac{0.25d}{100} + K \qquad\qquad (2-51)$$

式中　d——艉轴直径，mm；

　　　K——修正值，按表 2-16 选取。

表 2-16　修正值 K

艉轴直径 d/mm	100~400	400~700	700~2 000
修正值 K	11.5	13	14

d. 冷却润滑的槽道数及其深度。

槽道数与艉轴直径有关，一般艉轴直径越大，为了改善其散热状况槽道数应越多，一般不少于 8 条。槽道深度 h_1 同橡胶层厚度 S 有关：薄层橡胶 $h_1 \approx 0.5S$；厚层橡胶 $h_1 = (0.4 \sim 0.5)S$。

e. 橡胶艉轴承的安装间隙。

橡胶艉轴承磨损后更换时的安装间隙应符合表 2-17 的规定。

表 2-17　橡胶艉轴承安装间隙　　　　　　单位：mm

d	板条式橡胶艉轴承		整体式橡胶艉轴承	
	安装间隙	极限间隙	安装间隙	极限间隙
≤100	0.60~0.70	3.50	0.45~0.50	3.50
>100~120	0.65~0.75	4.00	0.50~0.55	4.00
>120~150	0.70~0.80	4.50	0.55~0.60	4.50
>150~180	0.75~0.85	5.00	0.60~0.70	5.00
>180~220	0.80~0.95	5.50		
>220~260	0.90~1.05	6.00		
>260~310	1.00~1.15	6.50		
>310~360	1.10~1.25	7.20		
>360~440	1.20~1.35	7.80		

表 2 – 17（续）

d	板条式橡胶艉轴承		整体式橡胶艉轴承	
	安装间隙	极限间隙	安装间隙	极限间隙
>440 ~ 500	1.30 ~ 1.50	8.50		
>500 ~ 600	1.45 ~ 1.70	9.00		
>600 ~ 700	1.65 ~ 1.90	10.00		

板条式橡胶艉轴承的安装间隙 δ 根据下式计算：
$$\delta = 0.002d + 0.50 \qquad (2-52)$$
式中，d 为艉轴直径，mm。

整体式橡胶艉轴承安装间隙 δ 根据下式计算：
$$\delta = 0.002d + 0.20 \qquad (2-53)$$
式中，d 为艉轴直径，mm。

③铁梨木艉轴承。

a. 铁梨木的物理特性。铁梨木是海船常用的一种艉轴承材料，其木质组织细密、坚硬、质量大，具有抗腐蚀性、抗压等优点。铁梨木浸于水中能分泌出一种黏液，是良好的润滑剂；它与青铜的摩擦因数为0.003 ~ 0.007，耐磨性好。铁梨木在干燥时容易开裂并扭曲变形，所以在制作、修理、加工和安装过程中要使铁犁木处于湿润状态。对于内河船舶，江河泥沙较多，若侵入艉管会损坏铁梨木，因而很少使用。

铁梨木内含有69.4%的木质，26%的树脂，2.8%的树脂精汁，1%的硬树脂和0.8%的苦性精汁。精汁与水能形成乳状液体，具有润滑的作用。铁梨木在水中泡胀时，体积可增加10% ~ 12%。

b. 铁梨木艉轴承的结构形式。如图 2 – 57 所示，铁梨木艉轴承是将多条铁梨木板条1、3 沿艉管衬套5 轴向紧密地镶嵌在艉管衬套的内圆上，呈桶形。为了防止铁梨木转动和便于安装，对于轴承直径较大者，在艉管衬套左右和上部位置共装三根止动条2（一般为青铜或黄铜），对于轴承直径较小者仅在左右位置装两根止动条。止动条的材料与艉管衬套材料基本相同，其长度等于艉管衬套全长，厚度为铁梨木板条厚度的60%，它用沉头螺钉从外向内固定在艉管衬套上。铁梨木的木条与木条之间开有 V 形冷却水槽4，供通入冷却水对轴承进行润滑和冷却。铁梨木以端面（纹路与轴套表面垂直）工作时，比沿着或垂直于纤维方向工作时耐磨性提高几倍。为此，在制造与安装时，轴承下半部负荷较大，铁梨木的纤维方向应与艉轴中心线垂直，以提高它的耐磨性；而上半部分轴承负荷较小，这部分铁梨木的纤维方向可与艉轴中心线平行。

c. 铁梨木板条的尺寸。铁梨木板条一般长度为 150 ~ 300 mm，宽度为 60 ~ 80 mm，厚度为 20 ~ 35 mm。铁梨木艉轴承的冷却水槽的结构形式如图 2 – 58 所示。V 形槽的深度 $T = 5 ~ 7$ mm；U 形槽的宽度 $A = 6$ mm，槽深 $b = 6 ~ 10$ mm。

d. 铁梨木艉轴承的安装及极限间隙如表 2 – 18 所示。

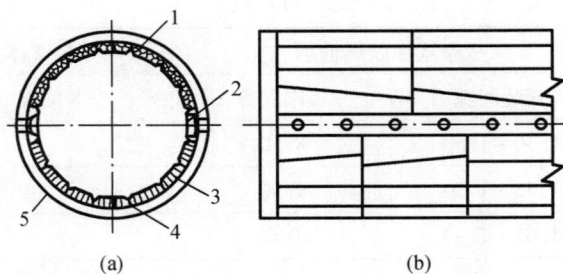

1—纵纹板条(上);2—止动条;3—主纹板条;4—冷却水槽;5—艉管衬套。

图 2-57 铁梨木艉轴承

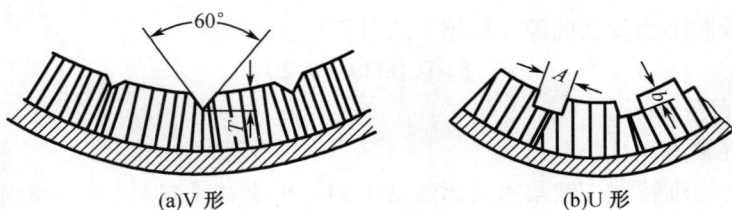

(a)V 形   (b)U 形

图 2-58 铁梨木艉轴承冷却水槽的结构形式

表 2-18 铁梨木艉轴承的安装间隙及极限间隙   单位:mm

d	安装标准		更换标准
	安装间隙	板条最小厚度	极限间隙
<100	0.90 ~ 1.00	—	3.50
100 ~ 120	1.00 ~ 1.10	—	4.00
120 ~ 150	1.10 ~ 1.20	11.00	4.50
150 ~ 180	1.20 ~ 1.30	12.00	5.00
180 ~ 220	1.30 ~ 1.40	12.00	5.50
220 ~ 260	1.40 ~ 1.50	13.00	6.00
260 ~ 310	1.50 ~ 1.65	14.00	6.60
310 ~ 360	1.65 ~ 1.80	15.00	7.30
360 ~ 440	1.80 ~ 2.00	16.00	8.00
440 ~ 500	2.00 ~ 2.20	18.00	8.70
500 ~ 600	2.20 ~ 2.40	20.00	9.50
600 ~ 700	2.40 ~ 2.60	22.00	10.50

安装间隙也可按下式计算:

$$\delta = 0.003d + 1 \qquad (2-54)$$

式中,d 为轴颈直径,mm。

考虑到铁梨木艉轴承的安装间隙较大,艉轴安装于艉管或人字架轴承中时,为使其中心线与轴系理论中心线相重合,往往是将铁梨木艉轴承镗成偏心,镗孔的圆心比理论中心线高出安装间隙的一半,即 $\delta/2$(δ 为安装间隙),如图 2 – 59 所示。

由于铁梨木在干燥后会扭曲和开裂,为此在整个制作、加工和安装过程中,要使铁梨木自始至终处于湿润状态。制作板条的原材料应在水中浸泡,板条在镶入衬套前应先在水中浸泡 2 ~ 3 周,使其胀透,镶好后,应在衬套内孔灌水保护,或用湿木屑塞满其内孔;在加工过程中,应每小时浇两次水;加工后应灌水或用湿木屑灌满轴承孔,也可用湿草包、湿麻袋塞满,还可以在铁梨木表面涂一层厚牛油保存。

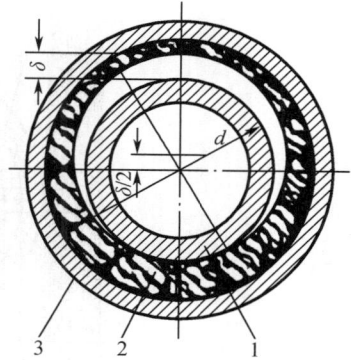

1—艉轴;2—铁梨木;3—衬套。

图 2 – 59　铁梨木艉轴承孔镗
成偏心示意图

④桦木层压板艉轴承。

a. 桦木层压板物理特性。桦木层压板是将桦木切成薄单板,经浸渍酚醛树脂后制成板坯,再在高温下压制成材。这种层压板材质坚实,强度较高,耐磨、耐腐蚀,成本也较低;但脆性较大,耐磨性也不及铁梨木。

桦木是一种多孔性材料,加压时细胞腔隙缩小,可使材质坚实,强度增加,但吸湿后仍能恢复原状。旋切成薄单板经过酚醛树脂处理,木材吸收了树脂,在加热条件下压缩,树脂缩合固化,使木材塑化,形成具有耐磨、耐热、绝缘性能较好、稳定的坚实体。它的某些物理机械性能甚至接近或高于某些金属、布质塑料和特种硬质木材,而成为机械、船舶、航空工业采用的一种非金属材料。目前船舶轴承使用的桦木层压板的型号有 MCS – 2、MCS – 2 – 1 两种,其中 MCS 是牌号的代号,M 代表木材,C 代表层积,S 代表塑料,均为汉语拼音的第一个字母;MCS 后面的数字表示板材单板排列形式和经过不同的物质处理。

胶合板在自由状态下很易吸水而膨胀或挠曲,在压紧状态下其吸水和膨胀程度就小得多。因此,胶合板镶条在安装之前,必须防止和水分、潮气接触,在自由状态下最多保存 2 ~ 3 昼夜。

b. 桦木层压板艉轴承结构形式。桦木层压板艉轴承的结构基本与铁梨木艉轴承相同。图 2 – 60 所示为桦木层压板艉轴承的结构形式。这种结构将层压胶木制成板条镶于艉轴承衬套中,其上下板条均采用耐磨性好的立向纤维作为摩擦面;板条之间亦要形成 V 形、U 形或梯形水槽,在下瓦 90° 范围内无水槽,冷却水槽设在止动条附近,采用压力水润滑和冷却。

桦木层压板艉轴承下部层压板的木层方向与轴中心线垂直,上半部也可与轴中心线平行。

桦木层压板尺寸规格有如下两种:长为 1 000 mm 和 700 mm,宽为 500 mm 和 600 mm;厚度为 15 ~ 55 mm;轴承支承表面包角为 100° ~ 110°。

在采用层压板作轴承时,艉轴保护套最好使用青铜套。为了避免擦伤和刮伤层压板轴承,在装入艉轴之前,必须用牛油厚厚地涂在镶条表面。在进坞或上排后,其镶条也应保持湿润状态。

c. 桦木层压板艉轴承的安装间隙及更换间隙。桦木层压板艉轴承的安装间隙及极限间隙如表 2 – 19 所示。

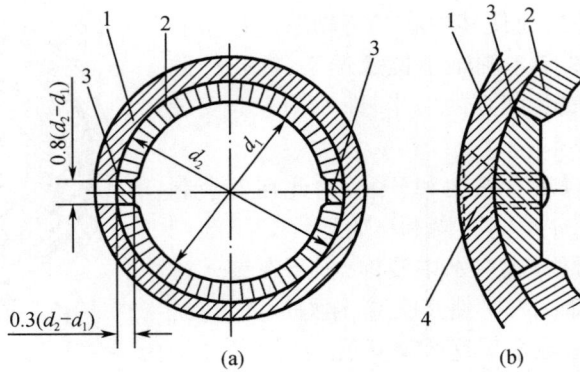

d_1—层压板内壁直径;d_2—艉管内壁直径。

图 2 – 60 桦木层压板艉轴承的结构形式

表 2 – 19 桦木层压板艉轴承的安装间隙及极限间隙 单位:mm

d	安装标准		更换标准
	安装间隙	板条最小厚度	极限间隙
<80	0.50 ~ 0.70	9.00	3.00
80 ~ 100	0.70 ~ 0.80	9.00	3.50
100 ~ 120	0.80 ~ 0.90	10.00	4.00
120 ~ 150	0.90 ~ 1.00	10.00	4.50
150 ~ 180	1.00 ~ 1.10	11.00	5.00
180 ~ 220	1.10 ~ 1.20	12.00	5.50
220 ~ 260	1.20 ~ 1.30	13.00	6.00
260 ~ 310	1.30 ~ 1.45	14.00	6.60
310 ~ 360	1.45 ~ 1.60	15.00	7.30
360 ~ 440	1.60 ~ 1.80	16.00	8.00
440 ~ 500	1.80 ~ 2.00	17.00	8.70
500 ~ 600	2.00 ~ 2.20	18.00	9.50
600 ~ 700	2.20 ~ 2.40	19.00	10.50

注:1. 桦木层压板艉轴承安装间隙计算公式:

安装间隙为 $\delta = 0.003d + 0.50$ (mm)(d 为艉轴轴颈直径,mm);

极限间隙为 $\delta_j = (4 \sim 5)\delta$ (mm)。

2. 对于中机型,艉轴托架处轴承的极限间隙应照表中规定值放大 20%;对于尾机型艉轴承,其极限间隙应取表中规定值的 75%。

3. 板条最小厚度是非设计厚度,此值仅为船舶在修理加工艉轴承时的要求标准,其设计厚度应照此值放厚 50% 左右,根据轴颈直径大小,板条设计厚度应为 15 ~ 30 mm。

⑤合成材料艉轴承。近年来,船舶艉轴承还采用尼龙、赛龙(Thordon)等合成材料,其中

采用赛龙艉轴承材料的日益增多。赛龙作为艉轴承材料已被世界各大船级社认可,如英国劳氏船社(LR)、法国船级社(BV)、美国船级社(ABS)、日本海事协会(NK)和中国船级社等。

赛龙材料最早由加拿大赛龙公司研制、开发、生产,因此而得名。

赛龙材料是一种由三次交叉结晶热凝性树脂制造而成的均质聚合物,属于非金属高分子合成材料。用赛龙材料制成的轴承,称为赛龙轴承。同橡胶轴承一样赛龙轴承采用水润滑。

a. 赛龙艉轴承结构。水润滑赛龙艉轴承有套筒式和板条式两种结构。

图2-61所示为套筒式赛龙艉轴承结构,其外层为钢套,钢套内孔为赛龙材料制成的轴承,轴承内圈布置有纵向冷却水槽。套筒式赛龙艉轴承一般用于轴径较小、轴承载荷较低的场合。

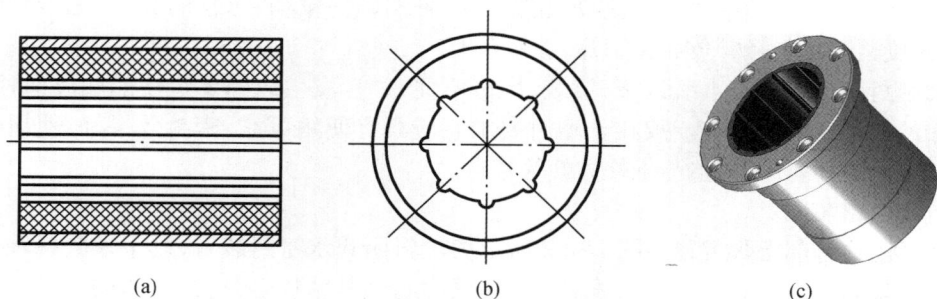

图2-61　套筒式赛龙艉轴承结构

板条式赛龙艉轴承类似于铁梨木艉轴承,主要由外层钢套和内层赛龙板条组成,板条安装在钢套内圈。赛龙板条可手工或采用锯、刨削或铣削等方式加工出水槽。板条式赛龙艉轴承适合在轴径较大(200~800 mm)、载荷较高的情况下使用,这种情况下可取代传统的铁梨木,安装加工更加简单、方便。

赛龙艉轴承与钢套的安装方法有过盈安装法和胶水粘贴法。对于直径在150 mm以下的艉轴承,可在常温下用压力法将轴承压进钢套内孔;对于较大直径的艉轴承,用干冰或液氮冷冻法安装,或直接用赛龙专用胶水黏合安装。

b. 赛龙艉轴承的性能特点。赛龙艉轴承材料的综合性能优于铁梨木、桦木层压板、橡胶和尼龙等艉轴承材料。

(a)耐磨性好。赛龙材料摩擦系数低,水润滑动摩擦系数为0.01~0.02。在水润滑条件下,其耐磨性是铁梨木的4倍以上,是橡胶的2倍以上;使用寿命是传统材料的2倍以上。

(b)耐腐蚀能力强,在强酸及大部分腐蚀性溶液中不腐蚀。

(c)承载能力高,这种轴承材料受冲击后可以恢复原状,抗冲击性能比任何一种传统的轴承材料都好;用于艉轴时多数船级社认可的承压为0.55 MPa,最大承压可达70 MPa。

(d)不老化,储存数十年,性能不发生变化。

(e)加工工艺简单、安装方便。

c. 赛龙艉轴承的安装间隙及极限间隙。赛龙艉轴承的安装间隙及极限间隙应符合表2-18的规定,超过极限间隙时应更换新的艉轴承。

（4）艉管密封装置

为了防止舷外水沿艉轴浸入船内及防止润滑油外泄,艉管装置中必须设置艉轴密封装置。艉轴密封装置根据艉轴润滑介质不同分为艉轴油润滑密封装置和艉轴水润滑密封装置两种;根据艉轴密封装置布置的位置不同,分为首部密封装置和尾部密封装置两种,有的简称为前密封装置和后密封装置。

对于采用油润滑的轴承,如白合金轴承,其首部密封装置的任务是封油,使润滑油不漏入船舱内,而尾部密封装置担负着防止油的漏出,又防止舷外水的浸入的双重任务。对于采用水润滑的艉轴承,如海水润滑的铁梨木或桦木层压板艉轴承及海、淡水润滑的橡胶艉轴承,只设置首部密封装置,防止舷外水浸入船舱内。

密封装置是由密封元件及其夹持定位部件等组成。

艉轴密封元件的工作条件十分恶劣,在其工作时,除受到剧烈的磨损及摩擦高温作用外,密封元件还会承受轴系的径向跳动、正倒车时轴的轴向窜动、海水的腐蚀、泥沙水的磨刷,以及螺旋桨不均匀悬臂负荷作用等。

艉轴密封装置工作于水线以下,拆装、维修不便,一旦发生故障要迫使船舶停航检修,影响船舶的正常营运与生产。故在选型时要求它应具有使用可靠、密封效果好、使用寿命长、结构简单、选材容易、制造与维修方便等特点。

①首部密封装置。

a. 填料函式首部密封装置。图 2-62 所示为填料函式水密封装置,用于橡胶艉轴承的首部密封。填料 4 装在艉管 3 中借压盖 6 的压紧力与轴紧密接触,达到封水的目的。这种装置均设进水管,以便引入具有一定压力的冷却水对轴承进行润滑、冷却,冲走泥沙。配水环 2 的作用是保证引入水流能均匀地沿着整个艉管的圆周进行分配,防止水流短路及形成涡流。填料 4 常用浸油的麻索或石棉制品制成。钢质海船的压盖配水环采用青铜或黄铜制成,以避免海水的腐蚀。

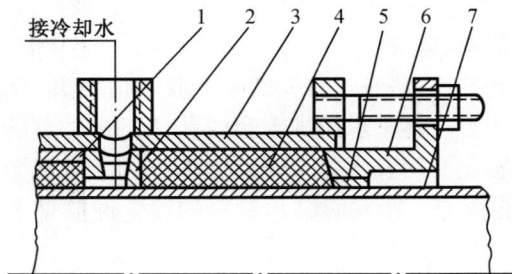

1—橡胶艉轴承;2—配水环;3—艉管;4—填料;5—压盖衬套;6—压盖;7—轴套。

图 2-62　填料函式水密封装置

图 2-63 所示为填料函式首部密封装置。它由填料压盖 7、压盖衬套 6、填料 3、分油杯 4、分油环 5 等组成。用扳手均匀拧紧填料压盖各螺母,使填料压盖通过压盖衬套压紧填料,使之与艉轴贴合,以达到密封的目的。

这种填料函式首部密封装置既可采用油润滑也可用水润滑对轴承润滑。当采用油润滑时,滑油经过分油杯和分油环进入填料函进行润滑。当采用水润滑时,应将分油杯改为冷却水管接头,并用分水环(配水环)来代替分油环,使压力水沿轴承截面的整个周长均匀分配,防止形成涡流。

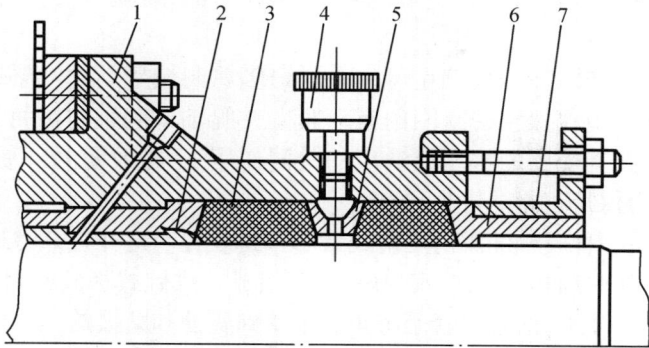

1—艉管;2—前艉轴承;3—填料;4—分油杯;5—分油环;6—压盖衬套;7—填料压盖。

图 2 – 63 填料函式首部密封装置

如果艉轴首端为固定法兰,则为了便于拆装,填料压盖、压盖衬套与分油环等都应由两半组成,其接合面应位于通过中心线的平面上。

填料压盖的材料一般采用铸钢 ZG250,铸铁 HT200 – 400、HT250 – 470,压盖衬套和分油环采用黄铜或青铜,软填料采用特制的浸有油脂的麻绳、棉绳或油毡等。

填料函装配时要符合以下要求:

(a)加装填料时,每圈的长度应使两端刚好接合,各道填料搭口应相互错开;

(b)填料压盖前后移动应灵活;

(c)填料装妥后,压盖法兰与艉管凸缘平面的距离应相等;

(d)压盖衬套内孔不可与轴接触,力求上、下、左、右方向的间隙对等;

(e)填料函各部分的装配间隙及极限间隙应符合表 2 – 20 的要求。

表 2 – 20 填料函各部分装配间隙与极限间隙   单位:mm

轴颈直径 d	分油环、分水环、填料压盖与填料函本体之间隙 A	分油环、分水环、填料压盖与轴之装配间隙 B	极限间隙	
			A_j	B_j
<100	0.10 ~ 0.15	2.00 ~ 2.50	0.80	5.0
100 ~ 180	0.15 ~ 0.25	2.50 ~ 3.00	0.90	6.0
180 ~ 260	0.20 ~ 0.35	3.00 ~ 3.50	1.00	7.0
260 ~ 360	0.25 ~ 0.40	3.20 ~ 3.70	1.10	8.5
360 ~ 500	0.30 ~ 0.45	3.50 ~ 4.20	1.20	10.0
500 ~ 600	0.35 ~ 0.50	4.00 ~ 4.80	1.25	12.0

对于水润滑填料函,艉轴承用舷外水润滑时,船舶航行时应将填料放松,以免加剧轴或衬套的磨损,允许有少量水流出,船舶停泊时应将填料压紧。艉轴承使用极限温度小于 60 ℃。

对于油润滑填料函,一般不应漏油,如果有漏油,允许每分钟漏油量不超过 6 ~ 10 滴,艉轴承使用极限温度小于75 ℃。

填料函式首部密封装置的特点是结构简单、工作可靠、修换方便,但消耗摩擦功较大,易使艉轴或轴套磨损。

b. 皮碗式首部密封装置[辛泼莱克司(simplex)型密封装置]。皮碗式首部密封装置的密封原理是,利用斜皮碗式橡胶密封圈的唇部紧套在艉轴或艉轴防蚀衬套上,在橡胶密封环弹力、弹簧夹紧力及其受到的水压或油压的共同作用下,橡胶密封环唇部与艉轴或防磨衬套间紧密接触贴合保持密封。

图2-64所示是一种艉轴油润滑皮碗式首部密封装置。这种首部密封装置主要由皮碗式橡胶密封圈7、弹簧8、前压盖6、前密封座10等组成。皮碗式橡胶密封圈7设两道圈,其唇部紧套在前轴衬套12上,前轴衬套是防止艉轴受到腐蚀和磨损的套。皮碗式橡胶密封圈7由前本体11、前密封座10及前压盖6来夹持和定位。前本体是与艉管前端联结匹配的部件。前密封座是用于夹持和定位皮碗式橡胶密封圈的外端部件。前密封座上设有润滑油管接头2,可由油管加入滑油。油腔的底部往往开设一个放油孔,必要时可在腔室内使滑油循环,以保证滑油具有良好的工作状态。传动夹环4是固定在艉轴上并依靠其夹紧力与艉轴产生摩擦力而随之一起转动的剖分式部件,其作用是为了改变和固定前轴衬套的轴向位置。O形密封圈5套在螺旋桨轴上,位于前轴衬套与传动夹环之间,其作用是使螺旋桨轴与前轴衬套间密封。

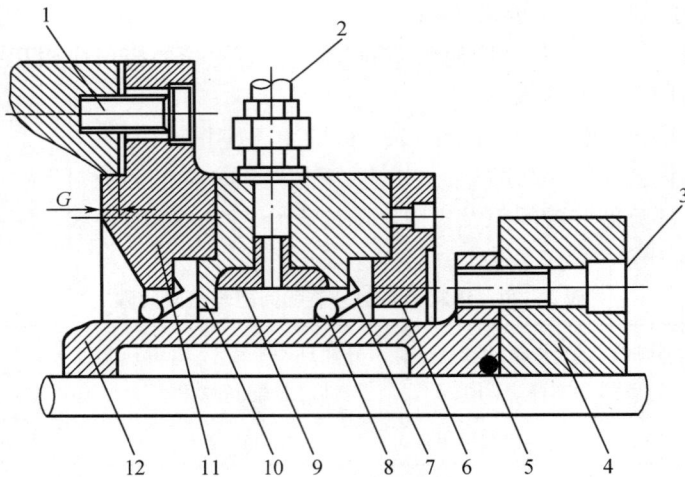

1—螺栓;2—润滑油管接头;3—螺栓;4—传动夹环;5—O形密封圈;6—前压盖;
7—皮碗式橡胶密封圈;8—弹簧;9—循环器;10—前密封座;11—前本体;12—前轴衬套。

图2-64　艉轴油润滑皮碗式首部密封装置

这种密封装置的主要特点是其密封圈腰部较长,元件的弹性与跟随性较好,唇口的接触宽度小(0.5~1 mm),唇部及弹簧的径向力合适,加之前本体、前密封座及前压盖对密封圈的夹持和护托,可防止其多压变形或翻过,故密封效果良好。

皮碗式首部密封装置由于具有良好的密封性能,使用寿命长,摩擦损失少,结构也比较简单,装配、修理和安装较方便等优点,因此广泛用于各种类型船舶的艉轴密封装置中。皮碗式首部密封装置的规范可参考《船艉轴油润滑密封装置》(GB/T 25017—2010)。

c. 骨架式首部密封装置。图2-65所示为骨架式首部密封装置。J形骨架式橡胶密封圈 3 置于密封环座 1 中,并由剖分式压盖 2 及定位螺栓将其夹紧定位,其唇部与转轴间的接触可实现阻油。当工作的密封圈磨损或变形失效后,可拆开剖分式压盖 2,剪断并去掉密封圈,换上备用橡胶密封圈 6,再装上剖分式压盖 2;当防磨衬套 4 表面受密封圈摩擦起槽过深时,可松开压紧环 5,沿轴向移动防磨衬套位置,使其表面完好处与油封接触,这样可延长其使用寿命。

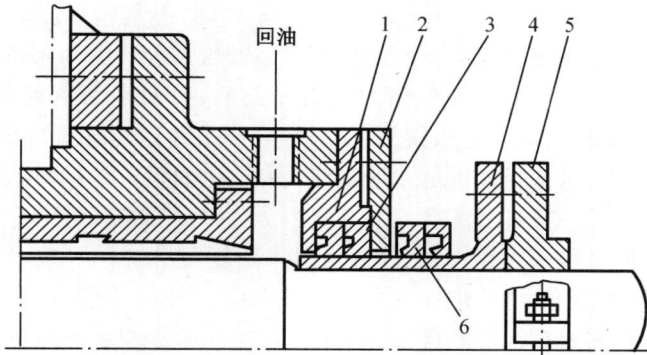

1—密封环座;2—剖分式压盖;3—J 形骨架式橡胶密封圈;
4—防磨衬套(一般表面镀铬);5—压紧环;6—备用橡胶密封圈。
图 2−65　骨架式首部密封装置

　　d. 弹簧片式端面密封装置。图 2−66 所示是弹簧片式端面密封装置,采用水润滑。这种密封装置由一个端面密封装置和一个充气密封装置组成,两装置置于同一个壳体内。

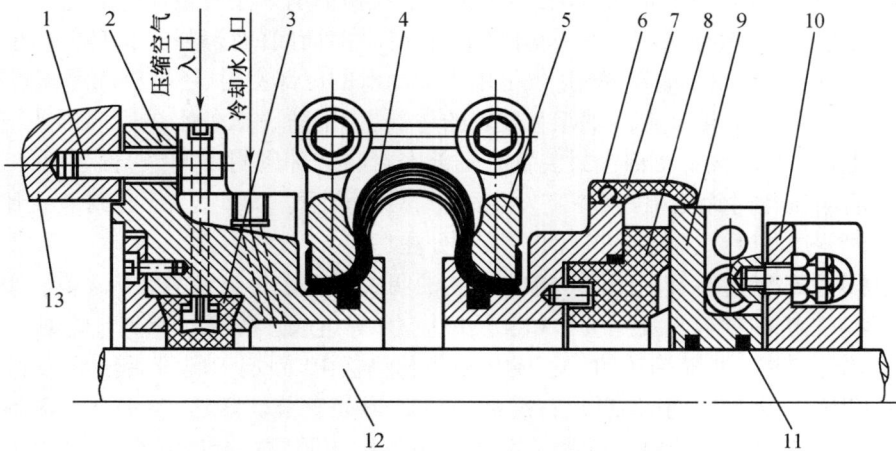

1—连接螺栓;2—气密封座;3—可充气密封气胎;4—Ω 弹簧片;5—主卡圈;6—静环托架;7—防溅罩;
8—静环;9—动环;10—传动夹环;11—密封圈;12—艉轴;13—艉管本体。
图 2−66　弹簧片式端面密封装置

　　端面密封装置主要由静环 8、动环 9、静环托架 6、传动夹环 10、Ω 弹簧片 4 及其主卡圈 5 等组成。传动夹环是固定在艉轴上并依靠其夹紧力与艉轴产生摩擦力而随之一起转动的剖分式部件。动环由传动夹环夹持和定位,动环与艉轴结合面之间有密封圈 11 进行轴向密封。静环由静环托架 6 承托,主卡圈 5 将 Ω 弹簧片定位在气密封座 2 和静环托架之间,由

Ω弹簧片的弹性预紧力将静环压紧在动环的端面上，形成端面径向密封面。Ω弹簧片能在轴的位移补偿范围内自动补偿静环、动环密封摩擦端面的磨损和轴系振动与冲击，保证端面密封。静环、动环的端面比压初始为 $0.1 \sim 0.11$ MPa，并随吃水深度增加，Ω弹簧片会自动进行压力调节，对轴向窜动和磨损自动补偿（轴向最大补偿量视轴径大小而定，在 $6 \sim 20$ mm）。

充气密封装置的气胎置于气密封座 2 和艉轴 12 之间，由气密封座夹持和定位，在螺旋桨艉轴静止状态下，用压缩空气（压力小于 0.3 MPa）使气胎膨胀并与艉轴紧贴形成密封，阻止海水沿轴向进入船内。必要时，充气密封装置密封后，可对端面密封装置进行修理或更换。另外在装置上配备相应的冷却水接头、压缩空气接头和透气放泄螺塞。

在轴系静止状态下，水密封装置的水泄漏量为 0。在轴系正常运转状态下，水泄漏量应每 100 mm 轴径每小时不大于 1.5 L。

一般情况下，动环材料采用锡青铜，静环材料采用复合材料。

这种端面密封装置耐磨性好、端面密封具有轴向位移补偿功能、可靠性较高，不足之处是，工作时端面密封处需要对动环和静环进行冷却，有一定量的水泄漏，可用于深水作业的船舶上，其规范可以参考《船艉轴水润滑密封装置》（GB/T 25018—2010）。

e. 弹簧式端面密封装置。图 2-67 所示是一种艉管前端面密封装置。密封环壳 9 固定于船体，填料环 17 与密封环壳相连，两者间加填料密封。密封环 10 受一组不锈钢螺旋弹簧 8 的作用，通过调节机构允许其轴向移动，密封环 10 与调整环 11 接触，表面形成内宽外窄的楔形间隙。在艉轴运转时，来自艉管的润滑油充满这一空隙形成楔形油膜。在离心力的作用下，油楔外圆形成很高的油压防止海水及泥沙的侵入，从而达到密封的效果。另外在调整环与调整环壳间装有 O 形密封圈，使其摩擦面接触时有一定弹性及应变能力。

这种密封装置受气温及背压的影响较小，且两摩擦面间的接触压力可随意调节，适应性较广，既可用于水润滑的首部密封，也可用于油润滑的尾部密封，还可供深海密封应用。

②尾部密封装置。油润滑艉轴艉管装置的尾部，为了防止舷外水进入船内或滑油的外泄，在艉管装置中必须设置尾部密封装置。尾部密封与首部密封不同，它置于船体外，工作环境恶劣，船舶航行时无法检查，一旦发生故障，后果严重。为此，尾部密封装置比首部密封装置要求严格，在设计、制造、安装时必须充分注意。

a. 油圈式尾部密封装置。图 2-68 所示为油圈式尾部密封装置的结构。其主要部件由三道油圈 9 和三道油令板 8 及压板 6 和 7 及垫板 10 等组成。防腐衬套 2 与艉轴相连，而油圈紧套在防腐衬套上，并随轴转动。压板 6 和 7 及垫板 10 固定于艉管后轴承 11 上。由于油圈与油令板的轴向和径向间隙很小，滑油通过 Z 形迷宫节流降压，从而防止和减少了滑油的泄漏。在压板 7 内装有橡皮 3 和羊毛毡 4，并紧贴于防腐衬套的外圈上，以防止海水和泥沙的浸入。

油圈式尾部密封装置结构简单、质量轻，但使用较长时间后，油圈与油令板间的磨损就会使装置的密封性能变差，易产生漏水、漏油现象，故近年来逐渐被其他性能较好的油封取代。

b. 骨架式尾部密封装置。图 2-69 所示为骨架式尾部密封装置。它属接触式密封，为了实现封水、阻油的双重作用，所用的骨架式橡胶密封圈道数比首部密封装置多，一般为 3~4 道，其中两道向外翻边的橡胶密封圈 3 和 4 主要用来阻水；向内翻边的橡胶密封圈 1 和 2 则主要用来阻油。另在尾端设一道 O 形橡胶密封圈 7 用来阻水和挡砂，防止其腐蚀衬套。

目前骨架式尾部密封装置用于我国的中小型船舶上,并已标准化,可供设计建造时选用。

这种密封装置结构简单,油封修换方便,有一定的密封效果;缺点是对艉轴偏心运动或下沉时的跟随性差,使用寿命不长。

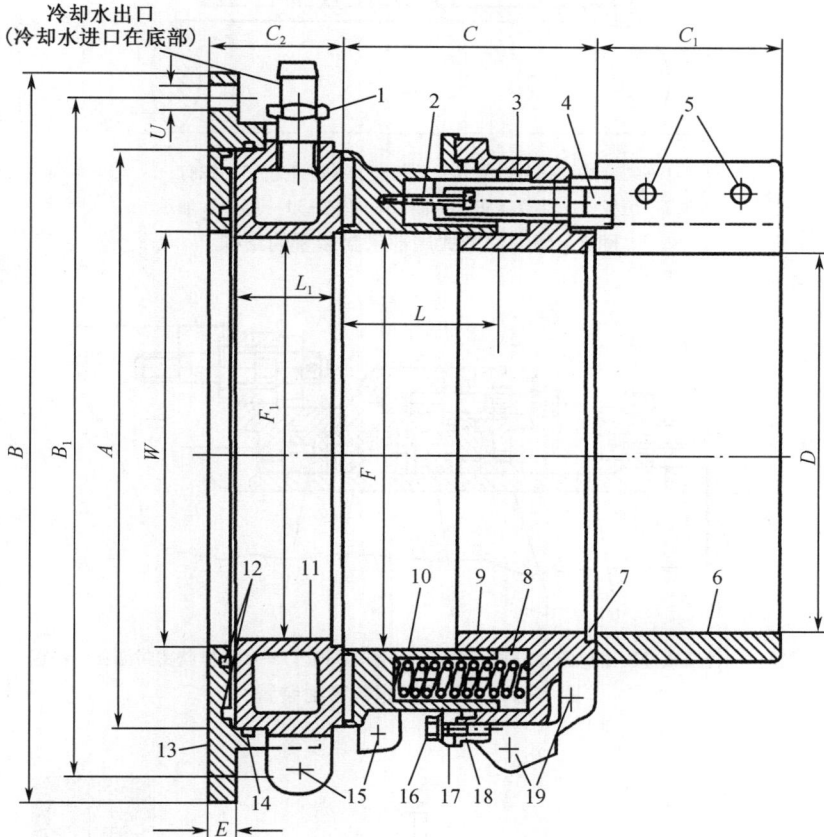

1—软管接口;2—装配螺钉;3—传动销;4—旋塞;5—螺栓;6—钢圈;7—橡皮垫;8—不锈钢螺旋弹簧;9—密封环壳;
10—密封环;11—调整环;12,14—O形密封圈;13—调整环壳;15,16,19—螺钉;17—填料环;18—填料。

图2−67　艉管前端面密封装置

c. 辛泼莱克司改进型尾部密封装置。图2−70所示为目前我国制造的174 000DWT大型油船使用的皮碗式(辛泼莱克司)改进型尾部密封装置。它依靠斜皮碗式密封环的唇部,在受到水压、油压、橡胶弹性及弹簧夹紧力的作用下,与防磨衬套间保持接触实现密封。

其密封元件由四个唇部装有箍紧弹簧的橡胶密封环(圈)7,9,11,12组成,其中两道向前翻,两道向后翻,其头部分别被夹持在后压盖2,中间托环3,4,5及后壳体6中。其中橡胶密封环11,12用于防止舷外水进入船内,橡胶密封环7,9用于防止润滑油的外泄。这种密封装置可以在车间预装,并用后压盖2先将其固定于防磨衬套1上,然后再将防磨衬套装置送至实船进行安装。

这种尾部密封装置对艉轴的跟随性较好,滑油的漏损少,使用寿命较长,拆卸修理较方便,故受到用船部门的普遍欢迎,在大型船舶中广泛应用。

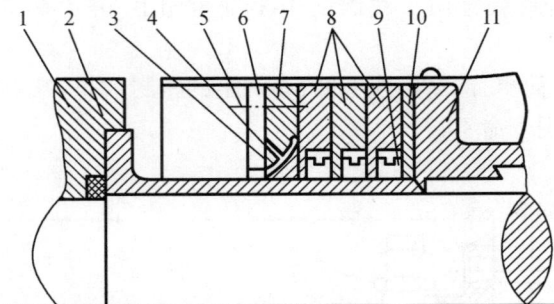

1—螺旋桨；2—防腐衬套；3—橡皮；4—羊毛毡；5—螺钉；
6,7—压板；8—油令板；9—油圈；10—垫板；11—艉管后轴承。

图 2-68　油圈式尾部密封装置的结构

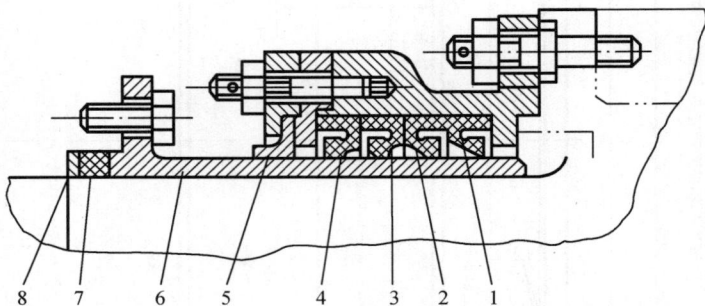

1,2,3,4—骨架式橡胶密封圈；5—翻边橡皮；6—防磨衬套；7—O形橡胶密封圈；8—垫板。

图 2-69　骨架式尾部密封装置

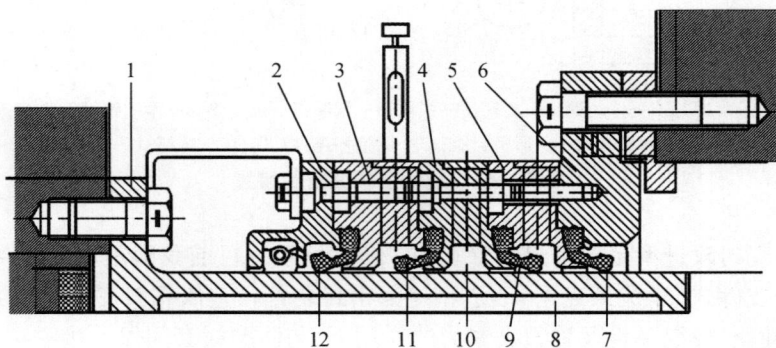

1—防磨衬套；2—后压盖；3,4,5—中间托环；6—后壳体；
7,9,11,12—橡胶密封环；8—冷却油腔；10—密封油腔。

图 2-70　皮碗式（辛泼莱克司）改进型尾部密封装置

（5）艉管装置的润滑

艉管装置中的艉轴、艉轴承及密封元件的动、静摩擦副间均处于强烈摩擦之中，必须提供足够的滑油或水等润滑剂进行润滑。否则，各摩擦表面形成干摩擦会使轴承发热受损，缩短其使用寿命并影响船舶的正常营运。

①油润滑艉管装置的润滑。

a. 重力式自然循环润滑油系统。重力式自然循环润滑实际上是指重力油柜中的滑油依靠自身的重力供油润滑,其组成及原理如图 2 – 71 所示。滑油自重力油柜 1 进入后艉轴承 5,经艉管 6 流至艉轴前轴承 7,再经回油管 4 回至重力油柜 1。艉轴油泵 2 的任务是在艉轴的安装与工作时向艉管装置泵油,泵油时将滑油自重力油柜抽出,沿上述线路油泵入艉轴承等处,当回油管中有回油时,即表明系统已充满了油,可终止泵油。图中示出的艉轴油泵为手摇泵,对于一些大中型船舶可以使用一台电动油泵与之并联,以节约劳力及泵油时间。图中回油管的功用主要是透气及泵油时回油之用。目前绝大多数的中小型船舶均采用这种重力式自然循环润滑方式。

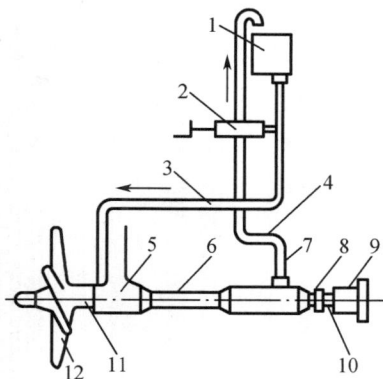

一般中小型船舶要求其重力油柜的位置高于水线 500 ~ 1 000 mm;某些大型船舶,当其满载水线与空载水线差大于 5 m 时,应设置两个油柜,并要求其重力油柜的位置高于水线 3 ~ 4 m。

1—重力油柜;2—艉轴油泵房;3—进油管;
4—回油管;5—后艉轴承;6—艉管;7—艉轴前轴承;
8—首部密封;9—联轴器;10—螺旋桨轴;
11—尾部密封;12—螺旋桨。

图 2 – 71　重力式自然循环润滑油系统

b. 间歇循环润滑油系统。图 2 – 72 所示为某 16 000 t 级多用途船艉管装置的间歇循环润滑油系统。该系统的组成及原理是:重力油柜 1 中的滑油经过截止阀 2 流进艉管及艉轴承 17 和 18 等处,并经截止阀 16 流入艉轴下油柜 13。当系统的滑油耗损后,一般仍可靠重力油柜补油,系统即成为上述的自然循环润滑系统;操纵截止阀 16 的开度,可以调节系统循环的速度。当重力油柜的油面低至警戒线时,即启动循环油泵 9(二者之一),将油从下油柜抽出,并经过滤器 11 打至重力油柜 1 内,这时系统也实行间歇循环。当重力油柜 1 内的油达到一定液面高度时循环油泵 9 自动停止。该系统的两循环油泵可以轮换工作,在抽出滑油时均使其通过过滤器 11 进行滤清,故滑油的质量也得到保证。

另外,油柜 4 和 13 分别为前、后密封件提供滑油。系统中设置透气管,以便逸出润滑系统中的气体。

c. 强制循环润滑油系统。强制循环润滑油系统如图 2 – 73 所示。它由润滑循环油柜 7、循环油泵 4、管路等组成。油泵从润滑循环油柜吸油加压,通过油管将滑油输送到艉管装置,对螺旋桨轴和轴承进行润滑,润滑后的滑油返回循环油柜。两只循环油泵可以轮换工作,供油压力通常为艉管装置处吃水压力加 0.02 ~ 0.03 MPa,压力表可显示供油压力。滑油由过滤器 5 进行滤清,以保证滑油质量。这种强制循环润滑油系统工作可靠、润滑效果好。

d. 润滑油自循环系统。图 2 – 74 所示为装循环器的润滑油自循环系统。该系统在皮碗式首部密封油腔装循环器。该系统设置低位循环油箱及进出油管,将循环器 1 固定在托环上,使其底部与螺旋桨轴上的前防磨衬套外圆留有较小间隙,这样在衬套随螺旋桨轴转动时,油腔中的滑油按照图中箭头所示方向形成滑油循环,用来润滑和冷却密封圈唇口。润滑油自循环系统结构简单,润滑、冷却效果好。

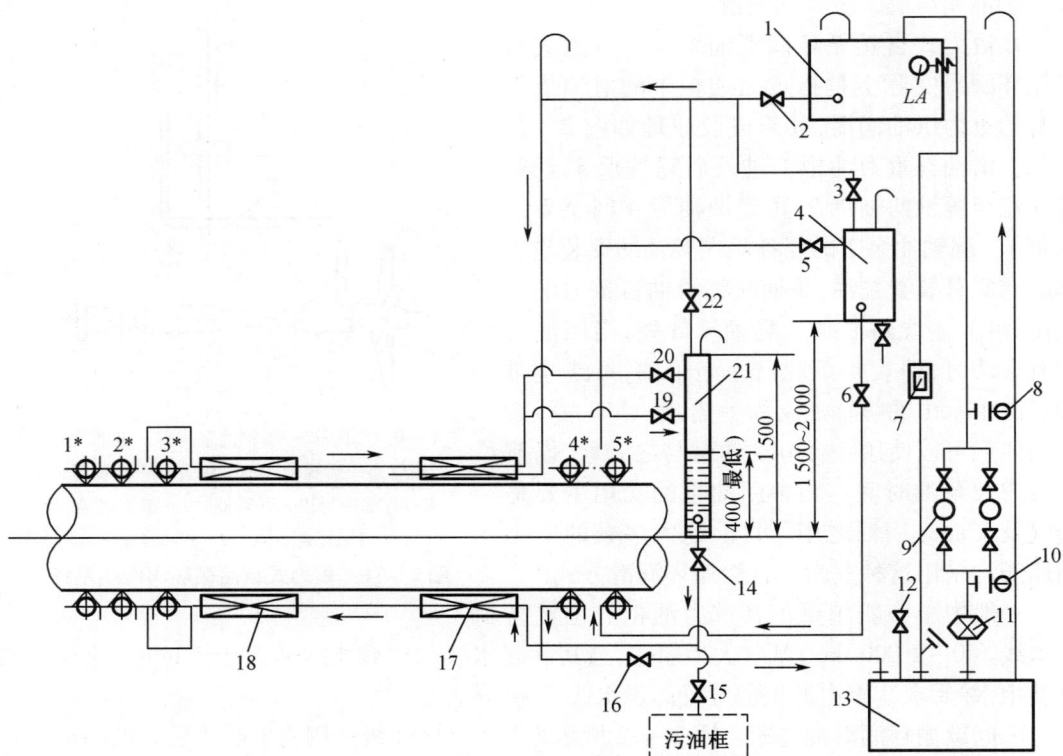

1—重力油柜；2,3,5,6,14,15,16,19,20,22—截止阀；4—前密封油柜；7—视流器；8,10—真空表；
9—循环油泵；11—过滤器；12—测深自闭旋塞；13—下油柜；17—前舾轴承；18—后舾轴承；21—后密封油柜。

图 2-72　间歇循环润滑油系统

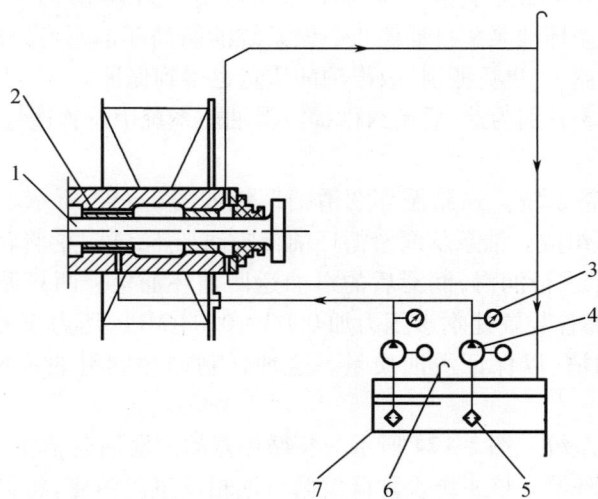

1—螺旋桨轴；2—舾管轴承；3—压力表；4—循环油泵；5—过滤器；6—透气管；7—润滑循环油柜。

图 2-73　强制循环润滑油系统

②水润滑艉管装置的润滑。

水润滑的艉轴承,如铁梨木、桦木层压板、橡胶艉轴承等均采用舷外水作为冷却润滑剂,对运动摩擦副进行润滑,也可以采用压力水润滑,增强冷却效果。无论采用哪一种方式供水都要求有足够的水量以保证轴承的良好润滑,不致因摩擦温度过高而使部件发生故障或损坏。

铁梨木艉轴承水量不足时,水温迅速提高,当温度达到 60~70 ℃时,铁梨木摩擦因数急剧提高,导致艉轴承发热损坏艉轴承及轴的包覆层。只有在水温不超过 50 ℃时,铁梨木才能保持抗磨性能。桦木层压板艉轴承摩擦因数较大,易发热,故所需水量比铁梨木艉轴承多。

橡胶艉轴承工作时,要求按规定的冷却水量连续输入轴承内,若停止供水 1~5 min,其摩擦因数显著提高引起艉轴和橡胶的发热,甚至轴咬死传动,因此采用这种轴承的船舶要求轴系运转前先对轴承供水。

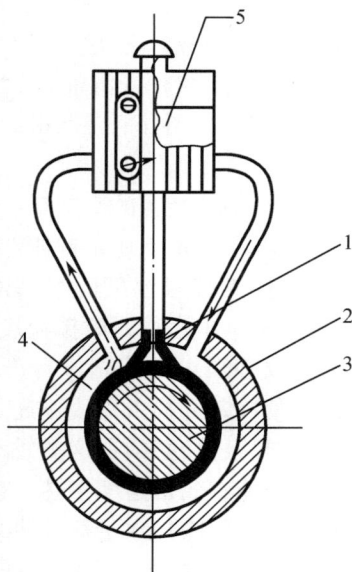

1—循环器;2—前密封座(中间支承环);
3—螺旋桨轴;4—润滑油;5—低位循环油箱。
图 2－74 装循环器的润滑油自循环系统

水润滑的艉轴承,当船舶航行在浅水或污水区域,轴承工作表面会落入泥沙状杂质。因此,必须在轴承内形成压力水流以保证轴承的润滑以及轴承表面的清洁。

艉管装置的润滑,水润滑系统比油润滑系统简单,但水润滑艉轴承在船舶轴系低转速运行时不能建立全液体润滑,而是半液体润滑,实际运转情况比理论运行情况恶劣,另外螺旋桨轴直接与海水接触,由于运行时轴套等容易受损而引起轴腐蚀,因此艉管装置的润滑目前多用油润滑。但随着水润滑轴承材料和轴耐腐蚀技术的不断发展,水润滑系统目前已用于到几十万吨超大型油船上。

(6)艉管装置的冷却

艉管装置中艉轴与艉轴承、艉轴与密封装置工作时会摩擦产生热量,需要进行冷却散热。其冷却途径为,一部分热量传给艉尖舱储水,一部分热量通过船体向舷外传递,还有一部分热量则通过冷却介质(油或水)带走。

①油润滑艉管装置的冷却。

a.艉管及艉轴承冷却。螺旋桨轴在艉轴承中运转所产生的摩擦热,如不及时加以冷却,势必影响滑油的黏度,加剧摩擦副的磨损。对于艉管后端的艉轴承及密封装置,因浸在水里,故其冷却条件较好,一般不须另加冷却。而对于艉管前端的艉轴承及密封装置,因其冷却条件较差,一些大中型船舶往往要考虑冷却措施。

图 2－75 所示是艉管的水冷却,图中艉管的外包水套 4 中的水最好采用清水,并可由膨胀水箱 3 供给。膨胀水箱可使水套中的水受热有膨胀的余地,当水套中的水消耗以后,可开启截止阀 1 进行补水,也可使截止阀 1 常开,而靠膨胀水箱中设置的液位控制开关 2 自动补水,以保证艉管前端艉轴承及密封装置的散热与冷却。

b.艉轴承密封装置的冷却。由于密封橡胶圈(环)传热性差,受高温作用后会老化变质,缩短其使用寿命,故对密封摩擦副的冷却与散热问题,也必须给予重视。密封装置的主要冷却方法有两种:一是对密封油腔充入滑油,以增强对摩擦副的散热与冷却效果(图2-64);二是密封油腔内设置循环器(图2-74)。

②水润滑艉管装置的冷却。

无论是木质艉轴承还是橡胶艉轴承,它们的摩擦系数均随其摩擦副接触温度的增高而显著增加。螺旋桨轴在这类艉轴承中运行时摩擦温度太高,易使其发生故障或损坏,故必须对摩擦副进行冷却和散热,限制其高温(一般应使冷却介质的温度不超过50℃)。为了改善摩擦副的散热条件,必须在这类轴承的内圆面开纵向冷却水槽,以便能有效带走摩擦热。船舶启航时由于螺旋桨轴的转速较低,冷却水量往往供应不足,易烧轴承,故应先供入压力水,增强冷却效果;艏部的艉轴承冷却条件不如艉部,易形成死水与淤积泥沙,因此要在艏轴承前面装有冷却水接管,用于起航时提供压力水,以便进行冷却,冲走泥沙与杂物。

小型船舶采用这种水润滑轴承密封装置,一般不须另行冷却,而对于中大型船舶则往往在填料函中设置冷却水夹层,借以通入冷却水对密封装置进行冷却。

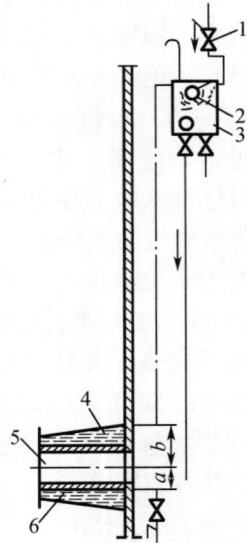

1—截止阀;2—液位控制开关;
3—膨胀水箱;4—艉管的外包水套;
5—艉轴;6—艉管及艉轴承;
a、b—进出水管接头距轴线的距离。

图2-75 艉管装置的水冷却

2.4 船舶轴系附件

船舶轴系附件主要介绍联轴器螺栓、轴系制动器、隔舱填料函、轴系轴接地装置等内容。

2.4.1 联轴器螺栓

联轴器螺栓连接两个轴段,其作用一是传递主机转矩,二是船舶倒车时传递螺旋桨的拉力。联轴器螺栓是通过以下两种方式传递转矩的:一是通过它将两法兰夹紧,利用法兰面上摩擦作用来传递转矩;另一种是使螺栓与螺栓孔间紧配合,依靠螺栓承受剪切力作用来传递转矩。

在轴系设计时,必须对联轴器螺栓进行强度校核。由于螺栓受力比较复杂,除承受上述的载荷外,还受到轴系装配应力、振动力和弯曲变形等方面的影响,所以目前大都按规范的有关公式进行计算。

1. 按《钢质海船入级与建造规范》计算(知识拓展)

①联轴器的连接采用紧配螺栓时,其直径不小于式(2-55)的计算值:

$$d_f = 15.92 \sqrt{\frac{10^6 P_e}{n_e \cdot D_j \cdot Z \cdot \sigma_b}} \quad (\text{mm}) \tag{2-55}$$

式中　d_f——联轴节紧配螺栓直径,mm;

P_e——轴传递的额定功率,kW;

n_e——轴的额定转速,r/min;

Z——螺栓数目;

D_j——节圆直径,mm;

σ_b——螺栓材料的抗拉强度(不小于中间轴材料的抗拉强度),N/mm²。

②联轴器的连接采用普通螺栓时,则螺纹根部直径应不小于式(2-56)的计算值:

$$d_n = 25\sqrt{\frac{10^6 P_e}{n_e \cdot D_j \cdot Z \cdot \sigma_b}} \qquad (2-56)$$

式中,d_n为普通螺栓的螺纹根部直径,mm。

普通螺栓的预紧力大小及安装工艺须遵守中国船级社有关规范。

螺旋桨与螺旋桨轴的连接螺栓必须是紧配螺栓,其直径应比上述计算值大5%。

对于在港口作业的船舶,其连接螺栓直径可以较上述计算值减少4%。

2. 按《钢质内河船舶建造规范》计算(知识拓展)

这种船舶联轴器的连接螺栓应为紧配螺栓,其直径d_f不小于式(2-57)的计算值:

$$d_f = 0.65\sqrt{\frac{d^3(\sigma_b + 157)}{D \cdot Z \cdot \sigma_{b1}}} \qquad (2-57)$$

式中　d——确定轴的直径,mm;

　　　Z——紧配螺栓数目;

　　　D——节圆直径,mm;

　　　σ_b——轴材料的抗拉强度,N/mm²;

　　　σ_{b1}——螺栓材料的抗拉强度,N/mm²。

2.4.2　轴系制动器

1. 轴系制动器的功用

轴系制动器是当船舶停泊或螺旋桨受到急流的冲击时,使传动轴制动,从而使船舶保持静止状态。

轴系在很多情况下都需要使用制动器。如船舶在航行或在急流中必须修理主机、离合器、齿轮箱和推力轴承等主要部件时,必须利用制动器使传动轴制动;船舶锚泊于急流航道、机动船舶被其他船舶拖带航行,以及多轴系装置船舶只利用部分轴系工作时,在水流冲击下螺旋桨转动,带动轴系甚至齿轮箱空转,此时为避免造成不必要的损耗,须利用制动器使轴系制动;航行中的船舶遇紧急情况或必须加快实现倒车时,也必须利用制动器使旋转中的轴制动。另外,采用牙嵌离合器的小型船舶推进装置,离合器接合时,必须先利用制动器使传动轴制动。

2. 轴系制动器的性能要求

①制动器制动应在不同工况下安全可靠工作,不能自行松开。

②制动刹车时不应使传动轴受到较大的弯曲应力。

③结构力求简单,操作方便。

④质量和外形尺寸小。

3. 轴系制动器的结构类型

常用的制动器有带式制动器、块式制动器和气胎式制动器三种,前两种多用于小型船舶。这些制动器一般均采用传动轴的联轴器法兰外圆面作为制动轮。

（1）带式制动器

带式制动器的制动原理是制动钢带在径向环抱制动轮而产生制动力矩。图 2-76 所示为带式制动器结构原理图,其主要由制动带、制动轮和制动杠杆等组成。为了增加制动效果,制动带材料一般为钢带上覆以石棉制品或粉末冶金材料压成的耐磨衬垫。制动杠杆一端铰接,另外一端施加制动力。当制动杠杆一端施加制动力 F,制动带压紧制动轮,产生摩擦力矩,制动轮制动。带式制动器制动力有人力、气压力、液压力和电磁力等。

带式制动器结构简单,但制动力矩不大,制动时传动轴受到较大的弯曲应力,因此这类制动器适用于小型船舶轴系传动轴的制动。

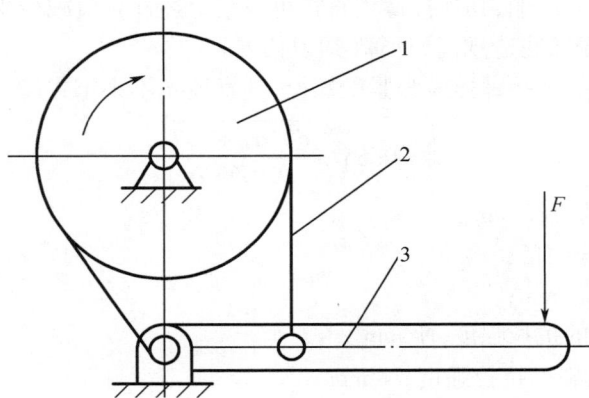

1—制动轮;2—制动带;3—制动杠杆。

图 2-76 带式制动器的结构原理图

（2）块式制动器（或称抱箍式制动器）

这种制动器是利用两个对称布置的制动瓦块,在径向抱紧制动轮而产生制动力矩。图 2-77 所示是手动块式制动器的结构图,它主要由制动臂 4 和 5、制动瓦块 6、制动轮 11、制动螺杆 3、手轮 2 等组成。制动轮与轴系同步旋转;制动瓦块用铆钉固定在制动臂上;制动块上有一层石棉制品或粉末冶金材料压成的耐磨衬垫,通过铆接方式安装在制动块的摩擦部位上。制动瓦块在制动轮上的包角为 α,包角增大,会增加制动转矩,但不利于散热。制动臂下端通过底座上的销轴 8 铰接,制动臂上端有螺孔安装制动螺杆。底座固定在机舱底部专用的机座上。

操作手轮转动制动螺杆（螺杆左右两侧,螺纹旋向相反）可使制动块与制动轮产生离合,达到松闸和

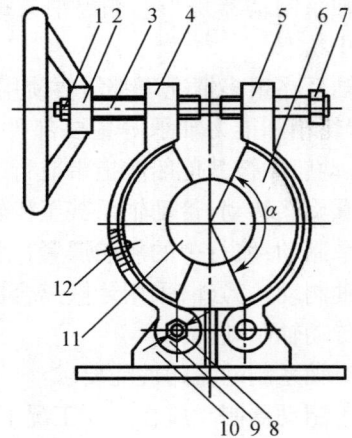

1—螺母;2—手轮;3—制动螺杆;

4,5—制动臂;6—制动瓦块;7—螺母;

8—销轴;9—开口销;10—底座;

11—制动轮;12—铆钉。

图 2-77 手动块式制动器的结构图

制动的目的。在制动时,传动轴产生的弯曲应力比带式制动器要小。

这种制动器结构紧凑、操作方便、制动平稳、安全可靠,在小型船舶中应用较多。

(3)气胎式制动器

图2-78所示为气胎式制动器。这种制动器主要由壳体1、端盖11、制动飞轮5、气胎制动带6等组成。壳体1与底座12连接并固定在机舱底部专用的机座上,制动飞轮5则通过制动飞轮连接孔13用连接螺栓将其固定于选定的联轴器上,并使连接孔的孔数目、位置与欲安装的联轴器法兰孔相符合,且孔径略大,以便安装。传动轴转动时,制动飞轮5随法兰一起转动,而壳体1不动。壳体1的内孔圆周面上安装有橡胶制成的气胎和进气管接头3,并安装弹簧板8及气胎制动带6。当需要制动传动轴时,只需将气胎和进气管接头3通入压缩空气[一般压力 $p = (8 \sim 10) \times 10^5$ Pa],即可使气胎膨胀,并通过压缩弹簧板8,气胎制动带就能抱紧制动飞轮,而使传动轴制动。弹簧板8的作用是气胎放气松箍时,气胎制动带能够复位并使制动飞轮的外径与气胎制动带之间留有约1 mm的间隙。

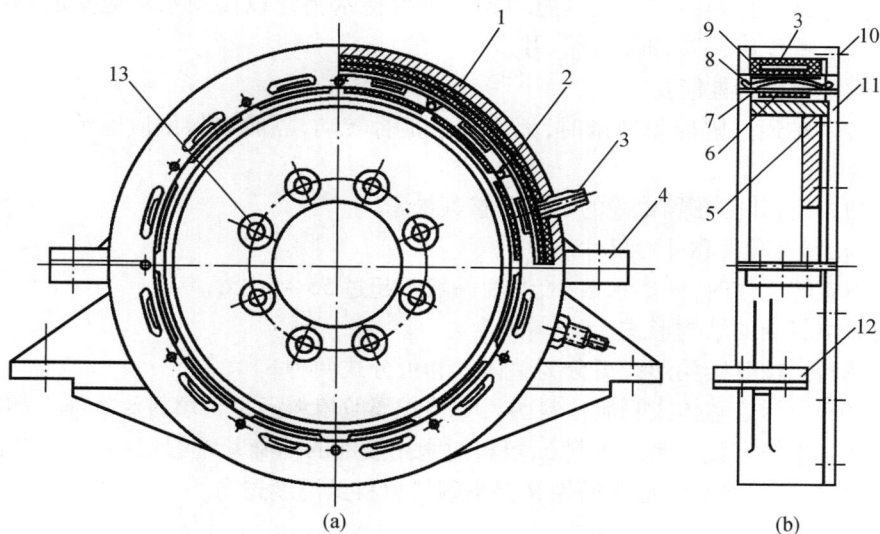

1—壳体;2—撑柱;3—气胎和进气管接头;4—上下连接座板;5—制动飞轮;6—气胎制动带;
7—制动压板;8—弹簧板;9—中间垫板;10—连接螺栓;11—端盖;12—底座;13—制动飞轮连接孔。

图2-78 气胎式制动器

这种制动器的制动力矩大、制动平稳,适用于船上有气源的大中型船舶。

4. 轴系制动器的选型计算

轴系制动器根据其使用场合的不同,所需的制动力矩也是不同的。民用船舶的制动器主要是在低速航行条件下对工作轴进行制动,或者是使停泊状态船舶的传动轴保持静止状态,故制动力矩数值只要能克服船舶在低速航行时水对桨的冲击力矩即可。但也有些船舶因航道或其工作性质的关系,要求船舶能在全速航行时使轴急刹,这就要求制动力矩大一些。

制动力矩 M_T 按式(2-58)近似公式进行估算:

$$M_T = 0.5\rho \frac{A}{A_D} \frac{H_P}{H_D} D_P^3 V^2 \tag{2-58}$$

式中 M_T——制动力矩，N·m；

ρ——水的密度，海水为 1 020.98 kg/m³，河水为 980 kg/m³；

A/A_D——螺旋桨盘面比；

H_P/H_D——螺旋桨螺距比；

D_P——螺旋桨直径，m；

V——制动器工作时船舶的最大航速，m/s。

制动力矩确定后，就可以此为依据查阅相关产品目录，结合船舶轴系的实际情况选取制动器的结构形式和规格。

2.4.3 隔舱填料函

1. 隔舱填料函的功用

传动轴连接主机和螺旋桨，结构上其通过一些舱壁时必须在舱壁上开孔，这时有水密要求的舱壁在其开孔处必须装设隔舱填料函来保持水密性以实现水密舱室的功能。隔舱填料函只起水密作用，不起轴承的作用。

2. 隔舱填料函的性能要求

①在传动轴通过隔舱填料函时，无论轴系是否转动，隔舱填料函应能承受一定的水压而不发生泄漏。

②拆卸方便，并能在隔舱壁的一边调整其松紧。

③结构简单，质量和外形尺寸小。

④当轴旋转工作时，摩擦系数小，温度一般不超过 55~60 ℃。

3. 隔舱填料函的结构形式

隔舱填料函按其结构形式可分为整体式和可分式两种。

图 2-79 所示为整体式隔舱填料函。整体式隔舱填料函是将填料函本体 1 和压盖 3 分别制成整体。本体上设有封水填料 5，填料通常用浸油的棉麻紧密编织而成，其密封性靠压盖的压紧度来调整，既要考虑水密性又要不致使填料函温度过高。

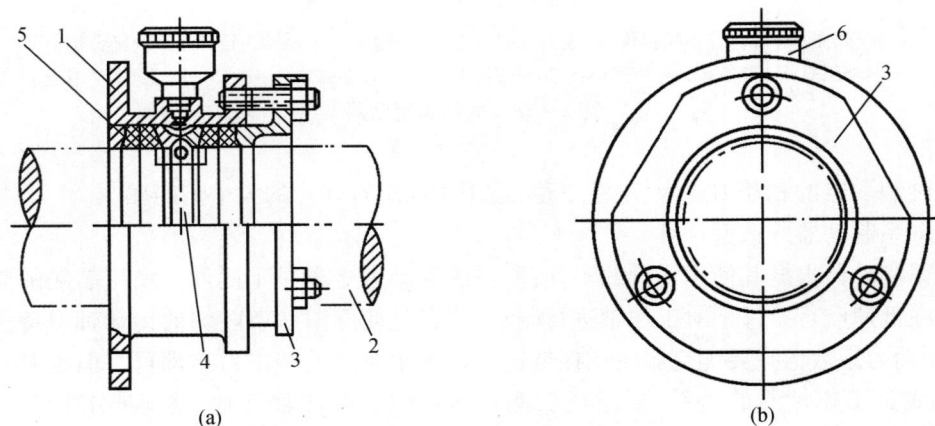

(a)　　　　　　　　　　　(b)

1—填料函本体；2—轴；3—压盖；4—分油环；5—封水填料；6—油环。

图 2-79　整体式隔舱填料函

这种填料函具有结构简单,质量和尺寸小等优点,但不便装拆轴系,传动轴上必须装有可拆联轴器。它主要用于快艇等小型船舶。

可分式隔舱填料函是将填料函本体和压盖分别剖分成两部分,用螺栓联结为一体。它适用于采用整锻法兰联轴节的传动轴。当需要将轴抽出或装入时,只需要把填料函本体和压盖拆下即可。另外,可分式隔舱填料函在拆装和检修时,可不拆卸传动轴,因此在船舶上应用广泛。

可分式隔舱填料函有三种结构类型:

①正圆形剖分式隔舱填料函,如图2-80所示。

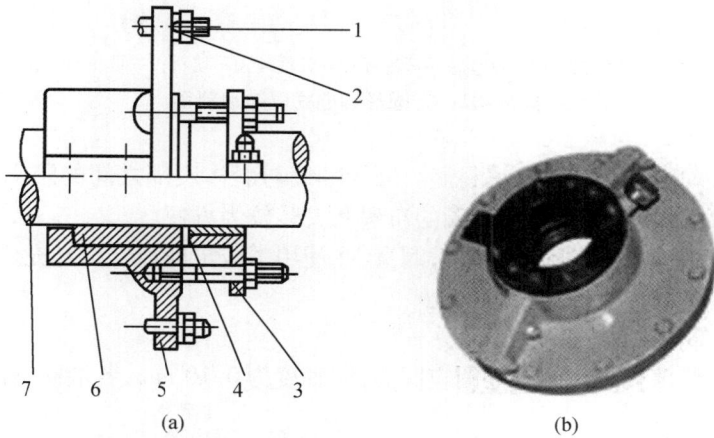

(a)　　　　　　　　　　　　　(b)

1—螺栓;2—垫圈;3—压盖;4—填料压衬;5—填料函本体;6—填料;7—中间轴。

图2-80　正圆形剖分式隔舱填料函

②椭圆形偏心式隔舱填料函,如图2-81所示。

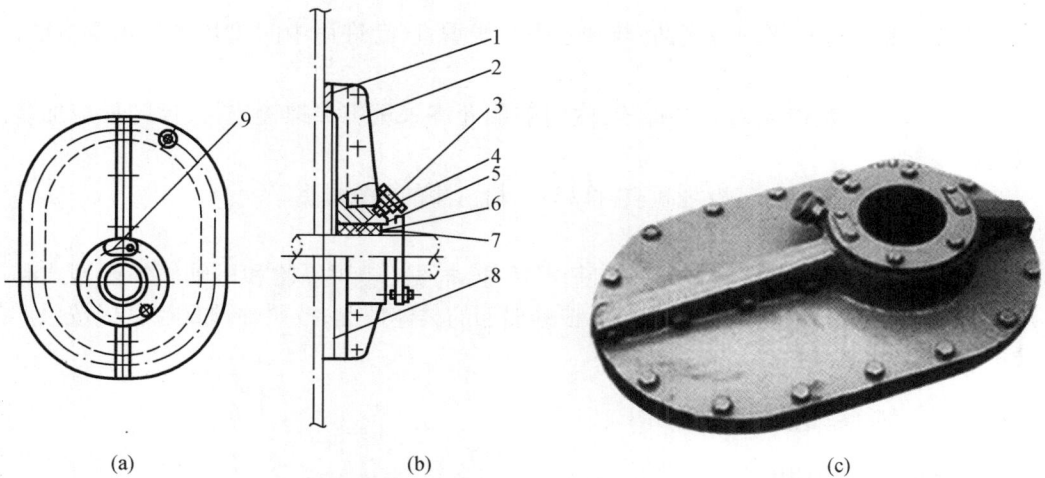

(a)　　　　　　　(b)　　　　　　　　　(c)

1—座板;2—填料函本体;3—填料函;4—油环;5—分油环;6—填料;7—填料压盖;8—垫片;9—连接板。

图2-81　椭圆形偏心式隔舱填料函

③正圆形偏心式隔舱填料函,如图2-82所示。

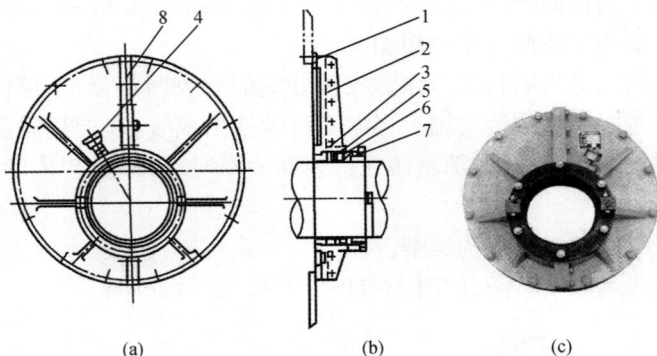

1—座板；2—填料函本体；3—填料函座；4—分油环；5—分油环；6—填料；7—填料压盖；8—夹紧凸缘。

图2-82　正圆形偏心式隔舱填料函

其中②和③均为偏心式隔舱填料函。因为轴线与船体底部之间的距离一般比较小，隔舱填料函制成偏心式，可使隔舱填料函的布置和安装较为方便。

隔舱填料函依靠油杯中的油脂进行润滑，在使用中应定期地予以补充。

4.隔舱填料函的技术要求

（1）主要零部件的加工要求

①正圆形隔舱填料函本件内外圆应同心，同轴度为0.10 mm，各端面与内孔轴心线垂直度为0.20 mm/m；

②剖分式填料函本体与压盖的剖分面应位于轴线上，偏差小于0.20 mm，两接合面之间80%以上应接触良好，不应插进0.05 mm的塞尺；

③相配两半的接合面应该用不少于2只定位销定位；

④隔舱填料函各部分装配间隙应符合规定要求。

（2）装配要求

①隔舱填料函座板平面应光洁，与轴系中心线垂直，允许用中间垫片来校正垂直度，垂直度为0.50 mm/m；

②座板厚度应足以装入双头螺栓，内河船舶允许采用贯穿螺栓连接，但螺栓应加装防漏敷料后装配；

③隔舱填料函本体与座板之间应衬以涂红粉白漆的帆布垫片。

5.隔舱填料函的选型

船用隔舱和艉轴填料函结构形式和基本尺寸，根据《船用隔舱和尾轴填料函型式和基本尺寸》（CB 770—93）来进行，选型时可根据船舶的具体情况，按照轴颈直径直接按照产品目录选用。

2.4.4　轴系轴接地装置

1.轴接地装置的功用

轴接地装置的功用是防止轴系电化学腐蚀。

电化学腐蚀是浸在电解质海水中的不同金属由于电极电位的不同，形成同时进行的阳极反应和阴极反应的腐蚀过程。

在艉管装置中，尤其是尾部密封部分，有许多不同金属的零件相互连接并浸泡在海水中,易发生腐蚀。不同金属材料在海水中的固有电位,电位低的金属被电位高的金属腐蚀,流动海水中各种金属的固有电位如图2-83所示,各种金属在静止人工海水中的固定电位如表2-21所示。

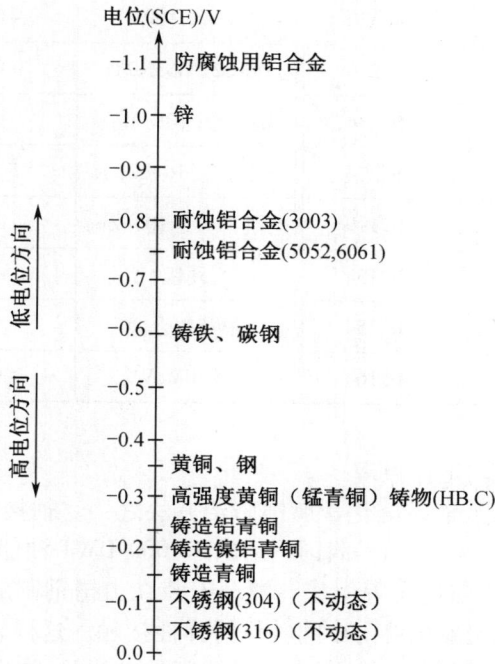

电位(SCE)/V

-1.1 — 防腐蚀用铝合金

-1.0 — 锌

-0.9 —

-0.8 — 耐蚀铝合金(3003)
耐蚀铝合金(5052,6061)

-0.7 —

低电位方向 ↑

-0.6 — 铸铁、碳钢

-0.5 —

高电位方向 ↓

-0.4 — 黄铜、钢

-0.3 — 高强度黄铜(锰青铜)铸物(HB.C)
铸造铝青铜

-0.2 — 铸造镍铝青铜
铸造青铜

-0.1 — 不锈钢(304)(不动态)
不锈钢(316)(不动态)

0.0 —

图2-83　流动海水中各种金属的固有电位
(流速4 m/s,25 ℃)

一般海水中不同金属材料在距离150 mm以内均易发生电化腐蚀。螺旋桨轴、密封装置等不同金属在海水中的相对位置很近,必须采取防止电化腐蚀的措施。

表2-21　各种金属在静止人工海水中的固定电位

金属	电位/V		金属	电位/V	
	起始(1 min)	终了(24 h后)		起始(1 min)	终了(24 h后)
30钢	-0.260	0.440	Cr13Ni4Mn9	-0.040	+0.020
镍黄铜	-0.190	0.430	12Gr18Mn8	-0.130	-0.070
15GrNiCuTi	-0.150	0.430	08Cr18Ni9	+0.000	+0.190
15Cr2NiCu	-0.220	-0.420	10Gr18Ni10Ti	+0.015	+0.180
10Cr3	-0.180	-0.410	巴氏合金83	-0.166	-0.182
12Cr3Al	-0.140	-0.360	10-2铜	+0.070	0.059
硅铬钒黄铜	-0.200	-0.430	黄铜(30%锌)	—	0.080
15MnSiCu	-0.200	-0.440	黄铜(5%~10%铝)	—	-0.100

表 2-21（续）

金属	电位/V		金属	电位/V	
	起始（1 min）	终了（24 h 后）		起始（1 min）	终了（24 h 后）
12Cr8Cu	-0.120	-0.330	CrNi65MoW	-0.098	-0.130
12Cr13	-0.140	-0.260	08Cr21Ni6Mo2Ti	+0.120	+0.340
20Cr13	-0.144	-0.234	铝合金（10% Mg）	—	-0.740
20Cr13Mo	-0.039	-0.204	铝合金（10% Zn）	—	-0.700
20Cr13Mo2	-0.099	-0.199	炮铜（5% ~10% Zn）	—	-0.080
20Cr13Cu	-0.004	-0.134	硬铝	—	0.500
20Cr13（含硼）	-0.114	-0.254	蒙乃尔合金	—	+0.170
Cr17Ni2	-0.029	-0.164	Ni70MoV	-0.158	-0.158

2. 轴接地装置的结构与工作原理

轴系采用轴接地装置是轴系电化学腐蚀防治方法之一。轴接地装置是目前大型远洋船舶最常用的方法。图 2-84 所示是我国制造的 46 000 DWT 油船轴接地装置简图。该接地装置主要由钢支架、滑环与电刷等组成。滑环安装在由槽钢制成的钢支架上，钢支架固定在船舶内底座上，滑环、电刷始终与中间轴保持弹性接触。这样轴、滑环、电刷、钢支架和船体之间构成导体，将最大限度地减少轴与船体之间的电位差，防止电化学腐蚀的产生。

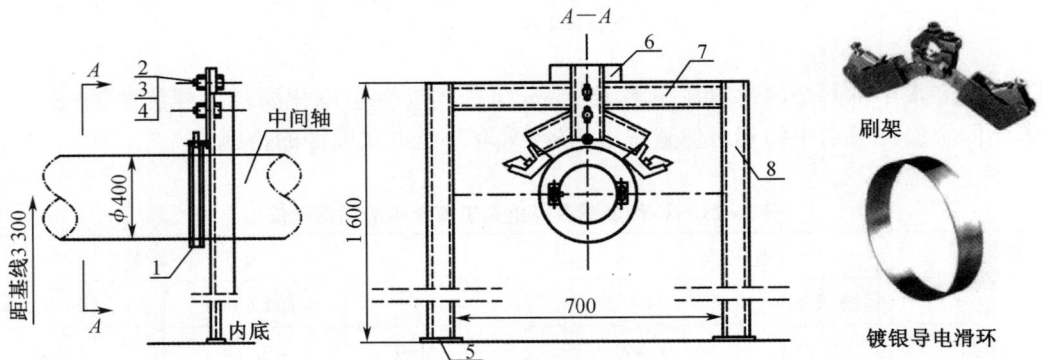

1—轴接地装置；2—螺栓；3—螺母；4—弹簧垫圈；5—垫板；6—钢板；7,8—槽钢。

图 2-84　46 000 DWT 油船轴接地装置简图

即使轴系上装设了接地装置，但因水润滑中艉管内壁与轴套或轴为不同的金属，容易形成腐蚀回路。为此，应采取措施减少艉管内壁的腐蚀：一是减少螺旋桨轴套的裸露表面；二是艉管内壁涂覆防腐蚀材料。

3. 轴接地装置的安装位置及保养

螺旋桨轴套（若有）与螺旋桨轴完全是导体接触，而中间轴与螺旋桨轴一般由联轴器（如法兰）连接，这些均是导体接触。螺旋桨轴系结构比较复杂，装设的部件较多，而中间轴上有空余位置，可以安装轴接地装置。

轴接地装置用的电刷必须耐油污、耐腐蚀,能长期保持低电阻。现有的接地装置多为钢制滑环和铜–石墨电刷组合,各种滑环与电刷的配合电阻如表 2–22 所示。由于水或油污使钢环表面生锈而使电压降增大,而降低防腐蚀效果,所以要注意维护保养。一般接地装置须设防护罩,最好用测量仪器对轴接地装置的状况进行数值监测。

表 2–22 各种滑环与电刷的配合电阻

组合		接触电阻 × 10 A	性能
滑环	电刷		
钢制	电气石墨	500 mV 以上	不好
	铜–石墨	200 ~ 300 mV	尚可
铜合金	银–石墨	100 ~ 200 mV	好
	银–石墨	100 mV	好
银合金	银–石墨	20 mV	最好

2.5 船舶轴系零件材料

2.5.1 钢号的表示方法

我国的国家标准中钢铁产品牌号的表示采用汉语拼音字母、化学元素符号及阿拉伯数字相结合的方法。

1. 优质碳素钢钢号的表示方法

优质碳素钢钢号的表示方法如图 2–85 所示。

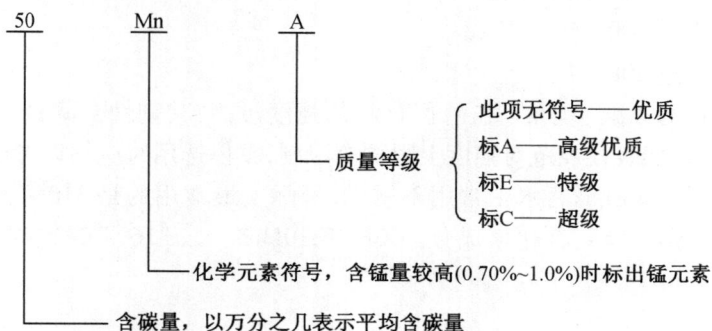

图 2–85 优质碳素钢钢号的表示方法

如 45A 表示含碳量在 0.45% 左右的高级优质碳素钢。

2. 合金钢钢号的表示方法

合金钢钢号的表示方法如图 2–86 所示。

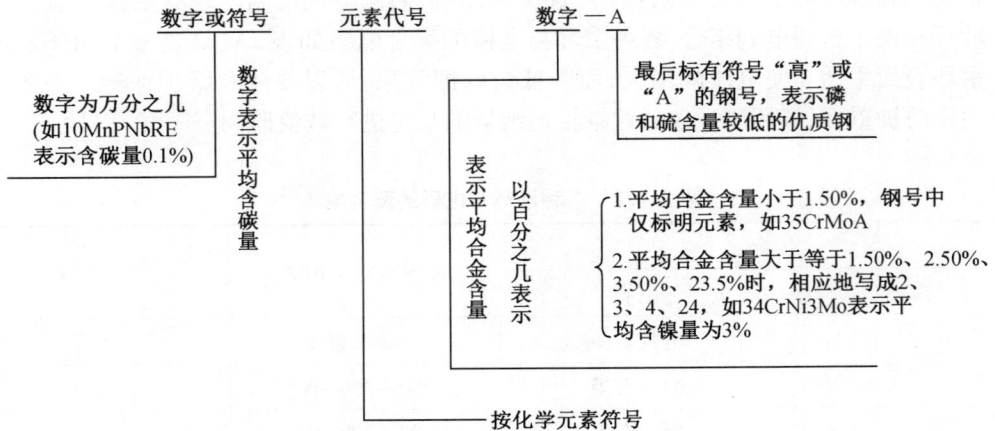

图2-86 合金钢钢号的表示方法

2.5.2 轴系材料要求

轴系是传递主机功率与螺旋桨推力的重要部件,在运转中,由于受力情况较为复杂,因此要求轴系材料具有耐高温性、高的冲击韧性和疲劳强度以及良好的耐磨性,同时要符合船舶建造规范的要求。

2.5.3 轴系材料

1. 金属材料

一般来说,船舶轴系中的传动轴采用优质碳素钢锻制而成,只有小功率船舶的轴系允许用热轧圆钢,但其直径应不超过250 mm。轴系联轴器也应用优质碳素钢锻制,锻钢轴的抗拉强度σ_b一般应在下列范围内选择:

①碳钢和锰钢为400~600 MPa;

②合金钢不超过800 MPa。

选用高强度钢可以减小轴的直径,但材料的强度过高,其韧性会降低。在中间轴和螺旋桨轴径计算中,各船级社规范对强度上限均有限制,具体选用时应加以考虑。

有些船舶轴系的轴裸露在水中常用不锈钢,国际上最常用的是316不锈钢(美国AISI标准,日本标准为SUS316),其化学成分为Cr18Ni10Mo3。以316不锈钢作为海船的轴,其轴径不超过200 mm。

2. 非金属材料

玻璃纤维强化塑料是非导体,且无磁性,尤其适用于军舰。碳素纤维强化塑料特点是强度高和质量小。两种材料还可以复合。这类纤维复合材料质量只有钢轴的13%~25%,刚度高,使轴系临界转速比采用传统材料的高;由于质量小,可减少中间轴承数目,16 m长的轴只要设1只中间轴承;耐腐蚀、搬运、安装均方便。目前德国盖斯林格等公司已有成品供应,规格为200~600 mm,传递转矩可达700 kN·m。

轴系的主要零部件材料如表2-23所示。

表 2 – 23 轴系主要零部件的使用材料

零件	零件名称		材料牌号	备注
推力轴与推力轴承	推力轴	直径 < 100 mm	40、45	
		直径为 100 ~ 300 mm	35、40、45	
		直径 > 300 mm	30、35、40	
	推力轴轴瓦		HT200、HT250、ZG200 ~ 400、ZG230 ~ 450	
	推力轴承合金		ZChSnSb11 – 6、ZChSnSb8 – 4	
	推力块		15、20、ZG200 ~ 400、ZG230 ~ 450、QT40 – 17	
	推力轴承壳体		TH150、HT200、ZG200 ~ 400、ZG230 ~ 450	大型壳体可用钢板焊接
	推力轴承座地脚螺栓		35、40	
中间轴与中间轴承	中间轴	直径 < 100 mm	40、45	
		直径为 100 ~ 300 mm	35、40、45	
		直径 > 300 mm	30、35、40	
	轴系可拆联轴器		35、40、45	
	轴系用键		35、40、45	
	中间轴承壳体		TH150、TH200、HT250、ZG200 ~ 400、ZG230 ~ 450	
	中间轴承合金		ZChSnSb11 – 6、ZChSnSb8 – 4	
	中间轴承轴瓦		HT200、HT250、ZG200 ~ 400、ZG230 ~ 450	
	轴系轴承垫片(块)		铸铁、钢、硬木,硬木用于小功率船舶	
	轴系轴承地脚螺栓		35、40	
	固定可拆联轴器大螺母		30、35	
	艉轴		同中间轴材料	
	艉管		20、ZG230 ~ 450、QT42 – 10、HT250	
	艉管内外衬套		HT200、HT250、ZG200 ~ 400、ZG230 ~ 450、ZQSn10 – 2	小型船舶 ZHMn58 – 2
艉轴与艉管装置	轴承	合金	ZChSnSb11 – 6、ZChSnSb8 – 4	
		非金属	铁梨木、层压板、橡胶、MC、WA80H	非工作面包覆:玻璃钢、橡胶等(水润滑的艉轴)
	艉轴保护套	海船	ZQSn10 – 2	
		内河船	ZQSn5 – 5 – 5	

表 2 – 23（续）

零件	零件名称	材料牌号	备注
艉轴与艉管装置	密封装置	金属环 ZHMn58 – 2、ZQSn10 – 2、ZQSn5 – 5 – 5，耐磨、耐油橡胶	
		橡皮筒式：ZG230 ~ 450、ZQSn10 – 2、ZQSn5 – 5 – 5 耐磨合金：ZChSnSb11 – 6、ZChSnSb8 – 4 橡皮筒：耐油橡胶（丁氰橡胶） 弹簧橡胶环密封： 橡皮环为丁氰橡胶、氟橡胶 压圈为 ZG230 ~ 450、ZG270 ~ 500 弹簧为 60ci2、50G 防磨衬套为不锈钢、钢质镀铬、渗碳、软淡化或铜	

船用螺旋桨常用的材料如表 2 – 24 所示。

表 2 – 24　船用螺旋桨常用的材料

材料牌号	试验项目	机械性能（不小于）		适用级别
		$\sigma_b/(N \cdot mm^{-2})$	$\delta/\%$	
不锈钢 ZG1Cr18Ni9	化学分析、拉力、冲击、冷弯试验	441	25	Ⅰ（A）
锰铁黄铜 ZGMn55 – 5 – 3 – 1	化学分析、拉力、硬度试验	470	20	Ⅰ（A）、Ⅱ（B）、Ⅲ（C）
铝锰铁黄铜 ZHAl67 – 5 – 2 – 2		610	12	Ⅰ（A）、Ⅱ（B）
高锰铝青铜 ZQAl12 – 8 – 3 – 2		650	20	Ⅰ（A）
高锰铝青铜 ZQAl14 – 8 – 3 – 2		740	15	Ⅰ（A）
铸钢 ZG200 ~ 400、ZG230 ~ 450	化学分析、拉力、冲击、冷弯试验	400	25	Ⅱ（B）、Ⅲ（C）
		450	22	Ⅱ（B）、Ⅲ（C）
灰铸铁 HT200、HT250	硬度、抗弯试验	200		Ⅲ（C）
		250		Ⅲ（C）

船用螺旋桨级别如表 2 – 25 所示。

表 2 – 25　船用螺旋桨级别

级别	制造精度	用途	推荐适用范围
Ⅰ（A）	较高精度	要求高的船舶	航速大于 18 kn 的海船及其他有特殊要求的船舶
Ⅱ（B）	中等精度	大部分商用船舶	航速在 10 ~ 18 kn 的海船及大于 20 kn 的内河船
Ⅲ（C）	较大公差	没有特色的船舶	不属于 Ⅰ（A）和 Ⅱ（B）的一般船舶

思考与练习

一、选择题

1. 下列关于直接传动推进装置的叙述正确的是（　　）。

A. 所有工况下运转时经济性好　　　B. 质量和尺寸小

C. 螺旋将的旋转方向可以改变　　　D. 螺旋桨和主机始终具有相同的转速和转向

2. 下列关于直接传动推进装置的表述正确的是（　　）。

A. 传动效率低　　　　　　　　　　B. 主机多为大型低速柴油机

C. 螺旋桨的转速高　　　　　　　　D. 质量和尺寸小

3. 间接传动的船舶推进装置的缺点是（　　）。

A. 动力装置质量和尺寸大　　　　　B. 由于结构上的原因，传递功率受到限制

C. 结构复杂、传递效率低　　　　　D. 船舶操纵性能差

4. 下列关于间接传动的船舶推进装置说法正确的是（　　）。

A. 间接传动的船舶推进装置现在多用于船舶高速主机

B. 间接传动是主机和螺旋桨之间的功率只经过轴系的一种传动方式

C. 间接传动的船舶推进装置结构简单、传动效率高

D. 间接传动的船舶推进装置多用于中小型船舶，以及以大功率中速柴油机、汽油机和燃气轮机为主机的大型船舶上

5. 柴油推进装置的特点是（　　）。

A. 不消耗空气而能获得热能

B. 具有较大的单机功率

C. 能长时间不添加燃料而航行极远的距离

D. 具有较高的经济性和良好的机动性

6. 下列哪种传动装置能使主机曲轴和螺旋桨轴可以不同心布置（　　）。

A. 直接传动　　　B. Z 型传动　　　C. 间接传动　　　D. B 和 C 都可以

7. 哪种传动装置可以省略舵、艉柱和艉管等结构（　　）。

A. 直接传动　　　B. 间接传动　　　C. Z 型传动　　　D. 以上都行

8. 轴系是指（　　）。

A. 用以连接主机和推进器的整个传动系统

B. 用以连接主机和轴带发电机的整个传动系统

C. 从主机到推进器为止的整个传动系统

D. 主机、推进器等

9.船舶轴系主要包括(　　)。

A.传动轴部分和螺旋桨部分　　　　　B.离合器部分和支承部分

C.主机和传动轴部分　　　　　　　　D.传动轴部分、支承部分、传动设备

10.船舶轴系的支承部分包括(　　)。

A.中间轴、中间轴承、推力轴、推力轴承　　B.中间轴、推力轴承、推力轴

C.中间轴承、推力轴承、艉轴轴承　　　　D.中间轴承、推力轴、推力轴

11.船舶轴系的传动轴包括(　　)。

A.推力轴、中间轴、艉轴　　　　　　B.主轴承、推力轴、中间轴承、艉轴

C.推力轴、中间轴承、艉轴、螺旋桨　　D.飞轮、推力轴、中间轴承、艉轴

12.推力轴承的作用是(　　)。

A.承受轴系的重力

B.承受螺旋桨产生的推力(或拉力)并将其推力(或拉力)传递给船体

C.承受主机产生的推力(或拉力)并将其推力(或拉力)传递给船体

D.传递功率给轴带发电机

13.船舶轴系的任务是(　　)。

A.推动船舶前进

B.将主机的功率传递给螺旋桨,使螺旋桨产生推动船舶航行的动力

C.控制船舶的方向

D.产生推动船舶前进的动力

14.船舶轴系传动效率包括(　　)。

A.推力轴承、中间轴承、螺旋桨以及隔舱填料函等部分的效率

B.主机、中间轴承、艉轴承及隔舱填料函等部分的效率

C.推力轴承、中间轴承,艉轴承以及隔舱填料函等各部分的效率

D.推力轴承、中间轴承、艉轴承以及舵机等部分的效率

15.与船舶轴系的功率损失无关的是(　　)。

A.主机机型　　　　　　　B.中间轴的转速、中间轴承和推力轴承的构造和质量

C.润滑方式和滑油质量　　D.螺旋桨的推进效率

16.船舶轴系中最重要的部分是(　　)。

A.推力轴承　　B.艉管　　C.填料函　　D.中间轴承

17.推力轴承是轴系中最重要部件的原因是(　　)。

A.它承受螺旋桨的有效推力,将推力传递给船体,推动船舶前进或后退

B.它支承轴系的质量

C.它产生推进功率,并传递给螺旋桨

D.它产生有效推力,推动船舶前进

18.船用离合器的主要作用是(　　)。

A.承受由螺旋桨和艉轴本身的重力引起的弯曲,及传递推力所造成的拉、压负荷

B.传递主机输出功率,将主机与传动轴连接或脱开,使转动轴反转和减速

C.产生转矩,输出功

D.设置轴带发电机发电

19. 中间轴承的布置,如果数量多、间距小,则对于Ⅰ.轴线变形的牵制作用增强,Ⅱ.会给轴承增加附加负荷,两种说法正确的是( )。

A. 仅Ⅰ对   B. 仅Ⅱ对   C. Ⅰ+Ⅱ   D. Ⅰ或Ⅱ

20. 下列不属于船舶轴系传动设备的有( )。

A. 离合器   B. 中间轴   C. 弹性联轴节   D. 减速齿轮箱

21. 船舶推进装置传动设备的主要功能是( )。

A. 产生有效推力,推动船舶前进、减速或变速、离合、倒顺等

B. 组合和分配推进主机的功率,使加速、离合、倒顺等

C. 组合和分配推进主机的功率,减速或变速、离合、倒顺等

D. 组合和分配推进主机的功率,减速或变速,取代舵的作用等

22. 下列说法正确的是( )。

A. 通常直接与主机相接的轴并带有推力轴承者称为推力轴

B. 装设螺旋桨的轴称为推进轴

C. 通常间接与主机相接的轴并带有推力轴承者称为推进轴

D. 装设中间轴承的轴称为推力轴

23. 下列说法正确的是( )。

A. 艉轴有时与推力轴是一根轴

B. 轴系穿进船体的地方装有推力轴管,推力轴管中的轴称为推力轴

C. 装设螺旋桨的轴称为推进轴

D. 轴系穿进船体的地方装有艉管,艉管中的轴称为艉轴

24. 轴系的功能是将柴油机发出的功率传递给( )。

A. 螺旋桨   B. 发电机   C. 空气压缩机   D. 应急消防水

25. 采用不可反转的高速柴油机作为主机的船舶,一般都配有( )。

A. 离合齿轮箱   B. 倒顺齿轮箱   C. 减速   D. 以上都正确

26. 目前最常用的推进器是( )。

A. 导管推进器   B. 明轮推进器   C. 喷水推进器   D. 螺旋桨

27. 采用可调螺距螺旋桨的好处是( )。

A. 增加推力   B. 减小推力   C. 造价较低

D. 快慢车和倒车时无须改变螺旋桨的转速和转向

28. 通常艉管装置的组成是( )。

①艉管;②艉轴承;③密封装置;④润滑和冷却系统

A. ①③④   B. ②③④   C. ①②③   D. ①②③④

29. 只有两道向后翻密封圈的 simplex 型密封装置,一般用于( )。

A. 水润滑轴承的首密封   B. 油润滑轴承的首密封

C. 水润滑轴承的尾密封   D. 油润滑轴承的尾密封

30. 填料函型密封装置,对于铁梨木轴承来说,一般用作是( )。

A. 尾部密封,作用是封水   B. 首部密封,作用是封水

C. 首部密封,作用是封油   D. 尾部密封,作用是封油

31. 水润滑的艉轴不必设( )。

A. 尾密封装置   B. 首密封装置   C. 阻漏环   D. 首、尾密封装置

32. 艉轴螺母外边装有导流罩,其目的是( )。

A. 减少水力损失　　　　B. 防止螺母松动　　　　C. 防止螺纹腐蚀　　D. A 和 C 都正确

二、判断题(正确的打"√",错误的打"×")

1. 轴承间距确定以后,在确定轴承位置时应尽量避免两轴段连接法兰的位置处于两轴承间距的中部,不然易使相应轴段产生过大的挠度,造成法兰的安装和对中困难。　　　( )

2. 螺旋桨轴工作时,承受螺旋桨的扭矩,主机正车时承受螺旋桨的推力,主机倒车时承受螺旋桨的拉力。　　　　　　　　　　　　　　　　　　　　　　　　　( )

3. 对于油润滑的密封装置,如白合金轴承,其首部密封装置的任务是封油,使润滑油不漏入船舱内,而尾部密封装置担负着防止油的漏出和防止舷外水的浸入的双重任务。( )

4. 对于水润滑的艉管装置,如海水润滑的铁梨木或桦木层压板,艉管轴承及海淡水润滑的艉管橡胶轴承,只设置首部密封装置,防止舷外水浸入船舱内。　　　　　( )

5. 皮碗式(辛泼莱克司)改进型密封装置,只能用于艉管首部密封。　　　　　( )

6. 白合金轴承一般采用水对其润滑和冷却。　　　　　　　　　　　　　　　( )

7. 大型船舶轴系制动器一般采用块式制动器。　　　　　　　　　　　　　　( )

8. 一般内河船舶的艉管轴承采用铁梨木艉轴承。　　　　　　　　　　　　　( )

9. 轴套是套在螺旋桨轴颈上的金属圆筒,可用来防止轴颈的擦伤和腐蚀。采用水润滑轴承的海船艉轴颈上均装有轴套。　　　　　　　　　　　　　　　　　　　　( )

10. 中间轴承的中心位置一般位于中间轴的中心,这样中间轴受力比较合理,有利于轴系工作。　　　　　　　　　　　　　　　　　　　　　　　　　　　　　　( )

三、简答题

1. 船舶推进装置的任务是什么?

2. 船舶推进装置的传动方式有哪些,各有什么特点?

3. 什么是轴线? 轴系有何作用?

4. 分析轴系的工作条件,轴系应满足哪些要求?

5. 轴系的基本组成有哪些? 简述轴系各组成部分的作用。

6. 螺旋桨轴的防护方法有哪几种?

7. 螺旋桨与螺旋桨轴的连接方式有哪几种?

8. 滑动式中间轴承按其润滑方式分哪几种? 阐述中间轴承油膜形成的原理。

9. 简述艉管的作用、组成及主要结构形式。

10. 简述艉管轴承的作用。艉管轴承根据润滑方式有哪些类型?

11. 艉轴密封装置的作用是什么,类型有哪些?

12. 轴系制动器的作用是什么,类型有哪些?

13. 隔舱填料函的作用是什么,结构形式有哪两种? 对隔舱填料函的基本要求是什么?

14. 轴系零部件材料的基本要求是什么?

第3章　船舶推进装置的传动设备

【知识目标】
1. 掌握船舶传动设备的组成及基本任务；
2. 正确理解和描述船舶传动设备的作用和类型；
3. 正确理解和掌握船舶传动设备的基本结构、工作原理、工作特点和技术要求。

【能力目标】
1. 能分析各类传动设备的特点；
2. 会进行船舶传动设备的正确选用；
3. 会进行船舶传动设备的一般维修与调整。

3.1　船舶传动装置的组成及基本任务

3.1.1　传动机组的含义和组成

在间接传动的船舶主推进装置中，发动机到螺旋桨之间除了传动轴系之外，还配备各种传动装置，这些传动装置为完成各种传动功能而形成的有机组合体称为传动机组。通过传动机组不仅能组织大功率的多机组（双机、三机等）推进装置，同时还能完成多种功能。

传动机组的主要组成设备有离合器（一般离合器和同步离合器）、齿轮变速器、弹性联轴器、挠性联轴器、挠性小轴等（有的场合下，推力轴承、制动器和齿轮变速器组合在一个箱体内）。此外，还有它的润滑系统、冷却系统、操控系统及相应的附件。

3.1.2　传动机组的基本任务

船舶推进装置的传动机组的基本任务有组合或分配推进主机的功率、减速或变速、离合、倒车和顺车、自动同步、减振与抗冲击，以及满足其他布置上的特殊要求。

1. 减速及变速传动

除大型货船、油船、集装箱船等船舶常采用低速柴油机直接驱动螺旋桨外，不少船舶（如渔船、港作船、工程船、快艇等）都采用中速或高速发动机，转速一般为 400～600 r/min（中速柴油机）或 1 000～2 200 r/min（高速柴油机），螺旋桨的最佳转速一般为 60～140 r/min。而过高的桨速则会因为产生空泡使螺旋桨的效率和对船舶的推力大大降低，同时会造成螺旋桨的快速老化。因此，对于这类船用主机通常使用各种结构形式的减速齿轮来实现减速或变速传动的目的。

2. 倒车和顺车

传动机组中离合器是主要设备，大多数传动机组中都配备离合器（有些单纯减速的齿轮箱中不设离合器，但必须配有弹性联轴器）。离合器能使主机和螺旋桨之间的功率传递随时脱离和接合，这对提高推进装置的机动性是十分必要的。

为了简化柴油机的结构和延长柴油机的使用寿命,部分船用中高速柴油机通常设计成不可反转的。船用燃气轮机本身也不能反转,但是倒航则是所有船舶必须具有的工况。因此,在船舶上选用非反转主机的情况下,常采用可调距螺旋桨或者通过装有两组离合器或液力偶合器,加上若干个齿轮组合在一起的可反转传动机组来实现螺旋桨的反转。

3. 并车和分车

某些舰船、渡轮和工程船舶需要较大的推进功率,而机舱的容积、尺寸和质量指标受到一定限制,一台主机连接一根螺旋桨轴的直接传动功率不能满足要求的情况下,常采用多台单机功率不大而质量、尺寸较小的中高速柴油机或各种燃气轮机联合的动力装置,通过并车传动机组把功率合并到一根螺旋桨轴上,组成大功率推进装置。常用的有双机并车或三、四机并车,为了减少机组的复杂性,以双机并车最为常见。

当选用的主机单台功率足够大时,也可通过传动机组把一台发动机的功率分配到两根螺旋桨轴上,这时两个桨上的发动机利用分车传动机组还可以做到相互备用的作用。

传动机组的并车和分车通常是通过平行轴齿轮来实现的。

4. 离合

主机无负荷启动、多机并车时,各台主机之间的转换及倒顺车的过程中,离合是必不可少的。这种离合作用,在传动机组中,常由各种结构形式的摩擦离合器、液力偶合器和同步离合器来实现。

在某些船舶上,主推进装置没有微速装置,可以利用离合器滑摩或时离时合地操作满足船舶微速航行的功率要求。

5. 多级或无级变速

船舶在变工况时要求柴油机能发出全功率,以改进船舶的牵引性能,这对于拖船、渔船、工程船等是很必要的。同样,对于某些联合动力装置的船舶,从巡航工况过渡到加速工况时,为了不使巡航柴油机超速,需要在传动机组中采用多级或无级变速,这时通常由多挡变速齿轮(离合器或齿轮组)、液力偶合器和可调距螺旋桨等传动部件来实现。

6. 隔振、抗冲击

船舶动力装置中,整个主推进系统从主发动机、传动设备、中间轴系到螺旋桨是一个弹性系统,主机端和螺旋桨端都可能有不均匀的干扰力矩输入,因此,很容易引起整个弹性系统的振动。为了隔离来自柴油机的曲轴扭转振动,或防止来自螺旋桨的推力对推进装置的冲击,要求在传动机组中装配有弹性元件或挠性元件,增加或调节传动系统的柔度,保证船舶的安全航行。船舶推进装置需要的隔振和抗冲击作用通常由弹性联轴器和液力偶合器来实现。

通常,船舶上采用的传动机组能同时起几个作用,它常常根据船舶的需要,把各种类型的传动部件组合起来,以满足船舶各种技术指标的要求,因此传动机组的类型较多。

3.2　船用齿轮箱

3.2.1　概述

船用齿轮箱是通过齿轮系将主机的功率传给螺旋桨的传动设备。船用齿轮箱具有倒顺、离合、减速和承受螺旋桨推力的作用,广泛应用于各种客货轮船、工程船、渔船、近海和远洋船舶以及游艇、警用艇、军工舰船等,是船舶工业的关键设备。船用齿轮箱除了用于传动螺旋桨之外,还可用来传动发电机和其他辅助机械。

在推进装置中,如果采用的船舶主机转速高于所需要的螺旋桨转速,则应采用齿轮减速传动设备,这种起减速作用的传动设备称为船用减速齿轮箱。

由不可逆转的主机组成的推进装置中,有些既要减速,也要螺旋桨反转运行,则应采用齿轮减速、倒顺传动设备,这种起减速、倒顺作用的传动设备称为船用减速－倒顺齿轮箱。

有些推进装置中,一方面要满足减速、倒顺的要求,另一方面需要主机与螺旋桨能随意接合或脱离,满足离合的要求,这需要在减速－倒顺齿轮箱内安装离合器。这种能起离合、倒顺、减速作用的传动设备称为离合－倒顺－减速齿轮箱。在我国内河和沿海的小型船舶上,多采用不可反转高速柴油机作为主机,一般都配有离合－倒顺－减速齿轮箱。

为了提高螺旋桨效率、提高能源利用率和扩大中速柴油机的使用范围,齿轮箱在中速柴油机推进装置中的应用日益增多。

船用齿轮箱形式多样,常见的有减速齿轮箱、离合减速齿轮箱、倒顺车和离合减速齿轮箱、多速齿轮箱、多分支传动齿轮箱、多机并车齿轮箱、燃柴联合动力传动齿轮箱等;按工况可分为轻载荷、中载荷与重载船用齿轮箱;从传动形式上有定桨距传动齿轮箱、变桨距传动齿轮箱;结构形式上则有平行轴传动、角度传动、同中心、水平异中心、垂直异中心齿轮箱等;按传动级数分为单级传动齿轮箱、双级传动齿轮箱和多级传动齿轮箱。

3.2.2　齿轮箱的主要技术指标

船用减速齿轮箱的主要性能一般由标定传递能力、标定输入转速、输入与输出轴的转向、减速比、标定螺旋桨推力、中心距、允许工作倾斜度、换向时间、操纵方式及质量、尺寸等表示。选用时必须满足以下要求。

1. 标定传递能力

标定传递能力一般是以齿轮箱的标定功率(也称额定功率)和标定转速之比来表示,即 P'_n/n'_n。在标定工况时,它等于主机的 P_n/n_n。其标定转矩表达式为

$$M = 9.55 \frac{P'_n}{n'_n} = 9.55 \frac{P_n}{n_n} \quad (\text{kN} \cdot \text{m}) \tag{3-1}$$

它是齿轮箱工作能力大小的技术指标,也是选配齿轮箱的重要依据之一。

2. 标定输入转速

标定输入转速是齿轮箱输入轴所允许的最大转速,单位为 r/min。

3. 输入与输出轴的转向

输入轴转向的选配必须考虑主机的转向;输出轴转向的选配必须考虑螺旋桨的旋向,否则在使用中就会出问题,必须予以重视。

4. 减速比

一般齿轮箱输入轴(主动轴)的转速 n_1 与输出轴(从动轴)的转速 n_2 的比值称为转速比或传动比。因为船用齿轮箱都是减速传动,所以它的转速比通常称为减速比。减速比也等于输出齿轮的齿数 Z_2 与输入齿轮的齿数 Z_1 之比。于是有

$$i = \frac{n_1}{n_2} = \frac{Z_2}{Z_1} \qquad (3-2)$$

选择合适的减速比使螺旋桨与船舶匹配合理,是提高船舶经济性的主要途径之一,一般用名义减速比表示。

5. 标定螺旋桨推力

标定螺旋桨推力即为齿轮箱推力轴承所能承受的螺旋桨推力,与此对应的也有倒车推力,国外齿轮箱一般正、倒车推力相同。标定螺旋桨推力单位为 kN。

6. 中心距

齿轮箱输入输出轴之间的距离称为中心距。两轴的位置有同轴同心、垂直异心、水平异心、角向异轴异心等。

7. 允许工作倾斜度

一般齿轮箱允许纵倾 $10°$,横倾 $15°$。

8. 换向时间

齿轮箱从正车换向到倒车,或相反换向,所需的时间为换向时间。换向时间一般小于或等于 10 s。

9. 操纵方式

操纵方式是指使齿轮箱处于正、倒车或空车位置的操纵方式,一般有机械人力操纵及液压操纵两种。

10. 质量、尺寸

质量一般指齿轮箱的干质量。尺寸是指齿轮箱的外形尺寸,用于选配、布置等。

3.2.3 船用齿轮箱典型结构与类型

船用齿轮箱用于船舶推进装置中的不同场合,具有不同用途,齿轮箱也是多种多样的。根据用途、传动方式、工作特点,其典型结构有以下几种。

1. 单级异心式传动齿轮减速箱

图 3-1 所示是单级异心式传动齿轮减速箱,主要由主动轴(输入轴)1、从动轴(输出轴)7 及其相应轴承、主动齿轮 11、从动齿轮 4 和箱体 2 等组成。这种齿轮减速箱起减速、承受螺旋桨推力的作用。

在齿轮减速箱中,主动轴上有一个主动齿轮(小齿轮)11 与从动轴上的从动轴齿轮 4(大齿轮)啮合。发动机的功率通过主动轴、主动齿轮传给从动齿轮、从动轴,然后通过船舶轴系传给螺旋桨轴。箱体底部有润滑油,轴承依靠润滑油泵采用压力润滑,齿轮采用飞溅润滑。

这类齿轮减速箱输入轴与输出轴中心线不在同一直线上的减速齿轮装置,称为异心齿轮减速箱。异心齿轮减速箱根据输入轴与输出轴轴线相互位置不同分为垂直异心齿轮减速箱和水平异心齿轮减速箱。

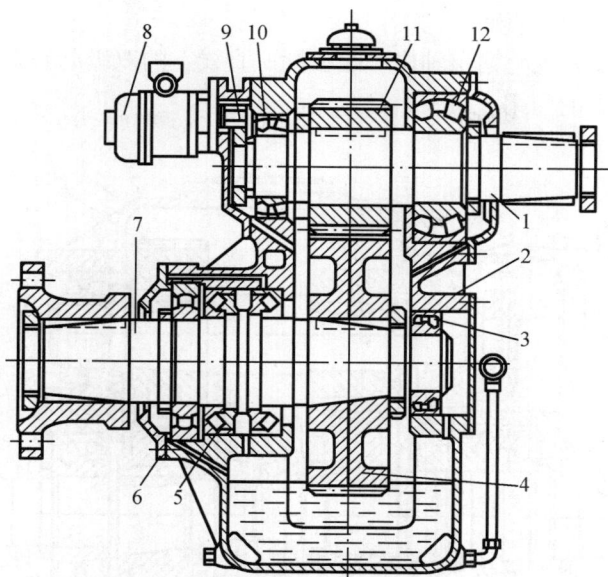

1—主动轴；2—箱体；3，6—从动轴支承轴承；4—从动齿轮；5—从动轴止推轴承；7—从动轴；
8—润滑油泵；9—油泵的传动齿轮；10—主动轴支承轴承；11—主动齿轮；12—主动轴止推轴承。

图3－1　单级异心式传动齿轮减速箱（单级单输入轴垂直异心传动）

　　输入轴与输出轴在同一垂直平面的，称垂直异心齿轮减速箱，如图3－1所示。输入轴与输出轴在同一水平面上的，称水平异心齿轮减速箱，如图3－2所示。垂直异心布置的齿轮减速箱占机舱面积小，宜在尾机型船舶上采用，但这种结构使主机重心升高，影响船舶稳定性，箱壳有时会影响双层底结构。水平异心布置的齿轮减速箱，使主机重心降低，对于中部机舱和双机双桨的动力装置布置较方便，两主机间距离易保证；但水平方向占机舱面积大，在单机单桨船上选用时，主机在机舱中横向偏置一个距离，对机舱布置的对称有些不利。

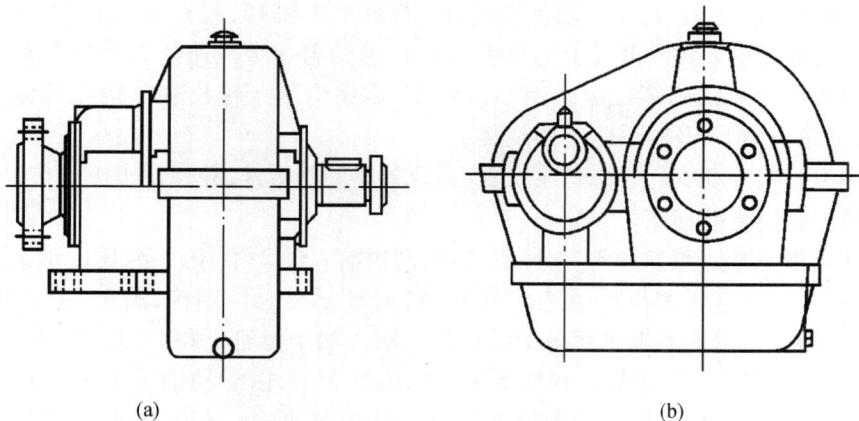

(a)　　　　　　　　　　　　　　　　　(b)

图3－2　水平异心齿轮减速箱

2. 双级同心式齿轮减速箱

图 3 - 3 所示为输入轴与输出轴中心线在同一直线上的双级同心式齿轮减速箱,其具有减速、承受螺旋桨推力的作用。

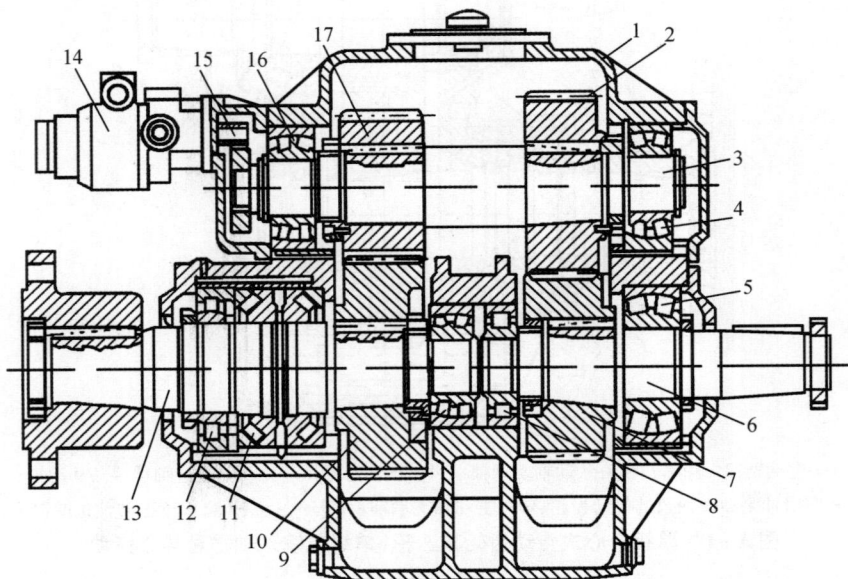

1—箱体;2,17—中间轴齿轮;3—中间轴;4,16—中间轴止推轴承;5—输入轴止推轴承;

6—输入轴;7—输入轴齿轮;8—输入轴支承轴承;9,11—输出轴止推轴承;

10—输出轴齿轮;12—输出轴支承轴承;13—输出轴;

14—润滑油泵;15—油泵传动齿轮。

图 3 - 3 双级同心式齿轮减速箱

该齿轮减速箱主要由箱体1、输入轴6及输入轴齿轮7、中间轴3及中间轴齿轮2和17、输出轴13及输出轴齿轮10等组成。输入轴上有支承轴承8和止推轴承5,输出轴上有支承轴承12和止推轴承9、11,中间轴上安装有止推轴承4和16,起支承和止推作用。

主机功率通过输入轴6及其上的小齿轮7,传递给第一级减速的大齿轮2,然后通过与第一级减速大齿轮同轴的第二级减速小齿轮17传递给装于输出轴的第二级减速大齿轮10,从而通过输出轴13及轴系驱动螺旋桨。

用这种齿轮箱传动有利于降低主机重心,改善船舶稳定性,并且便于机舱布置。

3. 双机并车齿轮减速箱

双机并车齿轮减速箱如图 3 - 4 所示,它有两根输入轴2和10,一根输出轴3,垂直异心布置,可以作为双机并车用齿轮减速。图 3 - 4(a)所示是总体结构,图 3 - 4(b)所示和图 3 - 4(c)所示分别是输出和输入部分的结构图。输入轴小齿轮1和12安装在输入轴上,由滑动轴承4、9、11支承。输出轴大齿轮5装在输出轴3上,由滑动轴承4、6、9、11支承。输出轴上有推力环,推力环两侧有推力轴承7,承受螺旋桨推力。箱体共分三段,其中中箱体为铸铁结构,上箱体及下箱体均为焊接结构。

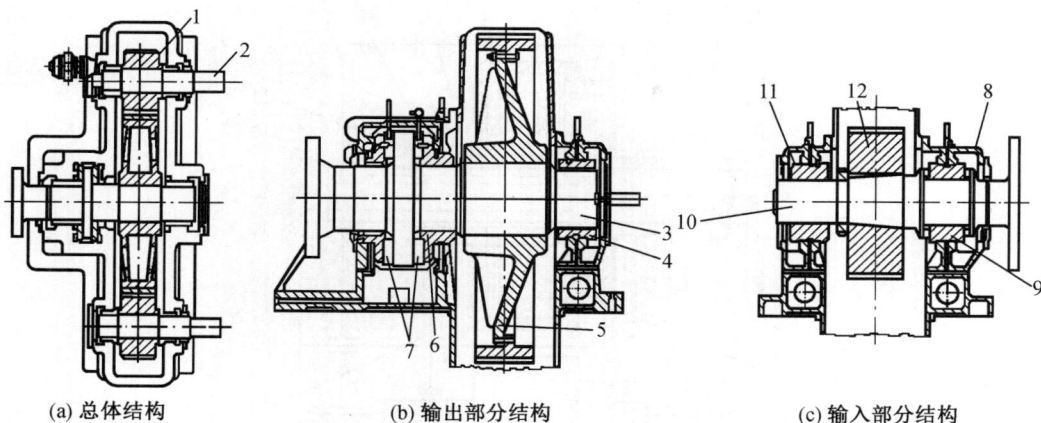

(a) 总体结构　　　　　　　　(b) 输出部分结构　　　　　　　　(c) 输入部分结构

1,12—输入轴小齿轮;2,10—输入轴;3—输出轴;4,6,9,11—滑动轴承;5—输出轴大齿轮;7—推力轴承;8—箱体。

图3-4　双机并车齿轮减速箱(单级双输入单输出轴垂直异心传动)

两台发动机通过匹配的摩擦离合器(图中未示出)驱动输入轴 2 和 10、输入轴小齿轮 1 和 12。小齿轮再通过在同一平面内布置的输出轴大齿轮 5 将扭矩传递到螺旋桨,实现功率传递和减速。螺旋桨的推力由主推力轴承 7 承受,并通过箱体 1 传给船体。

4. 离合倒顺减速齿轮箱

离合倒顺减速齿轮箱,在齿轮箱中安装了湿式多片式摩擦离合器。图 3-5 所示为多片式摩擦离合器倒顺车机组的结构和工作原理图。图中顺车离合器外壳 6 和输入轴 4 相连,为离合器的主动部分。主动摩擦片组 8 通过花键和顺车离合器外壳 6 相连。这些摩擦片可以沿轴向移动,同时随外壳一起旋转。从动摩擦片组 7 也通过花键与空心套轴 9 相连。空心套轴 9 通过滚动轴承 11 套在输入轴 4 上,使轴 9 相对于轴 4 能自由转动而互不相关。轴 9 上装正顺车小齿轮 10,它和输出端大齿轮 15 相啮合,大齿轮 15 则通过输出端法兰 14 与装有螺旋桨的轴系相连。

顺车时,高压油自轴 4 中的油孔 12 进入外壳 6 和活塞 1 之间的油缸中,使活塞 1 向右移动,一方面把返回油缸 2 和顺车离合器外壳件 6 之间的低压油从油孔 13 排出,另一方面把主、从动摩擦片压紧,使顺车离合器接合。此时,倒车离合器外壳 17 处于脱离状态,发动机的转矩经输入端法兰 3、输入轴 4、顺车离合器外壳 6、主动摩擦片组 8、从动摩擦片组 7、空心套轴 9、正顺车小齿轮 10,再经输出端大齿轮 15,通过输出端法兰 14 传给螺旋桨轴,使螺旋桨正转。

倒车时,顺车离合器脱开,倒车离合器接合,发动机的转矩由输入端法兰 3、输入轴 4、倒车大齿轮 5 和 18、倒车离合器外壳 17、倒车小齿轮 16 再经输出端大齿轮 15,通过输出端法兰 14 传给螺旋桨轴,使螺旋桨反转。

齿轮箱中齿轮 5 和 18 齿数相等,正顺车小齿轮 10 与输出端大齿轮 15 配合、倒车小齿轮 16 与输出端大齿轮 15 配合使螺旋桨轴正倒车减速。

通过上述分析,由于齿轮箱中有摩擦离合器,所以该齿轮箱可实行离合倒顺减速功能。

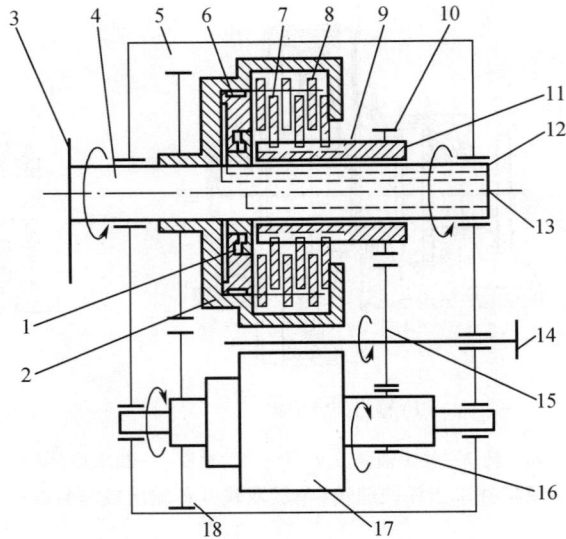

1—活塞;2—返回油缸;3—输入端法兰;4—输入轴;5,18—倒车大齿轮;6—顺车离合器外壳;
7—从动摩擦片组;8—主动摩擦片组;9—空心套轴;10—正顺车小齿轮;11—滚动轴承;12,13—油孔;
14—输出端法兰;15—输出端大齿轮;16—倒车小齿轮;17—倒车离合器外壳。

图 3-5　多片式摩擦离合器倒顺车机组的结构和工作原理图

3.2.4　船用齿轮箱类型及船用齿轮箱选型

1. 船用齿轮箱类型

目前国内由专业工厂生产的船用齿轮箱有两类:一类是我国自行设计制造的产品,如四川、杭州、旅顺、随州等地齿轮箱厂的产品;另一类是由四川、杭州等地齿轮箱制造企业引进联邦德国罗曼－施托尔德福特公司设计、制造的,并转让许可生产的 GW、GC 族系和GVA、GU 系列产品。

①GW 族系。该族系有 GWC、GWD、GWS、GWH、GWL 和 GWK 六个系列,根据传递功率能力的不同,每个系列又有 10 种型号。GWC、GWD、GWS 和 GWH 四个系列具有正倒、离合、减速和承受推力功能,倒车能传递全功率。

②GC 族系。该族系有 GCS 和 GCH 两个系列,均具有正倒、离合、减速和承受推力的功能。GCS 系列输入与输出轴垂直异心;GCH 系列输入轴与输出轴水平异心。各型都可以加装功率分支轴(PTO),均自带机油冷却器和机油泵。正倒车操纵同 GW 系列。

③GVA 系列。该系列为双机并车所用的齿轮箱,具有正倒、离合、减速和承受推力的功能,可加装功率分支轴,输入和输出轴在同一水平面。

④GU 系列。GUS 系列具有正倒、离合、减速和承受推力的功能,可全速倒车,有功率分支轴,有直接输出(与主机转速相同,方向相反,且分支轴不能脱开)和间接输出(由皮带轮输出)两种;GUP 系列具有离合、减速和承受推力的功能,无倒车功能,一般不带功率分支轴。

GW 族系船用齿轮箱有 6 个系列:

①GWC 系列为 2 级减速,输入和输出为同中心,运转方向相同,具有倒顺离合减速

功能；

②GWD 系列为 1 级减速,输入和输出为角向异中心,运转方向相反,具有倒顺离合减速功能；

③GWS 系列为 1 级减速,输入和输出为垂直异中心,运转方向相反,具有倒顺离合减速功能；

④GWH 系列为 1 级减速,输入和输出为水平异中心,运转方向相反,具有倒顺离合减速功能；

⑤GWL 系列为 2 级减速,输入和输出为同中心,运转方向相同,仅有离合减速功能；

⑥GWK 系列为 1 级减速,输入和输出为垂直异中心,运转方向相反,仅有离合减速功能。

上述产品具有气控和电控两种操纵形式可供选择,并根据扭振计算,选用合适的高弹性联轴器。

GW 族系船用齿轮箱两种型号的技术参数如表 3 - 1 所示。

表 3 - 1　GW 族系船用齿轮箱两种型号的技术参数

型号	输入转速/(r·min⁻¹)	减速比	传递能力/[kW·(r·min⁻¹)]	推力/kN	净重/kg
GWC28.30 GWL28.30	400 ~ 900	2.060 7	0.781	80	1 230 1 070
	400 ~ 1 150	2.505 3	0.642		
	400 ~ 1 350	3.080 0	0.522		
	400 ~ 1 600	3.535 3	0.455		
	400 ~ 1 800	4.052 6	0.397		
	400 ~ 1 800	4.535 1	0.346		
	400 ~ 1 800	5.091 8	0.316		
	400 ~ 1 800	5.586 1	0.286		
	400 ~ 1 800	6.136 8	0.257		

其他船用齿轮箱的技术参数可查询有关产品说明书。

2. 船用齿轮箱的选型

①按推进系统形式选择减速齿轮箱的功能(减速带离合器、可逆、内置推力轴承等),具体如表 3 - 2 所示。

表 3 - 2　减速齿轮箱功能选择

推进系统形式	减速齿轮箱应具有的功能
不可逆转柴油机 - 减速齿轮箱 - 定距浆	减速带离合器、可逆转、内置推力轴承
不可逆转柴油机 - 减速齿轮箱 - 调距浆	减速、内置推力轴承
不可逆转柴油机 - 减速齿轮箱 - 调距浆(连轴带发电机)	减速、内置推力轴承、具有连轴带发电机传动装置
双机单浆	应采用双进单出并车齿轮箱

②按推进系统布置的尺寸要求选择减速齿轮箱的结构形式,如表 3 - 3 所示。

③按船舶吃水、航速(螺旋桨直径)及主机转速大小考虑适当的减速比。

④算出传递扭矩能力,即输入额定功率/输入转速。

⑤在所定型号的减速齿轮箱(注意不同船级社的不同要求)查出具体规格。

⑥在名义减速比的基础上进一步查出实际减速比。

⑦根据实际减速比核算具体规格的正确性,并核定减速齿轮箱实际输出转速。

表 3 - 3　减速齿轮箱的结构形式

推进系统的尺寸特征	减速齿轮箱结构形式
螺旋桨中心高低位置适中、机舱上下部位尺寸足够	可采用输入、输出在同一轴线上的减速齿轮箱
螺旋桨中心位置偏低、机舱下部受到结构限制	应采用高输入、低输出的垂直偏心减速齿轮箱
螺旋桨中心位置无法进一步降低、机舱高度有限制	应采用输入、输出在水平方向的水平偏心减速齿轮箱

3.3　船用摩擦离合器

3.3.1　概述

船用摩擦离合器是船舶推进装置中的重要部件之一,它利用摩擦面之间的摩擦力把转矩由主动轴传递到从动轴,并根据工作需要使主机与从动轴接合或脱离。它一般装在主机和减速齿轮箱之间。一般在不可反转的高速柴油机推进装置中,多采用摩擦离合器传动。近年来,在大功率中速柴油机单机或并车推进装置中,也采用摩擦离合器来传动。可见,摩擦离合器在船舶推进装置中用得相当广泛。

1.船用摩擦离合器在船舶推进装置中的作用

①当离合器接合时,使主机功率传递给螺旋桨;当离合器脱开时,主机不带动螺旋桨,便于主机空载启动、空转或检修,以及当多桨船舶拖桨航行时减少航行阻力。

②当采用不可反转主机时,利用离合器与倒车齿轮箱相配合使螺旋桨反转。

③有利于多机并车传动和单机分车传动。

④使船舶实现超低速航行。当主机在低速运转时,利用摩擦离合器的打滑或时开时合可使船舶超低速航行。

⑤便于主机带动其他设备,如发电机、油泵、水泵等。

⑥气胎式摩擦离合器有一定的减振作用。

⑦对主机、轴系、齿轮箱及弹性联轴器等起保护作用。当发生螺旋桨碰到礁石或被卡住等意外情况时,负荷扭矩大于离合器的摩擦力矩,摩擦离合器打滑,从而不致损坏主机或其他设备。

2.摩擦离合器的种类

船用离合器的种类很多,一般按摩擦面的形状、摩擦面的工作状态和接合力的来源来分类。

（1）按摩擦面的形状分类

①盘片式摩擦离合器。盘片式摩擦离合器的摩擦元件为盘片状，工作面是圆盘的端面。根据摩擦面的对数，它又可分为单片式和多片式，如图3-6(a)所示。单片式摩擦离合器在工作时只有一对摩擦面工作，而多片式摩擦离合器则有几对摩擦片工作。

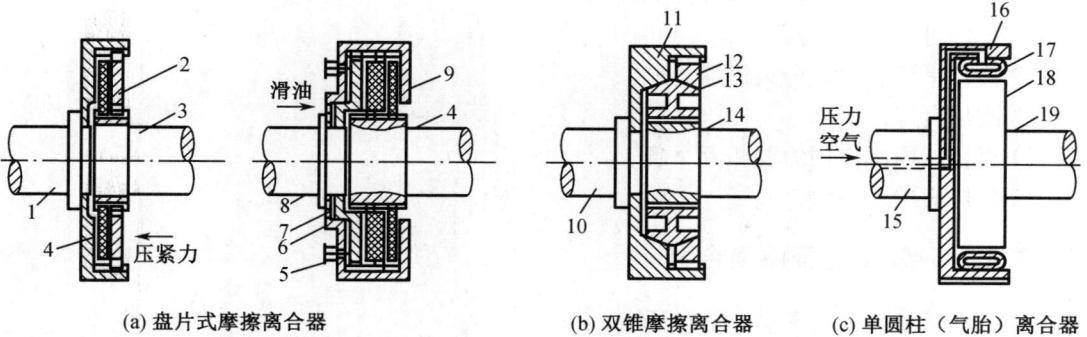

(a) 盘片式摩擦离合器   (b) 双锥摩擦离合器   (c) 单圆柱（气胎）离合器

1,8,10,15—主动轴；2,5,12—压板；3,4,14,19—从动轴；4,9—摩擦片；6—活塞；
7—油缸；11—鼓轮；13—圆锥轮；16—外鼓轮；17—气胎；18—内鼓轮。

图3-6 摩擦离合器

②圆锥式摩擦离合器。圆锥式摩擦离合器的摩擦元件为内外圆锥体，工作面是圆锥面。它又分为单锥面和双锥面两种。图3-6(b)所示是双锥摩擦离合器。

③圆柱式摩擦离合器。圆柱式摩擦离合器的摩擦元件为内外圆柱体，工作面是圆柱面。它又分为单圆柱和双圆柱两种。图3-6(c)所示是一种单圆柱（气胎）离合器的。

（2）按摩擦面的工作状态分类

①干式摩擦离合器，它的摩擦面不能沾油或水。

②湿式摩擦离合器，它的摩擦面要用油润滑和冷却。

③半干式摩擦离合器，它的摩擦面处于半干式摩擦状态。

（3）按接合动力分类

①机械式摩擦离合器，它利用机械传动装置使摩擦面结合或分离。

②液压式摩擦离合器，它利用油压使摩擦面结合或分离。

③气力式摩擦离合器，它利用气压使摩擦面结合或分离。

④电磁式摩擦离合器，它利用电磁力使摩擦面结合或分离。

3. 摩擦离合器的特点

摩擦离合器与其他形式的离合器相比，有下面一些优点：

①在接合后的稳定运转中，主机轴和从动轴之间没有相对滑动，传动效率高；

②分离、接合的时间较短，一般可在0.3~0.7 s内完成完全接合或分离；

③设备简单、结构紧凑，单位传递功率的质量小；

④机械操纵的摩擦离合器，工作时不需消耗其他能量。

摩擦离合器的缺点：

①摩擦离合器在结合和脱离的过程中容易产生打滑、发热的现象；

②传递功率与离合器尺寸、质量呈正比关系，所以在大功率推进装置中，摩擦离合器的尺寸和质量较大；

③液压操纵和气力操纵的摩擦离合器,工作时需消耗辅助能量。

4.船用离合器的基本要求

船用离合器一般传递的功率大,并且随着主机向高中速柴油机和燃气轮机发展,其转速比较高,加上船舶航行中工况多变、靠离码头、正倒车频繁、紧急倒车等,使其工作状态较为恶劣,因而对船用离合器有较高的要求:

①工作可靠,使用寿命长;

②接合平稳、柔和,分离迅速、彻底;

③散热良好;

④离合器内部作用力要相互平衡;

⑤结构简单、维修方便。

3.3.2 盘片式摩擦离合器

1.单片式摩擦离合器

如图3-7所示为单片式摩擦离合器原理图。在主动轴1和从动轴2上分别装有主动摩擦盘5和从动摩擦盘4,利用移动环3可使从动摩擦盘轴向移动并压紧主动摩擦盘。垂直作用在摩擦盘上的压紧力称为正压力N,设摩擦力的合力作用在摩擦半径R的圆周上,在它的作用下,两圆盘间产生的摩擦力F和对轴的摩擦力矩M为

$$F = N \cdot \mu \quad (\text{N}) \tag{3-3}$$

$$M = N \cdot \mu \cdot R \quad (\text{N} \cdot \text{m}) \tag{3-4}$$

式中　N——正压力,N;

　　　μ——圆盘的摩擦系数;

　　　R——圆盘的平均半径,m。

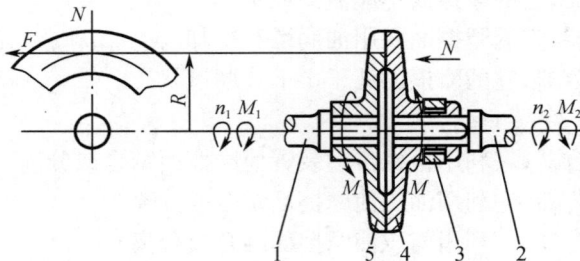

1—主动轴;2—从动轴;3—移动环;4—从动摩擦盘;5—主动摩擦盘。

图3-7　盘片式摩擦离合器原理图

可见,只要这个摩擦力矩大于主动轴的扭矩,主动摩擦盘与从动摩擦盘便能紧紧地结合在一起,像一个刚体一样把主动轴的扭矩传递给从动轴。

由式(3-4)可知,它传递扭矩的能力与摩擦盘的平均半径R成正比。因此,增加摩擦盘的尺寸,可以增加传递扭矩的能力。为增加传递扭矩的能力,也可增加摩擦面的对数。只有一对摩擦面的称为单片式摩擦离合器,有多对摩擦面的称为多片式摩擦离合器。传递较小扭矩的用单片式,传递较大扭矩的用多片式。

传递扭矩的大小也与摩擦盘的摩擦系数成正比。为了不降低摩擦盘的摩擦系数,干式摩擦离合器的摩擦盘不用油润滑。但对于多片式摩擦离合器,由于在接合过程中,主从动

摩擦片打滑,产生摩擦热;在分离过程中,主从动摩擦片之间的间隙不易保证,摩擦片分离不彻底,易产生"带排"和磨损,因此这种离合器摩擦面之间须用油润滑。这种摩擦面间用油润滑的摩擦离合器称为湿式摩擦离合器。

传递扭矩的大小还与正压力 N 成正比。对于要求传递扭矩不大的小型单片式摩擦离合器,操纵者手动操纵杠杆,将作用力加到摩擦片上,然后借弹簧力使摩擦片保持结合状态。这种通过机械力使离合器结合或分离的离合器称为机械式摩擦离合器。对于要求传递扭矩较大的、需要较大结合力的离合器,就要用液压来控制摩擦片的结合或分离,这种离合器称为液压式摩擦离合器。

单片式摩擦离合器结构简单,传递的转矩较小,多用于转矩在 2 000 N·m 以下的轴系。

2. 多片式摩擦离合器

图 3 – 8 所示为多片式摩擦离合器。多片摩擦离合器也称为多盘摩擦离合器,它主要由主从动轴、内外套筒、摩擦盘、滑环、曲臂压杆、压板、螺母组成。一组外摩擦盘以其外齿插入主动轴上的外套筒内壁的纵向槽中,盘的内壁不与任何零件接触,故盘可与主动轴 1 一起回转,并可在轴向力推动下沿轴向移动;另一组内摩擦盘[图 3 – 8(c)]以其孔壁凹槽与从动轴上的内套筒的凸齿相配合,而盘的外缘不与任何零件接触,故盘可与从动轴一起回转,也可在轴向力推动下沿轴向移动。另外在内摩擦盘的内套筒上开有三个纵向槽,其中安置了可绕销轴转动的曲臂压杆;当滑环 7 向左移动时,曲臂压杆通过压板将所有内、外摩擦盘压紧在调节螺母上,离合器处于接合状态。螺母可调节摩擦盘之间的压力。内摩擦盘可制成碟形[图 3 – 8(d)],当承压时,可被压平而与外盘很好贴紧;松脱时,由于内盘的弹力作用,可以迅速与外盘分离。

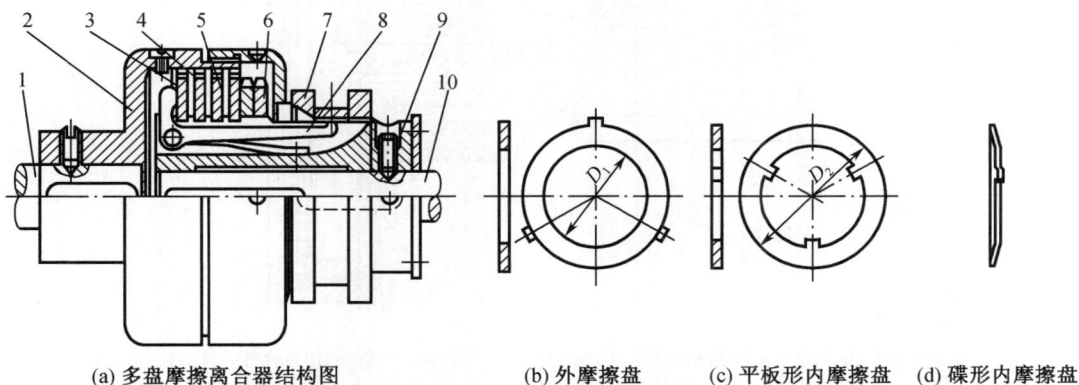

(a) 多盘摩擦离合器结构图　　　　(b) 外摩擦盘　　(c) 平板形内摩擦盘　　(d) 碟形内摩擦盘

1—主动轴;2—外套;3—压板;4—外摩擦盘;5—内摩擦盘;6—螺母;7—滑环;8—曲臂压杆;9—套筒;10—从动轴。

图 3 – 8　多片式摩擦离合器

多盘摩擦离合器的传动能力与摩擦面的对数有关,摩擦盘越多,摩擦面的对数也越多,则传递的功率也越大。如传递的功率一定,则它的径向尺寸与单盘摩擦离合器相比可大为减小,所需轴向力也大大降低。所以多盘摩擦离合器结构紧凑、操作方便、应用较多。

摩擦离合器可在任何转速下随时结合与分离;结合过程平稳,冲击、振动小;过载时摩擦面间打滑,以起到过载安全保护作用;从动轴的加速时间和所传递的转矩可以调节。但其外形尺寸较大;摩擦面间有相对滑动,产生磨损和发热;不能保证两轴同步运转。

摩擦式离合器广泛应用于需要经常启动、制动或经常改变速度大小和方向的船舶推进装置中。

3.3.3 圆锥式摩擦离合器

图 3-6(b)所示为圆锥摩擦离合器的示意图。在主动轴上装着具有内锥面的鼓轮,在从动轴上装着具有外锥面的圆锥轮。在鼓轮上装有能随鼓轮转动又能轴向移动的压板,它也具有与鼓轮相同的内锥面。当压板向左移动时,使内外锥面紧紧压在一起,从而靠锥面间的摩擦力及其摩擦力矩传递扭矩。

图 3-9 所示是一种高弹性、大功率的圆锥式摩擦离合器的典型结构。主动摩擦锥体 1 和 7 通过法兰和主机的输出轴相连。从动摩擦锥体 2 和 6 则通过四个盆形橡胶弹性元件 10 和从动轴 11 相连。当需要接合时,来自从动轴 11 中孔的压缩空气通过管子 8 和 9 通到由两从动摩擦锥体 2 与 6 之间形成的气缸 5 中。气缸外侧与内侧有密封装置 3 和 4,以防止压缩空气漏泄。在压缩空气的作用下,两个从动摩擦锥体被分别推向左、右方向,与主动摩擦锥体 1 和 7 逐步压紧,从而使离合器接合。一般主动圆锥体为铸铁或铸钢件,从动圆锥体的外表面镶有耐磨耐热的摩擦材料。

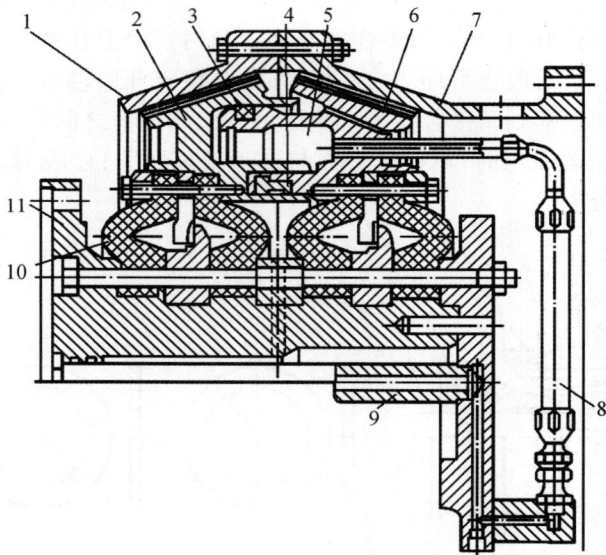

1,7—主动摩擦锥体;2,6—从动摩擦锥体;3,4—密封圈;5—气缸;8,9—管子;10—弹性元件;11—从动轴。

图 3-9 一种高弹性、大功率的圆锥式摩擦离合器的典型结构

当需要脱离时,气缸内的压缩空气经管子 9 和 8 放到大气中,靠弹性元件 10 的弹力使从动摩擦锥体 2 和 6 与主动摩擦锥体 1 和 7 脱离接触,离合器便不再传递扭矩。

这种离合器由于摩擦半径大,又是干式的,摩擦系数大,弹性元件的离心力可加强接合力,因此能传递很大的扭矩。由于采用四个高弹性橡胶元件,它具有良好的隔振和对中性能,摩擦面磨损后能自动调整,空转性能好。由于橡胶元件距摩擦面远,因此接合和脱离时摩擦面产生的高温不致影响橡胶元件。此外,由于这种离合器是气控而便于遥控。

3.3.4 圆柱式摩擦离合器

圆柱式摩擦离合器其摩擦元件为内外圆柱体,工作面是圆柱面,其简图如图 3-6(c)

所示。

图 3－10 所示为圆柱式气胎摩擦离合器的典型结构,它主要由内外鼓轮组成。内鼓轮与主动轴(也可与从动轴)相连接,或直接与发动机或主电机连接。外鼓轮的侧面装有转轴用的启动齿圈 10,启动齿圈上有两个开口以便观察和测量摩擦面之间的间隙。齿圈的外侧有观察孔盖 8,内侧有防护罩 9,以防水和滑油及杂物进入离合器内。外鼓轮由外壳 7、气胎 12、摩擦块 14 及圆盘 16 等组成。外鼓轮与空气分配器轴连接,此轴可作从动轴(也可作主动轴)。圆盘内有通向气胎的空气道。气胎用螺栓固定在外壳上,螺栓拧在连接钢板 11 上,它与气胎硫化在一起。气胎表面用销钉 13 固定有摩擦块 14,它是胶合在金属骨架上的石棉橡胶混合物。当压缩空气通过气道向气胎 12 充气时,气胎胀大,内径缩小,摩擦块压紧内鼓轮,离合器接合。当气胎 12 中的压缩空气放出时,气胎借弹性及气胎的离心力恢复到原来形状,离合器脱离。由于这种摩擦离合器的离合依靠气胎中压力的变化来控制,所以也称气胎摩擦离合器。

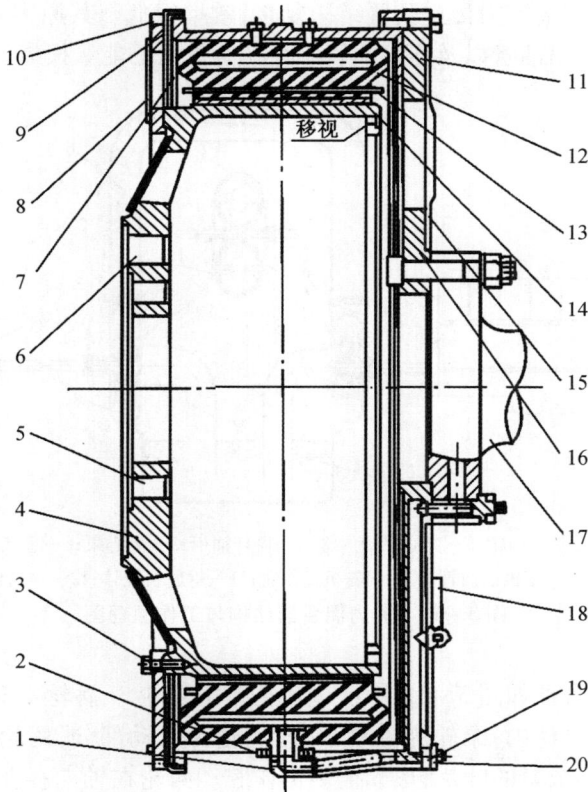

1—短管;2—固紧螺母;3—空气接头;4—内鼓轮;5—连接孔;6—柴油机连接孔;7—外壳;8—观察孔盖;
9—防护罩;10—启动齿圈;11—连接钢板;12—气胎;13—销钉;14—摩擦块;15—盖板;16—圆盘;
17—空气分配器轴;18—压力信号器接管;19—密封接头;20—应急阀接头。

图 3－10 圆柱式气胎摩擦离合器的典型结构

3.4　船用液力偶合器

船用液力偶合器是一种利用液体动能传递功率的传动设备。在船上液力偶合器主要用作弹性联轴器和离合器。

3.4.1　液力偶合器的基本结构与工作原理

图 3－11 所示是船舶推进装置中的液力偶合器结构与工作原理图。液力偶合器布置在输入轴(发动机曲轴)与输出轴(螺旋桨传动轴)之间,主要由离心泵、涡轮机等组成。工作时,离心泵 5 在发动机 1 驱动下回转,循环油柜 4 中的液体被离心泵吸入并获得能量后,经过连接油管 6 冲到涡轮机 8 的叶片上,把能量传给涡轮机,然后流回循环油柜,涡轮机便带动螺旋桨轴回转。这样的液力传递装置结构复杂,效率很低。其原因是离心泵的涡壳和吸入管、涡轮机的涡壳和出油管以及连接油管中存在着很大的能量损失。

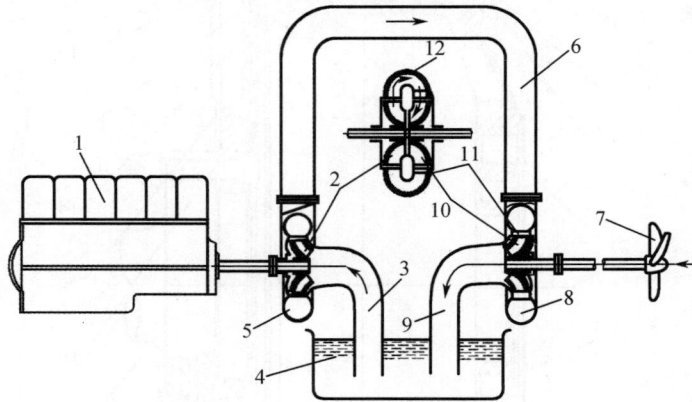

1—发动机;2—离心泵工作轮;3—离心泵吸入管;4—循环油柜;5—离心泵;6—连接油管;7—螺旋桨;
8—涡轮机;9—涡轮机出油管;10—涡轮机工作轮;11—涡轮机壳体;12—液力偶合器简图。

图 3－11　液力偶合器结构与工作原理图

实际上的液力偶合器如图 3－12 所示。其主要由泵轮 3、涡轮 4、转动外壳 2 组成。泵轮和涡轮装在同一个壳体内,泵轮为主动部分,涡轮为从动部分,两轮对称布置,尺寸完全相同,轮内都设有相当数量的叶片,形成很多工作腔。两轮在轴向存在一定的间隙,彼此无机械联系,泵轮的进、出口恰好和涡轮的出、进口相对。由于与动力源相连的泵轮的旋转,内部的流体受离心力的作用而产生的液体动能由泵轮流入涡轮的叶轮。工作腔中一般充有油,靠油在工作腔中流动而传递能量。转动外壳一般和泵轮相连,并随泵轮一起转动,阻止油外漏。

当泵轮在原动机带动下旋转时,油从泵轮的内半径处(进口)进入泵轮工作腔,吸收能量后从泵轮外半径处(出口)进入涡轮外半径处(进口),在涡轮工作腔中释放能量后,又从涡轮内半径处(出口)排离涡轮,重新进入泵轮工作腔。因此,液力偶合器在工作时,工作腔中油的运动是一种复合运动:既有叶片带动下绕偶合器转轴回转的牵连运动,又有在离心力作用下沿着叶片由内缘向外缘的相对运动。油的绝对运动是由这两种运动合成的。

图3-13所示为油液在工作腔中的流动情况。油液在工作腔中的这种运动形成环流。

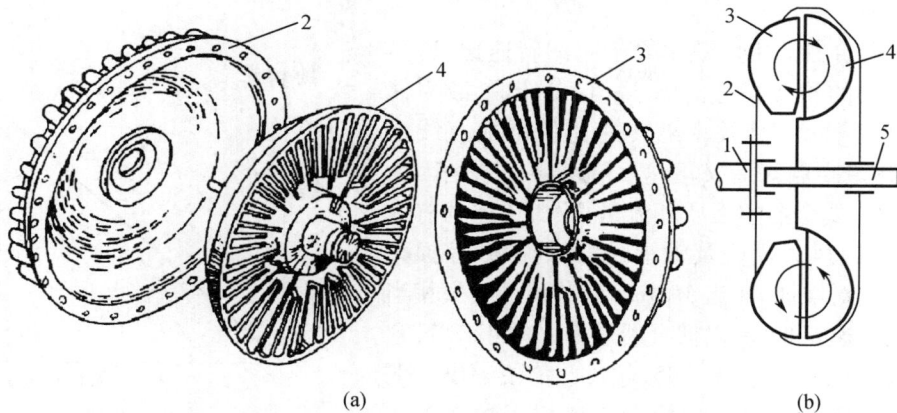

1—发动机曲轴;2—转动外壳;3—泵轮;4—涡轮;5—从动轴。

图3-12　液力偶合器

因此,当主机带动泵轮旋转时,把主动轴的机械能转变为液体的动能和压力能,使得液体在离心泵出口处具有很大的速度和压力,然后液体冲向涡轮,把液体的动能和压力能转变为机械能,带动涡轮及从动轴旋转。液力偶合器只起传递扭矩的作用,而不能改变扭矩大小,因此有时也将其称为液力联轴器。

3.4.2　液力偶合器的转速比、效率和滑差

液力偶合器在工作时,涡轮的转速要低于泵轮的转速,这是偶合器能传递扭矩的前提。一方面,若两者转速相等,泵轮出口和涡轮进口的油所受的

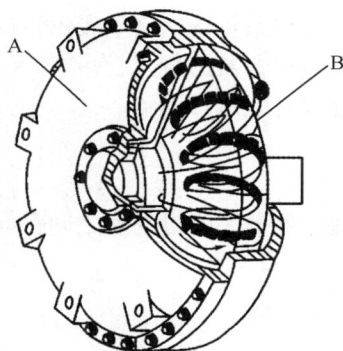

A—泵轮;B—涡轮。

图3-13　油液在工作腔中的运动情况

离心力就相同,压力也相同,工作腔中就不会有油的流动,当然也就更谈不上有能量的传递了。另一方面,油在涡轮内把能量传递给涡轮的过程中,不可避免地要有能量损失,如油在涡轮进口处与工作叶片的冲击损失,流道中的局部阻力、摩擦阻力损失等,这些阻力便消耗了部分传递功率。因此,涡轮转速低于泵轮转速,这是偶合器在能量传递中必然出现的结果。涡轮转速 n_T 与泵轮转速 n_B 之比,称为液力偶合器的转速比,用 i 表示,即

$$i = n_T / n_B \tag{3-5}$$

由于偶合器在传递能量过程中存在各种损失,使其输出功率总是小于输入功率。但是偶合器的输入和输出扭矩是相等的(可用动量矩定理推导出),即

$$M_B = M_T \tag{3-6}$$

式中,M_B、M_T 分别为泵轮与涡轮传递的扭矩。若发动机传给偶合器泵轮的功率为 P_e,涡轮传出的功率为 P_s,在不考虑工作轮在转动过程中的风力损失、轴和轴承间的摩擦损失、轴和轴封间的摩擦损失等情况下,偶合器的效率 η 为

$$\eta = \frac{p_{\text{s}}}{p_{\text{e}}} = \frac{M_{\text{T}}}{M_{\text{B}}} \cdot \frac{n_{\text{T}}}{n_{\text{B}}} = i \qquad\qquad (3-7)$$

可见偶合器的传动效率等于它的转速比,这是液力偶合器的重要特性。图 3-14 示出了液力偶合器的效率特性,其效率随转速比的增加直线上升,但到达最高点 A 后又迅速下降至零。这是因为当 i 很大时,偶合器中工质环流量很小,传递的有效扭矩很小,而风力损失及轴承、轴封处的磨擦损失占的比例相对增加,而当 M_{T} 减小到与机械损失相当时就不能传递扭矩,所以偶合器效率必须小于1,它的最高效率一般为 $\eta = 0.985$,超过此值便超出了偶合器的正常工作范围。偶合器传递扭矩过程中的功率损失为 $P_{\text{e}}(1-\eta)$,损失的功率变为热量,使工作液体的温度升高,所以偶合器工作时要有为其服务的冷却系统。

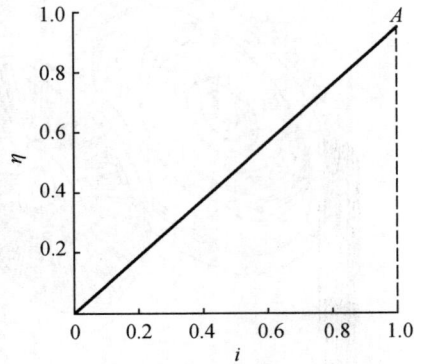

图 3-14　液力偶合器的效率特性

偶合器泵轮转速高于涡轮转速的现象称为偶合器的滑动。泵轮转速 n_{B} 与涡轮转速 n_{T} 的差称为偶合器的滑差,滑差与泵轮转速之比的百分数称为偶合器的滑动度(或滑差率),滑动度以 S 表示,即

$$S = \frac{n_{\text{B}} - n_{\text{T}}}{n_{\text{B}}} \times 100\% \qquad\qquad (3-8)$$

偶合器效率与滑动度之间存在以下关系:

$$\eta = \frac{n_{\text{T}}}{n_{\text{B}}} = 1 - S \qquad\qquad (3-9)$$

3.4.3　液力偶合器的工作特点

①液力偶合器的泵轮与涡轮之间虽然没有机械联系,但靠液体环流可传递功率,因此它可作为联轴器(但这种联轴器必须有滑差),而且具有很好的隔振性能。

②只要设置有效的控制液体充、排系统,液力偶合器就可以成为有滑差的离合器。在多机并车运行的装置中,装设这种离合器可以自动均匀各主机间的负荷,不用再设置自动负荷均匀系统。

③液力偶合器能很好地适应船舶工况的变化。转速比 i 是液力偶合器非常重要的参数,它体现了偶合器的工作条件。当泵轮转速不变时,i 值减小,说明螺旋桨的阻转矩增加,主机油门加大,i 值越小,传递扭矩能力越大,当 i 等于零时,扭矩达到最大值。这说明螺旋桨负荷突然加大,甚至螺旋桨被冰块等异物卡住时,柴油机仍可运转而不致熄火停机。

④液力偶合器可以提高船舶的机动性。当高速航行的船舶需要紧急倒航时,柴油机可在螺旋桨水涡轮阶段反向启动,此时主机转向与螺旋桨转向相反,对螺旋桨进行制动,使它很快停下来后马上跟随主机反转,达到船舶倒航的目的。

⑤当船舶装有调速型液力偶合器时,若船舶需要很低的航速,可通过减少偶合器中液体的量,加大主、从轴滑差来实现,且不受主机最低稳定转速的限制,这对经常需要以极慢速度航行的科学考察船、测量船、救助船特别有利。在主机启动时,也可通过减少工作腔中

液体循环量,减小主机启动时的阻转矩,达到主机容易启动的目的,也可避免主机启动后加速过快,造成主机燃烧不良的问题。

3.4.4 液力偶合器的基本结构形式

按所起的作用不同,船舶液力偶合器可分为离合器型、调速型和联轴器型三种基本形式。

1. 离合器型偶合器

这种偶合器在工作时,根据需要可使油全部充满工作腔,也可将油从工作腔中全部排出,使主动轴和从动轴既可连接又可脱开,起到离合器的作用。

图 3－15 所示是一种滑环式液力偶合器的结构原理图。带叶片 7 的泵轮 4 既和主动轴 5 相连又和转动外壳 1 相连,带叶片 6 的涡轮 3 和从动轴 2 相连。主动轴与从动轴在同一轴线上,泵轮与涡轮左右对称布置,尺寸相同,轮内的叶片都有相当的数量,将轮中空间分为若干室,室内充满矿物油。转动外壳随泵轮一起转动,起着防止漏油的作用。它内部没有叶片,在其外部设有一个环状放油阀 B,称为滑环,它随转动外壳一起转动。在转动外壳和滑环圆周上的相应位置都开有多个排油孔 C。当操纵手柄 E 处于右边位置时,通过连接杆件 D 使滑环将转动外壳上的排油孔 C 封死,并将充油阀 A 打开,使油进入工作腔并将工作腔充满,此时偶合器处于接合状态。当要求偶合器处于脱开状态时,将操纵手柄置于左边,通过连接杆 D 将充油阀关闭,同时将滑环右移,使滑环上的排油孔与转动外壳上的排油孔互相沟通,工作腔中的油在离心力的作用下自动排出。

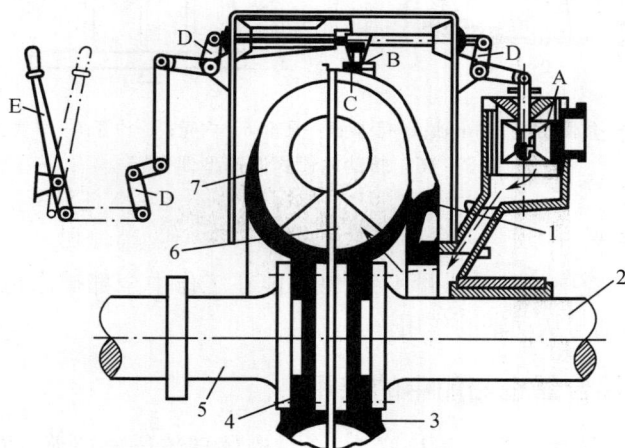

1—转动外壳;2—从动轴;3—涡轮;4—泵轮;5—主动轴;6—涡转叶片;7—泵轮叶片;
A—充油阀;B—滑环;C—排油也;D—连接杆;E—操纵手柄。

图 3－15　滑环式液力偶合器的结构原理图

2. 调速型偶合器

由于偶合器传递扭矩的能力与环流量成正比,因此改变工作腔中的充油量就可改变偶合器传递扭矩的能力和转速差,调速型偶合器就是根据这一原理设计的。

图 3－16 示出的偶合器是一种转动构管式调速型偶合器。外壳 8 和内壳 6 用螺钉和泵轮相连,组成旋转的贮油室。在内壳上设有喷嘴 9,工作腔内的液体经过喷嘴不断流到旋转

油室中。在旋转油室中装了一个杓管7,它可在集油器2内转动。集油器滑套在输出轴3上并用螺栓固定在偶合器支架上。杓管把旋转油室中的工作液引进工作腔内。杓管用手柄4操纵,使它可在垂直位置和水平位置之间的90°范围内转动。杓管所处的位置不同,其管口离输出轴回转中心的距离就不同。因为杓管的内径大大超过喷嘴9的孔径,所以杓管管口半径以内的旋转贮油室中的油是存不住的,这部分油会迅速流进工作腔内。旋转油室与工作腔中油的总量保持不变,因此杓管位置可决定贮油室中油量的多少,从而也就决定了工作腔中的充油量,这样也就决定了偶合器涡轮的转速。操作手柄处于不同位置,工作腔中就有不同的充油量,涡轮也就有不同的转速。

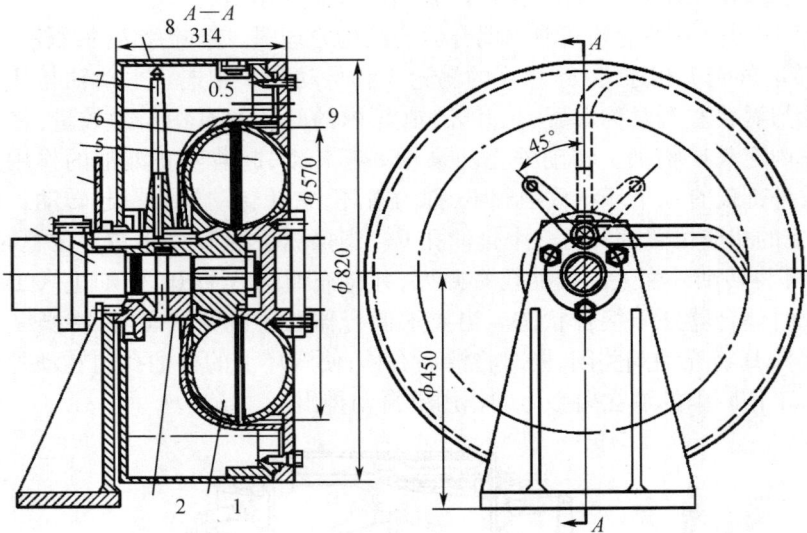

1—涡轮;2—集油器;3—输出轴;4—手柄;5—泵轮;6—内壳;7—杓管;8—外壳;9—喷嘴。

图 3-16 转动杓管式调速型偶合器

3. 联轴器型偶合器

它的特点是工作腔中的油充入量不变,既不能在工作中全部排出也不能在工作中重新充入,只起连接主动轴与从动轴的作用。

3.4.5 液力偶合器在船舶中的应用

①由于泵轮和涡轮之间没有机械联系,全靠液体环流传递动力,使液力偶合器具备作为联轴节的基本条件。同时由于操纵简单,液力偶合器可以使得柴油机轻载启动(偶合器不充油),减少启动空气的消耗。

②由于液力偶合器的从动轴转速始终低于主动轴转速,当主动轴转速一定时,随着从动轴扭矩的增加,从动轴转速下降,主动轴和从动轴的转速差增大。其极限情况是从动轴被制动器刹住,从动轴转速为零,这时偶合器传递扭矩为最大。因此,液力偶合器常常被用于对柴油机有安全保护要求、负载经常变化的推进装置上,如破冰船、挖泥船、拖轮等的推进装置。

③对于直接传动的装置,船舶最低航速受发动机最低转速的限制。但装有液力偶合器的传动装置,根据其部分充油特性,船舶最低航速可以不受发动机最低转速的限制,从而使

液力偶合器在测量船、考察船、施救船和港作船上有广泛应用。

在一些大惯量的推进装置上,当发动机启动力矩较小时,液力偶合器因其部分充油特性,可以使螺旋桨转速缓慢上升,不致使发动机启动加速过于剧烈、惯量过大而熄火,保证发动机顺利启动。

④液力偶合器以柔性液体为介质传递扭矩,具有良好的隔振性能。在工作液体的阻尼作用下,柴油机的高频扭矩波动传到涡轮输出轴时就会大大下降。液力偶合器以泵轮和涡轮为界,把轴系分成两个不相联系的振动系统,提高了柴油机到泵轮这一段轴系的自振频率,这样就有可能在运转范围内,避开强烈共振现象,使整个轴系获得良好的减振效果。

3.5　船用联轴器

船舶轴系中将两段轴互相连接成整体的传动设备称为联轴器。发动机、齿轮箱、推力轴、中间轴、艉轴和螺旋桨轴之间必须用联轴器把轴连接起来,以便传递扭矩和推力。按照联轴器的不同结构特点,它可分为刚性联轴器、弹性联轴器等,如表3－4所示,是联轴器的主要类型。刚性联轴器主要用于要求对中严格的轴与轴的连接,例如中间轴之间,中间轴与螺旋桨轴、中间轴与推力轴之间的连接等,在船舶动力装置中应用广泛。弹性联轴器用于有微小倾角和位移的两根轴之间的连接,特别是动力机械可能引起振动的轴与轴之间的连接,例如柴油机曲轴与减速齿轮箱输入轴之间的连接,它有着很好的缓冲和吸振能力。万向联轴器一般用于有较大交角和位移的两轴间的连接。

表3－4　联轴器的主要类型

是否含弹性元件	固定形式/材料	主要类型
刚性联轴器 (无弹性元件)	固定式	法兰式联轴器、可拆联轴器、液压联轴器等
	可移式	圆盘联轴器、齿轮联轴器、十字滑块联轴器等
	万向联轴器	十字轴式、球笼式、球叉式
弹性联轴器 (有弹性元件)	金属弹簧式	卷簧片联轴器、簧片联轴器、蛇簧片联轴器、金属膜盘挠性联轴器等
	非金属弹簧式	橡胶圆柱销式、轮胎式、高弹性橡胶联轴器等

3.5.1　刚性联轴器

刚性联轴器由刚性传力构件构成,各连接件之间不能相对运动,因此不具备补偿两轴线相对偏移的能力,只适用于被连接两轴在安装时能严格对中,工作时不产生相对偏移的场合。刚性联轴器无弹性元件,不具备减振和缓冲功能,一般只适用于载荷平稳并无冲击振动的工况条件。

刚性联轴器过去亦称为固定式刚性联轴器,包括法兰式(凸缘)联轴器、夹壳联轴器、套筒联轴器、径向键凸缘联轴器、液压联轴器等。刚性联轴器一般结构简单,制造成本较低。选用刚性联轴器时应尽量减少被连接两轴轴线对中的误差,为了减少附加载荷对联轴器的影响,应尽量减小联轴器和轴承之间的距离。

在船舶轴系中,常用的刚性联轴器有法兰式联轴器、夹壳式联轴器和液压联轴器等。

1.法兰式联轴器

(1)固定法兰式联轴器(也称凸缘联轴器)

根据制造方式,固定法兰式联轴器主要有整锻式法兰联轴器和焊接式法兰联轴器两种。

法兰盘(凸缘盘)同轴端一起锻制而成的联轴器称为整锻式法兰联轴器,如图3-17所示。整锻式法兰联轴器的主要尺寸见有关设计手册,结构、尺寸必须满足规范要求。

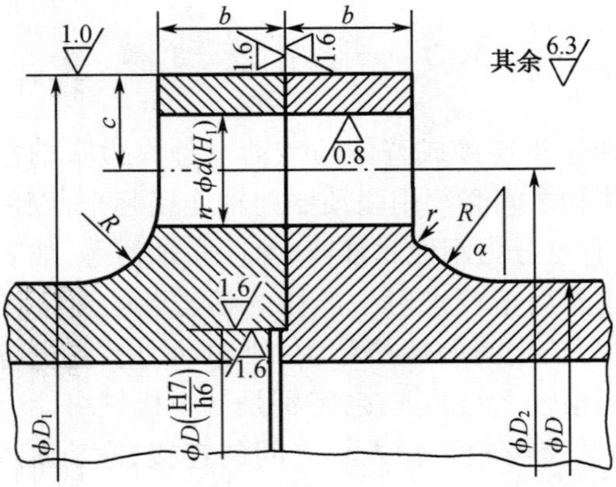

图3-17 整锻式法兰联轴器

焊接式法兰联轴器是法兰盘(凸缘盘)与轴端通过焊接方法制成,如图3-18所示。其主要应用于轴材采用热轧圆钢的中小功率的船舶轴系上。焊接式法兰联轴器结构尺寸必须满足规范要求。

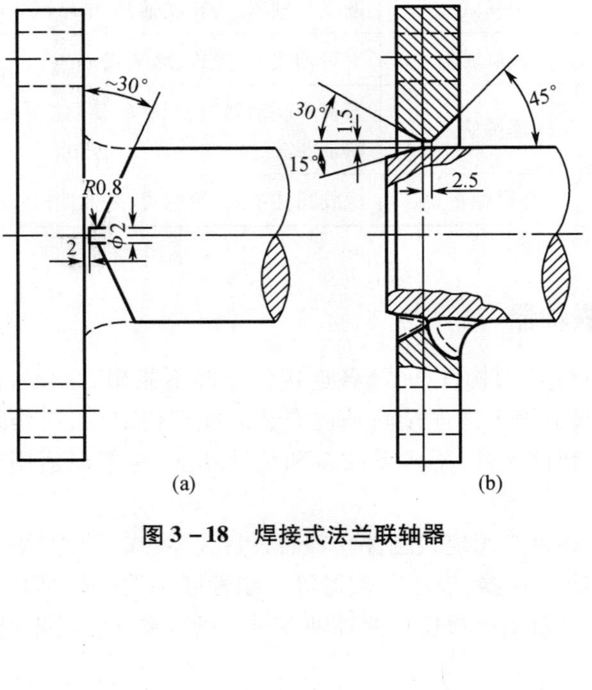

图3-18 焊接式法兰联轴器

焊接式法兰联轴器对焊接工艺有如下要求：

①凸缘盘与轴端区在焊接前要进行预热，焊接中严格注意保温，在焊接后采用缓冷措施，降低焊接处的冷却速度。

②焊后必须进行整体或局部退火，以消除内应力。

③焊缝应进行探伤检查，确保焊缝内部的焊接质量。

④凸缘盘材质与轴相同，焊剂与焊丝的配合应根据母材的机械性能选定。

固定式法兰联轴器结构简单，制造方便，成本较低，工作可靠，装拆、维护简便，传递转矩较大，能保持两轴具有较高的对中精度，在船舶轴系中应用较多。

（2）可拆法兰式联轴器

可拆法兰式联轴器常被用于艉轴与中间轴的连接，它是属于刚性联轴节的一种形式。根据连接法兰上螺栓孔的形状，它又可分为圆柱形螺栓可拆联轴节及圆锥形螺栓可拆联轴节两种。

图3-19所示是可拆法兰式联轴器的结构。联轴器的内锥孔与轴锥体通过键连接，借助锁紧螺母锁紧于轴上。为使联轴器不致松脱，锁紧螺母上有开口销或止动螺钉等防松装置。

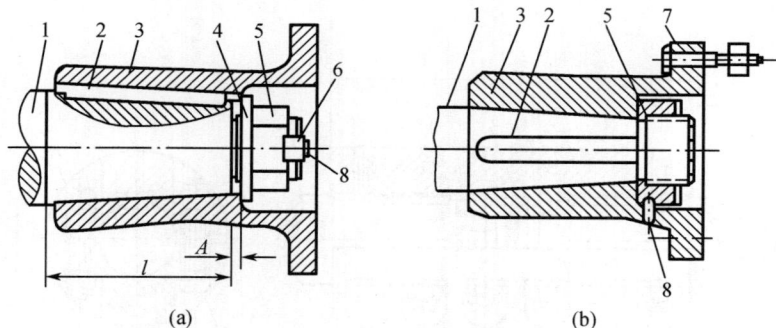

(a)　　　　　　　　　　(b)

1—螺旋桨轴；2—键；3—联轴器；4—垫片；
5—锁紧螺母；6—止动块；7—连接螺栓；8—止动螺钉。

图3-19　可拆法兰式联轴器的结构

联轴器材料应不低于传动轴材料的机械性能，常用35号锻钢或铸钢ZG30、ZG35。

一般联轴器法兰的外圆面要求精加工，因为轴系对中往往要以它作基准面，并要求联轴器的锥孔刮配合套装到轴上，再加工法兰外圆。在联轴器的转折处应以圆弧过渡，以免产生应力集中。其结构参数必须经规范公式计算和必要的强度校核。

可拆法兰式联轴器的加工技术要求：

①联轴器凸缘盘外表面的精加工，应在锥孔刮配合套装到轴上进行。

②其加工技术要求应与整锻式法兰联轴器相同。

③键槽加工的宽度、高度与轴线平行度都与轴键槽加工要求相同，以最终与轴键一起相配质量为验收标准。

联轴节的装配技术要求如下：

①联轴节锥孔与轴锥体接触应良好，接触面积要求在75%以上，用色油检查，每25 mm×25 mm内，不得少于3点。塞尺检查锥体大端时，0.03 mm的塞尺插入深度应不超过3 mm。接触面上允许存在1~2处面积不大的空白区，但总面积应小于锥体表面积的15%，最大的

长度及宽度不超过该处锥体直径的1/10,且不得分布在同一轴线或圆周线上。

②平键与轴上键槽两侧面的接触面积不少于75%,与联轴节键槽相配合时,在85%长度上应插不进0.05 mm的塞尺,其余部分应插不进0.1 mm的塞尺。平键与键槽底应接触,接触面积不少于30%~40%。

③联轴节法兰螺栓装妥后,在接合面90%的周长上应插不进0.05 mm的塞尺,其接触面积不少于75%。

④当联轴节装好后,轴的锥体部分的螺纹应缩进锥孔内距离A(图3-19)为

$$A = (0.02 \sim 0.05)l$$

式中,l为锥体长度。

2. 夹壳式联轴器

夹壳式联轴器由两个钢制半圆筒组成,依靠夹壳与轴之间的摩擦力及键来传递力矩。图3-20所示是夹壳式联轴器的典型结构。它主要由对开的两个半联轴器4组成。这两个半联轴器靠螺栓6将被连接的两根轴1紧紧地夹紧。扭矩靠两个半联轴器与轴表面间的摩擦力及其中的键2传递。轴向力由摩擦力及轴端的环形槽和装入环形槽中的推力环3传递。

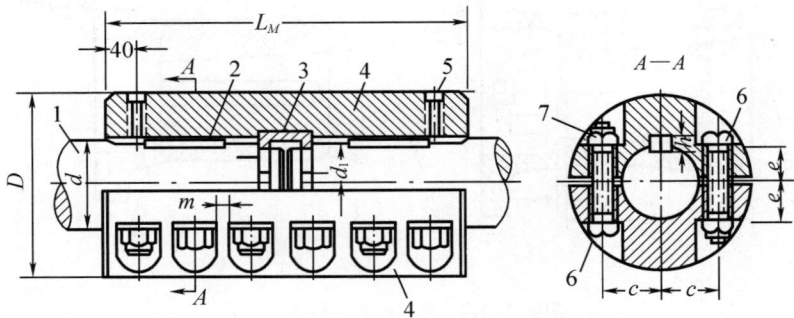

1—轴;2—键;3—推力环;4—半联轴器;
5—拆卸用螺孔;6—螺栓;7—螺母。

图3-20　夹壳式联轴器

夹壳式联轴器的径向尺寸很小,但轴向尺寸较大,自重为凸缘联轴器的1.5~2.0倍;拆装方便,不必将轴做轴向移动,径向间隙小,对中性好。因此,夹壳式联轴器一般用于空间狭长、中小功率的船舶轴系上。

夹壳式联轴器的材料常采用ZG30、ZG35或锻钢35等。

夹壳式联轴器的加工技术要求如下:

①壳体内圆的圆度和圆柱度不应大于表3-5所示的规定,但夹壳长度每超出轴径1倍时,范围允许增加0.01 mm。其内圆直径应较轴径大0.04~0.08 mm;两半联轴器的间距应为轴颈直径的3%~5%。

表3-5　夹壳联轴器内圆的圆度和圆柱度　　　　　　　　　　　单位:mm

内孔直径d	<80	80~180	180~260	260~360	360~500
圆度与圆柱度	0.02	0.03	0.04	0.05	0.05

②两半壳体的内圆表面粗糙度 Ra 不低于 3.2 μm。

③推力环内圆与轴槽应紧密配合,接触面积在 60% 以上,两侧面与轴槽或壳槽配合应插不进 0.05 mm 的塞尺。装配后两半环剖面应接触平齐,推力环外圆与夹壳内孔之间允许有 0.20 ~ 0.40 mm 的间隙。

3. 液压联轴器

液压联轴器是一种在油压作用下使两个具有锥形接触面的内外套筒产生相对位移,而去掉油压后使内套筒在弹性变形的作用下箍紧两连接轴的可拆联轴器。

液压联轴器可用来作为中间轴与螺旋桨轴、中间轴与中间轴的连接,也可作为一般轴系的轴与轴的连接。

液压联轴器的结构如图 3 – 21 所示。该联轴器主要由内套 7 和外套 6 组成。内套 7 套住两连接轴的轴端,而外套 6 则套住内套 7。内外套的接触面是锥度为 1:80 的锥面。外套的内表面开有螺旋形的环槽。外套上开有注油孔及油槽。与螺塞 5 相配的油孔和油槽可通入压力油,使内套收缩,外套膨胀。与螺塞 4 相配的油孔和油槽,可通入压力油,使外套向右移动。活塞 3 及螺帽 1 使内外套能在油压的作用下做轴向相对移动。在径向油压和轴向油压的作用下,当外套相对内套移到规定位置后,放掉压力油,外套与轴的弹性变形恢复,迫使内套收缩,使内套与两连接轴产生过盈连接。

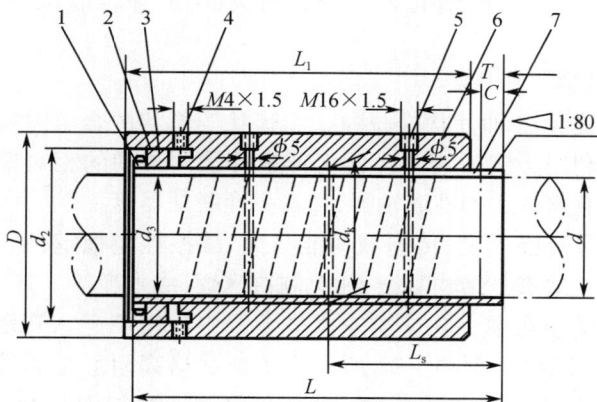

1—螺母;2—O 形圈;3—活塞;4,5—螺塞;6—外套;7—内套。

图 3 – 21　液压联轴器的结构

这种连接的优点是装配的两零件间不产生直接摩擦,配合质量好;拆卸时也不致损坏零件及影响第二次装配质量;配合面间取消了键槽,提高了连接强度,简化了加工工序;不用法兰和连接螺栓,改善了轴系结构;拆装比较方便。由于液压联轴器具有这些优点,它在船舶上的应用日渐增多。

液压联轴器设计主要是根据所需传递的扭矩确定联轴器的主要结构尺寸、内套和外套安装时所需要的油压的大小,外套对内套的轴向推入量 S(mm) 或内套对连接轴的装配过盈量 δ(mm)。

液压联轴器结构尺寸等技术参数,根据国家标准《液压联轴器系列参数》选择确定,还应满足我国《钢质海船入级与建造规范》的要求。

3.5.2　弹性联轴器

弹性联轴器是主动轴与从动轴之间设有弹簧或橡胶等弹性连接元件,用来传递扭矩的联轴器。弹性联轴器的共同特点是具有不同程度补偿轴向(纵向)、径向(平行)、角向(角度)相对偏移的能力。在船舶推进装置中,它用作柴油机与齿轮箱、齿轮箱与中间轴的连接。

1. 弹性联轴器的作用

①弹性联轴器的柔度很大(刚度很小),可以大幅度地降低轴系扭振的自振频率,有可能使柴油机在使用转速范围内不出现危险的共振,是轴系扭振、调频、避振的有效措施之一。

②弹性联轴器可以缓解、降低由于船体变形所引起的柴油机、齿轮箱和轴承增加的负荷。

③弹性联轴器可允许轴线有微小倾角和位移,补偿安装中的误差,使轴线容易校中,避免齿轮的齿面接触不良和轴承过载。

④弹性联轴器起隔振、隔音、防冲击、电气绝缘及隔热等作用。

2. 弹性联轴器的种类

弹性联轴器的种类很多,归纳起来可分为两类:金属弹性联轴器和橡胶弹性联轴器两种。

(1)金属弹性联轴器

金属弹性联轴器是由各种片状、圆柱状、卷板状等形状的金属弹簧,构成不同结构、性能的挠性联轴器。它利用金属弹簧的弹性变形来补偿两轴间的相对偏移,并具有减振、缓冲功能。其主要类型有簧片式弹性联轴器、卷簧弹性联轴器等。

金属弹性联轴器具有强度高、传递载荷能力大、减振性能稳定、不受温度和油的影响、使用寿命长等特点。其缺点是结构复杂、加工制造麻烦、成本高等。其适用于高温工况。

①簧片式弹性联轴器在中小功率船舶推进装置中应用广泛。簧片式弹性联轴器又称盖斯林格(Geislinger)联轴器。图 3 – 22 所示为盖斯林格高阻尼金属簧片式联轴器。它主要由内轮和外轮两部分组成,内轮部分的主要零件是花键轴 8,它一般作为输出端。外轮部分的主要零件是侧板 7、中间块压紧螺栓 6、锥形环 5、外套圈 4、限位块 2、带法兰侧板 1 等元件。内外轮之间装有数组到十数组板弹簧束,它的一端与外轮元件固定,另一端镶入花键轴槽内。板弹簧束自由支撑的作用可用来传递扭矩,如图 3 – 22(b)所示。这些板弹簧束与内外轮零件间形成油腔,其中充满油。如果内轮零件相对外轮零件移动,板弹簧束便会扭曲,油便从一个油腔流到另一个油腔,内外轮零件的相对运动被抑制,振动被阻尼。它的阻尼效果一般比橡胶联轴器高 5 ~ 10 倍。限位块 2 起缓冲作用,当联轴器负荷太大时,板弹簧束被它挡住,联轴器得到保护。

簧片式弹性联轴器传递的扭矩为 2 ~ 1 080 kN·m。

这种联轴器的优点是:阻尼大,挠性好,安全可靠,尺寸、质量小,不老化,磨损小,不怕油,耐高温,耐久性好。

它的缺点是结构比较复杂,造价较高。

②卷簧弹性联轴器由内外构件和均布在内外构件之间的沿圆周分布的卷簧组件构成,如图 3 – 23 所示。每组卷簧组件 2 由若干个用弹簧钢板制成的开口卷簧组成。卷簧组件中

各片厚度不同,由外向内逐渐减薄,这样可使每片弹簧承受的弯曲应力基本相同。卷簧压缩时所产生的最大弯曲力矩和最大变形由限制块 1 限制。当卷簧围绕限制块弯曲时,卷簧的有效长度变短,故其扭转变形曲线是非线性的。当联轴器内外构件做相对运动时,由于卷簧组件中各片卷簧之间的摩擦和滑油的流动阻力作用,使该联轴器具有相当大的阻尼特性。该联轴器允许径间不对中偏差可达 1.524 mm,角度偏差 2°,轴向位移 3.05 mm。

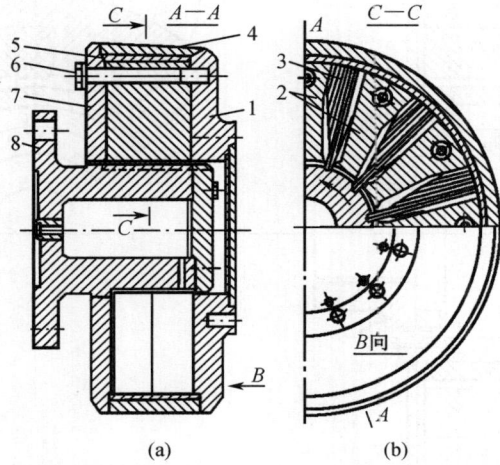

1—带法兰侧板;2—限位块;3—弹簧片;4—外套圈;5—锥形环;6—中间块压紧螺栓;7—侧板;8—花键轴。

图 3-22　盖斯林格高阻尼金属簧片式联轴器

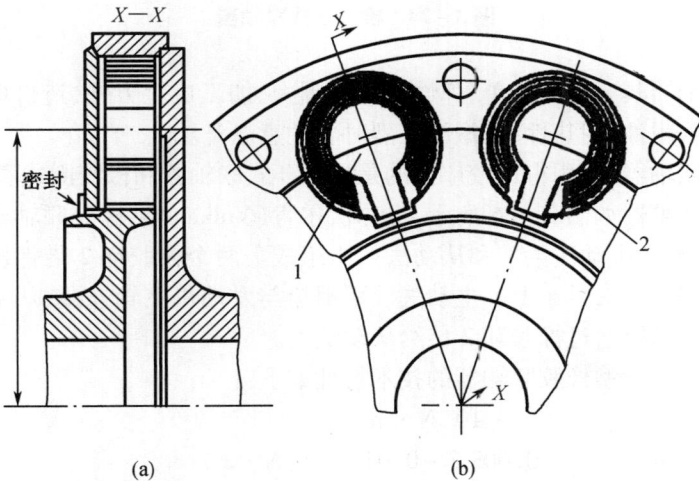

1—限制块;2—卷簧组件。

图 3-23　卷簧弹性联轴器

（2）橡胶弹性联轴器

橡胶弹性联轴器具有多种形式,根据橡胶弹性元件的形状主要分为橡胶块式联轴器、轮胎式橡胶联轴器、橡胶环式联轴器、圆筒式橡胶联轴器、圆盘式橡胶联轴器等,各种联轴器分别如图 3 − 24 ~ 图 3 − 28 所示。另外还有其他特殊形状的弹性联轴器。

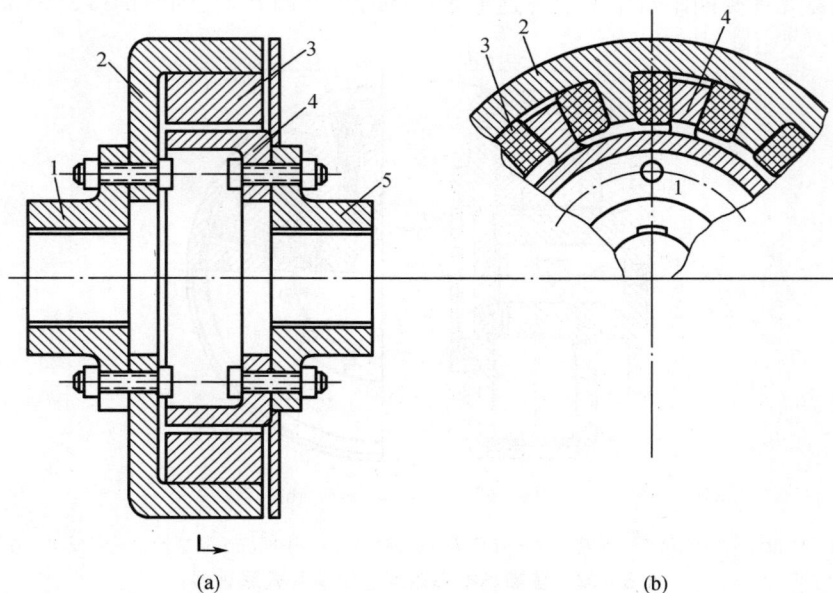

1—主动法兰;2—金属外环;3—橡胶块;4—金属内环;5—从动法兰。

图 3 − 24　橡胶块式联轴器

橡胶弹性联轴器具有结构简单、弹性变化范围大、加工成型方便、造价低等特点。但橡胶强度低,易蠕变,耐油、耐热性差,振动剧烈时要注意温升。

在橡胶弹性联轴器中,用得比较广泛的是橡胶环式联轴器和橡胶圈式联轴器。

①橡胶环式联轴器如图 3 − 26 所示,也称伏尔肯(Vulkan)型橡胶联轴器。它主要由两个橡胶环 2、压紧环 3、主动法兰 1 和从动法兰 4 组成。两个橡胶环 2 借螺栓和压紧环 3 固定在主动法兰 1 和从动法兰 4 上。主动法兰用螺栓与发动机飞轮连接,从动法兰装在输出轴上。主动法兰的扭矩通过橡胶环 2 传给从动法兰。

目前常用的伏尔肯型橡胶联轴器的技术特性如下:

传递的额定扭矩	$90 \sim 10^6$ N·m
单位扭矩的质量	$0.008\,3 \sim 0.047$ kg/(N·m)
转速	$\geqslant 700$ r/min
许用轴向位移	$4 \sim 40$ mm
许用径向位移	$1.5 \sim 8$ mm
橡胶环工作期限	$40 \sim 50$ kh

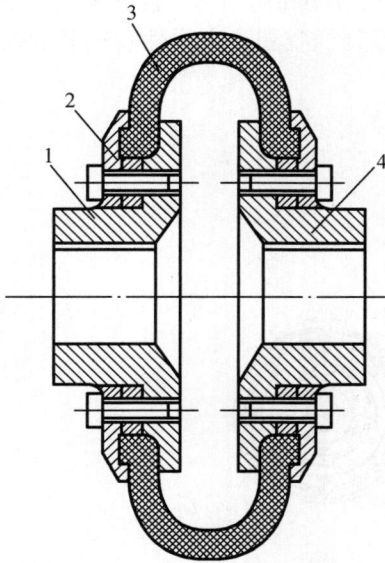

1—主动法兰;2—压紧环;
3—橡胶环;4—从动法兰。

图 3 – 25 轮胎式橡胶联轴器

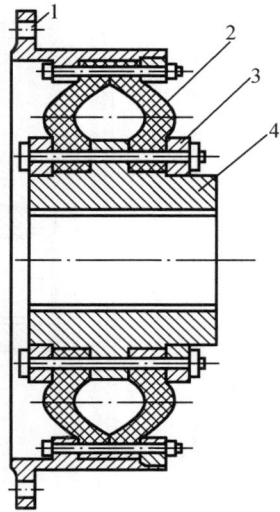

1—主动法兰;2—橡胶环;
3—压紧环;4—从动法兰。

图 3 – 26 橡胶环式联轴器

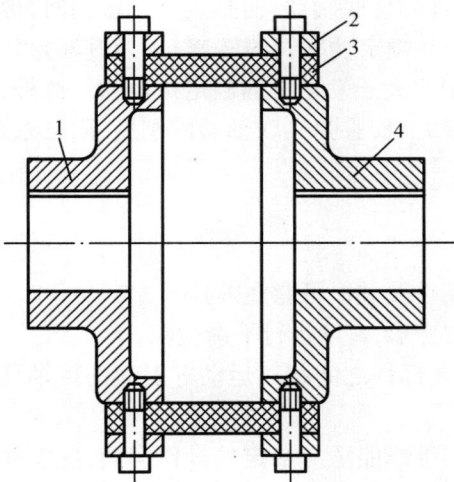

1—从动法兰;2—压紧环;3—橡胶环;4—主动法兰。

图 3 – 27 圆筒式橡胶联轴器

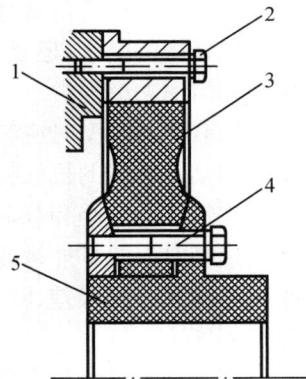

1—主动法兰;2,4—连接螺栓;
3—圆盘式橡胶;5—从动法兰。

图 3 – 28 圆盘式橡胶联轴器

②橡胶圈式联轴器。图 3 – 29 所示为橡胶圈式高弹性联轴器,其由两个相同橡胶金属圆盘组件、连接螺栓、挡板组成。每一个圆盘组件由两个同心橡胶圈 2 和 4 以及钢圈 1、3 和 5 组成,它们用橡胶硫化法连成一个整体。为避免弹性元件超负荷而设有挡板 6,以使变形限制在许用扭转角 α 之内,如图 3 – 29(b)所示。挡板 6 也能在弹性橡胶元件损坏时用来传递扭矩。

这种橡胶联轴器具有较大的扭转弹性(扭转角 $\alpha = 10° \sim 12°$)和一定的滞后阻尼特性,

且具有刚度较小、减振性能好、结构简单、轴向尺寸短、质量小和选用功率范围大的特点。

该联轴器已经形成系列,表3－6所列是 XL 标准系列橡胶圈式高弹性联轴器的技术特性参数。

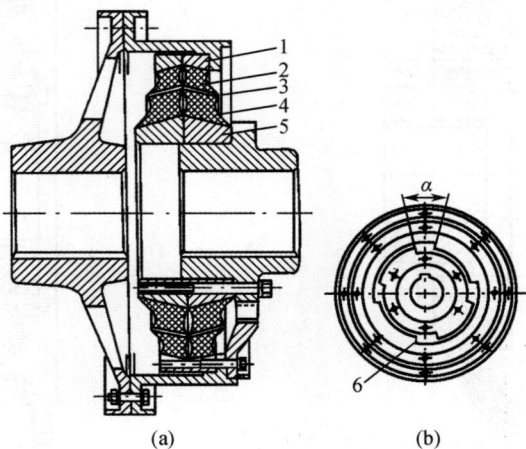

(a)　　　　　　　　　　　　　(b)

1,3,5—钢圈;2,4—橡胶圈;6—挡板。

图 3－29　橡胶圈式高弹性联轴器

3. 弹性联轴器的选用

对船舶动力装置设计者来说,主要任务不是设计弹性联轴器,而是选用。选用时,像其他传动设备一样,主要根据发动机的额定功率 P_n 及在额定功率时的转速 n_n,及其额定扭矩 M 来选用。联轴器型号的选择应使其标定扭矩等于或大于发动机的额定扭矩 M。此外,为了满足阻尼扭振的要求,还要在进行扭振计算的基础上校验弹性联轴器的刚度、阻尼系数、振动扭矩和阻尼功率损失。

在选用联轴器类型时应考虑以下几点:

①船舶动力装置的机械特点。

②传递扭矩的大小和载荷的性质(如冲击、周期性及共振可能性等)。

③转速高时应验算外缘的离心力和弹性元件的变形,并须进行平衡检验。

④由制造和装配误差、轴受载和热膨胀变形以及部件之间相对运动等引起的两轴线的相对位移程度。

⑤许用的外形尺寸和安装方法,使装配、调整和维修能适应给定的操作空间,应能在轴不需要做轴向移动的条件下装拆大型联轴器。

此外,还须考虑工作环境、使用寿命以及润滑和密封等条件。

表3-6　XL标准系列橡胶圈式高弹性联轴器的技术特性参数表

参数及单位	功率/转速 P_n/n PS·min⁻¹ (kW·min⁻¹)	额定转矩 M_n kgf·m (kN·m)	瞬时最大转矩 M_{max} kgf·m (kN·m)	最大允许变动转矩 M_{wn} kgf·m (kN·m)	最大允许转速 n_{max} r·mim⁻¹	M_n时扭转角 φ_n (°)	M_{max}时扭转角 φ_{max} (°)	静态扭转刚度 K ×10⁶kgf·cm·rad⁻¹ (N·cm·rad⁻¹)	使用时允许位移值 轴向X mm	径向Y mm	角度θ (°)
XL7	0.098 (0.072)	70 (0.7)	175 (1.75)	±17.5 (±0.17)	4 000	10	25	0.040 (0.40)	0.7	1.2	3.2
XL11	0.154 (0.11)	110 (1.1)	275 (2.75)	±27.5 (±0.275)	3 800	10	25	0.063 (0.63)	0.8	1.6	3.2
XL18	0.251 (0.18)	180 (1.8)	450 (4.5)	±45 (±0.45)	3 500	10	25	0.103 (1.03)	0.9	1.7	3.2
XL28	0.391 (0.29)	280 (2.8)	700 (7.0)	±70 (±0.70)	3 000	10	25	0.160 (1.60)	1.0	2.0	3.2
XL40	0.559 (0.41)	400 (4)	1 000 (10)	±100 (±1.0)	2 800	10	25	0.229 (2.29)	1.2	2.2	3.2
XL55	0.768 (0.56)	550 (5.5)	1 375 (13.75)	±137.5 (±1.37)	2 500	10	25	0.315 (3.15)	1.3	2.4	3.2
XL75	1.047 (0.76)	750 (7.5)	1 875 (18.75)	±187.5 (±1.875)	2 200	10	25	0.430 (4.30)	1.4	2.8	3.2
XL110	1.536 (1.13)	1 100 (11)	2 750 (27.5)	±275 (±2.75)	1 950	10	25	0.630 (6.30)	1.6	3.0	3.2
XL150	2.050 (1.36)	1 500 (15)	3 750 (37.5)	±375 (±3.75)	1 750	10	25	0.859 (8.59)	1.8	3.2	3.2

表 3 - 6（续）

参数及单位	功率/转速 P_n/n	额定转矩 M_n	瞬时最大转矩 M_{max}	最大允许变动转矩 M_{wn}	最大允许转速 n_{max}	M_n 时扭转角 φ_n	M_{max} 时扭转角 φ_{max}	静态扭转刚度 K	使用时允许位移值		
									轴向 X	径向 Y	角度 θ
单位	PS·min^{-1} (kW·min^{-1})	kgf·m (kN·m)	kgf·m (kN·m)	kgf·m (kN·m)	r·min^{-1}	(°)	(°)	×10^6 kgf·cm·rad^{-1} (N·cm·rad^{-1})	mm	mm	(°)
XL180	2.513 (1.84)	1 800 (18)	4 500 (45)	±450 (±4.5)	1 650	10	25	1.031 (10.31)	2.0	3.6	3.2
XL240	3.351 (2.46)	2 400 (24)	6 000 (60)	±600 (±6.0)	1 500	10	25	1.375 (13.75)	2.2	4.0	3.2
XL300	4.189 (3.1)	3 000 (3)	7 500 (75)	±750 (±7.5)	1 400	10	25	1.720 (17.20)	2.4	4.4	3.2
XL390	5.445 (4)	3 900 (39)	9 750 (97.5)	±975 (±9.75)	1 300	10	25	2.235 (22.35)	2.8	4.8	3.2
XL540	7.540 (5.5)	5 400 (54)	13 500 (135)	±1 350 (±13.5)	1 200	10	25	3.094 (30.94)	2.8	5.2	3.2
XL700	9.774 (7.2)	7 000 (70)	17 500 (175)	±1 750 (17.5)	1 100	10	25	4.011 (40.11)	3.0	5.8	3.2
XL900	12.566 (9.3)	9 000 (90)	22 500 (225)	±2 250 (±22.5)	1 000	10	25	5.157 (51.57)	3.5	6.2	3.2

思考与练习

一、选择题

1.高速主机的船舶配备齿轮减速箱的主要原因是(　　)。

A.提高船速　　　　　　　B.满足螺旋桨高效率的要求

C.避免过大的轴向推力　　D.提高主机的热效率

2.采用不可反转的高速柴油机作为主机的船舶,一般都配有(　　)。

A.离合齿轮箱　　　　B.倒顺齿轮箱　　　　C.减速齿轮箱　　　　D.A、B、C

3.船用离合器的主要作用是(　　)。

A.承受螺旋桨和轴本身的重力引起的弯曲以及传递推力所造成的拉、压负荷

B.传递主机输出功率,将主机与传动轴连接或脱开,使转动轴反转和减速

C.产生扭矩,输出功

D.设置轴带发电机发电

4.下列不属于船舶推进装置的传动设备的有(　　)。

A.离合器　　　　　　　B.中间轴

C.弹性联轴器　　　　　D.减速齿轮箱

5.下列不属于船舶推进装置的传动设备作用的是(　　)。

A.改变主机的旋转方向　　　　B.减速及变速传动

C.离合器和倒顺车　　　　　　D.采用并车和分车以组合或分配推进功率

6.船舶推进装置的传动设备装置离合和倒顺车功能的作用是(　　)。

A.提高船舶的机动性,延长主机使用寿命

B.提高船舶的机械效率

C.满足螺旋桨效率的要求

D.提高主机的热效率

二、填空题

1.在我国内河和沿海的小型船舶上,多半采用不可反转高速柴油机作为主机,一般都配有_____齿轮箱。

2.齿轮箱的标定功率和标定转速之比称为_____。

3.齿轮箱从正车换向到倒车,或相反换向,所需的时间为换向时间,一般小于或等于_____ s。

4.按所起的作用不同,船舶液力偶合器可分为_____、_____、_____三种基本形式。

5.在船舶轴系中,常用的刚性联轴器有_____、_____、_____等三类。

三、简答题

1.船舶推进装置的传动设备有哪些,主要起什么作用?这些作用主要由哪些设备来完成?

2.船用齿轮箱的作用是什么?船用齿轮箱应如何选型?

3.船用摩擦离合器的作用是什么,种类有哪些?

4.简述船用液力偶合器的工作原理。

5.常用的刚性联轴器有哪几种形式?

6.船用弹性联轴器的作用是什么,主要类型有哪些?

第4章 船舶管路系统

【知识目标】

1. 能正确掌握管路的基本概念与分类；
2. 能正确掌握船舶各种管路系统的功用、分类；
3. 能正确掌握船舶各种管路系统的工作原理及布置要求。

【能力目标】

1. 初步具备船舶各种管路系统的布置能力；
2. 初步具备船舶各种管路系统的主要设备及附件的选型能力。

4.1 船舶管路系统概述

船舶管路系统是船舶为了完成一定任务而专门用来输送流体（液体或气体）的管路及其阀件、附件、机械设备和检测仪表等的总称，简称船舶管系。船舶管路系统是船舶动力装置的重要组成部分，用于保证船舶正常航行、停泊，满足船员和旅客的日常生活和工作的需要。

船舶系统的组成比较复杂，一般可以归纳为以下几大部分：

①管路及其附件。管路是流体的流通渠道，是组成船舶系统的主要部分。按材料分为钢管、铁管、铜管、铝管和塑料管等多种，各有不同用途。管路附件是指各种连接件、弯头，以及为适应船体变形和温度变化而设置的膨胀接头等。

②阀件。其作用是对管路中的流体加以控制，如接通或关闭，限制或改变流体的流动方向，改变流体的压力和流速、流量。阀体用途不同，结构也就各异，如截止阀、止回阀、三通阀、节流阀以及阀箱等。

③机械设备。流体在管路中流动，并维持一定的压力和流量，要克服流动中的阻力，需要系统中的机械设备为之提供能量，也就是把机械能转变为流体的势能和动能。系统中的机械设备主要有各类泵、空气压缩机和通风机等。

④仪表。仪表用于显示系统中流体的压力、温度、流量等相关参数。

按功用不同，船舶管路系统可分为两大类：

①动力管系（动力系统）。其是为船舶动力装置中主、辅机服务的管路管系，作用是保证动力装置正常工作。按具体任务的不同，其主要分为五种动力管系，即燃油管系、滑油管系、冷却水管系、压缩空气管系和排气管系。

②通用管系（通用系统）。其又称为船舶管系，是为全船服务以保证船舶的生命力、安全航行以及船员和旅客的正常生活和工作的管路系统。其任务是保证船舶安全营运和满足船上人员生活需要。主要有舱底水管系、压载水管系、消防管系、日用淡水和卫生水管系、通风管系、制冷与空调管系，以及其他特殊任务系统（如破冰船上调整纵倾与横倾系统、油轮及化学品等船上的液货装卸管系、洗舱管系、惰性气体保护管系等）。

在动力管系中,有些发动机本身自带不可分割的有关机械、设备部分,在柴油机设计中已解决,称为内部动力系统,其余部分称为外部动力系统(在动力装置设计中解决)。设计时从其实现的功能,安全可靠、经济性等方面进行考虑。

动力装置能否可靠地正常工作,除了取决于装置的主要设备(主机、副机、锅炉等)本身的技术性能外,动力管系的技术性能也起着重要的作用。在动力装置的生命力方面,动力管系具有更重要的作用。

船舶管系按其基本任务可分为保船的、生活设施和驳运储藏三个类别,为此船舶管系必须具有可靠性和一定的活力性。工作可靠性是船舶管系必须具备的性能,它要求系统在运行中不出故障,同时也能适应特殊的工况,如摇摆、颠簸、冲击、振动,以及对海水、湿空气及结冰等的抗御。系统的可靠性是靠正确地掌握系统的技术要求,零部件的合理选用以及准严格遵守安装的技术要求来实现的。活力性是指对某些系统的特殊要求(海损时的排水系统、灭火系统等),要求它们不仅在正常工况下,而且在海损、火险等具有一定破坏和纵、横倾情况下,仍能正常工作。活力性是靠多套设置、分组设置和配备双套机械和管理来保证的。

4.2　燃　油　管　系

4.2.1　燃油管系的功用及组成

燃油管系的基本任务是保证动力装置(如柴油主机、柴油发电机组、辅锅炉等)在燃油方面的需要,为其提供足够数量和一定品种的燃油,以保证这些设备的正常运行。燃油管系的组成与结构形式和发动机结构形式、舰船类型及所用燃油的种类有密切的关系。燃油管系主要由燃油泵、储存舱(柜)、日用油舱(柜)、滤器、离心分油机和加热器、管子及其配件(阀门、仪表)等组成。具体功能包括三个部分:

①燃油的注入、储存和驳运系统;

②燃油净化系统;

③燃油供给系统。

1. 燃油的注入、储存和驳运系统

燃油的注入系统就是指装油的管路。船上所需的燃油自两舷甲板经注入口和注入管路注入主燃油舱(柜)中。注入时一般都是利用岸上油泵将燃油注入,有的船舶可借助自身设备的燃油驳运泵将燃油驳入油舱中。

燃油的储存系统是指将由船外注入的燃油储存到船上的各储存舱(柜)中。大多数船舶的燃油储存在舷侧油舱及深油舱中,潜艇的燃油则储存在耐压壳外的燃油压载水舱中及耐压壳体内的燃油舱中。一般,燃油储存舱的数量多少及容量大小根据船体的结构及船舶的续航力要求而定。

燃油的驳运系统将燃油从储存舱(柜)驳运到沉淀油舱(柜)及日用油舱(柜),或者为满足使用及平衡的要求而在各燃油储存舱(柜)之间调驳。图4-1所示为柴油机动力装置燃油注入、储存和驳运系统的典型例子。

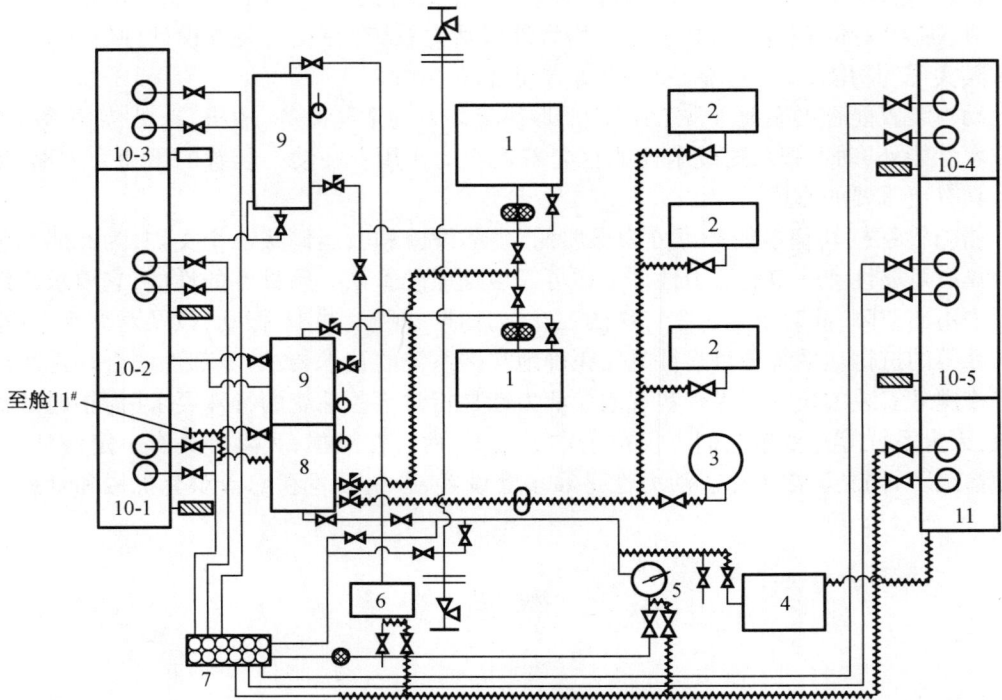

1—主机;2—辅机;3—六路调驳阀箱;4—炉灶油箱;5—手摇泵;6—燃油输送泵;3—辅锅炉;
8—日用轻油箱;9—日用重油箱;10-1,10-2,10-3,10-4,10-5—重油储油舱;11—轻油储油舱。

图4-1　柴油机动力装置燃油的注入、储存和驳运系统

2.燃油净化系统

燃油净化系统的作用是对燃油中的杂质及水分进行清理和净化,其采用的主要方法为加热、沉淀、过滤和离心分离。对于使用轻柴油的小型船舶,其燃油的净化主要采用沉淀及过滤的方法将燃油中的水分及杂质除去。对于使用低质燃油的大中型船舶,其燃油的净化处理往往同时采用沉淀、过滤和离心分离三种方法。

沉淀法是使水和杂质借助重力而沉降析出,低质燃油在常温下沉淀比较困难,故在沉淀舱(柜)中需要有加热装置,燃油在加热的沉淀舱(柜)中,水和杂质会慢慢地下沉到油柜的底部,沉降的速度与粒子的大小、密度以及油的黏度有关。推荐燃油的沉淀时间为燃料油不少于 20~24 h;渣油不少于 36 h。

离心分离法是指对经沉淀后仍然残留在燃料中的少量的水分和较小颗粒的机械杂质,通过离心分油机的分离,使燃油得到进一步净化的方法。实际使用中应至少备有两套离心分离设备,其运行方式有串联及并联两种,对劣质燃油净化,特别是去除炼油时残留的催化剂微粒,采用串联的处理方式较好。图 4-2 所示为燃油分油机串、并联净化原理图。

当分油机以串联方式运行时,前面一台进行净化处理,后面一台进行澄清处理,前面一台分油机失效时,后面一台就能起保险作用。当分油机串联运行时每台分油机的分离量为最大推荐分离量;并联方式运行时,每台分油机的分离量为最大推荐分离量的 50%。当燃油中含有过多的油渣和水分时,用并联运行方式可以产生较好的分离效果。

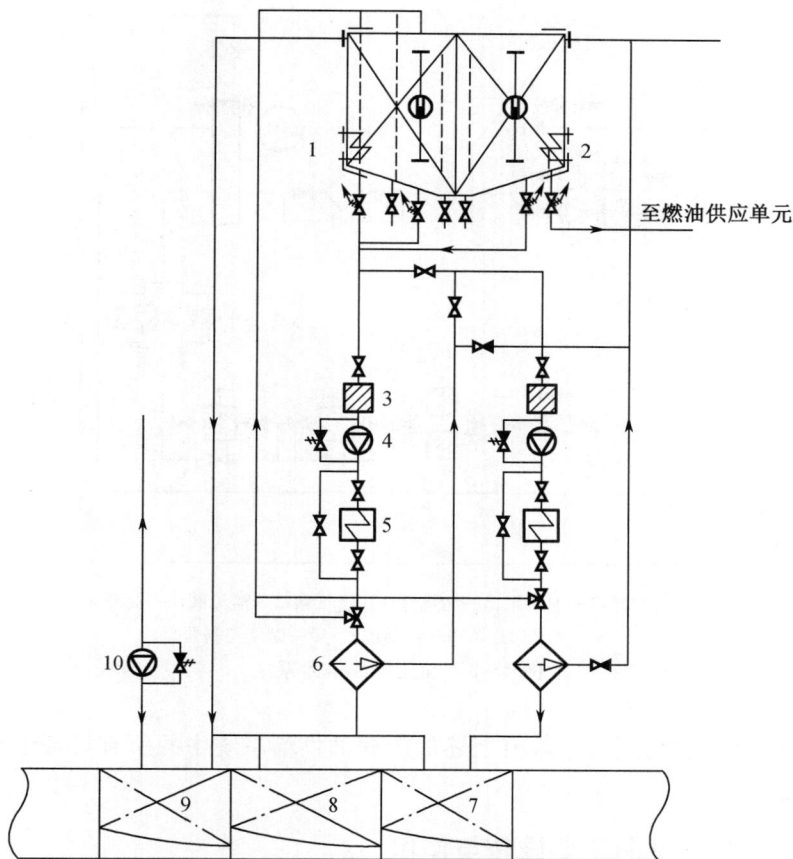

1—沉淀油柜;2—日用油柜;3—供油泵进口滤器;4—供油泵;5—预热器;
6—分油机;7—污油柜;8—溢流油柜;9—回油柜;10—输送泵。

图4-2 燃油分油机串、并联净化原理图

3. 燃油供给系统

燃油供给系统通常将经净化后符合要求的燃油储存到日用燃油柜中,再由燃油供给泵或依靠重力经过滤器过滤后提供给主、辅柴油机和辅锅炉等燃油消耗设备使用。小型船舶一般使用轻柴油,为简化设备,往往采用日用油柜与柴油机油泵进口之间的高度差所产生的静压头供油;大中型船舶一般采用供油泵供油。在使用高黏度燃油时,为保证雾化良好,要求高的预热温度,但燃油加热温度的提高,在燃油系统中将产生汽化或空泡,影响使用性能。为防止产生上述现象,目前在燃油供给系统中广泛采用加压式供油系统,图4-3所示为加压燃油供给系统。

在燃油日用柜至燃油供给循环管路之间设有一台加压泵,组成一个低压回路。回路还设有一个压力控制阀,以维持透气箱内的压力在0.5 MPa左右,多余的燃油流回燃油日用柜。而燃油供给循环管路由透气箱4,循环泵6,雾化加热器7、8,自动滤器9及黏度控制器10组成。燃油循环泵的输出压力为1.0 MPa左右,这样的压力足以使得燃油系统中油温即使加热到150 ℃也不会产生汽化和空泡。黏度控制器的作用是根据燃油的黏度来控制雾化加热器加热后的油温,以使燃油达到雾化所需要的黏度。

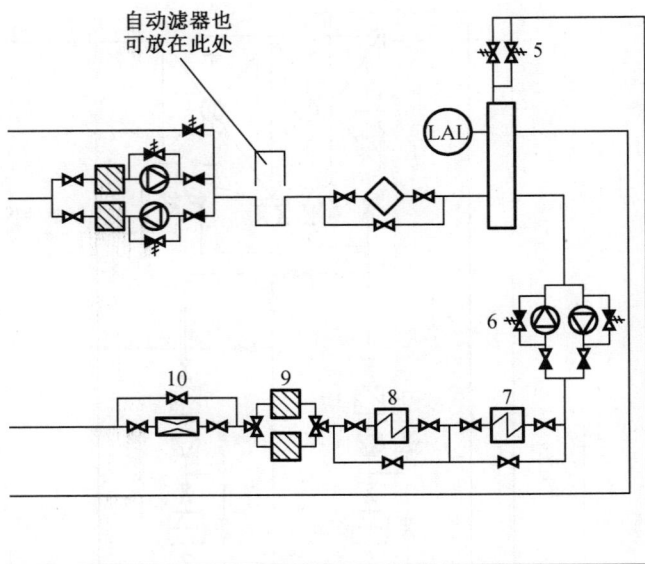

1—进口滤器;2—加压泵;3—油量计;4—透气箱;5—溢流阀;6—循环泵;
7,8—雾化加热器;9—自动滤器;10—黏度控制器。

图 4 - 3　加压燃油供给系统

为了安装及管理的方便,一般将上述加压燃油供给系统中的所有设备组装成一体,以形成一个供油单元。

4.2.2　燃油管系的主要设备与作用

1. 油柜

不同燃油分别储存于不同的油柜中,按所装燃油品种不同,油柜可分为轻柴油油柜、重柴油油柜、燃料油油柜和污油柜。每种燃油油柜,按其用途不同,分为储存油柜、沉淀柜、循环油柜、日用油柜等。油柜基本结构类似,但容积各异。图4－4所示为日用燃油油柜。

主机日用燃油油柜为箱体,一般用钢板焊接而成,为能承受柜内液体的压力,通常在其内壁设加强筋相衬板。注入管口用于注入燃油;输出管用于输出燃油,输出管装有出油阀;透气管使柜内与大气相通,以利燃油进出油柜;溢流管用来将超出油柜储量的油溢出,并流回油舱;液位计用来显示燃油的消耗情况;打开人孔盖即可清除柜中油渣,置于油柜下方的排污阀可放出存于油柜底部的油水混合液体或杂质。

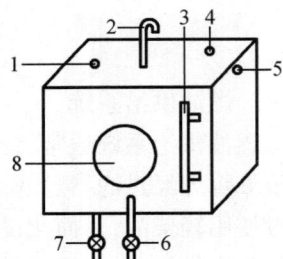

1—注入管口;2—透气管;
3—液位计;4—柴油机回油管口;
5—溢流管;6—出油阀;
7—排污阀;8—人孔盖。

图 4 - 4　日用燃油油柜

2. 重油驳运泵

重油驳运泵的作用是将任一重油舱中的重油驳至重油沉淀柜中进行沉淀澄清处理;在各重油舱之间相互驳运;特殊情况下可把重油舱中的重油驳至舷外。一般驳运泵采用齿轮泵或螺杆泵。

3.重油的净化处理设备

净化处理的核心环节是离心分离,其主要设备是离心分油机。为提高净化效果,沉淀柜中的重油应预热至50~70 ℃,并可酌情加入泥渣分散剂,以使油中悬浮杂质易于沉淀。沉淀柜应定期放水、排污、滤清,由管路系统内的多个粗、细滤器来完成。

4.雾化加热器

重油使用前的预热处理是保证柴油机正常运转的重要措施,通常采用分段预热的办法。按有关规定应采用饱和蒸汽作为加热源。预热蒸汽压力不应超过0.8 MPa(相当于饱和蒸汽温度175 ℃),以防重油中的焦炭析出,并沉淀在加热器中。

雾化加热器是一个重要的预热设备。根据良好雾化的要求,重油进入喷油泵时,其黏度应降低到12~25 m²/s。在根据此雾化黏度确定雾化加热器的预热温度时,还应再提高10~15 ℃,以抵偿喷油压力及散热对黏度的影响。为避免加热后迅速积垢,预热温度不得超过150 ℃。

通常,在雾化加热器出口装设燃油黏度发讯器,测量燃油黏度的变化,并通过某种调节机构(如气动薄膜调节阀)调节蒸汽阀的开度,保证燃油黏度与设定的雾化黏度相符。

分油加热器和离心分油机,一般配套制造或配套供应,也可选用标准定型产品。

4.2.3　燃油管系的一般要求

①燃油管路应保证船舶在横倾10°、纵倾7°的情况下,仍能正常供应燃油。为保证燃油系统连续供油,大中型的船舶应设有独立驱动的燃油输送驳运泵,小型船舶应设有手动泵,若依靠重力油柜供油,油柜则必须设置在柴油机高压油泵进口处上方1 m以上的高度。

②各舱柜间应有管路连通,管路上应装设截止阀,以便关断,保证船舶倾斜时正常供油。

③各油舱、油柜供油管路上的截止阀或旋塞应直接装设在舱柜壁上,深油舱、日用油柜出口管路应设置速闭阀,以便在发生火灾或危急情况下,能迅速将其关闭。

④燃油管路布置必须与其他管路隔离。不许油进入结构上不宜装油的舱(柜)或进入用于装载淡水的舱(柜)。燃油压力管应尽可能远离热表面和电气设备,如不能做到时,则该管子应位于照明良好和易于观察之处,且其任何可拆卸的管子接头应与热表面和电气设备保持一段安全的距离,或用带有适当泄放装置的设施将该接头予以遮蔽。

⑤沉淀柜(舱)以及专设沉淀舱的燃油舱或日用油柜,应装设自闭式放水阀或旋塞,且应设置用于收集油舱和聚油盘排出的含油污水的舱柜。

⑥大型船舶燃用两种燃油,应设有两套供油管路,设置燃油回油集合筒以收集回油,并用于两种燃油的混合和转换。小型船舶柴油机往往将回油管路接至喷油泵进口处。

⑦为监视和控制燃油的状态,在系统的适当部位应设置一些测量仪表和控制装置,如流量计、黏度自动调节装置、油柜液位测量装置、温度计和压力表等。

⑧为防止燃油在储存和运送过程中凝固而中断供油,各油柜(舱)均应设有蒸汽加热管,油柜外表面应敷以绝热材料。输送燃油的管路,特别是在日用油柜与主机之间的燃油管路上,应装设蒸汽保温伴行管,并用石棉包扎。

4.2.4　燃油管系实例

图4-5所示为长江干线某顶推船燃油管路,该船有两台8NVD48A-2U型柴油机主

机,持续功率 970 kW、转速 428 r/min,设置有 3 台 6135 型柴油发电机组和 1 台燃油辅助锅炉。

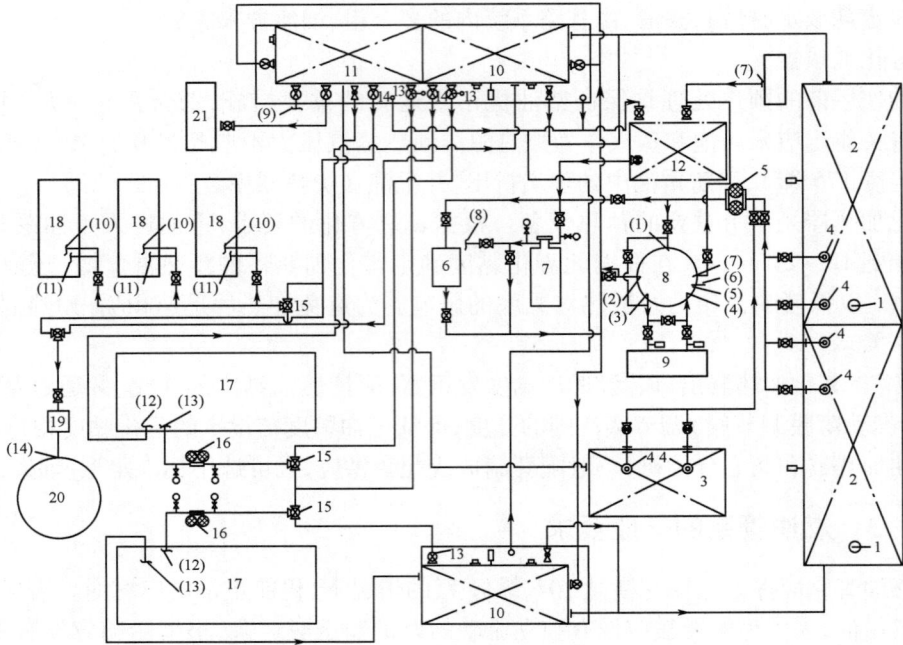

1—注入头;2—重柴油舱;3—轻柴油舱;4—吸口;5—过滤器;6—手摇泵;7—燃油输送泵;8—燃油分离机;
9—燃油分离加热器;10—日用重柴油柜;11—日用轻柴油柜;12—污油柜;13—主机供油阀;14—辅机、辅助锅炉供油阀;
15—三通阀;16—过滤器;17—主机;18—辅机;19—锅炉输油泵;20—辅助锅炉;21—气化炉灶油罐;
(1)—污油泵进口;(2)—净油泵出口;(3)—污油泵出口;(4)—分离机进油口;(5)—污水出口;(6)—排至舱底;
(7)—排污口;(8)—主甲板接出口;(9)—机舱杂用;(10)—输油泵进口;(11)—回油管;(12)—接高压油泵回油口;
(13)—接燃油输油泵进口;(14)—接辅助锅炉喷油器。

图 4 - 5 长江干线某顶推船燃油管路

燃油管路主要设备:燃油输送泵、手摇泵各 1 台;燃油供给泵 2 台(主机带泵);2 个重柴油舱、1 个轻柴油舱;2 个重柴油日用油柜、1 个轻柴油日用油柜;过滤器、燃油分油机及加热器等。

该船舶主机在正常航行时燃用 20 号重柴油,启动、停泊及进出港时燃用轻柴油。6135 型柴油机燃用轻柴油。

该船舶燃油管路工作原理如下:

①注入与储存。燃油自甲板右舷的注入头 1 注入并储存于重柴油舱或轻柴油舱中。注油的动力是加油站或供油船的加油泵。

②驳运。自吸口 4 经过滤器 5,由手摇泵 6 或燃油输送泵 7 驳运至油柜 10 或 11 中,也可用燃油分离机 8 完成驳运任务。污油柜 12 中的污油用泵排出或驳至相应的油柜中。

③净化。燃油自重柴油舱 2 由分油机自带的燃油泵吸出,经过滤器 5 过滤,再进入加热器 9 加热,然后经燃油分离机 8 分离,净油由排出泵打入日用重柴油柜 10。

④供油。储存于日用重柴油柜 10 中的燃油,经主供油阀 13 输出,由主机自带的燃油供

给泵送至主机高压油泵,多余燃油经回油管进入油柜10。辅机自日用轻柴油柜11吸油,多余的轻柴油经回油管至柴油机输油泵进口。辅锅炉可由轻、重柴油柜供油。

由于重柴油黏度大,故在各重柴油舱柜设有蒸汽加热管路,以便调驳、输送和净化;装设温度计以便检测和控制燃油的温度。在过滤器的进出口端设有压力表,以便观察过滤器的堵塞情况。在日用油柜上装有速闭阀、液位继电器、自闭式放泄阀等装置。

4.3　滑　油　管　系

4.3.1　滑油管系的功用

滑油管系的基本任务是保证供应主、辅机,压缩机、传动设备及轴系等各运动部件一定压力和温度的滑油进行润滑和冷却。其目的是在两个接触机件间以液体摩擦防止发生干摩擦,从而降低摩擦功的消耗,减少磨损以及带走机件中因摩擦而产生的金属屑和炭渣等有害物质。此外,润滑油还有密封、防腐蚀和降低噪声等作用。

进排气阀杆和导板等运动部件在工作时,需要处于良好的润滑状态,避免发生干摩擦。润滑的方法主要有压力润滑、飞溅润滑和人工润滑。通常气缸润滑采用的方式有压力式(注油)润滑和飞溅式润滑。各类轴承的润滑方式有压力润滑、飞溅润滑和人工润滑。

4.3.2　滑油管系的类型

船舶滑油管系根据润滑机器设备的类型分为柴油机(主机、柴油发电机)滑油管系、辅机设备(如甲板机械、压缩机等)滑油管系、传动设备及轴系滑油管系等。柴油机滑油管系比较复杂,要求高。辅机设备、传动设备及轴系滑油管系相对比较简单。这里重点讨论柴油机滑油管系。

1. 柴油机内部滑油系统

柴油机本身的滑油系统一般均为闭式压力循环,按照其油底壳是否储存润滑油又可分为湿式系统与干式系统两种。

(1)湿式系统

湿式系统又称为湿式油底壳式系统,即循环润滑油存放在柴油机的油底壳(曲柄箱)中,正常运行时由柴油机带润滑油泵自油底壳吸油,再经润滑油冷却器及滤油器泵至各润滑部位。这种类型的润滑油系统,其所有设备及管路均附设在柴油机上,自成体系,操作及管理均较方便,只要定期更换油底壳中的润滑油即可。其缺点是滑油在油底壳内经常受到汽缸内漏泄高温气体的氧化腐蚀,比较容易变质,使用寿命短,这类系统多用于小型柴油机动力装置。图4-6所示为柴油机湿式润滑油系统原理图。

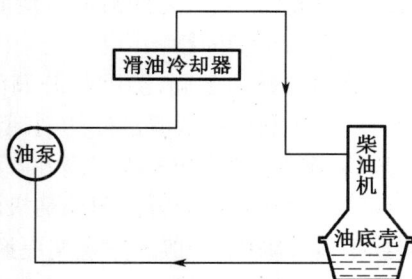

图4-6　柴油机湿式润滑油系统原理图

（2）干式系统

干式系统又称干式油底壳式系统,其柴油机润滑油存放于单独的循环滑油舱(柜)中,它有两种结构形式:一种为润滑油循环舱(柜)设置于柴油机油底壳之下,润滑油借助重力从油底壳流至循环舱(柜),然后再由柴油机带润滑油泵自循环舱(柜)吸油,再输送至柴油机各运动部位;另一种为柴油机油底壳中的润滑油由一台润滑油抽吸泵输送至循环滑油舱(柜),而循环舱(柜)中的润滑油由另一台润滑油泵输送至柴油机各运动部位。第二种结构形式相对于第一种的优点是,循环滑油舱(柜)可以不受柴油机安装位置的限制。干式系统的优点是由于润滑油不储存在柴油机油底壳里,从而改善了滑油的工作条件,提高了使用寿命。图4-7所示是柴油机干式润滑油系统原理图。

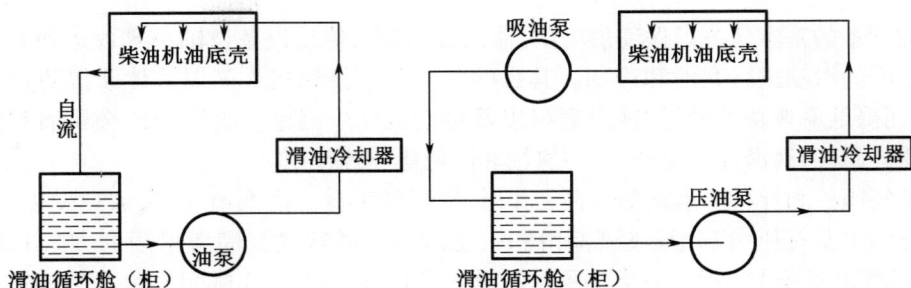

图4-7　柴油机干式润滑油系统原理图

2.柴油机外部滑油系统

船舶柴油机的外部润滑油系统一般由三部分组成:

①润滑油的注入、储存和驳运;

②润滑油的净化;

③润滑油的供给。

（1）润滑油的注入、储存和驳运

润滑油的注入系统是将润滑油由甲板注入口注入润滑油储存舱(柜)中的管路系统。润滑油的驳运,由设在船上的润滑油输送泵(或驳运泵),将润滑油储存舱中润滑油驳运到润滑油澄清舱(柜),或将润滑油澄清舱(柜)中的润滑油驳运至润滑油循环舱。

（2）润滑油的净化

润滑油与燃油不同,除因部分润滑油烧掉或变质而需要更换外,其余绝大部分经重新处理后可以再利用。故润滑油的消耗量比燃油要小得多。为了延长润滑油的使用期,通常通过加热、沉淀、过滤和离心分离等方法对润滑油中的水分和杂质进行清理和净化。

润滑油净化处理的方法因柴油机的结构形式而异,对于具有湿式系统的小型柴油机动力装置主机及辅机,一般采用定期更换的方法,换下的污润滑油全部进入污油柜,然后再视润滑油变质的程度进行再生处理。而对于具有干式系统的大型柴油机的润滑油,为延长使用期限,确保柴油机长期可靠的工作,在柴油机运转时,必须经常连续地进行分离与澄清处理,即将系统中的一部分润滑油不断地送进分油机进行净化,以控制润滑油中的杂质及水分。

对润滑油除了经常在运行中进行连续旁通分离外,在停港且时间充裕的情况下,还应对润滑油进行成批处理,尤其当滑油中出现强酸或大量沉积不溶物时更应如此。其处理方法为将润滑油循环舱(柜)中的润滑油全部抽吸到污油舱(柜)中,并彻底清洗循环油舱(柜),将污润滑油舱(柜)中的润滑油进行蒸汽加热,保持油温60 ℃左右,进行24 h沉淀,并定时放掉水和泥渣;用润滑油分油机,在尽可能小的流量下,对污油舱(柜)中的润滑油进行分离,再送回润滑油循环舱(柜)。采用成批处理的方法能确保润滑油得到彻底净化。

(3)润滑油的供给

润滑油的供给是利用设在船上的润滑油输送泵(或予供泵),在柴油机启动前,将润滑油由润滑油循环油舱(柜)输送至柴油机的各润滑部位,或在机带泵出现故障情况下,由备用滑油泵取代机带泵进行润滑油循环供给。

4.3.3　滑油管系的组成

滑油管系一般主要由滑油储存柜(舱)、滑油循环油柜、滑油泵、净化设备(滤器、分油机)滑油冷却器及滑油管路、阀件等组成。

滑油管系设备很多,下面介绍几种主要的设备。

1. 油柜(舱)

油柜(舱)一般有滑油储存柜、滑油循环油柜、滑油沉淀柜、污油柜、油渣柜等。滑油储存柜(舱)主要用于储存滑油,储存柜(舱)的容量大小按主、辅柴油机的滑油消耗量估算;滑油循环油柜用来在主、副机等设备工作时的滑油循环储存,大中型船舶一般设2个循环油柜,小型船舶只设1个;滑油沉淀柜用于储存和沉淀滑油,其容积是循环油柜的1.5倍,小型船舶不设沉淀柜,只设储存柜;污油柜用于储存更换下来的滑油,一般只设1个,其容积为循环油柜的1.2倍;油渣柜用于存放滑油分油机分离出来的油渣和水分,其容积在0.6~2.0 m³,小型船舶通常不设油渣柜。

每个油柜都是由钢板焊接而成的,柜上都安装有进出油管路、控制阀件、测量滑油存油量的油尺和空气管等。

2. 滑油泵

滑油泵用于提高滑油压力,输送滑油。中小型船舶大多采用电动齿轮油泵,大型船舶的滑油泵排量较大,多采用螺杆泵。为防止发动机的润滑油泵损坏或检修时不致使发动机停车,需配置备用滑油泵。

3. 滑油过滤器

滑油过滤器用来滤除机油中的杂质。滑油过滤器按过滤效率可分为粗和细过滤器两种结构形式。粗滤器能滤掉滑油中大于0.07 mm的固体微粒。细滤器能滤掉0.01~0.001 mm的机械杂质与滑油分解后的产物(如树脂、氧化物等)。

滑油粗滤器按其构造可分为网式、片式等。网式滤器的过滤元件由金属网或金属布制成,为增加流通面积,常做成折叠式。片式滤器的过滤元件由一系列薄金属片或圆盘所组成,片与片之间夹有隔片,旁边有一组刮片用于清除元件外表面的污物。细滤器一般为离心式。

4. 滑油冷却器

滑油冷却器用于冷却滑油,保持滑油的正常工作温度。滑油冷却器通常采用管壳式或板式热交换器。

5. 滑油分油机

滑油分油机用于滑油的净化处理,除去滑油中的水分和杂质。滑油分油机一般采用离心分离,是滑油管系中最重要的设备。

4.3.4 滑油管系的一般要求

滑油管系主要对柴油主、辅机进行润滑和冷却,因此其系统主要针对柴油机来考虑。其具体要求如下:

①滑油管系的布置应保证船舶在一定的横倾和纵倾范围内可靠地供油,同时,应尽可能缩短管子的长度。

②为了减少管路阻力和管路振动现象,在滑油循环泵到过滤器管路上要使弯头尽可能少,并缩短此管路长度。

③滑油储存柜要靠近甲板注油口,并有一定高度,以借重力给循环柜补充滑油或进入驳油泵。

④如果增压器采用强制循环式压力润滑,则设置增压器滑油重力柜作为应急用,重力柜的高度必须在增压器轴线上方约 12 m 处。

⑤滑油泵的布置应使吸入管长度尽可能短,因此油泵应尽量靠近柴油机或循环油柜。滑油泵有输送和供给等多种用途,输送泵一般常用齿轮泵,供给泵较多使用螺杆泵,也可选用齿轮泵,螺杆泵的排出压力较高,但由于其精度较高,所以对滑油的清洁度要求较严。对于主机应设置两台滑油供给泵,其中一台备用,且至少有一台应为独立动力驱动。备用泵应为独立动力驱动的泵,如为多台主机时,备用泵可共用一台,如每台主机各自带滑油泵,则设置一台安装拆卸方便的备用泵即可。滑油泵的容量及其管路结构的设计,应能满足当任一台滑油泵停止工作时,另一台泵能满足主机最大功率运行时对滑油的需求量。多台辅机共用一个滑油管路时也须设一台备用泵。

⑥滑油过滤器一般布置在滑油冷却器前,滤器前后要装设压力表,管路中还应设低压警报器,以检测和控制滑油的工作压力。

4.3.5 滑油管系的实例

图 4-8 所示为某远洋货船滑油管系。下面分别予以介绍。

1. 注入、驳运和净化管系

(1) 注入

滑油自甲板注入头注入,并分别储存于滑油储存舱 1 或主、发电机滑油储存柜 10 和 12 及气缸油储存柜中。

(2) 驳运

滑油储存舱 1 或滑油循环柜 2 的滑油,可由滑油输送泵 4 或滑油分油机 8 的吸入泵驳至主机滑油沉淀柜和发电机组滑油沉淀柜,或主机与发电机组滑油储存柜中。储油舱和各循环柜的滑油可由滑油输送泵 4 经阀箱 5 进行驳运排出。滑油油渣柜 14、扫气(箱)泄放柜 16 的污油则可由污油泵输送到焚烧炉燃烧。

(3) 净化

润滑油在使用中会混入水分和机械杂质,也会由于自身的氧化作用生成沉淀物质,这会使得润滑油的质量下降。因此,为了保持润滑油的质量,在润滑系统中除设置滤器以外,还要设置滑油分油机来连续进行净化处理。如图 4-8 所示,船舶航行中,主滑油泵工作的同时,主机滑油循环柜中的部分滑油被分油机吸入泵吸入,经分油机加热器加热后进入分油机进行分离;分离后的净油由分油机排出泵泵回滑油循环柜。这是一种连续净化方式,在滑油循环柜工作的同时进行分离润滑油,常称为平行分离法或旁通分离法。同时,分油机吸入泵也能够吸入沉淀柜中的滑油,经分离后,净油由分油机排出泵送至循环柜2或储存柜10和12。发电机组的滑油净化过程,是先由滑油输送泵将发电机滑油循环柜13中的滑油送至滑油沉淀柜11,再由分油机吸入泵从沉淀柜11吸入滑油,经加热进入滑油分油机8分离后,净油则由其排出泵送至滑油储存或循环柜中。

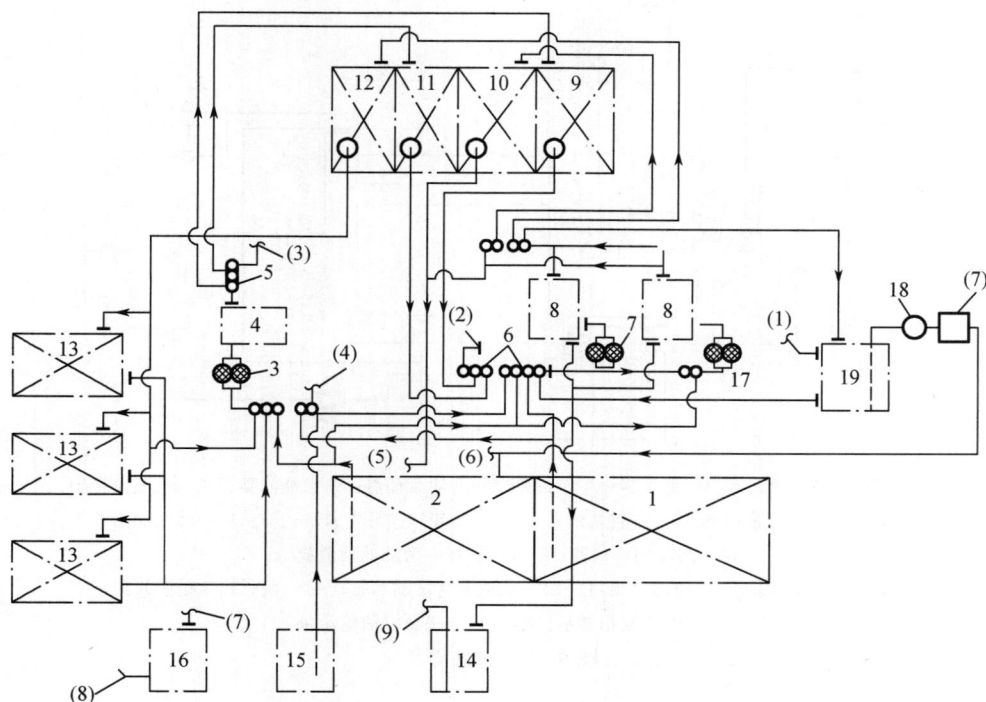

1—滑油储存舱;2—滑油循环柜;3—滤器;4—滑油输送泵;5,6—阀箱;7—滤器;8—滑油分油机;
9—主机滑油沉淀柜;10—主机滑油储存柜;11—发电机滑油沉淀柜;12—发电机滑油储存柜;
13—发电机滑油循环柜;14—滑油渣柜;15—滑油泄放柜;16—扫气(箱)泄放柜;17—滤器;
18—滑油泵;19—填料函回油柜;
(1)—接自填料函回油;(2)—接自滑油滤器泄放;(3)—尾楼甲板;(4)—接自凸轮循环柜;
(5),(6)—接至滑油滤器泄放柜;(7)—接自主机;(8),(9)—接至污油输送泵。

图 4-8　注入、驳运和净化管系

对于小型的柴油机,由于系统的滑油量比较少,一般不单独设净化系统。在滑油使用变质后,全部更换,同时还要对油箱进行清洁。有的船舶发电柴油机,利用主机滑油分离的间隙进行滑油分离处理以提高滑油的利用率。

2. 供油管系

滑油的供油管系的作用是将滑油循环柜的滑油输送到柴油机中,并对滑油进行净化、冷却处理。

图 4-9 所示为某远洋货船主机供油管系。主机为干底壳式润滑管系。电动机滑油泵4将滑油从循环柜2吸出,经双联磁性滤器3送至滑油冷却器5。冷却后经反冲式滤器6进入主机滑油总管,再经支管分送至有关部位,润滑后的滑油靠重力流至油底壳,再流回设在双层底的循环柜2中。气缸滑油用泵9自储存柜7中吸出,经滤器8、测量柜10进入气缸注

油器,对气缸进行润滑。

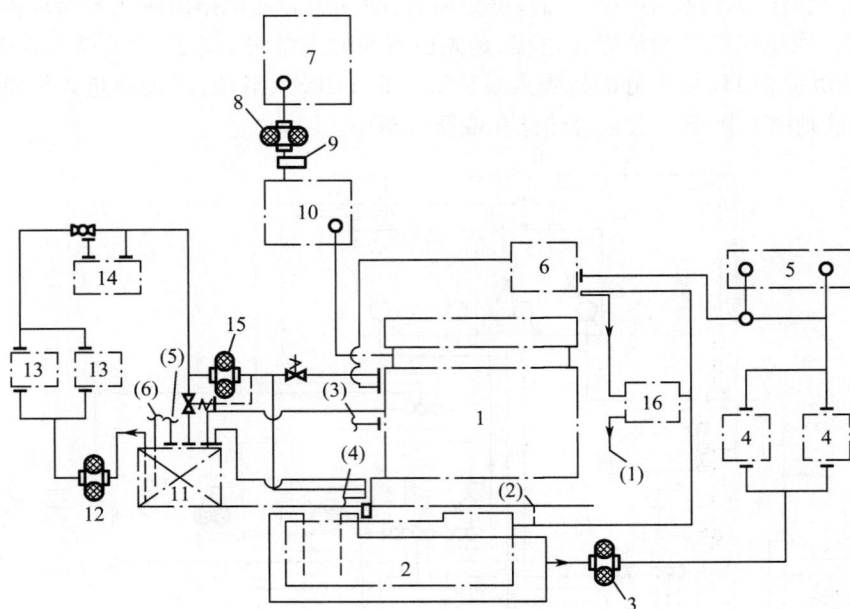

1—主机;2—滑油循环柜;3—滤器;4—主滑油泵;5—滑油冷却器;6—滑油滤器;7—气缸油储存柜;
8—滤器;9—气缸油输送泵;10—气缸油测量柜;11—凸轮轴循环柜;12—滤器;13—凸轮油滑油泵;
14—凸轮轴冷却器;15—滤器;16—滑油滤器泄放柜;
(1)—至分油机;(2)—过滤器出口;(3)—泄放至含污油水舱;(4)—接至扫气箱泄放柜;
(5)—接至滑油清洁柜;(6)—接至滑油输送泵。

图4-9 供油管系

主机设有独立的凸轮轴润滑管系。泵13将循环柜11中的滑油吸出,经滤器12、冷却器14、滤器15进入主机润滑凸轮轴的摩擦部位。

4.4 冷 却 管 系

4.4.1 冷却管系的功用

内燃动力装置中有许多机械设备,在正常运行过程中不断地散发出热量,这些热量如不及时消除,机械设备的温度就会不断上升以至超过容许界限而不能继续工作,造成严重的事故。例如在柴油机中,燃油燃烧时所放出的热量有25% ~35%要从气缸、活塞等部件散出。为保证受热机件温度不致过高而影响正常工作,或者不致因受热负荷过大而损坏,必须及时有效地散发这些热量。解决的办法通常是使一定量的液体连续流经受热机件进行冷却,以保证这些受热机件的正常、稳定温度。一般柴油机中均设置冷却系统,以保证足够而连续的冷却介质流量以及适当的冷却介质温度,使各种机械设备在一定的温度范围内正常、可靠地工作。

在柴油机动力装置中需要散热的机械设备有:

①主、辅柴油机部件(包括气缸盖、气缸、活塞、喷油器及增压器等);

②主、辅柴油机附件(滑油冷却器、淡水冷却器、增压空气中间冷却器等);

③轴系部件(中间轴承、推力轴承、船艉管等);

④齿轮减速箱附件;

⑤其他辅助机械设备(空气压缩机、冷凝器、空调冷藏装置冷却器等)。

由于在上述机械设备中,以主机散发出的热量为最多,冷却管系规模也最大。

冷却管系中的冷却介质主要有淡水、海水、滑油等。淡水的水质稳定,传热效果好,并可采取水处理解决其腐蚀和结垢的缺陷,因而它是目前使用广泛的一种理想冷却介质。海水的水质难以控制且其腐蚀和结垢问题比较突出,为减少腐蚀和结垢,应限制海水的出口温度,一般不宜超过45 ℃,目前很少使用海水直接对柴油机进行冷却。滑油的比热小,传热效果较差,高温状态易在冷却腔内产生结焦,但它不存在因漏泄而污染曲轴箱油的危险,因而适于作为活塞的冷却介质。

4.4.2　冷却管系的类型及组成

由于所用冷却剂的不同而有不同的冷却方式,在船舶内燃动力装置中主、辅机最常用的,大致有水冷却和油冷却两种。采用水作为冷却剂,在内燃机中占很大比重,按照动力装置冷却管路的形式,通常有三种冷却管系:开式冷却管系、闭式冷却管系和中央冷却管系。

1. 开式冷却管系

开式冷却管系采用舷外水直接进行冷却,这种形式比较简单,海水泵自海底门经过通海阀,滤器吸入海水。图4-10所示为开式冷却系统原理图。

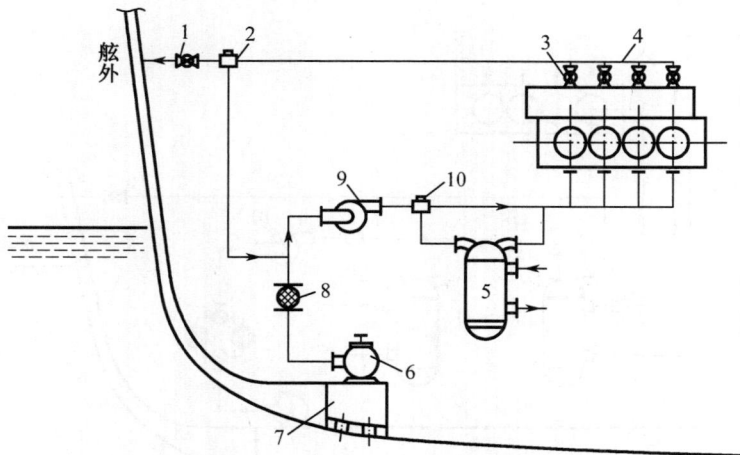

1—舷边排出阀;2—水温调节阀;3—阀;4—出水总管;5—滑油冷却器;
6—通海阀;7—通海室;8—过滤器;9—海水泵;10—油温调节阀。
图4-10　开式冷却系统原理图

从海水泵排出的海水经过滑油冷却器,吸收滑油从柴油机带来的热量,然后进入发动机,经过气缸水套及气缸盖,排气管后,带走了它们的热量,最后汇集于总管,推开单向阀而排至舷外。水温调节阀根据离开发动机的海水温度自动调节回流管的热水流量,以保持发动机不致过热或过冷。油温调节阀根据油温度的变化,自动调节流过滑油冷却水流量,以保持滑油温度基本不变。

这种冷却方式所需设备最简单,一般用于小功率的舰船上。但这种利用海水直接冷却的方式有很大的缺点:由于从舷外引进的海水中的杂质和盐含有的杂分将增加机件的腐蚀。污垢沉积后更降低了传热功能,影响发动机运转。污垢的沉积与冷却水温度的提高有关,当海水温度高过 50 ℃ 后,盐垢的沉积将迅速增长。由于季节或航区变化等原因,过分降低海水温度时,缸壁等处内外温差大又不利于发动机的燃烧和润滑性能,大大降低柴油机的经济性。

当海水温度高达 50 ~ 55 ℃ 时,污垢就大量析出而积附在高温的传热表面上,如气缸盖、气缸套的冷却壁面上,而在局部死角、转弯等处也易形成积垢,这种积垢是不良热导体,妨碍了热量向海水的传导,时间越长,积垢就越厚,传热阻力就越大,引起局部过热,以致使气缸套壁内表面温度过高而发生破裂,因而开式冷却的海水温度被限制在 55 ℃ 以下。

对于中、大功率柴油机,要求气缸套等高温部件本身温度分布均匀,即温差要小,以保持高负荷时部件工作的安全可靠以及能有较高的热效率。因此通常都不采用这种开式冷却方式,只有在一些冷却温度较低的部件,如轴承空压机等采用此种方式。

2. 闭式冷却管系

闭式冷却管系利用淡水来冷却发动机的高温部件并带走热量,然后再由海水来冷却淡水,也就是由舷外水冷却发动机的闭式淡水循环冷却系统。这种冷却方式广泛应用于大中型船舶的柴油机动力装置。图 4 – 11 所示为闭式冷却系统原理图。

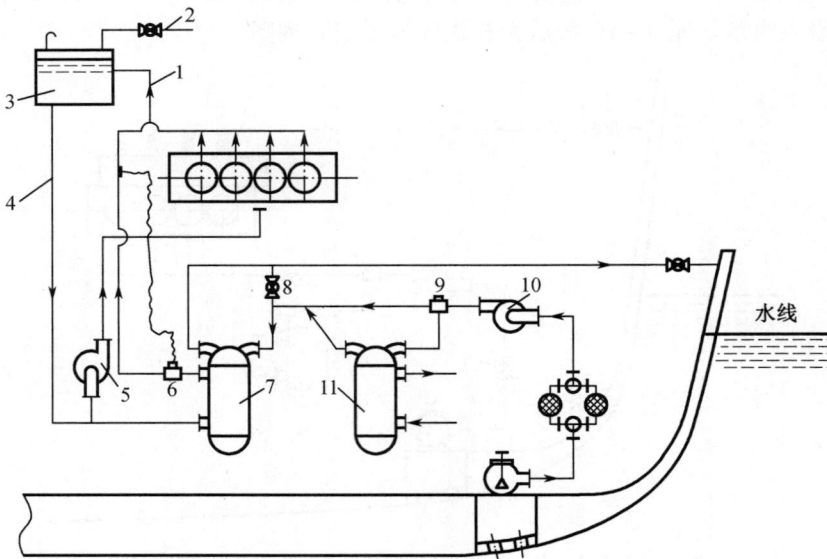

1—放气管;2—补充水管;3—膨胀水箱;4—供水管;5—淡水泵;6—水温调节阀;
7—淡水冷却器;8—阀;9—油温调节阀;10—海水泵;11—滑油冷却器。

图 4 –11　闭式冷却系统原理图

(1)闭式冷却管系的优点

①循环在主机内的水是清洁的淡水,因此不易产生水垢而发生管道堵塞的现象。

②淡水不会产生积盐现象,因而能保证良好的传热效果,同时冷却水温可以不受盐分自海水中析出的温度限制,可以达到 65 ~ 85 ℃,甚至在某些船上可高达 95 ~ 110 ℃,这样高

温件热表面与冷却水之间温差减小,被冷却水带走热量少,有利于提高热效率和热负荷。

③暖机时切断舷外水,便能很快用淡水加热循环滑油。

(2)闭式冷却管系的缺点

闭式冷却管系的缺点是设备和管路比开式冷却系统复杂得多。

(3)闭式冷却管系的组成

闭式冷却管系是由两套独立的管路组成:海水和淡水管路。

①海水管路。海水泵自舷外经过海底门吸入海水后先经过滑油冷却器,再经过淡水冷却器后排出舷外。

②淡水管路。淡水泵把淡水送入柴油机吸收热量后进入淡水冷却器,又把热量传给海水,降低温度后的淡水又由淡水泵送入柴油机,从而在淡水管中不断循环。淡水温度调节器则根据柴油机淡水出口温度的高低来调节流过淡水冷却器的流量,从而实现调节进入柴油机的淡水温度。

在淡水管路中设置了一个膨胀水箱,它的作用是:

淡水在封闭管路中循环,它的体积会随着温度的变化而热胀冷缩,当淡水在管路中受热膨胀时,体积增加,管路中多出的淡水则储存在膨胀水箱中。当淡水在管路中受冷收缩时,体积减小,膨胀水箱中的水补入管路。

淡水受热温度升高时,其中有气体分离出来,这些气体必须及时从管路中排出,否则会影响管路的正常工作。因此,为了排除这些气体,在进出发动机的淡水管路最高点引出管子与膨胀水箱上部相通,这样这些气体可通过膨胀水箱而逸入大气。

膨胀水箱与淡水泵的入口有管路相通,运转中管路中损失的淡水可经此管进行补充,而膨胀水箱中淡水一般由淡水舱进行补充。同时,由于淡水温度较高,为了使淡水泵吸入口维持一定的压力,防止吸入时水产生汽化现象,以保证水泵的正常工作,因此膨胀水箱应设置在柴油机气缸头以上的高度。如布置有困难时可充入低压空气以使在整个管路中保持较高的水压,而避免产生汽化现象。

3. 中央冷却系统

为解决冷却系统设备的腐蚀与污染,提高系统的热效率,近年来出现了采用淡水取代海水,对冷却水系统中各设备进行中间闭式循环冷却,海水通过中央冷却器冷却中间冷却淡水的冷却系统,这种冷却系统通常称为中央冷却系统。

中央冷却系统由海水管路、高温淡水管路、低温淡水管路组成,主要结构形式有两种:

①低温淡水回路和高温淡水回路相连的中央冷却系统,其原理图如图 4 - 12 所示。

高温淡水回路将淡水温度控制在 55 ~ 58 ℃,供主、辅机冷却及对海水淡化装置加热。低温淡水回路经温度控制阀调节,使淡水温度控制在 35 ℃左右,用于冷却所有二级冷却器及主、辅机润滑油,空气冷却器。而海水回路则由海水泵将舷外水打至中央冷却器,以冷却低温淡水回路中海水然后再排出舷外。

②高温淡水回路和低温淡水回路分开的中央冷却系统,其原理图如图 4 - 13 所示。这种系统在低温回路中设缸套水冷却器,用于冷却主、辅机缸套冷却水(高温水回路),而中央冷却器由海水泵提供舷外水,以冷却低温淡水回路中的低温淡水。

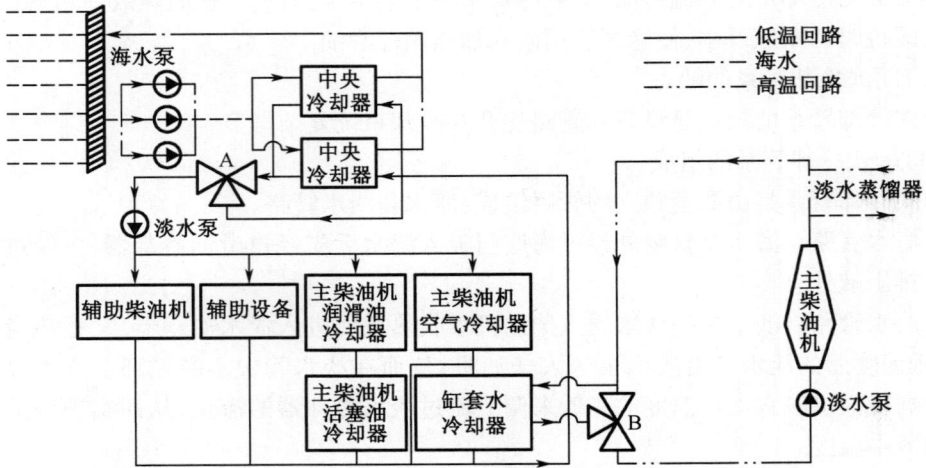

图 4-12 低温淡水回路和高温淡水回路相连的中央冷却系统原理图

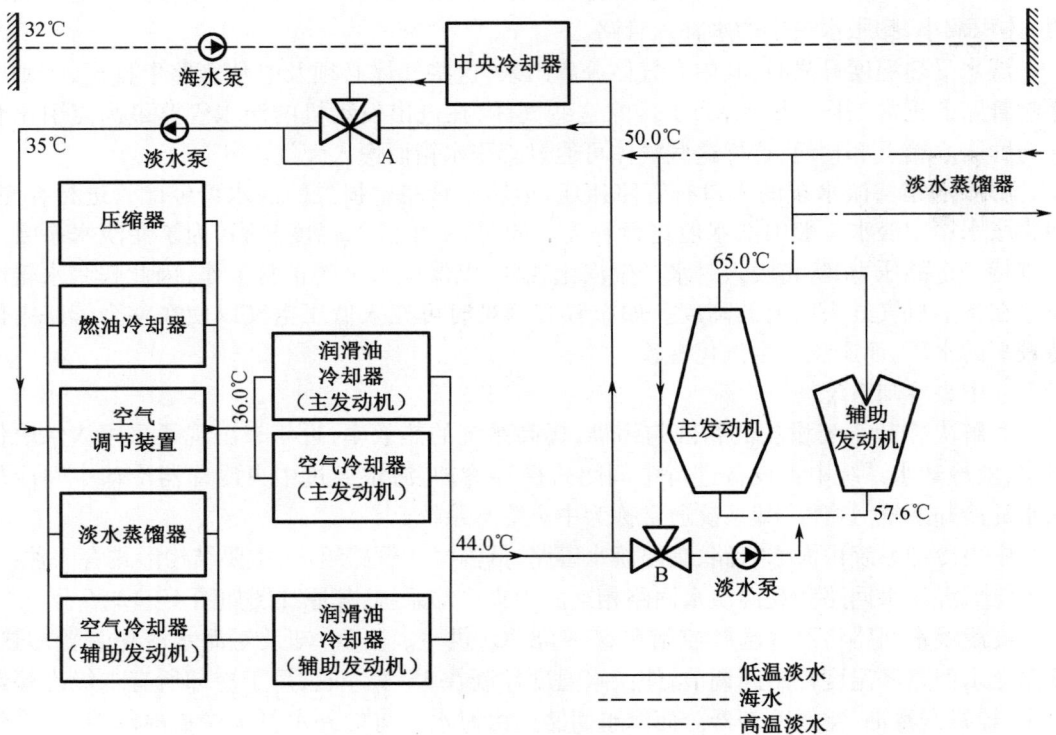

图 4-13 低温淡水回路和高温淡水回路分开的中央冷却系统原理图

4.4.3　冷却管系的一般要求

①对于柴油机动力装置，主冷却水泵必须设两台，其中一台备用，而备用泵必须由独立动力驱动，若多台主机则可共用一台独立动力的备用泵。小型船舶可用其他用途水泵代替备用泵，但其排量应满足各种用的途的需要。

②辅机冷却系统中多台辅机共用一台冷却水泵时，也应设备用泵。

③主、辅机均采用淡水冷却时，如海水管系有应急的连接设置时，则淡水泵可不设备用。

④柴油机的冷却管系的布置，应能有效地调节冷却水的进口温度，以控制其进水温度在柴油机要求的范围内，使机组正常工作。

⑤闭式管系应设置膨胀水箱，并应设高温报警、低水位报警，以免动力装置工作失常。

⑥冷却水泵的出口端应设置安全阀，以避免泵出水的压力超过管系的规定工作压力。安全阀的泄水排至舱底，安装位置应在花钢板以上易于查看的部位，阀的排水应易于观察。

⑦海水管系应连接不少于两个舷外海水吸口，并分布于两舷。其管路的布置应能满足任一台水泵均可自任一海水吸口吸入海水。

⑧利用海水冷却中的所有装置均应有防蚀措施。

⑨海水进水管路中应设置滤器，应满足滤器清洗时不致使冷却水的供应中断。

⑩采用多台主机的动力装置，其闭式冷却管系则应每台主机都有各自独立的闭式管路。

⑪开式与闭式冷却管路之间，有时设置相通连的管路，中间设置隔离阀，以便于闭式冷却系统发生故障时，可临时采用直接冷却方式，从开式管系中引入冷却水进行冷却。

⑫通海阀及舱底水的应急吸口的截止止回阀，其操纵手轮应高于花钢板以上至少460 mm。

⑬海水系统的海底阀箱应设置透气管、蒸汽管和压缩空气吹除洗管，以便海底门被堵塞或结冰时能及时清除。海底门通海部位设置格栅或孔板，其栅间距孔径应不大于15 mm，其有效流通面积应不小于阀流通面积的2～3倍，视特殊航区的需要还可适当增加。

⑭主机的淡水冷却管系应设加热装置或与辅机淡水冷却管路连通。

⑮系统中的管路应尽可能短，且以小让大，以海水管较淡水管短等原则进行考虑。

4.4.4　冷却管系的实例

柴油机动力装置的冷却水管路，一般均同时有开式冷却管路和闭式冷却管路两种结构形式。即同时设计有海水管路系统和淡水管路系统，以满足柴油机主机和辅机的冷却要求。每个系统又分别对不同的冷却对象、冷却部位设有几个分系统。如海水系统分别有主机海水冷却系统、辅机海水冷却系统、空调装置冷却系统；淡水系统中又分别有主机缸套、辅机缸套、增压器冷却、喷头冷却等若干系统。

下面以远洋货船为例介绍冷却系统的两大类型。

1. 海水冷却管路

海水冷却管路如图4-14所示。主海水泵1自海底门7、经过滤器、阀门、海水总管将水吸入，然后一路经滑油冷却器冷却滑油后，一部分海水进入主机3冷却有关部件，另一部分与主机出水一起进入淡水冷却器4，然后排出舷外或流回1吸入端。另一路冷却海水冷却件 8,14,15,16 和冷却件 11,12 后排出舷外。一般情况下,件 8,14,11 等的冷却由辅海水泵 10 进行。

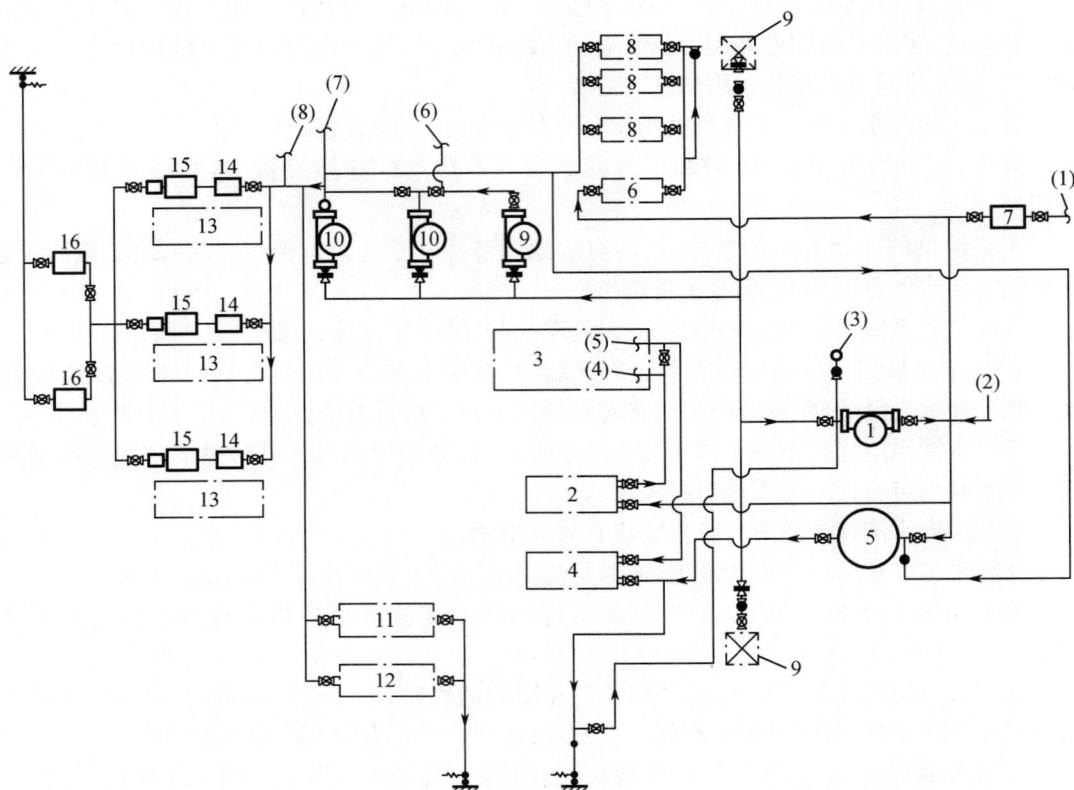

1—主海水泵;2—滑油冷却器;3—主机;4—淡水冷却器;5—海水淡化装置;6—凸轮油滑油冷却器;7—海底门;

8—空压机淡水冷却器;9—空调冷却水泵或过滤器;10—辅海水泵;11—凝水观察柜;12—疏水冷却器;

13—柴油发电机;14—滑油冷却器;15—空冷器;16—淡水冷却器;

(1)—排出舷外;(2)—来自压载泵;(3)—应急舱底有吸入口;(4)—接海水进口;(5)—接海水出口;

(6)—至空调装置;(7)—控制室立柱式空调器;(8)—接冷藏机。

图 4 – 14 海水冷却管路

2.淡水冷却管路

淡水冷却管路如图 4 – 15 所示。主淡水冷却泵 3 经汽液分离器 2 从主机的淡水出口 (1)吸水,将其送入主淡水冷却器 4,后经淡水加热器 5,再从主机淡水进口(2)进入主机,来冷却主机有关部件,构成封闭循环。管路中设有主机淡水膨胀水箱,由压力水柜补水。具有一定温度的主机淡水出水,可由泵 3 送入制淡装置 6 进行制淡。为对主机及辅锅炉的有关水腔进行化学药剂清洗,设置化学药剂柜及相应的管路。主机的空冷器 8,可用清洗泵 10 将送入化学清洗柜 9 中的蒸汽凝水或压缩空气泵进行清洗。

发电机的冷却管路采用闭式循环冷却,其三台发电机组的柴油机均自带淡水泵,共用一个膨胀水箱。

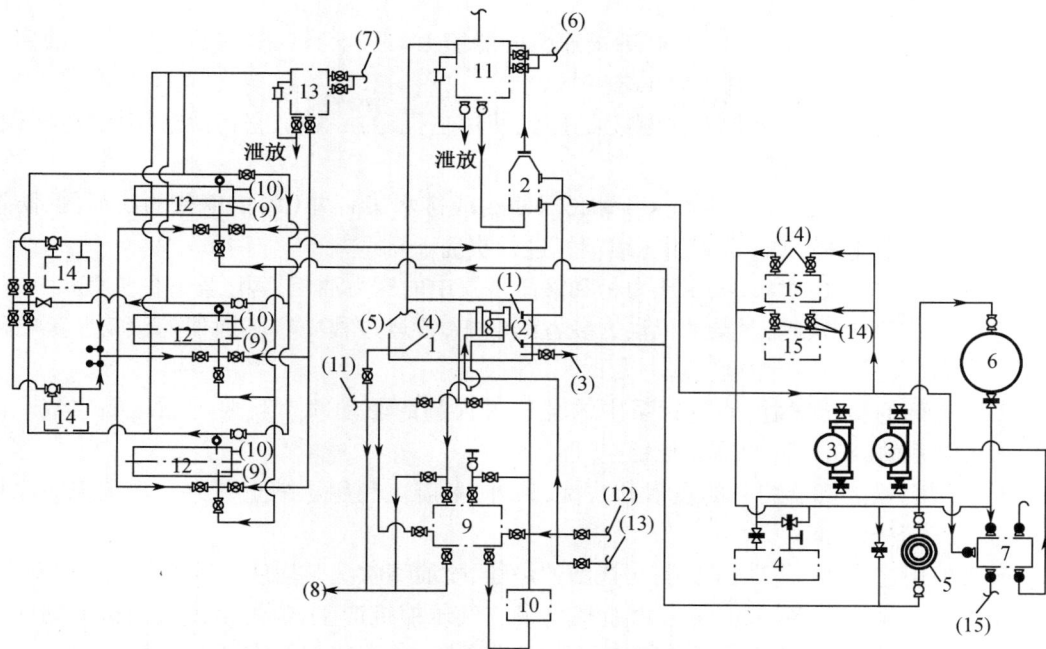

1—主机;2—汽液分离器;3—主淡水冷却泵;4—主淡水冷却器;5—主淡水加热器;6—制淡制置;

7—化学剂柜;8—空冷器;9—空冷器化学清洗柜;10—主机空冷器清洗泵;11—主机淡水膨胀箱;

12—柴油发电机;13—辅机膨胀箱;14—淡水冷却器;15—锅炉环泵;

(1)—淡水出口;(2)—淡水进口;(3)—淡水泄放至舱底;(4)—空冷器凝水出口;(5)—增压器淡水透气管;

(6),(7)—来自淡水压力柜;(8)—至舱水泵进口;(9),(10)—淡水进口;(11)—来自淡水压力柜;

(12)—来自蒸汽凝水;(13)—来自压缩空气;(14)—截止阀;(15)—泄放阀。

图 4-15　淡水冷却管路

4.5　压缩空气管系

4.5.1　压缩空气管系的功用

压缩空气管系的功用是给动力装置及各用气设备提供一定数量和质量的压缩空气。一般压缩空气是利用空气压缩机将大气压缩至一定的压力,并储存在空气瓶中,以备需用。被压缩的空气具有一定的压力,成为一种具有做功能力的工质,在船舶和舰艇中用作一些机械设备的能源及工质。

柴油机动力装置中,压缩空气系统是保证船舶正常运行必不可少的一个部分。它的使用范围非常广泛,特别是在自动化程度高的船舶上更是具有举足轻重的地位。

船舶上压缩空气的主要用途是:

①柴油机的启动:除了某些柴油机的启动采用手摇和电动外,对于大中型柴油机,由于启动扭矩大,广泛采用压缩空气启动。

②柴油机的换向:船舶在航行或进出港、靠离码头时,经常要求进行正、倒车操作,即换向操作。对于可逆转的柴油机,常采用压缩空气改变柴油机凸轮轴上各个凸轮的位置,进

行正、倒车操作。

③离合器的操纵：在采用中速机或高速机的船舶上，主机与轴系、主机与齿轮箱的离合使用气胎离合器，它的离合就采用压缩空气。

④自动化装置的气控装置：船舶上已广泛使用主机遥控系统，它广泛采用压缩空气和电气相结合的方式来控制。

⑤海底门、排水集合井的吹洗：当海底门格栅或排水集合井（包括单独的出海阀、防浪阀）等，被污泥杂物阻塞时，常利用压缩空气进行吹洗。

⑥压力柜的充气：对海、淡水压力柜和液压装置中的压力油柜、蓄压器等的充气。

⑦汽笛、雾笛的吹鸣：对柴油机动力装置的船舶，营运过程中联络通信的汽笛及雾笛所使用的动力，大都采用压缩空气。

⑧灭火剂的驱动喷射：消防管系中的某些灭火剂的驱动喷射就要依靠压缩空气。而CO_2灭火管系的定时吹除也需要压缩空气。

⑨军用舰船上武器装备的发射和吹洗，另外，潜艇上利用压缩空气充入水柜来驱除柜中的海水，使潜艇浮起。

⑩其他用途：各种风动工具，厨房烧油的炉灶、喷油嘴吹洗等均使用压缩空气。

压缩空气来源是多种的，可以由主机自带空气压缩机产生，也可以由柴油机驱动的空气压缩机产生，或者由电动机驱动的空气压缩机产生，在有些舰艇上还有使用自由活塞式压气机装置来产生的，另外有些舰艇，特别是潜艇，还在一定程度上依靠停泊时在基地用空气瓶充灌。

根据压缩空气的用途可知，压缩空气无论在停泊时或航行时都不是经常耗用的，因此空气压缩机在正常的舰船运行情况下，大部分时间不工作，平时少量的消耗由空气瓶供应。

4.5.2　压缩空气管系的组成

压缩空气管系是由空气压缩机、减压阀、分离器、空气瓶及各种阀件和管路组成。压缩空气用于不同的场合，它的使用压力范围也是不同的。动力装置所使用的压缩空气压力范围见表4-1。

表4-1　压缩空气的压力范围

用途	使用压力/MPa(kgf/cm^2)	用途	使用压力/MPa(kgf/cm^2)
中低速柴油机启动	1.177～2.942(12～30)	海水、淡水压力柜	0.294～0.392(3～4)
气动仪表、杂用	0.49～0.981(5～10)	海底门吹除	0.294～0.392(3～4)
汽笛、雾笛	0.49～0.981(5～10)		

图4-16所示为中速柴油机动力装置压缩空气系统原理。系统设两台空气压缩机（其中一台备用），空气压缩机直接向启动空气瓶供气，并根据空气瓶内的空气压力，通过压力继电器自动控制空气压缩机的启、停。压缩空气从空气瓶排出后分为两路：一路供主机启动；另一路经减压装置将压力从2.94 MPa(30 kgf/cm^2)减至0.98 MPa(10 kgf/cm^2)后，又分为两路，一路供汽笛用，另一路经减压装置从0.98 MPa(10 kgf/cm^2)减至0.39 MPa(4 kgf/cm^2)供各种杂用。

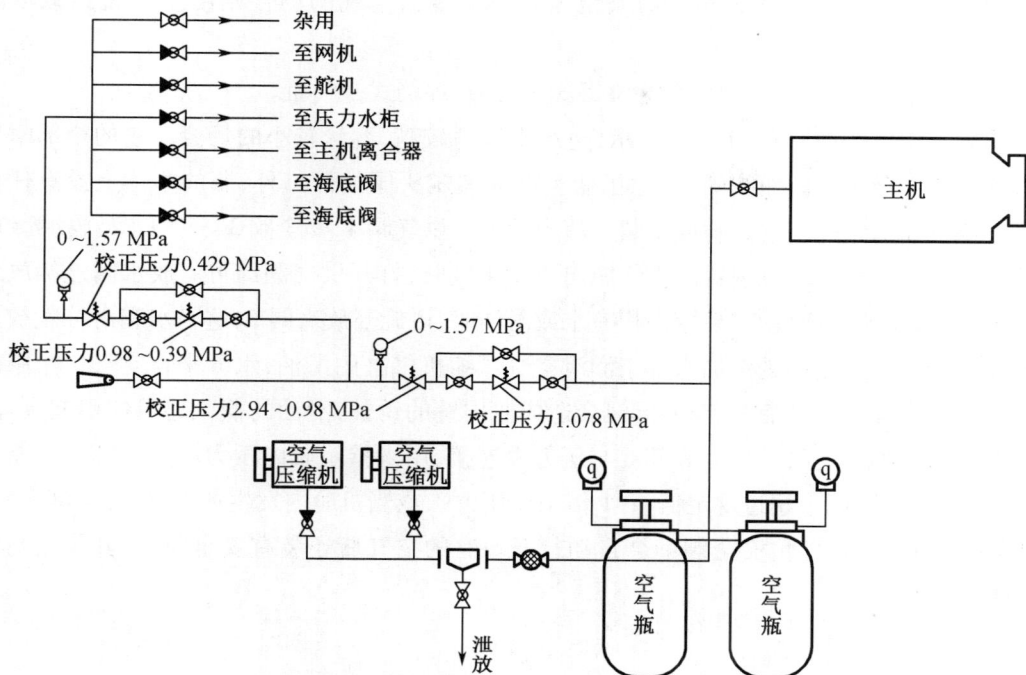

图 4 – 16　压缩空气系统原理

4.5.3　压缩空气管系的主要设备

1. 空气压缩机

空气压缩机是用来产生和提供压缩空气的设备,将原动机(通常是电动机)的机械能转换成气体压力能的装置,是压缩空气的气压发生装置。

空气压缩机种类很多,按结构分为活塞式、离心式和回转式。活塞式空气压缩机虽供气时气流压力脉动大,但因其效率较高,仍在船舶上得到较广的应用。空气压缩机按额定排气压力分低压式($0.2 \sim 1.0$ MPa)、中压式($1 \sim 10$ MPa)和高压式($10 \sim 100$ MPa);按排气量则可分为微型(小于 $1 \text{ m}^3/\text{min}$)、小型($1 \sim 10 \text{ m}^3/\text{min}$)、中型($10 \sim 100 \text{ m}^3/\text{min}$)和大型(大于 $100 \text{ m}^3/\text{min}$)。

大中型柴油机船舶一般设有 $2 \sim 3$ 台活塞式空气压缩机,此外,通常还设有一台柴油机驱动的微型应急空气压缩机。

2. 空气瓶

空气瓶用来储存空气压缩机产生的压缩空气,并可以向系统管路供应压缩空气的装置。船舶上有多种类型的空气瓶,如主空气瓶、日用空气瓶、辅空气瓶、控制空气瓶、应急空气瓶等。对于钢质海船,供主机启动用的空气瓶至少要两只。空气瓶容量,应在不补充充气情况下,能冷机正倒车交替连续启动每台可换向的主机不少于 12 次;能冷机连续启动每台不可换向的主机不少于 6 次。主空气瓶的最大工作压力多为 3 MPa 左右(柴油机启动空气压力一般不应低于 1.5 MPa），而其他需要较低压力空气的场合则由主气瓶经减压阀供气。

空气瓶根据制造方式，主要分为整锻式空气瓶、焊接式空气瓶。

整锻式空气瓶如图 4 – 17（a）所示，适用于压力较高，容量较小的场合。它的全部附属零件均安置在瓶头部的瓶头阀上，除了瓶上部安装瓶头阀的开口外，瓶的本体上没有任何开口。空气瓶通常是直立或斜放安装。瓶头阀上有供气阀 4、安全阀 3、充气阀 2、放水管 1、压力表阀 6 和放水阀 5 等装置。空气瓶向瓶外供气时，打开供气阀即可。放水阀连接放水管，放水管直接通到瓶底，如果瓶内积有水或滑油时，可旋开放水阀 5，这时水和滑油就被瓶内的空气压出。空气中的滑油来源于润滑空气压缩机气缸的滑油，水分来自空气。瓶中的滑油和水不仅减少了气瓶的容积，同时会造成瓶内壁的锈蚀，滑油的蒸汽还可能引起爆炸。充气阀用来向瓶内充气。压力表阀 6 与压力表连接，用来指示瓶内压力。安全阀 3 与瓶内直接连通，当充气压力超过规定值（1.1 倍工作压力），或当机舱内发生火灾，环境温度升高，使瓶内空气压力升高时，安全阀即会自动打开。有的空气瓶还装有安全膜片，其作用与安全阀相同。

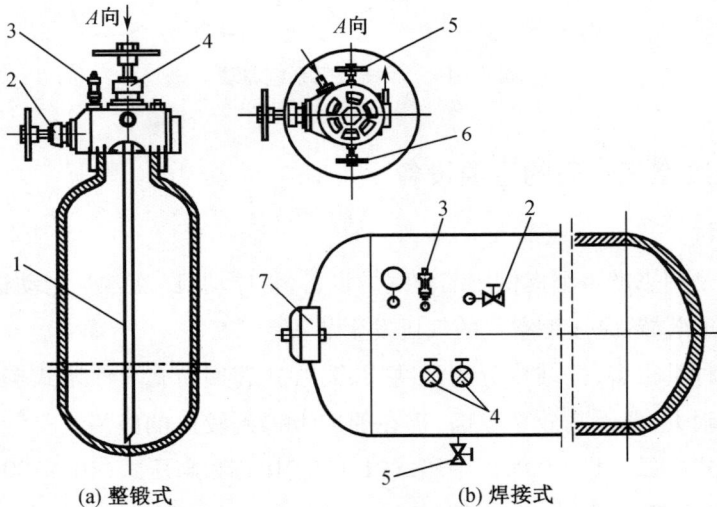

1—放水管；2—充气阀；3—安全阀；4—供气阀；5—放水阀；

6—压力表阀；7—人孔盖。

图 4 – 17　空气瓶及附件

空气瓶的另一种形式是焊接式，如图 4 – 17（b）所示。它是用钢板焊制而成，适用于中、低压，大容量的场合。这种空气瓶可以是直立的，也可以是卧式的，且在船舶上均有使用。一般的散装货船使用直立式的较多。这种空气瓶上分散安装有供气阀 4、安全阀 3、充气阀 2、压力表阀 6、放水阀 5 和人孔盖 7。人孔盖可供人员在制造、检修时进出。

空气瓶在制造完毕后，应与附属设备一起进行水压试验和气密试验，水压试验压力为 1.5 倍的工作压力。当空气瓶在船上安装后，应与管路系统和附件在工作压力下进行全系统气密试验,试验时间不少于 2 h,在此时间内压力下降不能超过规定值。试验中应在所有接头上涂以肥皂液进行检查。

空气瓶属于高压力容器,应定期对压力表、安全阀和空气瓶进行校验,不符合要求的务必要更换。要经常检查各阀件的接头是否有松动或漏气现象,若有,应及时进行处理。在日常维护中,还应经常开启放水阀放掉瓶内的积水和油污。

3.控制阀件

压缩空气管系上有许多控制阀件,以控制压缩空气管路的通断、压缩空气的压力和流量。

图 4-18 所示是压缩空气管系的减压装置,由前后截止阀 1,4,5、空气滤清器 3、减压阀 2、旁通阀 5、安全阀 6 和压力表 7 组成。减压装置的主要作用是将来自压缩空气系统的进气压力减至机械设备(及处所)所需的工作压力。减压装置的截止阀用来切断或开通压缩空气管路,减压阀用于降低压缩空气的压力,安全阀在系统压力过高时,开启释放高压空气,起安全保护作用。

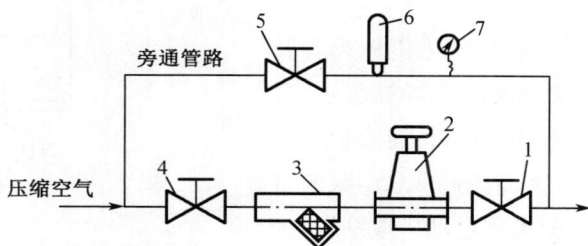

1,4,5—截止阀;2—减压阀;3—过滤器;6—安全阀;7—压力表。

图 4-18　减压装置

减压装置的阀组应垂直安装在水平管路上。减压装置正常工作时,截止阀 1、4 开启,旁通阀 5 关闭。高压空气从左端进入截止阀 4,先由空气滤器 3 对压缩空气进行过滤,以避免减压阀被压缩空气中的杂质堵塞。压缩空气经减压阀减压到需要的工作压力后从截止阀 1 流出。安全阀 6 可防止减压阀失灵而损坏用气设备,它的开启压力应调节为 1.1 倍工作压力。

压力表 7 可以用于直接检查减压后的空气压力是否符合要求。检修时,为不影响管路正常工作,还设有旁通管路,此时减压压力的调节就临时通过手动来操纵旁通截止阀 5,但截止阀 1 和 4 必须关闭。

4.气液分离器

空气被压缩后,水蒸气分压力提高了,经冷却后往往因超过饱和分压而析出水分,另外排气中还含有细小油滴,因此在冷却器后设气液分离器,其作用是分离压缩空气中的油和水,以提高充入空气瓶中的压缩空气的质量。

图 4-19 所示为惯性式气液分离器,压缩空气从进口进入壳体,由于容积增大,流速降低,为气液分离提供了充裕的时间。气液在分离器内流向不断改变,撞击分离器芯子壁面,

由于油液分子比气体分子质量大,将附在壁面,聚集后流到壳体下部空间。

为避免停车时气流返回空气压缩机,分离器出口设有止回球阀4,又设有泄放阀(有手动操作或自动控制),以便在工作中开启,排放分离出来的油和水至舱底。

5. 输送管路

船舶压缩空气系统输送管路的作用是将压缩空气传输到机械设备(及处所),达到管路系统为船舶服务的目的。

6. 终端设备

终端设备就是需要利用压缩空气进行工作的机械或设备,是压缩空气的使用终端,如主机、压力柜、汽笛等。

7. 控制空气系统

船舶上需要控制空气的自动化机械设备及阀件等,一般有主机及柴油发电机操纵装置、燃油舱速关阀、冷却水系统的调温阀、油舱柜加热用的温控阀、液位遥测系统、消防泵/总用泵的自吸装置、分油机、舱底水分离器自动排放系统、焚烧炉等等都需要控制空气。因而管路十分多,但原理却十分简单,只要将压缩空气通过管路送到用气设备或阀件,中间设有必要的截止阀即可。

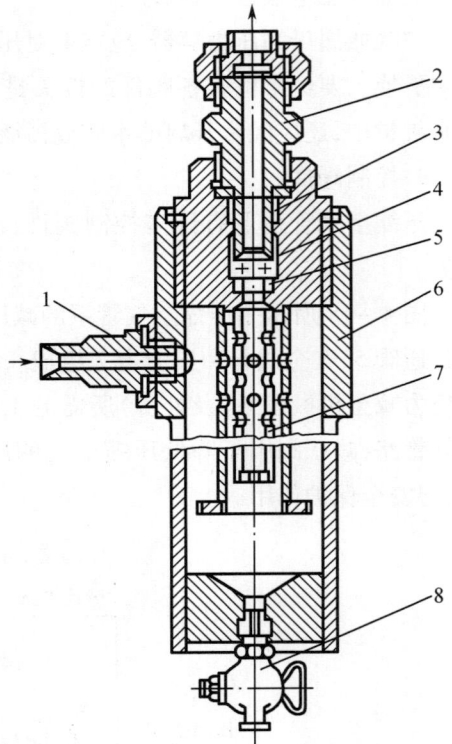

1—进口接头;2—出口接头;3—限制器;4—球阀;
5—阀座;6—壳体;7—芯子;8—泄放阀。

图 4 - 19 惯性式气液分离器

为了确保船舶的安全,控制空气系统设有一只应急控制空气瓶,瓶中平时应始终充满规定压力的压缩空气,专门为燃油速关阀系统供气;另外还设有一只控制空气瓶,在控制空气瓶的出口管路上装有控制空气干燥器,去除空气中的湿气。

4.5.4　压缩空气管系的一般要求

①供主机启动用的空气瓶(主空气瓶)至少应有2个,其总容量应在不充气的情况下,保证每台可换向的主机能从冷车连续起动不少于12次,试验时应正倒车交替进行;对每台不能换向的柴油机能从冷车连续起动不少于6次。空气瓶的安装应使泄放接管在船舶正常倾斜时仍有效。

②用压缩空气启动的主机至少应设2台空气压缩机,其中1台应为独立驱动,其总排量应在1 h内使空气瓶由大气压力升至连续启动所需要的压力。对于无限航区的船舶,还应设置1台应急空气压缩机,以保证对空气瓶的初始充气。

③在空气压缩机、空气瓶、大型低速柴油机的启动总管上安装安全阀和其他相应的阀件。空气压缩机安全阀的开启压力不应大于工作压力的1.1倍。每台空气压缩机的排出管

应直接与每个空气瓶连接。在空气压缩机与空气瓶之间应安装气液分离器或过滤器,用以分离并泄放压缩机排气中所含的油和水。

④柴油机启动总管上的安全阀开启压力为最高起动压力的1.1倍。在通往柴油机的启动空气管路上装有截止止回阀,用以保护压缩空气管路不受缸内爆炸气体的影响。缸径大于230 mm的柴油机,其启动空气系统应安装火焰阻止器。对于直接换向的柴油机,每一启动阀处安装一个火焰阻止器;对于不可换向的柴油机,则只装在启动空气管上。

⑤空气瓶是压力容器,其排出阀为止回阀,以防止当一只空气瓶压力低时,另一只压力高的空气瓶在开启时空气倒灌入压力低的瓶内。空气瓶应设残油、水的泄放设备。空气瓶上安全阀的开启压力不超过工作压力的1.1倍。如在空气进气管上或空气压缩机上装有安全阀,且在充气时能防止瓶内压力超过设计压力时,则可不安装安全阀,但应装易熔塞,熔点约为100 ℃,其尺寸应保证失火时能有效地放出空气。

4.5.5 压缩空气管系实例

图4-20所示为某船压缩空气系统。它由两台主空气压缩机1、日用空气压缩机2、应急空气压缩机3、压力开关4、气液分离器5和9、日用空气瓶6、辅空气瓶7、主空气瓶8、两组3.0~0.7 MPa的减压阀组10、0.7~0.4 MPa的减压阀组11组成。

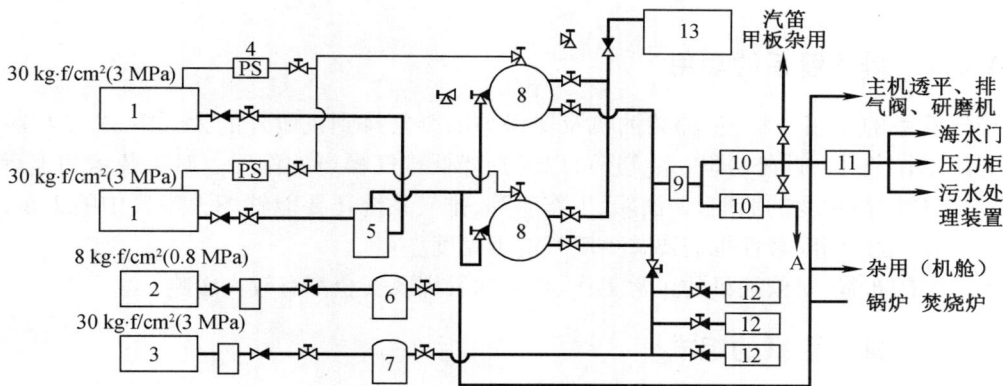

1—主空压机;2—日用空气压缩机;3—应急空气压缩机;4—压力开关;5,9—气液分离器;

6—日用空气瓶;7—应急空气瓶;8—主空气瓶;10—3.0~0.7 MPa减压阀组;

11—0.7~0.4 MPa加压阀组;12—柴油发电机;13—主机。

图4-20 某船压缩空气系统

两台主空气压缩机可以单独也可并联工作,它们所产生的3.0 MPa的压缩空气经止回阀和截止阀、气液分离器进入主空气瓶。主空气压缩机的启、停是自动控制的,它是根据主空气瓶内压缩空气的压力,利用压力开关(压力继电器)来实现的,一般两台空气压缩机的自动启、停的压力是有差别的,目的是使压力达到低值时,只启动一台空气压缩机,而另一台空气压缩机只有在空气耗量大于一台空气压缩机的排量时才启动。而在两台空气压缩机均运转的情况下,也让一台先停止,然后再停另一台。气液分离器的作用是分离掉一部分空气在压缩过程中产生的水分,水在分离器中达到一定高度时,气液分离器会自动泄放掉。

主空气瓶内的空气主要供主机和柴油发电机启动用,也可供其他杂用。供其他杂用时,需经过减压后才能使用,故在管路上设有两组 3.0 MPa ~ 0.7 MPa 减压阀组 10,一组为机舱及甲板上的各用气设备提供压缩空气,另一组为控制空气系统提供气源。而海水门、压力柜等设备,其所需的压缩空气压力一般为 0.4 MPa,所以要经过两级减压,0.7 MPa ~ 0.4 MPa 减压阀组 11 的作用就是为其提供 0.4 MPa 的压缩空气。

日用空气压缩机提供日用空气,所以其设计压力为 0.8 MPa,但工作压力为 0.7 MPa,空气压缩机后也设有气液分离器、日用空气瓶 6 等。

应急空气压缩机主要是在特殊情况下为柴油发电机提供启动空气的。当船舶第一次使用时,或发生死船状态(即船上无电、无气)时,首先要实现供电,要使柴油发电机动起来,才能启动各种机械设备,这时,如应急空气压缩机是电动的,则必须由应急发电机供电(应急发电机能手动启动或由应急电瓶供电启动);如果是柴油机带动的,则必须配置能手动启动的柴油机。为此还设有专门的应急空气瓶,供柴油发电机启动用,平时也可由主空气瓶为它充气。

4.6 排 气 管 系

4.6.1 排气管系的功用

排气管系的作用是将主、辅柴油机及辅锅炉的废气排到机舱外的大气中去,使机舱保持良好的工作条件。此外,排气系统还可以起到降低排气噪声的作用。对于装运和拖运易燃、易爆等危险品货物的船舶,如油船、工作船等,排气系统还要能够熄灭废气中的火星;对于军用舰艇,考虑到隐蔽性也需要减少废气的可见度。

该系统的布置,对柴油机的正常工作、功率的发挥及安全都有较大影响。

4.6.2 排气管系的组成

排气管系由排气管、膨胀接头、消声器及防雨罩等设备组成。

为提高船舶动力装置的经济性,增加对排气废热的利用,在排气系统中往往还设有废气锅炉。

对于油船、液化气船、化学品船及为上述船舶服务的港作拖轮、供应船等往往要求排出的废气不得有火星存在,以确保航行的安全,在这些船舶的排气系统中还应装设火星熄灭器。

自 2005 年 5 月以来,国际防污公约(MARPOL)对船舶主机、辅机的排放做出了严格的限量规定。废气处理系统(脱硫塔等)被允许用于减少船上的硫化物排放。

船舶排气系统大致采用图 4-21 所示的几种形式,其中图 4-21(a)为柴油机废气直接经消声器 1 排至大气。图 4-21(b)为在消声器 1 与柴油机集气管 4 之间设有膨胀接头 2,以解决排气管受热时膨胀和变形的问题。图 4-21(c)、图 4-21(d)为在排气管路上装设有废气锅炉,3 为气流换向控制阀,当废气锅炉检修或不用时,气流可经旁通管路排至大气。

图4-21(e)为大中型船舶采用的燃油废气锅炉的一种排气结构形式。

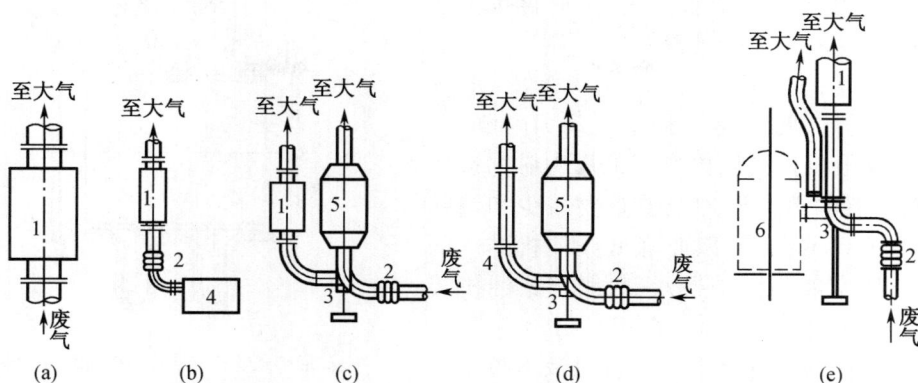

1—消声器;2—膨胀接头;3—气流换向控制阀;4—集气管;5—废气锅炉;6—燃油辅助锅炉。

图4-21　柴油机排出废气的形式

以上几种结构形式的柴油机排气均是通过烟囱向上排至大气的,对于某些机舱棚的船舶排气,也可朝船尾或朝左右舷排至大气。

4.6.3　排气管系的主要设备及附件

1. 脱硫塔

脱硫塔是一种用水清洗主、辅机废气来清除其中硫化物的系统。其工作原理取决于脱硫塔的类型。通常来说,脱硫塔可以分为以下几种类型:

(1)开环式脱硫塔

开环式脱硫塔使用海水来清洗废气,海水中天然的化学物质将废气中的硫化物溶液中和以达到脱硫的目的,清洗用的水经简单处理后排放入海。

(2)闭环式脱硫塔

闭环式脱硫塔使用封闭的循环清洁水。这些水加入一些碱性物质进行处理,例如烧碱中和剂。清洗水重新循环利用,损失的部分用回添加新的淡水补充。少量的清洗水会送到污水处理厂处理后再排放到大海中。这个系统也可以设计出一个储存柜来实现真正的零排放。

(3)混合式脱硫塔

混合式脱硫塔是一个各种系统的总合,即一种既有开环又有闭环的系统,能够在低浓度碱和高浓度碱的区域灵活转换。混合式系列也包括一些其他产品,如开环式系统在清洁水中加入一定的烧碱使排放液体的碱度达到适合的水平。

2. 膨胀接头

柴油机的排气管路在其受热膨胀时产生热应力,若管路两端固定,当温度升高时,应力增大,管子就将受到压缩应力而产生纵向弯曲,从而使管路的连接法兰密封面遭到破坏而引起排气的泄漏,严重者甚至会使管子破裂、机器受损。

为消除管子因受热膨胀所产生的伸长量及产生的内应力,通常采用弹性补偿器,如不锈钢制的波形膨胀接头。将其装入排气管路中,不仅可以补偿热膨胀,而且还可以起一定的隔振作用。图4-22所示是一种柴油机钢制的波形膨胀接头结构。

布置时,一般在柴油机的排气口或废气涡轮的出口先设置一个膨胀接头,然后再按排气管的长度,每隔 5~7 m 设置一个。

3. 消声器

柴油机排气噪声是一种空气动力学噪声,由排气在柴油机排气管内激烈的压力脉冲造成的,而消声器的消声原理也就是要减少和消除气体压力波动或振动,以此降低柴油机排气的噪声。根据实船测试结果,一般船用柴油机装设消声器后可降低噪声 8~37 dB(A)。

消声器在排气管路中的位置对消声效果有很大的影响。将消声器放在排气管路的中央,其效果最坏,因为管道中自振动的节点就在中央一带,若消声器设在这种地方,就不能将管道自振动的声波削弱。合适的位置应该是使消声器后面的管长等于消声器前面管长的 1/4,若能达到 1/2 更好。

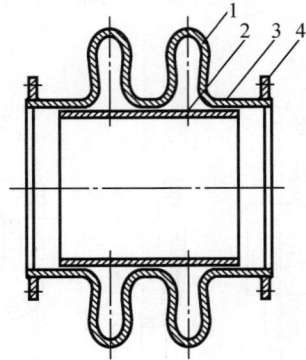

1—波形膨胀管;2—导管;3—接管;4—法兰。

图 4-22 柴油机钢制的波形膨胀接头结构

消声器的种类很多,但归纳起来可分为三大类:阻性(吸收式)消声器、抗性(膨胀式或共振式)消声器和复合式消声器。

(1)阻性消声器

它是在消声器的表面敷设吸声材,利用增加声阻的原理来吸收噪声能量的消声器。当声波进入消声器时,吸声材料使一部分声能由于摩擦而转化为热能被吸收掉。吸声材料一般是多孔材,并且有耐高温性能,如玻璃棉毡、矿渣棉、石棉绒绳、细铜屑等。这种阻性消声器的优点是对高频噪声的消声效果好;缺点是对低频噪声的消声效果较差。在高温,有水蒸气、有油气以及有侵蚀作用的气体中吸声材料的使用寿命较短,而且吸声性能降低。阻性消声器在柴油机排气管路中单独使用的不多,多与其他种类复合使用。图 4-23 所示为阻性管式消声器。

消声材料

进气 → 出气 →

图 4-23 阻性管式消声器示意图

(2)抗性消声器

它是利用声学滤声器原理改变管道系统的声阻来降低某些频率或频段的噪声。它的种类很多,常用的有以下两种。

①膨胀式消声器。在声波通道上串联一个或若干个膨胀室,实际上是管和室的组合,

利用管道截面的突变引起声阻变化所产生的反射和干涉作用,使沿通道传播的某些频率和频段的噪声得到降低。图 4 - 24 所示为各种形式的膨胀式消声器。

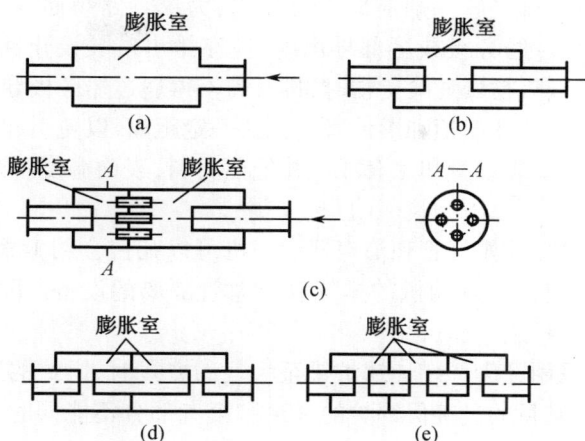

图 4 - 24　膨胀式消声器

膨胀式消声器有多个膨胀室,可以显著提高消声器的效果,现在一般多采用三膨胀室以下,超过三个时,效果不显著。各膨胀室的长度不同,内接管长度也不同,目的在于起到不同的消声效果。有时在内接管上钻一些孔,也能提高声阻。

②共振式消声器。这是指在声波通道上并联一个或若干个共振腔室,利用共振来损耗声能的一种抗性消声器,如图 4 - 25 所示。它的原理是,在小孔颈中的气体在声波的作用下产生往返运动,由于小孔颈壁的摩擦阻尼,使一部分声能转换为热能而消耗掉。允满气体的空腔具有阻碍来自小孔压力变化的特性。当外来声波的频率与共振系统的固有振动频率相同时就发生共振,此时的振幅最大,空气往返于孔颈中的速度最大,摩擦阻尼也大,吸收的声能也就最多。共振消声器的结构简单、尺寸小,通常用于转速恒定或变化小的柴油机(如柴油发电机组的原动机)排气管系上。

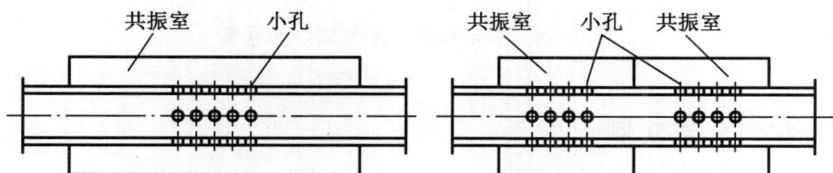

图 4 - 25　共振式消声器

(3)复合式消声器

它是由阻性和抗性消声结构复合而成的消声器,或由各种消声结构形式组合而成的消声器。为了在一个宽广的频率范围内都得到良好的消声效果,把对中、低频有效的抗性消声器和对高频有效的阻性消声器组合起来,构成复合式消声器。

另外,在油船和军用舰艇上,不允许废气中带有火星,这对安全航行具有特别的意义。为消灭废气中的火星,一般采用湿式火星熄灭器,并与消声器做成一体;也可以在排气管的出口设置火星熄灭铜丝网,但这会增加排气的阻力。

4.6.4　对排气管系的一般要求

①为利于废气排出,排气管一般应向上方导出,力求管路短而少弯头。若排气管必须在水线上或水线以下穿过船旁板或尾部导出时,应在排出端装设止回阀等安全设备,以防舷外水倒灌。在运载易燃、易爆危险货物时,排气管不得通过船旁板导出。

②排气管与配电板、燃油船柜和燃油管应保持一定距离,以免引起火灾。

③排气管和消声器要装设冷却水套或包扎绝热材料,表面温度不得超过 60 ℃,以免灼伤管理人员。

④每台主机应有单独的排气管和消声器。辅机可以几台合用 1 根排气管,但要在发动机附近连接,并应装有把每台发动机的排气管与总管隔离的设备。除废气锅炉外,锅炉烟道不得与柴油机排气管相通。

⑤柴油机的废气采用经废气燃油锅炉排至大气的方式时,锅炉的废气进入管上应设有隔离装置和连锁机构,其目的是确保锅炉的燃油和废气部分不能同时工作。目前较为普遍用于船舶的混合式锅炉可分为联合工作式和交替工作式。如图 4 - 26 所示。上述布置要求只对交替工作式适用。

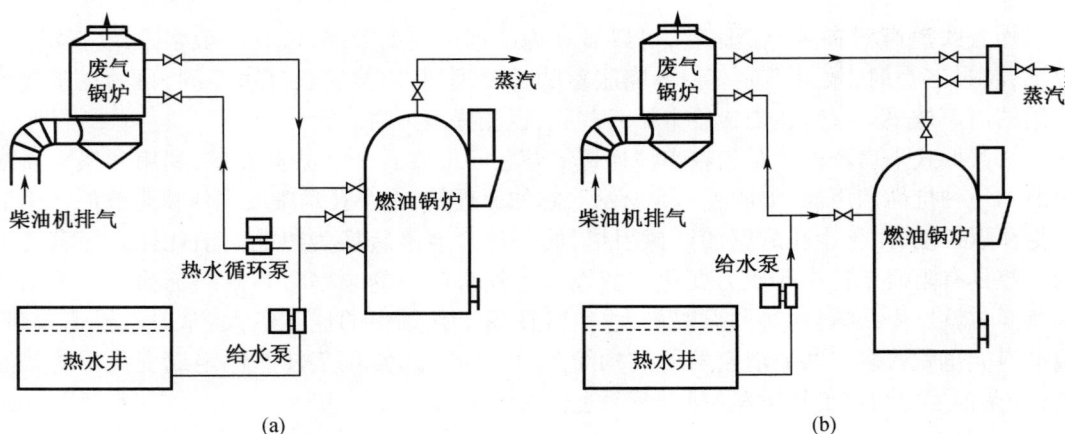

图 4 - 26　燃油锅炉和废气锅炉的联系

4.6.5　排气管路实例

如图 4 - 27 所示,主机排气管 2 的排气口段装有膨胀接头 1,考虑到油船防火的要求,烟囱处装有干式火星熄灭器兼消声器组 3。排气出口处设有重力式防雨盖 4,为了减少阻力,布置较为顺直。发电机组排气管 9 也装有与主机同样的装置。辅助锅炉排气管 10,在烟囱处装有火星熄灭器 8,出口处装有防雨罩 5。

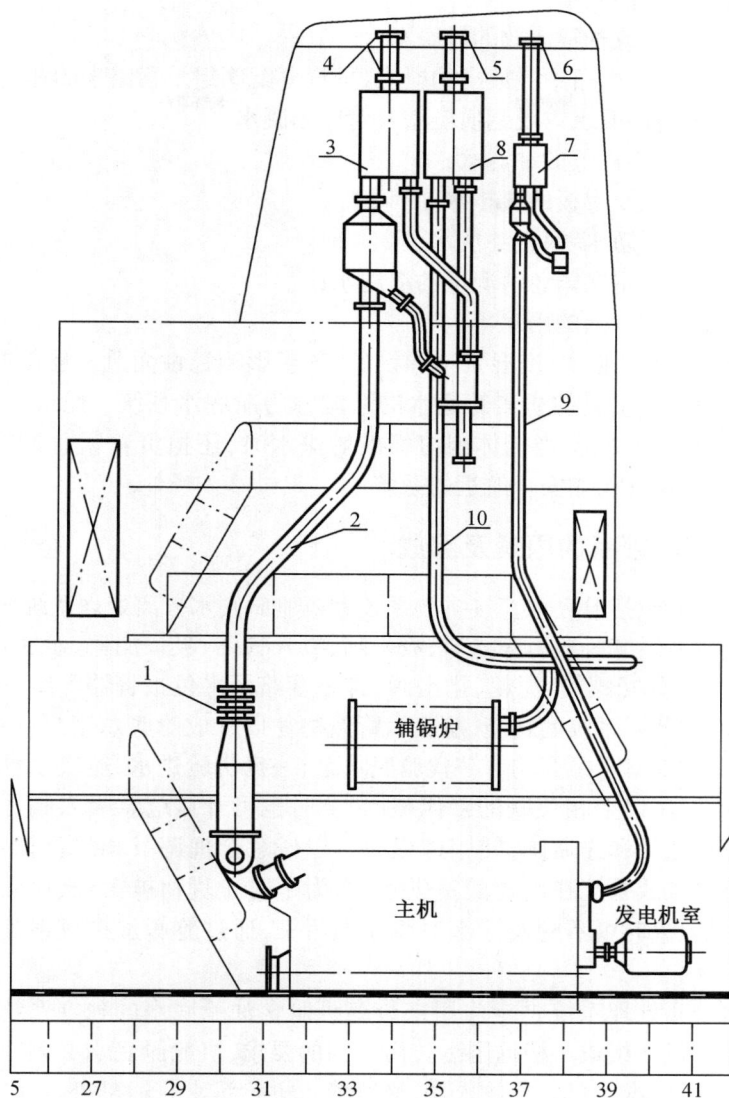

1—膨胀接头;2—主机排气管;3,7,8—火星熄灭器;4,6—防雨盖;

5—防雨罩;9—发电机组排气管;10—辅锅炉排气管。

图4-27 2X808kW 柴油机动力装置排气管路图

4.7 舱底水管系

4.7.1 舱底水管系的功用

船舶在营运中,由于船体、管路、设备的泄漏和破损以及其他原因,舱室或处所内常会积有污水或含油污水,统称舱底水。

舱底水的来源主要有:

①主机、辅机、设备及管路接头因密封不良而渗漏的油或水;

②艉管密封渗漏的油和水；

③从舵机舱向机舱或轴隧泄放的舱底水；

④从空气压缩机、空气瓶中泄放出的凝水，蒸汽分配阀组及管路来的泄放水；

⑤空调管路、风管的凝水以及钢质舱壁及管壁的凝水；

⑥清洗滤器、设备零件等的冲洗水；

⑦在水线附近舱底及甲板的疏排水；

⑧扑灭火灾时的消防水、甲板冲洗水；

⑨对有些特殊的舱室在紧急情况下的灌注水；

⑩通过非水密部位渗入的雨水等。

舱底水过多，会腐蚀船体、浸湿货物和设备，甚至影响稳性而危及船舶的安全，应及时将舱底水排出。用于排出船舶积累舱底水的系统称为舱底水系统。舱底水系统不但起着排除日常舱底水的作用，而且当船体因海损破舱进水时，还担负着紧急排除进水的任务。因此，舱底水管系是保证船舶安全航运的系统。

4.7.2　舱底水管系的原理及组成

舱底水管系一般包括舱底水直接排放系统和机舱舱底水分离处理系统两个部分。

舱底水直接排放系统一般由吸入口、吸入阀、吸入管路、吸口滤器、舱底水泵、舱底水总管、支管、吸口滤器、分配阀箱、泥箱、排出阀、排出管路及水位报警器等组成。在设计和制造过程中，为了增加各路系统的功能，舱底水管系往往设计成舱底总用泵、消防泵、扫舱泵、卫生泵、压载泵及主副海水泵等均可替代舱底水泵，一旦机舱进水，舱底水泵不能使用或来不及排净舱底水，可用以上相关联的泵代替，必要时也可开启应急吸入阀。因此以上泵的管路通常都设有连通管和连通阀，使用过程中可以任意合理调节阀门及管路，以满足实际需要。舱底水直接排放系统在水密舱室进水时，为了防止货物被污染、保证船舶能安全及时将水排出，情况紧急时可不顾及污水对海洋的污染，通过舱底水排放系统将舱底水直接排出舷外。

机舱舱底水分离处理系统是专门用来分离机舱含油舱底水的独立系统。主要由油水分离器和排油监控设备组成。根据国际防污公约的要求，机舱舱底水必须经过油水处理装置处理后，达到排放标准才可以排放入海，绝对禁止机舱污水直通舷外。而在正常情况下，舱底水的产生量是较少的，通过污水处理装置完全可以净化处理、排尽舱底水。

图4-28所示为某船舱底水系统原理图。图中船的最低位置处都设有舱底水吸入口，现代船舶的吸入口处装有自动高位警报装置，以便及时升阀排出舱底水。现代船舶为了实现机舱无人操作，系统中均多装有自动控制的蝶阀。系统中的分油机可以分离污油，装有舱底水泵和排出阀，其工作情况如下：

船舶在良好的状态下，在船舱、机舱内，特别是机舱内要及时排出舱底水。在港外可排出舷外，在港内，则将舱底水储存在污水储存柜内。为了减轻这项操作的劳动强度，可实行自动化控制或遥控操作，即在污水井设置舱底水高位警报器及在轴隧道处设置舱底水收集箱及报警装置。当水位达到高位时，系统自动启动舱底泵，将水通过舱底油水分离器排至舷外。

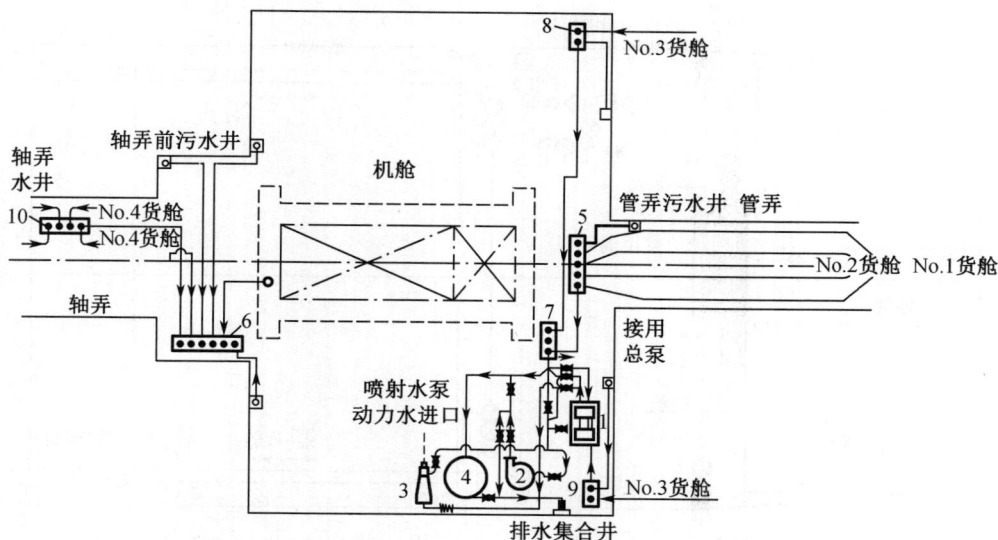

1—电动活塞式舱底水泵;2—离心式舱底水泵;3—喷射式舱底水泵;
4—舱底污水分离器;5,6,7,8,9,10—截止止回阀箱。

图4-28 某船舱底水系统原理图

4.7.3 舱底水管系的布置形式

由于船舶的种类繁多,每种船舶的舱底水系统均有差别。舱底水系统的管路和水泵的布置,一般根据船舶对系统的要求和船舶结构等具体情况而定。

1. 舱底水泵的布置形式

舱底水泵的布置一般有集中布置、独立布置、分组布置三种形式。

(1)集中布置

所谓集中布置是指舱底水泵和各舱吸入支管管路的控制阀箱全部集中在机舱内,任意一舱的排水工作,都集中在机舱一个舱内操作。整个系统共用一台或二台舱底水泵。图4-29所示为集中布置舱底水系统。舱底水系统各舱舱底设置集水井,使污水沿污水沟流至集水井(或称污水井)内聚集。在集水井处装有止回过滤器6,并与吸水支管路相通,吸水支管路与机舱舱底水泵相通。舱底水泵1和各舱吸入支管管路的控制阀箱设在机舱内。工作时,打开截止阀、截止止回阀、通海阀,启动舱底水泵,各舱舱底水被集中排放至船外。

这种布置的舱底水系统具有设备少、操纵方便、造价低廉等优点。

(2)独立布置

独立布置是指每个舱均有自己的舱底水泵及系统。如图4-30所示,采用这种布置的系统适用于有几个机舱、锅炉舱和其他船舱的船舶,且要求各舱必须保持其工作的独立性。它的优点是保证系统每个区段的独立性;可以避免管子穿过水密隔舱;管路设备安装简化;维修方便,质量小。但这种布置舱底水泵设备数量多,投入大。

独立布置主要适用于军用船舶,一般军船均设有机舱、前辅机舱和后辅机舱等,它要求各舱的独立性较强。

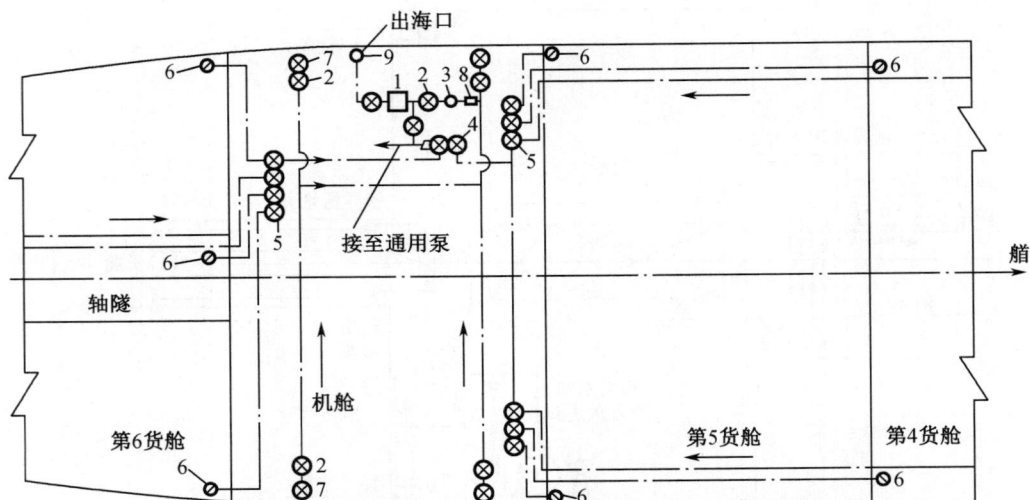

1—舱底水泵;2—截止阀;3—截止止回阀;4—截止阀阀箱;5—截止止回阀阀箱;

6—止回过滤器;7—过滤器;8—泥箱;9—通海阀。

图4-29 集中布置舱底水系统

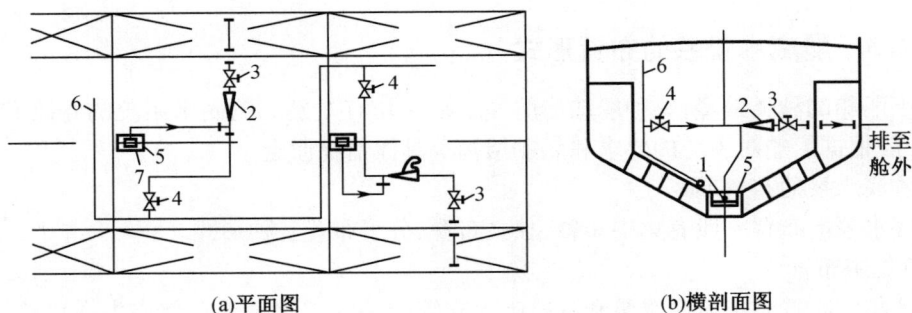

(a)平面图　　　　　　　　　　　(b)横剖面图

1—吸入过滤器;2—喷射泵(舱底水泵);3—截止止回阀;4—截止阀;5—集水井;6—喷射泵工作水管路。

图4-30 独立布置的舱底水系统

（3）分组布置

分组布置是船舶首部各舱的舱底水系统的管路和尾部各舱的舱底水系统的管路,分别都接到机舱内各自的舱底水泵,或者机舱内的舱底水管路、货舱内左舷和右舷的管路分别接到机舱内各自的舱底水泵,在机舱内分组实行操纵。图4-31所示为舱底水系统前后分组布置。为了减少机舱内的设备,方便操作,实际船舶上的舱底水泵均可互相备用,两台泵的吸入总管是连接在一起的,但用阀门相互隔离。

2.舱底水管系布置形式

机舱或货舱区域的舱底水管路的布置也有三种形式。

（1）支管式

支管式对各个需要排水的舱室,从每个吸口引出支管,通过截止止回阀或截止止回阀箱,经舱底水总管接到舱底泵。其缺点是管路长,管材消耗量大,但所有操纵阀件均可安装在机舱内,可不必设置阀门遥控系统。

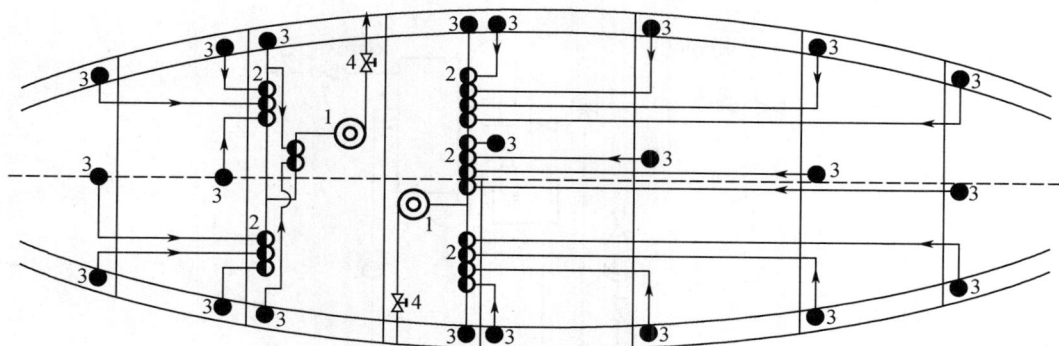

1—舱底水泵;2—截止止回阀箱;3—吸入过滤器;4—截止止回阀。

图4-31　按分组原则布置的舱底水系统

(2)总管式

总管式沿船的纵向管隧内铺设排水总管,从总管向排水的舱室引出支管,在支管上安装阀和吸口。该总管通至机舱内的舱底水总管并与舱底泵连接。它的优缺点正好与支管式相反。即管路简单、管材耗量较少,但管隧内的阀件必须遥控。总管式布置适用于设有管隧的大中型船舶。

(3)混合式

混合式介于上述两种方式之间,例如把需要排水的舱室分成两组或三组,由2根或3根分总管与舱底泵相连接。这种方式在民用船舶上采用后最多。

3.舱底水管系的主要设备及附件

(1)舱底水泵

舱底水泵的主要类型有:离心泵、活塞泵、喷射泵等。

离心泵因其排量大、对水质的要求低和价格便宜,而常用作舱底总用泵或消防总用泵。

活塞泵有较强的自吸能力,可产生很高的压头,往复泵在船上被广泛用作舱底水泵。

喷射泵具有很强的自吸能力,可抽送含有杂质或污浊的任何液体。泵内无运动部件,工作可靠、很少维修、结构简单、操作简便、启动迅速。喷射泵也常被用作舱底水泵,但工作效率较低,排量比较有限。

(2)舱底水油水分离器

按照有关规范和国际公约的规定,船舶排出的舱底水(包括压载水)的含油量应小于15×10^{-6},即15 mg/L,故必须对含油舱底水进行油水分离后方可排出舷外。舱底水分离处理系统就是用于将水中的油分分离出来。

图4-32所示为某大型船舶的舱底水分离处理系统,其特点是舱底空间分隔较多,须用驳运泵或舱底水泵将分散的舱底水驳至污水舱。油污水在此初步上浮分离后,由分离装置的配套泵输入油水分离器处理。分离出的污油排向污油柜。排出水经油分浓度计连续监测,含油量低于15×10^{-6}时排出舷外;超出15×10^{-6}时,三通阀自动转换,排出水回流到污水舱而停止排向舷外。污油舱中的污油应定期送至岸上的油污水接收设施。

舱底水分离处理系统的核心设备是船用油水分离器,其结构形式很多,常见的是采用机械斜板式、粗粒化过滤式、斜板(或者波纹板)与粗粒化元件组合式等。应用较多的是斜板与粗粒化元件组合式。

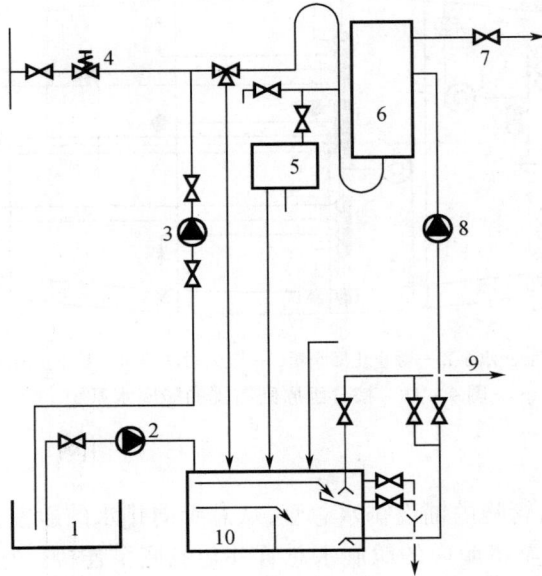

1—污水井;2—驳运泵;3—主应急泵;4—净水排舷外;5—油分浓度计;
6—油水分离器;7—去污油柜;8—配套泵;9—去污油柜或驳岸;10—污水舱。
图4-32 舱底水分离处理系统图

图4-33所示是舱底水分离器的管路系统图。该油水分离器采用重力分离和粗粒化分离相结合的方法。舱底水经过滤器14和截止止回阀13被吸入分离器,经过粗分离(重力分离)和细分离(聚合物体)后清水由排出泵9抽出,通过节流阀5和气动三通阀4和舷旁排出阀排至舷外。

节流阀5的作用是限制舱底水排出的流量,使含油舱底水在分离器中停留一定时间,确保分离效果。

舱底水分离器的工作原理是:舱底水先经过若干喷嘴供入油水分离器内,由于喷嘴的扩散作用供入油水分离器内的舱底水迅即散开,其中粗大油粒被分离上浮进入上部的集油室,含有细小油粒的污水在分离器内部流动中经过聚合物体组成的滤网也被分离开来或形成较大颗粒的油滴后聚集到分离器的上部,达到油水分离的效果。

当分离器上部的油量达到一定高度时,通过油分监测仪7将信号传至控制箱8,接通气动活塞阀1上的电磁阀,使阀1打开,同时,排水泵9停止运转,气动阀12也打开,冲洗水通过截止止回阀10、减压阀11与气动阀12进入分离器,使分离器内的污油排至污油舱。同时对分离器进行反冲,将聚合物体上的污物冲洗下来,通过气动活塞阀1排至污油舱;当污油排出一段时间后,水位又升高到某一位置时,气动活塞阀1自动关闭,同时气动活塞阀2打开,继续将含有少量油的污水排到舱底水舱。根据设定的排油及排污水的时间,也即当分离器内充满清水后,气动活塞阀2、12同时关闭,舱底水泵启动,重复以上的分离过程。该分离器装有时间控制及反冲装置,冲洗水的压力应≤1 kgf/cm²(0.098 MPa)。

油分监测仪7通过三通考克阀与清水排出连通,当油分超过15×10^{-6}时,发出报警且输出电信号,接通压缩空气,使三通考虑克阀转换位置,让分离出来的不合格水回流到舱底水舱。

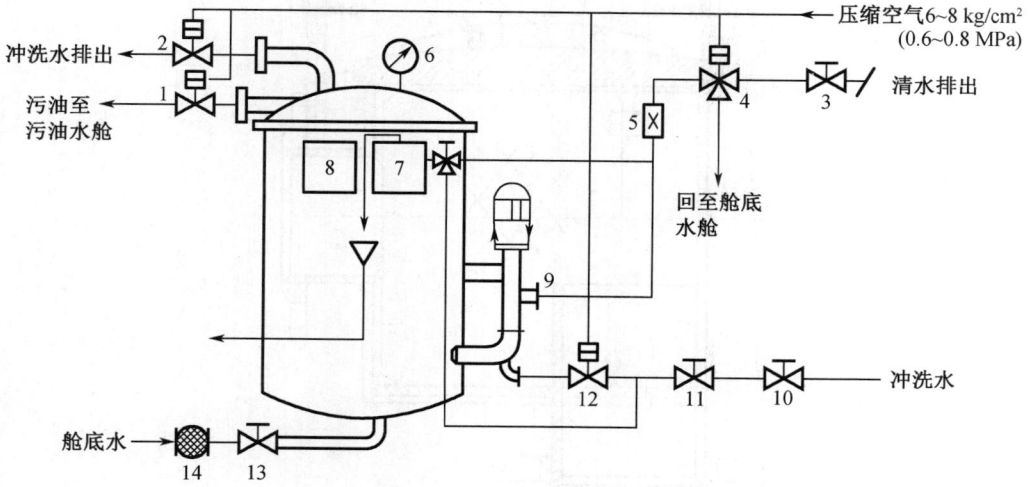

1,2,12—气动活塞阀;3,10,13—截止止回阀;4—气动三通阀5—节流阀;
6—压力表;7—油分监测仪;8—控制箱;9—排出管;11—减压阀;14—滤器。

图4-33 舱底水分离器的管路系统图

（3）舱底水吸入口和泥箱

图4-34所示为舱底水吸入口,也称止回吸入滤网。图4-35所示为舱底水吸入滤器,也称泥箱。舱底水吸入口安装在舱底水吸入支管的末端,泥箱一般安装在管路中间,污水井的上方。两者相同之处是都起到过滤的作用,不同的是舱底水吸入口能起到止回的作用,而泥箱无止回作用,因而泥箱之前必须安装一只截止止回阀。另外,舱底水吸入口必须安装于舱的最低处或污水井内,但一旦堵塞,清洗相当困难,且当止回阀芯不能就位时,维修也困难。泥箱安装在比较高的位置,易于清洗。

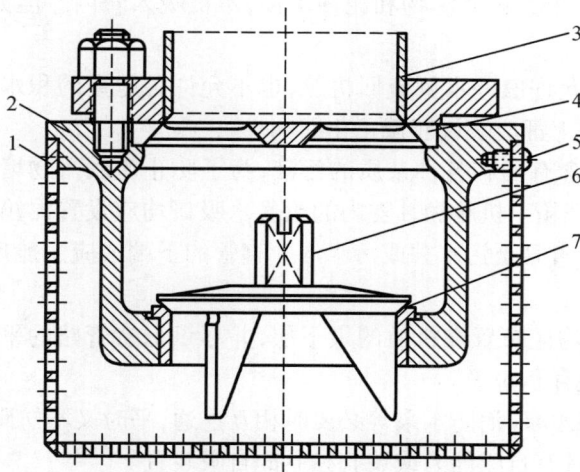

1—滤网;2—阀体;3—吸入管;4—盖;5—固定螺钉;6—止回阀;7—阀座。

图4-34 舱底水吸入口

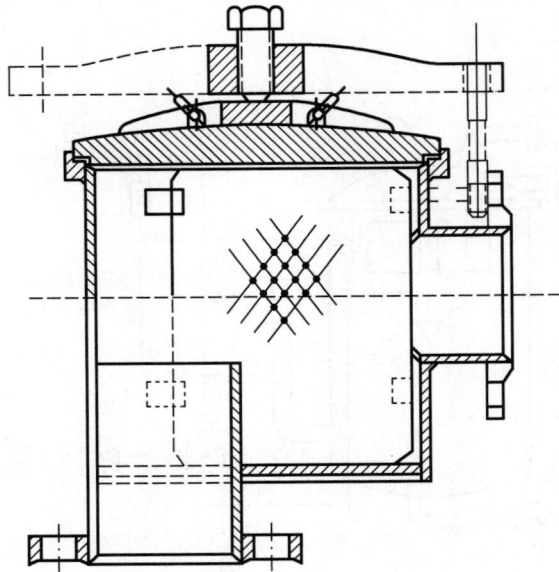

图 4 - 35 舱底水吸入滤器

4.7.4 舱底水管系的一般要求

为了保证有效地排出舱底水,对舱底水管系有如下要求:

①所有机动船舶均应设置舱底水系统,并能有效地排出任何水密舱中的积水。

②舱底水系统应保证船舶向任何一舷倾斜不超过 5°时,均能排干舱底积水。

③在每个舱的最低处设置污水井,污水井内设有吸水口与舱底水管相连。机舱内至少设置 2 个以上污水吸口,并至少有一根吸入支管与舱底水泵吸口相连。每个污水吸口均应设置带止回阀的过滤网箱,网孔直径不大于 10 mm,滤网孔的总面积不小于吸水管截面积的 3 倍。污水井内还设一个泥箱使污物和泥沙沉淀,不被吸入管内。但如果用作应急吸入口时,吸入口应该直通。

④舱底水系统不允许舷外水倒流回机舱,也不允许各舱室的积水在系统中相互串通,因此,系统的连接管路上都应装设有截止止回阀。

⑤由于舱底水是含有油和各种杂质的污液,为了防止舱底污物堵住吸入口、在舱底水吸口处装有过滤网或泥箱。机舱和轴隧内的舱底水吸口均应设置泥箱,泥箱应设置在花钢板附近的地方,并引一直管至污水井或污水沟。直管的下端或应急舱底吸入口不得装设滤网箱。

⑥舱底水管一般均应布置在机舱的最下层,并尽量保持管路的平直,不允许有过大的起伏,以免形成气囊或存积垃圾。

⑦舱底水泵、压载水泵、消防水泵等必要时相互连通,平时又不妨碍各自的工作。

⑧舱底水泵必须具有自吸能力或装有独立的自吸装置。

⑨机舱舱底污水必须经过油水分离器处理达到国际防污公约的排放标准方可排出舷外,也可将污水暂存于污水舱内,到港后用舱底水泵经甲板上标准排放间接排至岸上或回

收船处理。舱底水系统必须配有向岸上排放的标准排放接头。

⑩对于不同用途的船,如客船、油船、冷藏船等的舱底水系统各有相应的附加要求。

总之,舱底水管系的管径、泵的排量、吸口数量和位置均应能满足相关规范的要求。

4.7.5 舱底水管系布置实例

图4−36所示为某散货船舱底水管系示意图。图中机舱部分设置了三只污水井,污水井4、5位于机舱前部的左右舷;污水井6位于机舱的后部,在主机下部一般设有凹坑,根据情况可以设置污水井,也可以不设;机舱尾部双层底内还设有舱底水舱。货舱内每一舱的后部左右舷也均设有两只污水井;首部锚链舱内也设有污水井。舱底水吸入管末端都设有吸入口。

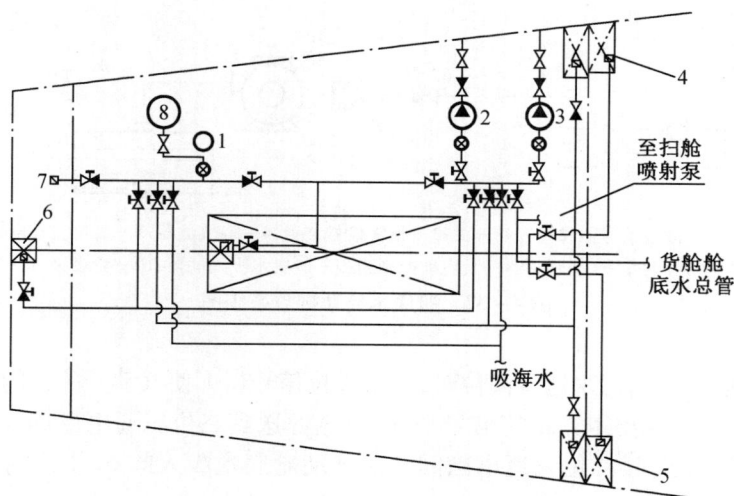

1—油渣泵;2—消防总用泵;3—舱底总用泵;4,5,6—污水井;7—舱底水吸入口;8—舱底水油水分离器。

图4−36 某散货船舱底水管系示意图

在船舶的舱底水吸入处,污水井内或舱底水舱内均设有自动高位报警装置,以便及时启动舱底水泵,排除舱底水。满足无人机舱规范要求的船舶往往还装有阀门遥控系统和舱底水自动排放设施。

系统中还设有专门的舱底水吸入口7和可兼用作舱底总用泵的消防总用泵2,为防止含油污水排至海水中,机舱内设有舱底水油水分离器4。

1. 系统工作原理

舱底水泵或总用泵均可吸各污水井内的污水。一般在每一路舱底水管的两端都设有截止止回阀或止回吸入口,以防止舱底水的倒流。

航行时,通过机舱舱底泵吸入的含油污水必须排至舱底水舱;当船舶靠码头时,可以再将舱底水排至岸上专门的舱底水接收装置。如要排到舷外,则通过舱底水油水分离器分离后,其含油量小于15×10^{-6}时才可排出。货舱污水井内的舱底水或机舱内不含油的舱底水可以通过总用泵抽吸并直接排到舷外。

船舶除在正常航行的状态下,要及时排出货、机舱内,特别是机舱内的舱底水外。为了在船舶发生破损的紧急情况下,对水密舱室在有限进水时也能迅速排水,在机舱最大排量的海水泵吸入管处应安装一只舱底水应急吸口。

2.舱底水自动排放控制

对于自动化程度较高的船舶,均要求在污水井高位时,能将舱底水自动排放至舱底水舱或舷外。图4-37所示是舱底水自动排放系统图。

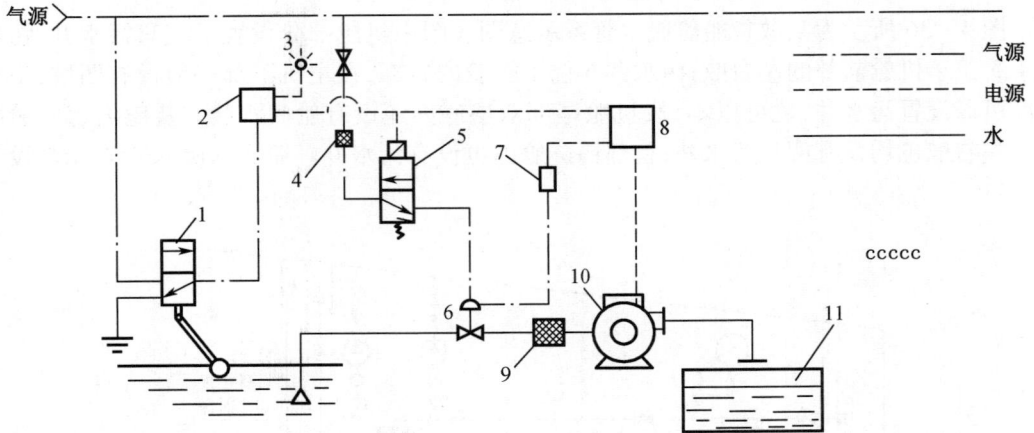

1—气动浮子液位信号器;2—气动开关;3—报警信号装置;4—空气滤器;5—二位三通电磁阀;
6—气动舱底水吸入阀;7—气动开关;8—泵启动控制箱;9—舱底水吸入滤器;10—舱底泵;11—舱底水舱。

图4-37 舱底水自动排放系统图

其工作原理如下:当污水达到高位时,浮子液位信号器1使气动开关2的电触点接通电源。报警信号装置3发出声光报警信号,同时将电源送到二位三通电磁阀5。电磁阀通电后,气源通过空气滤器4、二位三通电磁阀到达气动舱底水吸入阀6,使该阀打开。与此同时,当气动舱底水吸入阀6全开时,气源又被通至气动开关7使其动作,接通泵启动控制箱8的电源,舱底水泵启动,开始将舱底水排至舱底水舱11。当水位降低至一定位置时,液位信号器切换,气源被切断,导致电源切断,声光信号消失,气动舱底水吸入阀6关闭,泵停止工作。

4.8 压载水管系

4.8.1 压载水管系的功用

船舶在营运过程中,需要根据具体的情况调整吃水、稳性、横倾和纵倾,这一任务可借助船舶压载水系统,通过改变各压载水舱中的水量来完成。船舶压载水管系就是将压载水注入各压载水舱,或将各压载水舱的水排出舷外,或将压载水进行舱间相互调驳的系统。

对船舶进行压载和卸载可起到以下作用:

①使船舶在横向保持平衡,在纵向有合乎要求的吃水差;

②使船舶具有适当的排水量和重心高度,以获得高的螺旋桨效率和合适的稳性;

③减小船体变形,避免产生过大的弯曲力矩和剪应力;

④减轻船体和轴系的振动。

在某些特种用途的工作船上,压载水还有其特殊的作用,火车渡轮的压载水起着装卸车厢时的平衡作用;打桩船上的压载水起着保证打桩方向正确的作用;破冰船上的压载水起着压碎冰的作用;潜水艇上的压载水起着使艇沉浮和保持各种状态的作用;浮船坞上的压载水起着使船舶能进出船坞和抬起船舶的作用等。

根据船舶用途、结构和吨位的不同,压载水舱的位置、大小和数量也不完全相同。在货船上,一般把艏尖舱、艉尖舱、双层底舱作为压载舱,还有的加设上、下边舱和深舱为压载水舱。双层底舱、深舱主要用于改变船舶的吃水、艏艉尖舱主要用于调整船舶纵倾,边舱主要用于调整船舶的横倾。少数船上也还专门设有用来调节稳性的上稳性舱和下稳性舱,油船上设有专用的压载水舱。

4.8.2 压载水管系的组成

压载水管系主要由海底阀、滤器、压载水泵、压载水处理装置、阀箱、压载舱、通海阀、压载管路等组成。压载水泵的主要结构形式有活塞式、离心式和喷射泵。如内河船舶一般均采用排量大,压头低的离心泵。采用离心式时,压载水泵应具有自吸式功能。

除油船和化学品船的专用压载水泵外,一般压载水泵均安装在机舱内。压载水泵的配置根据不同的船型有所不同。对小型船舶,压载水量不多,一般不设单独的压载水泵,消防泵、总用泵、舱底泵均可兼作压载水泵。中型船舶也可只设一台压载水泵,但大型船舶均设两台压载水泵。同时由于这些泵的排量很大,要将舱内的水吸干是困难的,所以往往还配有扫舱泵。扫舱泵可以是活塞泵,也可以是喷射泵。两者比较,后者简单得多,施工方便、节约费用,目前被广泛采用。

船舶压载水处理装置就是对船舶排放入海的压载水进行处理的装置,通常采用过滤处理法、紫外线(UV)处理法、氯化法、臭氧处理法、加热法等多种方法来杀灭压载水中的微生物和病原体。船舶在加装压载水的同时,海水中的生物也随之被加装入到压载舱中,直至航程结束后排放到目的地海域。压载水跟随船舶从一地到他地,从而引起了有害水生物和病原体的传播。压载水的无控制排放可能会对海洋生态系统、社会经济和公众健康造成危害。为了更有效地控制船舶压载水传播有害水生物和病原体,国际海事组织(IMO)于2004年通过了《国际船舶压载水和沉积物控制和管理公约》(简称"公约")。"公约"自2009年开始,规定所有新建船舶必须安装压载水处理装置,并对现有船舶追溯实施。"公约"对压载水的处理标准,即处理水中可存活生物的种类及数量做了明确规定。压载水处理系统的有效性是根据在经过处理的压载水中,最大允许可存活的有机物数量来评估的,即每立方米水中含有不超过10个大于50 μm 的可存活有机物和每毫升水中含有不超过10个10 ~ 50 μm 之间的可存活有机物。

4.8.3 压载水管系的布置

根据管路的布置,压载水管系主要有以下几种布置形式。

1. 支管式

采用这种形式时,各压载舱用支管与集合管连接,集合管至压载泵用总管连接,压载泵设在机舱内,集合管设于机舱前壁或后壁,如图4 - 38所示。

这种布置形式的特点是各舱均可独立排水和注水,管理方便,总管短、支管长。

支管式布置适用于双层底内压载舱,且压载管径较小、压载舱数不多的小型船舶。

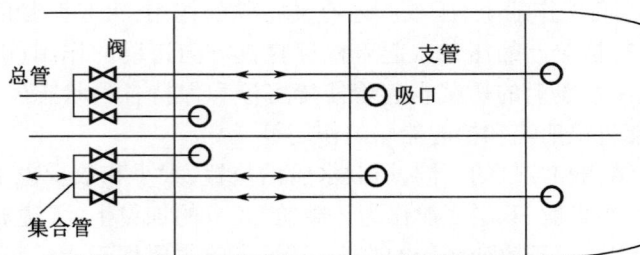

图 4 – 38　支管式压载系统

2. 总管式

总管式布置沿船长方向纵向铺设总管,从总管向压载舱引出支管,在支管上安装阀和吸口。双总管式一般均设有两台压载泵。这种形式被广泛采用,其变形有单总管式、双总管式、环形总管式等几种,每舱的吸口可能有一个或两个。

单总管式压载系统如图 4 – 39(a) 所示,结构简单、布置方便,适用于 1 000 t 以下的小型船舶。

双总管式压载系统如图 4 – 39(b)、图 4 – 39(c) 和图 4 – 39(d) 所示。图 4 – 39(b) 适用于稍大一些的船舶,载重量(DW)一般不超过 5 000 t。对于更大的船舶因压载水量大,压载管直径也大,不容易将舱内的水抽吸干净,一般须设扫舱吸口。图 4 – 39(c) 所示为另设两根扫舱总管的方式,图 4 – 39(d) 所示为不另设扫舱总管,扫舱吸口直接接在压载总管上的形式。

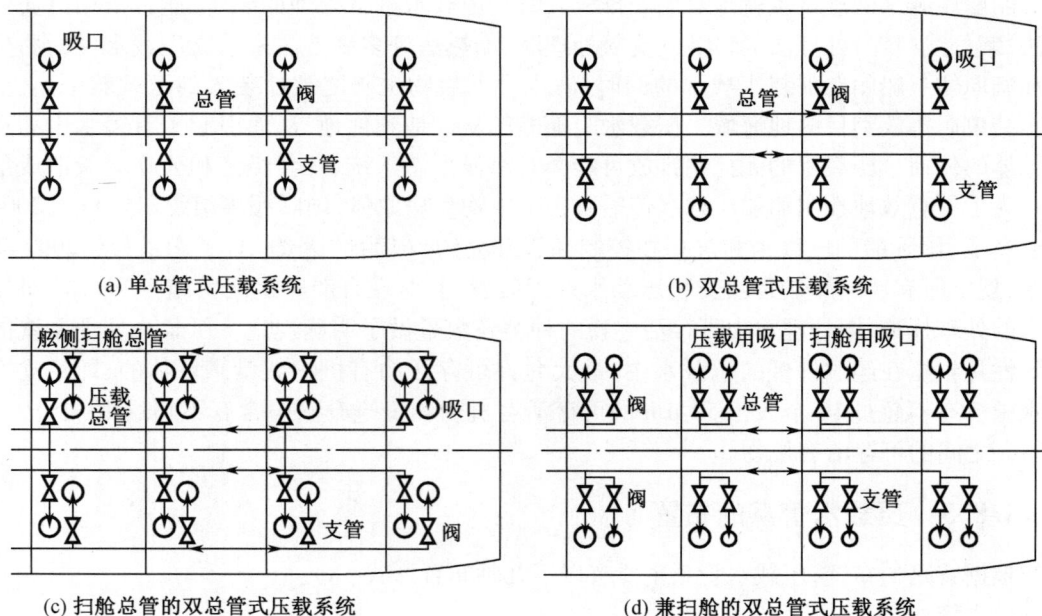

(a) 单总管式压载系统

(b) 双总管式压载系统

(c) 扫舱总管的双总管式压载系统

(d) 兼扫舱的双总管式压载系统

图 4 – 39　总管式全船压载系统

环形总管式这种形式在大中型船舶上被广泛采用,是把两根总管首端连接起来。这种方式一般配有两台压载泵。支管的布置可以如图 4 – 40(a) 所示对称布置,也可以如图

4 –40(b)所示不对称布置。与总管式布置一样,环形总管式也须另设扫舱总管或将扫舱吸口接到环形总管上。

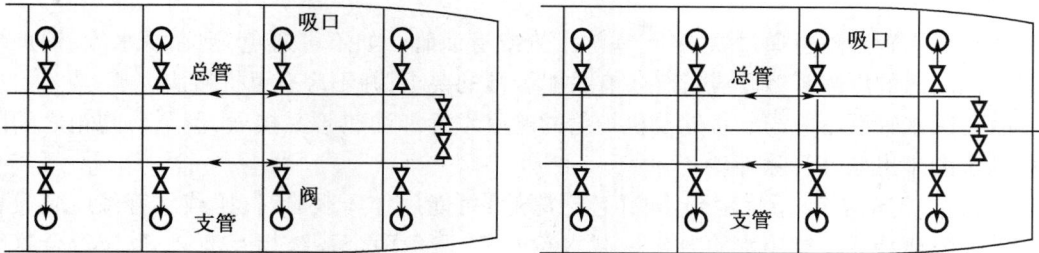

(a) 支管对称布置的环行双总管式压载系统　　　(b) 支管不对称布置的环行双总管式压载系统

图 4 –40　环形总管压载系统

3. 管隧式和半管隧式

对于总管式及环形总管式压载管路,压载管和阀都浸没在双层底压载水舱内,维修保养很不方便,所以很多大中型船舶均采用管隧式或半管隧式布置。这是指在船的双层底内设一管隧,一般设在船中纵部位,压载总管就布置在管隧内,可以是总管式,但大多为环形总管式,如图 4 – 41 所示。如果在船长方向,只有一部分设管隧,则称为半管隧式,如图 4 –42 所示。

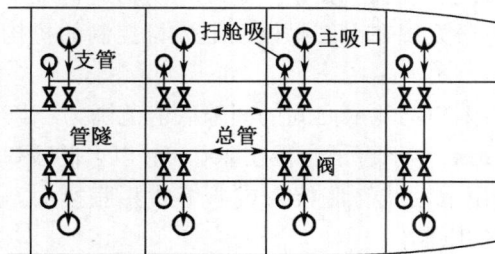

图 4 –41　管隧式压载系统

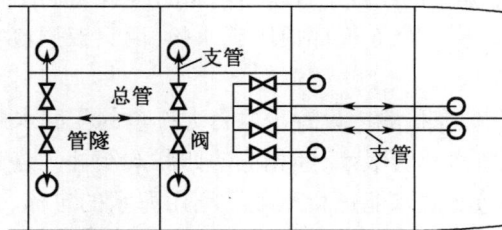

图 4 –42　半管隧式压载系统

4.8.4　压载水管系的一般要求

①压载水管系布置和压载水舱吸口的数量,应使船舶在正常营运条件下的正浮或倾斜位置均能排出和注入各压载水舱的压载水。

②当压载水舱的长度超过 35 m 时,一般应在舱的前后端均设置吸口。

③压载水管系的布置必须避免舷外水或压载水舱内的水进入货舱、机器处所或其他舱室。

④压载水管系不得通过饮水舱、锅炉水舱或滑油舱。如不可避免,则在饮水舱、锅炉水舱或滑油舱内的压载管壁厚应符合各有关船级社的要求,并不应有可拆接头。

⑤压载水管系不应与干货舱及机炉舱的舱底水管和油舱管系接通,但泵与阀箱之间的连接和泵的排出舷外管除外。

⑥根据 CCS 规定,干货舱或油舱(包括深舱)可能用作压载舱时,压载水管系应装设盲板或其他隔离装置。饮用水舱兼作压载水舱时,为避免两个系统相互沟通,也应符合这个要求。150 总吨及以上的油船和任何客船,以及 4 000 总吨及以上的其他船舶,一般不应在燃油舱内装载压载水。倘必须在燃油舱内装载压载水,则应设有适当的防止含油压载水污染海洋的设施。

⑦压载水管系的水源管路必须直接从海水总管引出,在任何一管路的中间不能有止回装置,也不应与任一无关管路连接。

⑧压载舱内的吸入管不允许有气囊存在,以防止吸入困难。

⑨压载水管穿越艏、艉防撞舱壁时,CCS 规定,低于干舷甲板的防撞舱壁只允许通过一根管子,以处理艏、艉尖舱内的液体。而且该管子通过舱壁处必须设置一只能在干舷甲板(客船为舱壁甲板)以上操纵的截止阀。该阀阀体应直接安装在艏尖舱内的舱壁上,但除客船外的船舶也可以装在防撞舱壁后侧,其条件是在一切营运情况下,该阀应易于接近,其所在处所不是装货处所,且不必设置在干舷甲板以上进行控制的机构。该阀的材料一般为铸钢或青铜。

⑩根据经验,压载水吸入口与舱底之间的间隙取值范围为:对于管子通径在 200 mm 以下的吸口,安装间隙取 20 mm;对于管子通径在 200 mm 以上的吸口,取 30 ~ 50 mm。

⑪压载水管路一般使用滑动式膨胀接头或弯管式膨胀接头。应注意船级社规范对滑动式膨胀接头的使用场合的限制。

4.8.5　压载水管系实例

图 4 - 43 所示为大型船舶上的压载水管系。全船的压载水舱有:艏、艉压载水舱,NO.1 ~ NO.6 双层底压载水舱,NO.1 ~ NO.6 上部边压载水舱,两只双层底重柴油舱亦可兼作压载水舱。

为了能快速调驳压载水,在机舱内设置了两台大排量的压载水泵,其工作原理如下:

①注入。压载水泵自海水总管吸水,经相应的四联阀箱注入各双层底压载水舱或经相应的三联阀箱注入各上部边压载水舱进行压载。利用海水的自流,也可将压载水注入至各双层底压载舱。

②排水。双层底各压载水舱的压载水,可由压载水泵经相应四联阀箱吸水后即排至两只排水集合并排出舷外。上部边压载水舱的压载水可通过自流排出。

③调驳。双层底左右压载水舱之间的压载水可通过相应的四联阀箱由压载水泵进行调驳。在必要时,双层底重柴油舱可兼作压载水舱。所以在两只四联阀箱的接管上有两根是与燃油管系重柴油阀箱相接,平时则用截止阀或盲板隔断。当压载水泵损坏时,也可由舱底消防总用泵代替工作。两台压载水泵可以只用一台,另一台备用;或者两台同时使用,

以加速压载。

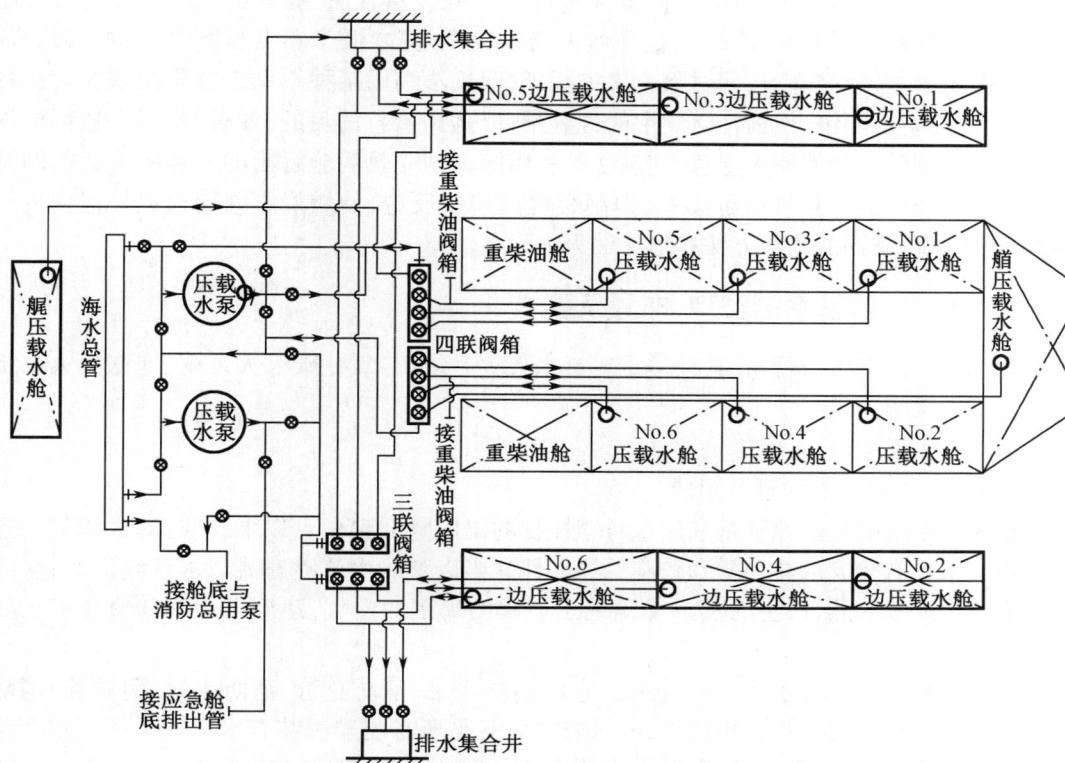

图4－43　大型船舶上的压载水管系

4.9　消防管系

4.9.1　消防管系的功用及原理

船舶上发生火灾是十分危险的,特别是客船、油轮。火灾不仅对人员产生威胁,使货物遭受损失,严重时则船毁人亡。船舶上的防火和灭火工作十分重要,船舶建造规范专门对船舶消防做出详细明确的规定和要求,没有消防设施的船舶不得建造、不得使用。船舶上设置消防管系的作用是预防和扑灭船舶火灾。

火灾一般是由物质着火燃烧引起的,物质着火燃烧必须同时具备三个条件。

①可燃物质:能在空气或其他氧化剂中发生燃烧反应的物质,按形态可分为固态、液态和气态三种。

②助燃物质:与可燃物质相互结合能导致燃烧的物质,如空气中的氧气。

③着火源:凡能引起可燃物质燃烧的热能源,如明火、暗火、静电感应电火化、摩擦热等。

不同的火灾有不同的施救方法,灭火的原理就是根据不同的燃烧种类,破坏其燃烧或爆炸的条件,使燃烧三要素(可燃物质、助燃物质、着火源)不能同时共存,而达到扑灭火灾的目的。

船舶灭火的基本方法有列四种,即隔离法、冷却法、窒息法、抑制法。隔离法是将可燃物迅速与燃烧物分隔开来;冷却法是降低火场的温度,使之低于燃点温度,如用水、灭火剂喷洒在燃烧物上,使之降温,同时阻止火灾蔓延;窒息法利用某种不助燃物质覆盖在燃烧物表面,使之与空气隔绝,或稀释空气中的含氧量,以达到窒息的目的,如黄沙、湿毛毯都可以覆盖在燃烧物的表面而使火窒息;抑制法是利用灭火剂受热后分解出的一种极为活跃的游离基夺取燃烧中的氧和氢氧游离基,抑制燃烧的连锁反应,使燃烧中断而灭火。根据火灾的种类,要采用不同的施救方法和适用的灭火设备。

4.9.2　消防管系的类型、布置及要求

船舶上都设有消防管系,其种类主要有水灭火系统、二氧化碳灭火系统、泡沫灭火系统和干粉灭火系统。

1. 水灭火系统

（1）水灭火系统的原理及组成

水灭火系统的基本原理是利用水将燃烧物的温度降低到燃点以下,同时对火源起到窒息作用。水具有较大的热容量和较小的导热性。当以整股水流喷射或以雾状喷洒时,水的蒸发吸收了大量的热,产生的蒸汽又隔绝了燃烧的周围的空气,达到了冷却和窒息灭火的目的。

水灭火系统以舷外水为工作介质。它由消防水泵、消防总管、消防支管、消防栓、消防水带和水枪、喷嘴等组成,结构简单、取水容易。几乎所有船舶都装有水灭火系统。在客船上的某些舱室,顶部装有自动洒水器,当舱内起火时,通过传感器自动洒水灭火。

水灭火系统用于扑灭机舱、干货舱、居住舱室和公共舱室内的火灾;扑灭甲板、平台、上层建筑等露天部分的火灾和扑灭其他船和码头建筑物的火灾。但水灭火系统不能扑灭油类的燃烧,因为油比水轻,油会在水的自由液面上蔓延,随着在水的流动使火势扩大。正在工作的电器设备舱室的灭火,也不宜用水,因为水能导电,可能导致短路。

水灭火系除了用于消防灭火外,也可以用于消防水冲洗甲板、舱室和洒水降温。

（2）水灭火系统的布置

水灭火系的布置形式与船舶的大小、结构形式、用途有关,在船舶的不同区域其布置形式各异。

水灭火系统的布置形式按消防总管布置形式分为直线形布置、环形布置和混合布置三种。

直线形布置,其消防总管从船首到船尾呈直线形,再由消防总管分出若干支管及分支管到消防栓处。这种布置结构简单、管路少,适用于小型船舶或大型船舶的宽敞甲板上和机舱内。

图4-44所示为水灭火系统的直线形总管布置。消防总管5布置在船舶两舷,小机舱内设有两台消防泵1(其中一台可以为总用泵),机舱外设有一台应急消防泵3,它们可分别从海水总管2和独立的海水门及应急消防泵通海阀4吸入海水;经消防总管5通往机舱、甲板及上层建筑等处。这种布置在需要的地方开出支管,设置消防栓,以便在火灾发生时与消防水管和水枪连接。

水灭火系统环形总管布置是由机舱内的消防泵引至上甲板的上方(一般在货舱区域)

或第一层舱室甲板的下面,随后沿舱口围或上层建筑组成环形总管;在总管上装有若干截止阀,以增加其生命力;位于艏艉两端的舱室,则由环形总管接出支管。环形总管布置适用于大型船舶或上层建筑区域。图 4-45 所示为水灭火系统的环形总管布置图。

(a)

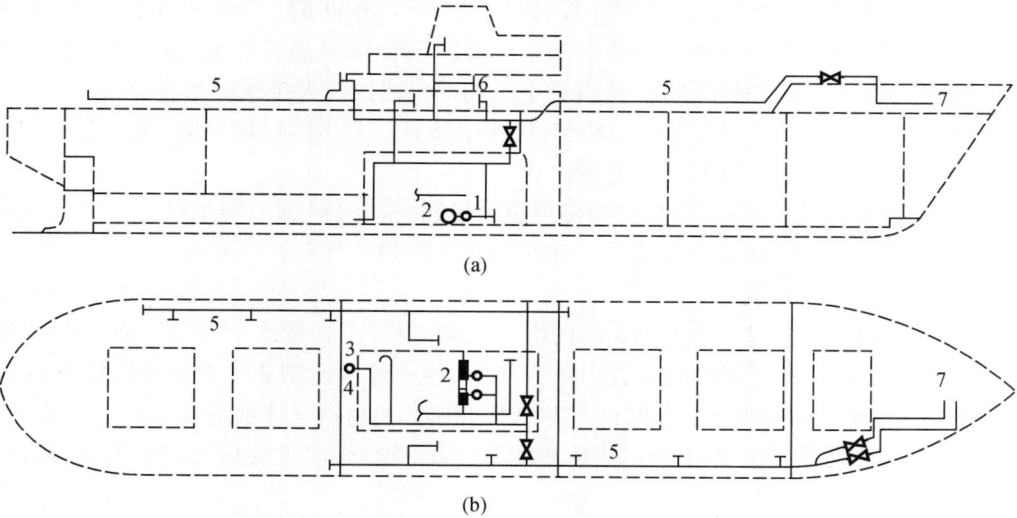

(b)

1—消防泵;2—海水总管;3—应急消防泵;4—应急消防泵通海阀;
5—消防总管;6—国际通岸上接头;7—锚链冲洗。

图 4-44　水灭火系统的直线形总管布置

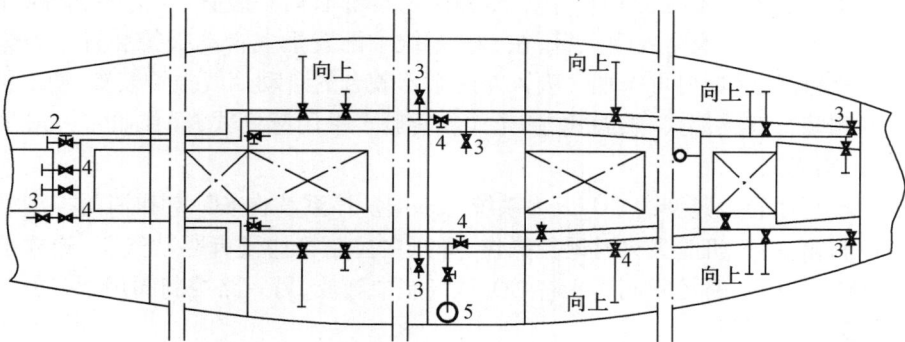

1—环形总管;2—支管;3—消防阀;4—截止阀;5—消防泵接出的总管。

图 4-45　水灭火系统的环形总管布置

在客船和大型船舶上,为了提高系统的生命力,不仅要采用环形总管,而且还装有横向连通管,接通两舷的总管,并在总管上装若干截止阀,分成几个小的环形管路,甚至在船舶中央纵向引出一直线总管,再分出若干支管。

环形总管的优点是能增强系统的生命力。当某一段环形总管发生故障时,则可以通过关闭附近的截止阀,切断对该段管路的供水,而其他消防管路仍能继续发挥作用。它要求总管上配有足够的截止阀,因而阀件多、管路比较复杂,安装的工作量也大。

其实,船舶上的水消防系统的布置均采用混合布置的形式,即既有环形布置也有直线形布置。如一般货船的机舱或甲板上为直线形布置,而上层建筑为环形布置。

（3）水灭火系统的一般要求

①所有消防水泵应为独立机械传动,通常采用离心泵。卫生水泵、压载水泵或总用水泵如符合消防水泵的有关要求,均可作为消防水泵使用。

②各消防水泵(应急水消防泵除外)的排量最好采用相同的。如各水泵排量不同,则最小一台水泵的排量不应小于所需消防水泵总排量的80%除以消防水泵台数,且至少应满足两股射程不小于12 m水柱的要求,其排量不足的部分应由较大排量的水泵补偿。

③对于大于及等于1 000总吨的船舶,应至少备有一只国际通岸接头,可由船舶的任何一舷连接,以便在船舶失火时,相互救援灭火。

④消火栓的布置和数量,应至少能将两股不是同一消火栓所出的水柱射至船上人员经常到达的任何部位。消火栓位置应便于连接消防水带和进行有效的灭火。

2. 二氧化碳灭火系统

二氧化碳(CO_2)常温下为无色无味的惰性气体,空气中含量达15%以上时能使人窒息死亡;达28.5%时可使空气中的含氧量降至15%,使一般可燃物质的火焰逐渐熄灭;达43.6%时使空气中的含氧量降至11.8%,能抑制汽油或其他易燃气体的爆炸。

二氧化碳灭火系统主要用于干货舱、燃油柜、货油舱、柴油机的扫气箱和消音器等处的灭火。

二氧化碳灭火系统的主要优点是不仅能扑灭一般火灾,而且能扑灭油类和电器设备的火灾;同时对设备无损害,但是二氧化碳对人有致命的危险(若舱室中含有6%~8%的二氧化碳气体,人在内停留30 min以上时就有中毒的可能),因此在使用时要特别小心。

（1）二氧化碳消防灭火系统的原理及组成

二氧化碳消防灭火系统由CO_2钢瓶、瓶头阀、分配阀、启动装置、压力表、管路和自动烟雾探测装置等组成。为及早发现火警,在CO_2系统中配置烟气自动报警装置。当舱室着火时,在舱室中设置的吸烟口可将烟气吸入并送至驾驶台的自动烟气报警装置,使之报警。

烟气探测装置有感烟式、感温式、感光式。货舱多采用感烟式,居住舱室一般采用感温式,机舱采用感光式。

图4-46所示的为典型的CO_2灭火系统原理图。该系统在CO_2室和消防控制站内各设置一只主控制箱,用于机舱失火时遥控操作;每只主控制箱均设有驱动气瓶、施放报警装置和两路控制阀,其中一路控制阀用于将CO_2从气瓶中施放,另一路控制阀用于打开CO_2施放至机舱的管路上的阀门。

系统的工作原理是当机舱失火时,可以在CO_2室或消防控制站内打开主控制箱的门,此时施放报警装置立即通过继电器箱使机舱内的声光报警发出报警,通知人员撤离。同时机舱风机关闭,必要时应通过设于消防控制室内的控制阀箱将所有燃油箱柜的出油阀关闭。在确认失火区域内所有人员均撤出后,关闭所有的透气口、机舱门和舱盖。然后依次打开主控箱内控制阀和驱动气瓶瓶头阀,确认驱动气体的压力为2.0 Mpa,驱动气体通过控制管路打开至机舱施放管路上的气动阀和CO_2气瓶上的瓶头阀,CO_2瓶内的气体就经过高压软管和竖形止回阀进入总管内,使规定容量的CO_2气体喷入指定地点,达到灭火的目的。在至气动阀的控制管路上还设有一只时间延迟继电器,其作用是使机舱内的人员有一定的撤离时间;当货舱内失火时,首先确认失火的是哪个货舱。该系统设有两台风机和烟雾探测装置,当风机通过设于货舱内烟雾探头和管路抽出空气时,烟雾探测装置就能测出空气中烟雾的含量。烟雾达到一定含量时,烟雾探测装置会发出报警并显示发生火灾的地点。因此根据烟雾探测装置上的显示就可确定失火舱室。然后在 CO_2 室内先打开相应的施放阀，从手柄上拉出安全插销，手动推动与 CO_2 气瓶相连的气缸上的拉杆，打开 CO_2 气瓶上的瓶头阀，将 CO_2 气体施放到失火舱室。根据置于 CO_2 室内指示牌确定施放 CO_2 气瓶的数量。

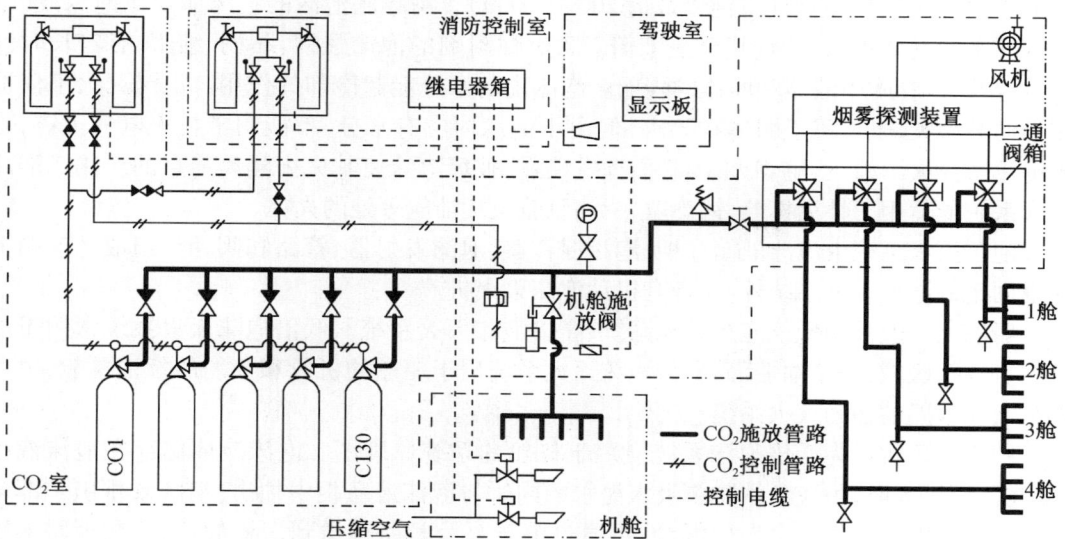

图 4 – 46　CO_2 灭火系统原理图

（2）二氧化碳灭火系统的一般要求

①每个 CO_2 钢瓶的瓶头阀至总管的连接管上应装有止回阀，防止使用时高压 CO_2 进入其他低压 CO_2 瓶内。瓶头阀与总管连接必须使用认可型的高压弹性软管。

②分配阀箱至每一个保护处所应有独立的支管，并应设有对应的控制阀——快开阀，阀上须标明被保护处所的名称。

③二氧化碳灭火系统的所有管路阀件都要能在站室内集中控制。

④集合管至分配阀箱的总管上应装有能测量 0～24.5 MPa 的压力表。

⑤在总管或分配阀箱上，应装设压缩空气吹洗接头，必须装设截止止回阀或可拆快速接头。

⑥CO_2 管路不得通过居住处所，并应避免通过服务处所。如无法避免时，则通过服务处所的管子不得有可拆接头。同时管路不可通过冷藏处所，除非有特殊的隔热层，至货舱的管子不准通过机舱。

⑦管路的布置应有适当的斜度，一般为 1:30。使水不易在管中积聚或冰冻。在管路的最低处应装置放水设备，如放水旋塞、塞头等。

⑧货舱及机舱的 CO_2 喷头数量和位置应满足船级社的要求（GL 有明确要求，其他船级社的船可参考）。喷头布置应尽量接近易于失火的地点，并在保护舱室内均匀分布。

⑨CO_2 管路一般采用无缝钢管，并应镀锌。CCS 要求主阀至分配阀箱前使用 I 级管，其他为 II 级或 III 级管。

⑩对于任何经常有人在内工作或出入的处所，应设有施放自动声光报警装置和在控制阀的气动管路上设置时间延迟继电器，使用时能延迟适当时间后才实现 CO_2 施放。

3. 泡沫灭火系统

这种系统中的泡沫是一种由碳酸氢钠与发泡剂的混合液和硫酸铝混合接触产生的 CO_2 泡沫,按其发泡倍数分低、中、高膨胀泡沫(低倍数泡沫发泡倍数低于20;中倍数泡沫发泡倍数为20~200;高倍数泡沫发泡倍数为200~1 000)。高膨胀泡沫的泡沫体积比泡沫液(泡沫剂和水的混合物)大几百甚至上千倍。含有黏附剂的泡沫强韧、黏稠、细密,有较长时间的稳定性,可黏附于液体和固体的表面。泡沫内的水分能起冷却的作用。泡沫灭火不仅适用于油类火灾,也可用于固体物灭火,但由于泡沫内含有水分,不能用于扑灭电气火灾,也不能用于扑灭酒精、乙醚着火,因它们挥发性强,破坏泡沫使其失去隔离窒息的作用。泡沫灭火系统最适用于扑灭机舱、锅炉舱、货油泵舱及货油舱等处的火灾。

泡沫灭火系统由泡沫液储存柜、泡沫混合器、泡沫发射器、管路和阀件等组成。船舶上除设固定的泡沫灭火系统外,还备有机动泡沫灭火机。

船舶上一般采用低倍泡沫灭火系统、高倍泡沫灭火系统。低倍泡沫灭火系统常用于油船的货油舱区域、小型油船等;高倍泡沫灭火系统用于船舶的机舱和油船的货油泵舱,也可作为液化气船的辅助灭火系统。

图4–47所示为低倍泡沫系统应用于机舱的系统原理图。泡沫液体储存在泡沫液柜内,在需要灭火时,由应急消防泵吸入海水的同时将泡沫液从柜中抽出,消防泵排出一部分海水与泡沫液在比例混合器中混合,再通过消防泵及管路输送到需要的地方,在管路末端的空气—泡沫喷嘴中产生泡沫并喷出。图4–48所示为高倍泡沫灭火系统原理图,其原理与低倍泡沫灭火系统相似。

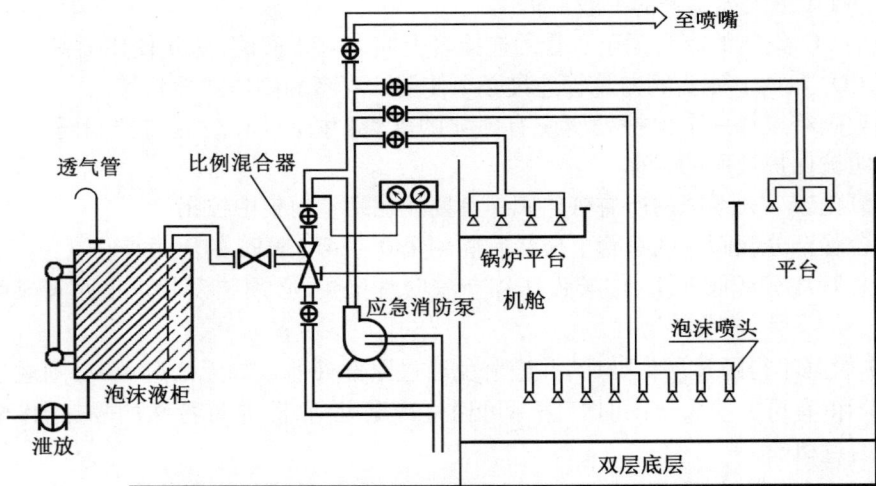

图4–47 低倍泡沫灭火系统原理图

4. 干粉灭火系统

干粉灭火剂是一种粉状混合物的灭火剂,它的主要基料是碳酸氢钠、碳酸氢钾、氯化钾、尿素–碳酸氢钾和磷酸–铵,再加入各种添加剂。干粉在50 ℃以下是稳定的,可允许短时间内达到66 ℃。注意不要把不同的干粉混合,以防止产生危险的化学反应。使用时将粉末喷洒到着火处即可。

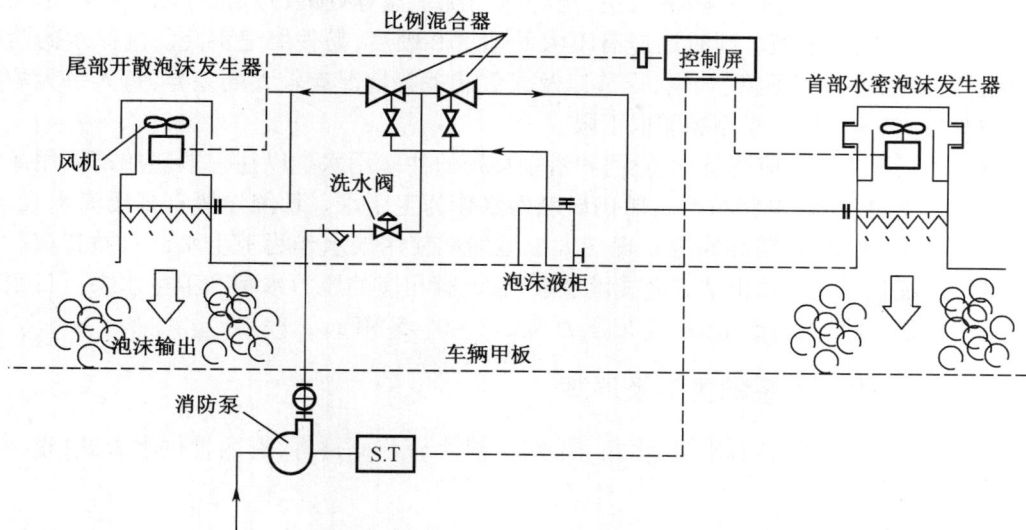

图4－48　高倍泡沫灭火系统原理图

干粉能够灭火是由于以下几个作用的综合结果：

①窒息作用：干粉中的碳酸氢钠被火加热后释放 CO_2 起窒息作用，同时干粉分解的磷酸铵在燃烧物表面留下黏附的残留物（偏磷酸）亦将燃烧物与氧气隔绝。

②冷却作用：干粉受热分解需吸热，从而起到冷却作用。

③辐射的遮隔作用：干粉云雾把燃料与火焰辐射的热量遮隔。试验证明这种遮隔作用相当重要。

④连续中断反应：燃烧区中游离基团之间的相互反应是维护燃烧的必要因素，而干粉的撒入可中断这些反应。研究显示这种作用是干粉灭火的主要原因。

干粉主要用于扑灭易燃液体表面的火灾。干粉不导电，所以也适于扑灭电气设备的火灾，即干粉灭火系统可用于液化气船的货物区域和带燃料库的直升机平台的灭火。

4.10　供水管系

4.10.1　供水管系的功用及组成

船舶供水管系是保证船员和旅客的日常生活需要而设置的生活用水系统，所以也称为生活用水系统、日用水系统。它可分为饮水系统、洗涤水系统和卫生水系统。

饮水系统主要供应卫生合格、充足的炊事用水、饮用水和医疗用水等，将饮水送到茶桶、厨房、医务室、机炉舱和其他舱室的水柜中。船上的饮水一般来自岸上的自来水，应急时也可使用船上制淡装置产生的蒸馏水，但建议煮沸后饮用，这是一种简便而有效的消毒方法，也可通过其他的消毒设备消毒，如氯气杀菌、紫外线杀菌、臭氧杀菌等，常用的是紫外线杀菌设备，波长约为 2 600 Å 的紫外线杀菌力最强，是否矿化处理因船而异。饮水的消耗量一般为每人每天 30~50 L，还应包括主辅机的冷却水漏泄量，和辅锅炉（废气锅炉）的补充水量。饮水应符合《生活饮用水卫生标准》（GB 5749—2006）。

洗涤水系统主要供应浴室、洗衣室、洗物池和洗手盆等处的冷热洗涤水。洗涤水应透明、无恶味无传染病细菌。同时还应有不大的盐度和硬度,易使肥皂溶化。洗涤水的消耗量随船型、航区、人种、国籍、气候、季节以及人数装备等情况有较大的差异,每人每天的消耗量一般为 100 ~ 200 L,小型船舶取下限。

卫生水系统主要供应厕所、洗脸间和浴室等处的冲洗用水。以往一般船舶都采用海水(舷外水)作为冲洗水,一些小型船舶仍以舷外水作为卫生水。系统设置有日用海水泵、海水压力柜、卫生水泵、管路和阀等。现在大中型船舶使用淡水作为卫生水已日益普遍。卫生水供应系统常用的形式也是压力式供水系统,设有相应的压力水柜和卫生水泵。日用卫生水泵的排量一般为 3 ~ 5 m³/h,排出压力为 0.2 ~ 0.45 MPa。

4.10.2　供水管系的类型及原理

供水管系的主要设备有水泵、水柜、热水器、供水管和阀件等,有两种供水方式,重力式供水和压力式供水。

1. 重力式供水管系

图 4 - 49 所示为重力式供水管系示意图。它是一种最简单的供水方式,日用淡水泵将淡水从淡水舱内打入重力水柜内,重力水柜应设置在所有用水处的高处,淡水可通过重力水柜的出水管、截止阀 5 流入供水总管 6,然后经各路支管流至各用水处。

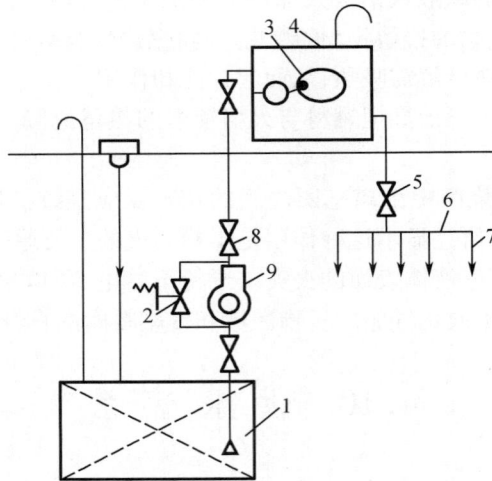

1—淡水舱;2—安全阀;3—液位继电器;4—重力水柜;5—截止阀;
6—供水总管;7—支管;8—截止止回阀;9—离心泵。

图 4 - 49　重力式供水管系示意图

这种供水方式的特点是装置简单、造价低廉,用水处的出水压力稳定,即使是离重力水柜较远处的压力变化也不大。另外,当日用淡水泵发生故障时,尚可短时供给一定数量的水。

但这种供水方式其重力水柜占据空间大、质量大、位置高,使船的重心提高,一定程度上影响了船舶稳性;且因管路常布置在舱外,在寒冷航区,必须加强防冻措施等。

重力式供水管系适用于小型船舶、驳船或在停泊作业时,要求尽量减少振动及噪声的科学调查船等。

2. 压力式供水管系

目前,大中型船舶基本上采用压力式供水方式。压力供水的特点是设置压力水柜,借助水柜中压缩空气的压力将水送至各用水处,压力水柜的布置不受高度的限制。在大中型船舶上,至少应设置两个压力柜:一个是海水压力柜,供应卫生水;另一个是淡水压力柜,供应饮水和洗涤水。

压力式供水管系的工作原理如图4-50所示。由于压力水柜密封,当水泵1从淡水舱11吸水向压力水柜8进行充水时,随着水面的升高,柜内上部的空气逐渐被压缩而产生压力。当水充到设定压力时,水泵1即停止供水,压力水柜2内的水就依靠柜内上部空间被压缩了的空气的压力,需要时经管路、阀件输至各用水处。为保障正常工作,压力水柜顶部设有压力表9和安全阀8,还设有压力开关7以便自动控制水泵1的工作。当柜内压力低于设定的最低工作压力时,则由压力开关7自动启动水泵1。当柜内压力达到设定的最高工作压力时,压力开关7自动停止水泵1供水。为补充柜内空气的消耗,通常在压力水柜顶部接压缩空气注入管。

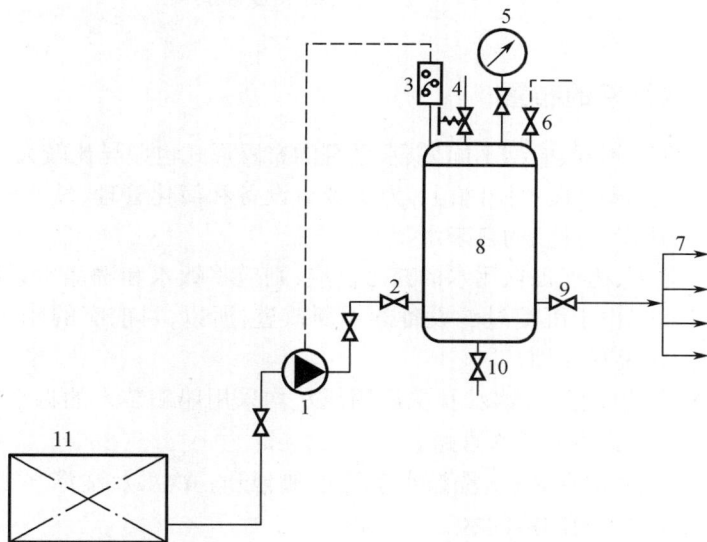

1—淡水泵;2—截止止回阀;3—压力开关;4—安全阀;5—压力表;6—充气阀;
7—供水支管;8—压力水柜;9—截止阀;10—泄水阀;11—淡水舱。

图4-50　压力式供水管系的工作原理

压力水柜的上限压力随系统设计的参数而定,一般在0.3~0.5 MPa之间;高、低压的差值一般在0.1~0.25 MPa。

如果船上需要供应热水,则在供水系统中加设加热器。加热器有蒸汽加热、电加热和燃油加热三种,其中蒸汽加热最为常见。

压力式热水供应管系的工作原理如图4-51所示。密闭的加热器3内设有蒸汽加热盘管6,蒸汽通过温度调节阀5进入加热器3。一般加热温度控制在70~80℃,蒸汽量的多少由温度调节阀5自动控制。从加热器出来的热水供应管路一般均应包扎绝热材料,防止热量散失。大型船舶或热水消耗量大、管路较长的船舶,则设一专门的热水循环泵,使热水进行强制循环,以便随时供应热水。

压力水柜供水设备质量、占地小,可设于任何较低的部位,能自动控制,使用方便。

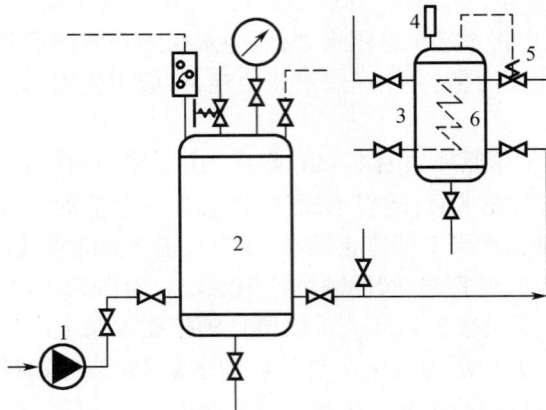

1—水泵;2—压力水柜;3—加热器;4—温度计;5—调温阀;6—蒸汽盘管。

图4-51　压力式热水供应管系

4.10.3　供水管系的布置

由于船舶航行区域不同、船型不同,供水系统的布置形式也差异比较大。

在人员不多或短航程的小型船舶上,为了减少设备和简化管理,饮水和洗涤水通常合并成一个系统,均采用岸上灌注的自来水。

在内河大型客轮上,为保证饮用水的充足供应,则应将饮水和洗涤水系统单独分开,卫生水直接用舷外江水。由于沉淀过滤设备的不断改进,所以,目前有的船舶饮水和洗涤水都是由江水经过滤、沉淀后使用。

在一些沿海短途的船舶上,饮水及洗涤用淡水均采用船舶装入的自来水,这时饮水管路与洗涤水管路合并作为生活淡水管路。

远洋船舶,则往往将饮水系统、洗涤水系统单独分开。饮水及洗涤水一般来自岸上的自来水或船上制淡装置产生的蒸馏水。

船舶卫生水系统单独布置。

4.10.4　供水管系的一般要求

①当系统局部发生故障时,为了不致影响整个供水系统的工作,同时也避免大直径的供水管,可采取分区供水,即将全船划分为几个用水区,各区直接从压力水柜的输出管上引出一路供水干管,并装设截止阀,分别控制。客船通常按甲板层或客舱等级来划分供水区域,这样可使系统更加灵活、可靠。

②供水干管应力求避免通过居住舱室、食品库和物料舱等处,通常各种供水总管敷设在各层甲板两边过道上方,然后再由总管引出支管到附近的各室内用水设备。

③当几个用水区相距较远时,可按分区设置加热器,分别向集中在各自区内的几个用水处供热水,以免热水管路过长。

④压力水柜应符合有关受压容器的要求。

⑤压力水柜的容量、水泵的规格均要根据船舶的用水情况进行计算后确定。

4.10.5　供水管系实例

图4-52所示为某船供水管系原理图。

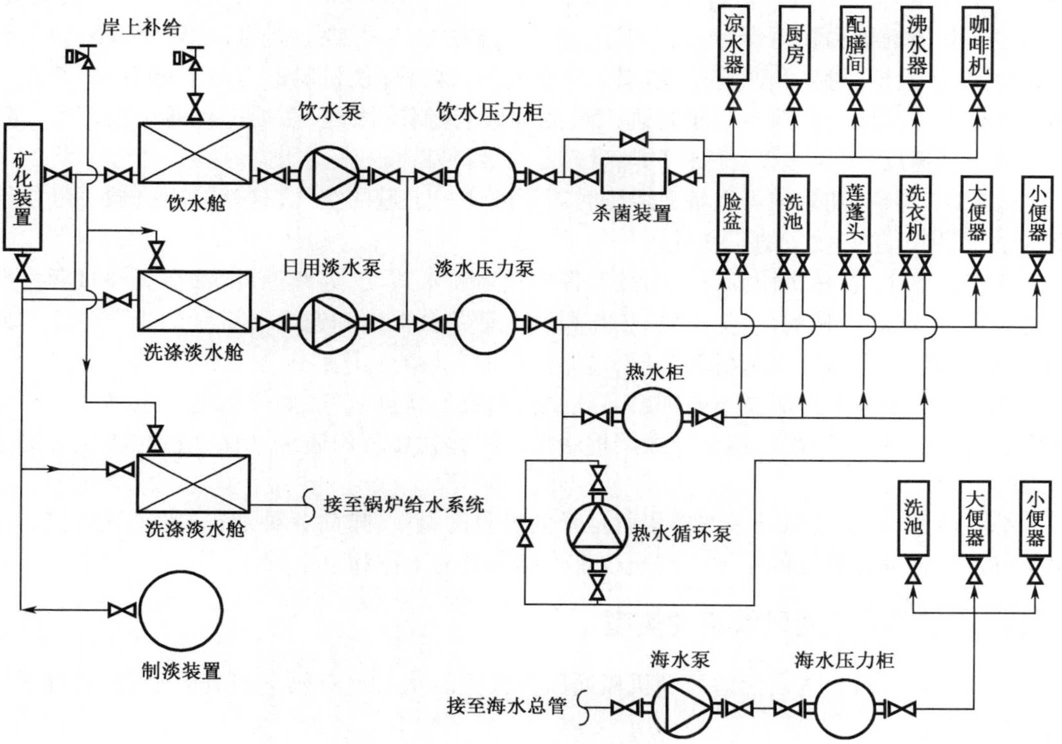

图4-52　供水管系原理图

系统中饮水舱、洗涤淡水舱的水来自岸上自来水。系统中设置了饮水泵、日用淡水泵可抽吸饮水舱、洗涤淡水舱的水,分别送至饮水压力柜及淡水压力柜中。饮水压力柜的饮水经杀菌、加热装置处理后送至饮用水设备中。淡水压力柜供应浴室、洗衣室、洗物池和洗手盆等处的冷热洗涤水,也有的直接用淡水压力柜的淡水作为卫生水使用。

卫生水供应系统采用压力式供水系统,由海水泵通过海水总管吸入舷外海水进入海水压力柜,压力柜通过管路与大、小便器及洗池等用水设备相连。海水压力柜内的海水用于冲洗卫生洁具。

4.11　机舱通风管系

4.11.1　机舱通风管系的功用

船舶机舱的通风是保证机舱良好的工作环境、完善管理人员劳动和卫生条件的一项必不可少的重要措施。此外,为了保证主、辅机、锅炉及某些机械设备所需的空气量,机舱通风的必要性也就更加的突出了。为此,在大中型船舶的机舱中都有比较完备的通风管系。

即便在没有专门的通风管系的小型船舶中,也要利用天窗、烟窗与外界相通的通道以及自然通风头等来实现自然通风。其原因是:

①在机舱内安装有主机、辅机、辅锅炉及管系等机械设备,这些设备在运行时每时每刻都要散发大量的热量,其中主机散发的热量占机舱热量的极大部分,如在大型船舶上 10^4 hp (745.7 kW) 柴油机的散热量每小时可以超过 10^5 Cal(4.1868×10^5 J),再加上柴油发电机,辅锅炉及其他辅机和管系所散发的热量,这个数量是相当可观。同时,机舱相对来说又比较狭小,除了天窗、舱口和通道外,四周又是密闭的,这就促使机舱的温度急剧升高,甚至达到不能容许的温度。高温不利于管理人员的健康和操作,因此,必须进行通风来产生一定的空气流动速度,将机械设备散发的热量带走,从而使降低机舱温度。

②主机、辅机、辅锅炉等设备在运行时需要燃烧一定量的空气,这就要给机舱不断供给空气量,以保证这些设备的正常运行;

③在机舱中,各种机械设备不断散发各种气体和水蒸气,如燃油、滑油在工作过程中要产生一定量的油气,辅锅炉、蒸汽泵、热井和蒸汽管路会汇出和逸出一定量的水蒸气。因此必须把这些油气和水蒸气从机舱排出,以保证管理人员的健康;

④管理人员在工作时要不断呼出二氧化碳和吸入新鲜氧气,如果机舱中空气中的二氧化碳含量增加到一定程度,就会导致严重后果。因此就要利用通风来保证机舱中正常的空气成分。

综上所述,机舱通风管系的作用就是降低机舱的温度,排除各种油气、水蒸气和供应新鲜空气以保证动力装置的正常工作及改善管理人员的工作和卫生条件。

4.11.2 机舱通风管系的类型

通风方式一般分为自然通风和机械通风两大类。从通风对舱室的流向来看,又有送风和抽风之分。

1. 自然通风

自然通风是靠热压和风压的作用来替换舱室内的空气。所谓热压,是由于机舱内外空气的温度不同而形成的重力差和压力差。工作时,机舱内的温度比舱外高,因而舱内空气的容重比舱外小。由于存在这种因温差而形成的压力差,舱外温度较低的空气就能从风管进入机舱下部。同时,舱内的热空气也从上部的天窗、舱口、外烟囱及排风管等排出船外。这样,舱内外就形成了空气的自然交换。

所谓风压,就是利用船外风的速度和压力,将空气送入或引出机舱。

自然通风可以利用各种通风头来实现,通风效果好坏与通风头的选用有关。自然进风和排风的通风头结构形式很多,图4-53所示是烟斗式通风头(或称风斗)。它的优点是相对风速高、局部阻力系数较小,且结构简单,而缺点是防水性差。这种通风头装有回转装置后,既能作为进风又能作为排风。当转动风斗使斗口迎风,风就能从风斗进入机舱。当转动风头使斗口背风,就能将机舱的热空气抽出。烟斗式自然通风头在自然通风中得到广泛采用。其他结构形式的自然通风头也很多,这里不再一一介绍。

自然通风的优点是不需设置通风机,因而设备简单、耗费小,仅须设置一些风筒之类的装置即可,且工作时不消耗动力。但由于它需要依靠热压和风压,因此与外界的自然条件有密切的关系,工作不太稳定,而且通风量也受到一定的限制。因此自然送风和排风一般仅适用于小型船舶上,在大、中型船舶上自然通风与机械通风结合使用。

2. 机械通风

机械通风是通过风机来进行送风和排风的。利用通风机将舱外新鲜空气送入机舱即为机械送风,用抽风机抽出机舱内的热空气即为机械排风。机械通风的优点是通风量可以人为控制而不受外界自然条件的影响,且能将空气进行合理地分配和输送到各个特定处所,一般在大、中型船舶上作为主要的通风方式,而且常和自然通风结合使用。图 4 – 54 所示是机械通风的示意图。

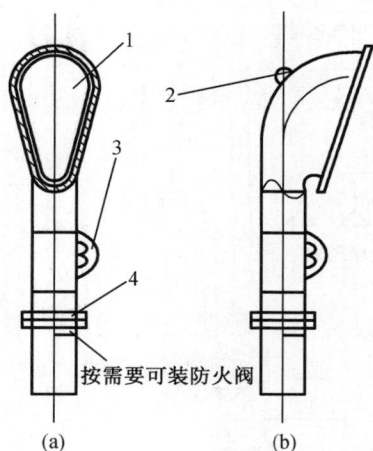

1—通风头;2—吊环;3—拉手;4—制止器。

图 4 – 53　烟斗式通风头

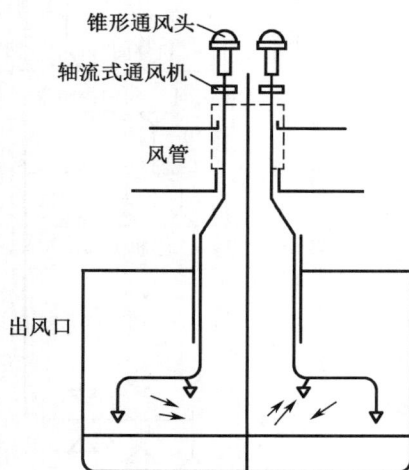

图 4 – 54　机械通风示意图

从图 4 – 54 中可以看出,机舱内的新鲜空气是通过轴流式通风机从通风头吸入,然后沿着风管向下送到各个需要通风的处所。这种通风方式在一般船舶上应用较广。

4.11.3　机舱通风管系的布置

船舶上往往是根据需要决定通风方式和管路布置,多是将机械通风、机械排风和自然通风相结合。管路布置形式一般为干管式、单管式和环管式,其中干管式由于占空间位置小、易于施工和投资少,一般在船舶上广泛应用。

风管的截面形状有圆形和矩形两种。由于矩形风管占空间小、容易布置、装置方便美观,一般大中型民用船舶的机舱风管采用矩形风管。

图 4 – 55 所示为某远洋货船机舱通风管路布置示意图。

该船采用的通风方式是机械通风、自然排风。机舱共设有 4 台轴流式通风机,为使其负荷分配均匀,将其分别布置在前、后部及左右两舷。图示为前部左、右舷的两台风机及相应的管路布置。图中可见,通风机抽吸进来的外界空气,分别经送风总管 3 向下,在机舱平台甲板 A 层,由管 5 和支管 6 分别送往备料间、检修间和主空气压缩机组处的出风头 4 吹出。在机舱平台甲板 B 层和机舱底层,送风过程同上。对于分油机室、抢修间等处,则采用了机械通风,图中仅示出了机械通风部分。该船其他需要通风场所,如柴油发电机组等,则由另外工作风机供风,其管路布置也类似,故未示出。

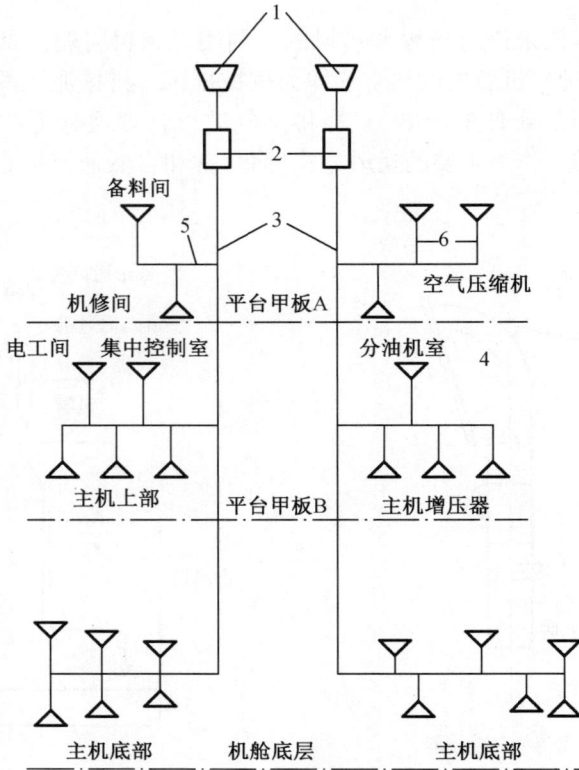

1—通风头;2—通风机;3—送风总管;4—出风头;5—送风干管;6—送风支管。

图 4 - 55　某远洋货船机舱通风管路布置示意图

4.11.4　机舱通风系统的一般要求

①机舱通风系统应保证机舱内有足够的通风量以满足管理人员和机械设备的需要。

②机舱内各设备及工作处所的风量应根据需要予以合理分配。

③机舱通风系统应保证能顺利和充分地进行通风换气,尽量避免死角,尽量减少外界的干扰和影响。

④气流组织和管路安排都应合理,通风管路应占据空间小,对其他管路影响少。

⑤设备要简单,管路尽量短,弯头尽可能少。

⑥机舱通风的气流组织情况对通风换气的顺利进行、风量的均匀合理分配以及管理人员的工作都有很大影响,因此在进行通风管路布置时,必须注意以下几点:

a. 为达到机舱通风降温的目的,应采用重点局部通风,即将舱外新鲜空气以较高速度送至主要工作场所,而且应与排气道组成良好的气流系统;

b. 机舱中的高温层、油气和水蒸气都在上部,送风区应在高温层下面,排风区则在其上面,这样不会将上面的热空气带入工作区域。对于没有明显高温层的机舱,排风区也应高于送风区;

c. 舱外的新鲜空气应送到需要通风的地方,送风要保证一定的通风量,使工作处所的温度不超过舱外温度 5 ~ 8 ℃,而且要保证一定的风速,因为送风的主要方式是横向强力

送风;

d. 不要使高速空气吹向机器,否则将加速机器余热的扩散而使工作处所的温度上升,气流的路线应该先吹至工作人员,逐渐扩散后再接近机器,气流吸热加温后即自然上升。

4.12 船舶空调系统

4.12.1 船舶空调系统的功用

船舶,特别是远洋船,由于航区、季节及气象条件的变化,所处的外界气候有时酷热,有时严寒,有时干燥,有时潮湿,舱室内的空气随之变化,而船员和旅客也不断呼出二氧化碳,另外还有及机械设备产生的热量和水蒸气等使船员和旅客对空气环境需求不断变化。因此,为了改善工作和生活条件,现代船舶上常对船员和旅客的住舱、公共场所以及驾台、海图室、报务室等位于船舶上层建筑的公共场所设置空气调节措施。

所谓空气调节是指空气先经过处理,使其成为温度和湿度合适的洁净的空气,然后再送入舱室,从而在舱室中创造一种与外界气候条件不同的"人工气候"。空气调节的任务就是对外界空气进行除尘、加热或冷却、加湿或去湿,并把处理后的空气送至各舱室。通过空调系统,在冬季时对空气进行除尘、加湿及加热后送入各舱室;在夏季时对空气进行除尘、降温及去湿后送入各舱室;在春、秋两季气候适宜时仅对空气进行除尘净化,并进行通风换气。

船舶空调系统创造了一个适宜的舱室气候,主要包括以下几个方面:

①使舱室具有适宜的温度和湿度。舱室的适宜温度尚需考虑舱室内外温度的差异。在夏季,我国船舶舱室的设计温度为 $27 \sim 29 \, ℃$,室内相对湿度则控制在 $40\% \sim 60\%$;在冬季,设计室温以 $18 \sim 22 \, ℃$ 为宜,相对湿度则宜控制在 $30\% \sim 40\%$,以免傍靠外界的舱壁结霜。

②使舱室空气保持足够的清新程度。舱室空气的清新程度包括两方面的含义,一是含氧比例,即新鲜程度,二是所含粉尘和有害气体的浓度,即洁净程度。在船舶空调装置中,这一要求是依靠不断供入经过过滤的新空气,以排出室内污浊空气来达到的。

③使室内温度均匀,各处温差不超过 $1 \, ℃$ 为宜。

④使室内空气具有轻微的流动,风速以 $0.15 \sim 0.25 \, m/s$ 为宜。

4.12.2 空调系统的组成

任何类型的空调系统都由下列主要部分组成:

①温度和湿度处理,过滤与送风的设备和机器(空调器、空冷器、加热器、风机、滤器等);

②舱室送风与抽风用的通风管路和管路附件;

③空气调节和空气分配设备,用于送入处理过的空气以及将其与舱室空气混合;

④供给冷源的机器和设备(制冷装置);

⑤供给热源的机器和设备(蒸汽、热水、电能);

⑥冷源和热源的管路、附件和调节件;

⑦操纵和自动调节系统的设备。

空调装置的流程简图如 4 - 56 所示。

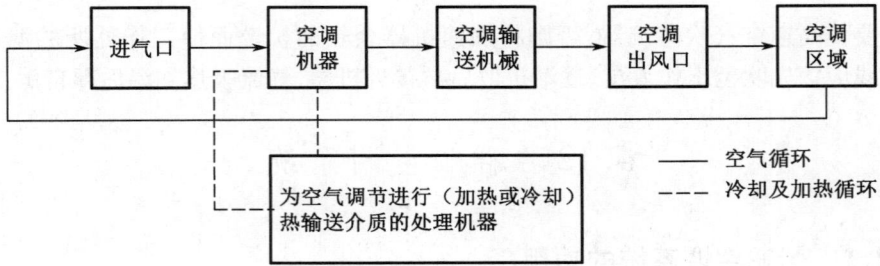

图 4 – 56　空调装置的流程简图

4.12.3　空气调节系统的类型

目前在船舶上应用的空调系统可分为三类。

1. 集中式空调系统

集中式空调系统将空调器单独设置在一个舱室内,中间用通风管与需要空调的舱室连通,将经过处理的空气分别送到各个舱室内,适用于船员居住舱室较集中的货船。

2. 半集中式空调系统

半集中式空调系统将集中处理后送往各舱室的空气进行分区处理或舱室单独处理,适用于船舶的舱室较多,而且对各类舱室的空气调节要求不同的客船。

3. 单独式空调系统

单独式空调系统直接将空调器安装在需要空调的舱室内,根据需要可对空气进行调节,是一种适合于一个舱室的小型空调装置,如机舱集中控制室单独设专用的空气调节器。

图 4 – 57 所示为一种集中式空调装置示意图,空气过滤器,去除空气中的杂质,改善纯度后,由风机吸入。若在冬季或寒冷航区由空气调节器对空气进行加热和加湿处理;若在夏季或炎热航区则对空气进行冷却和除湿,然后再通过风管送入各舱室。

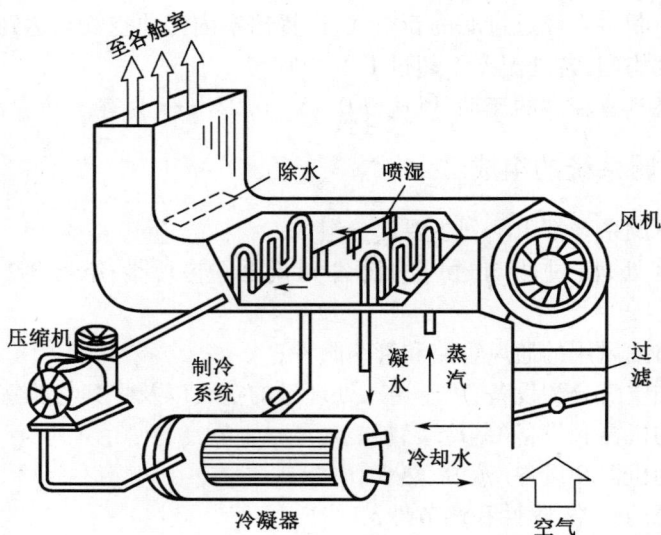

图 4 – 57　集中式空调装置示意图

集中式和半集中式空调系统根据其调节方法的不同主要有以下四种形式。

（1）集中式单风管系统

在这种系统中，送风由中央空调器统一处理，然后通过单风管送到各个舱室，如图4-58所示。由于各舱室的送风参数相同，所以对各舱室空气参数的个别调节就只能靠改变布风器风门的开度，即改变送风量来实现。

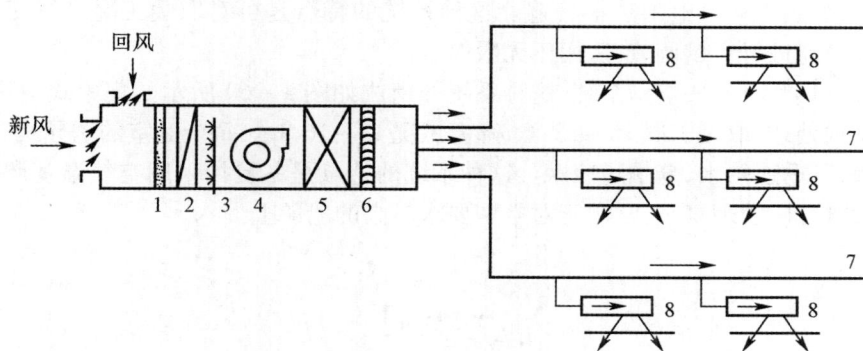

1—过滤器；2—加热器；3—加湿器；4—风机；5—空气冷却器；6—挡水板；7—主风管；8—布风器。

图4-58 集中式单风管系统

这种系统比较简单，初置费较低，在货船上用得最普遍。但因采用变量调节，调节幅度不宜过大，否则难以保证舱室的新风供给量和室内空气参数基本相等，此外，调节时还会对其他舱室的送风量产生干扰。

（2）区域再热式单风管系统

这种系统是将中央空调器统一处理后的空气，由设在分区主风管内的二次热交换器进行再加热，即对送风温度进一步调节，然后再用单风管送至各个舱室。这种系统的特点是系统简单、调节方便，适用于空调分区较多，对各类舱室的空气调节要求不同的客船，如图4-59所示。

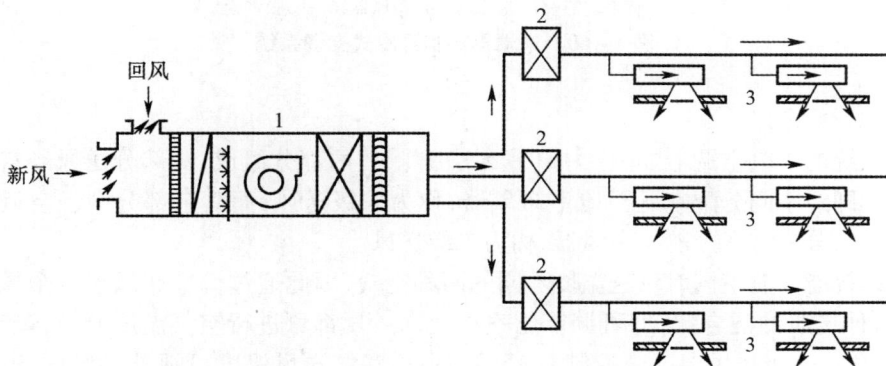

1—空调器；2—分区热交换器；3—布风器。

图4-59 区域再热式单风管系统

（3）末端再处理式单风管系统

这种系统除在中央空调器中对送风统一处理外，还在各舱室的布风器内设置末端换热器，对送风进行末端再处理。

末端再处理的方式通常有两种。

①末端再热式空调系统中：除在集中式空调器中统一处理供风外，每个舱室布风器上设有加热器，加热方式以电加热最普遍。这种系统的特点是可对取暖工况进行变质调节，对降温工况只能进行变量调节，适用于无限航区。

②末端再热和再冷式空调系统：这种系统的组成如图4－60所示。集中式空调器只对空气参数做预处理，取暖工况15～25 ℃，降温工况12～16 ℃。每个舱室的诱导式布风器内设换热水管，冬季通热水，夏季通冷水。这种系统的特点是冬夏均采用空气温度调节，调节质量好，但造价高、管理复杂，常用于对空调要求较高的船舶上。

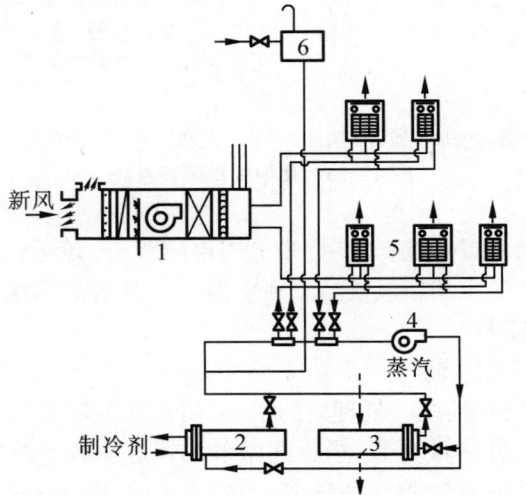

1—中央空调器；2—水冷却器；3—水加热器；4—循环水泵；
5—具有末端热交换器的诱导式布风器；6—膨胀水柜。

图4－60　末端再热和再冷式空调系统

（4）双风管系统

这种系统的中央空调器如图4－61所示，由前、后两部分组成，一部分送风经空调器前部预处理后即经中间分配室送至舱室布风器，称为一级送风，而其余部分则经空调器后部再处理后经后分配室送至舱室布风器，称为二级送风。

这种系统能向舱室同时供送温度不同的两种空气，因此通过调节布风器两个风门的开度，改变两种送风的混合比，即可调节舱室温度，冬、夏都可进行空气温度调节，调节灵敏。在取暖工况时，一级送风温度应控制在15 ℃左右，二级送风温度可视外界气候条件而定，一般在29～43 ℃的范围内；降温工况时，一级送风温度为进风温度加风机温升（当不装预冷器时），二级风温度为11～15 ℃。

这种系统的特点是调节两风管风门开度比例可改变供风温度，调节灵敏，在末端不设换热器，可采用直布式布风器，其造价较低，噪声也小，适用于对空调要求较高的船舶。

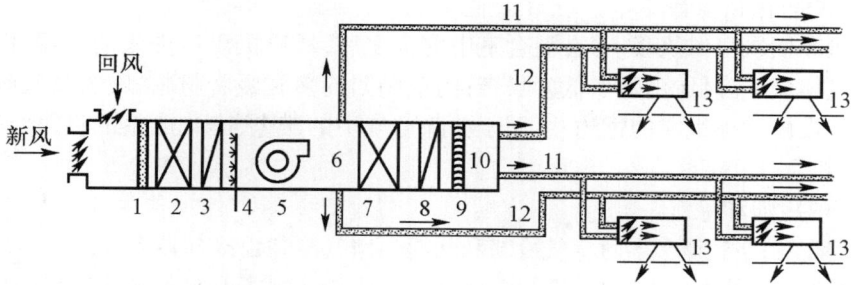

1—滤器;2—预冷器;3—预热;4—加湿器;5—风机;6—中间分配室;7—再冷却器;8—再热器;
9—挡水板;10—分配室;11—预处理供风管;12—再处理供风管;13—布风器。

图4－61 集中处理的双风管系统

4.12.4 船舶空调系统的主要设备

船舶空调系统主要由中央空气调节器、供风管和布风器等组成,用于完成空气的净化、处理和输送的任务。

1. 中央空气调节器

中央空气调节器是对空气进行集中处理的设备。室外的新鲜空气和室内的回风经过空气调节器集中加温或降温,通过湿度处理和净化后送入需要进行空气调节的舱室。

图4－62所示为船用单风管系统的空气调节器,它由空气混合室、风机、空气过滤器、冷却器、加热器、加湿器、消音器和空气分配器等组成。

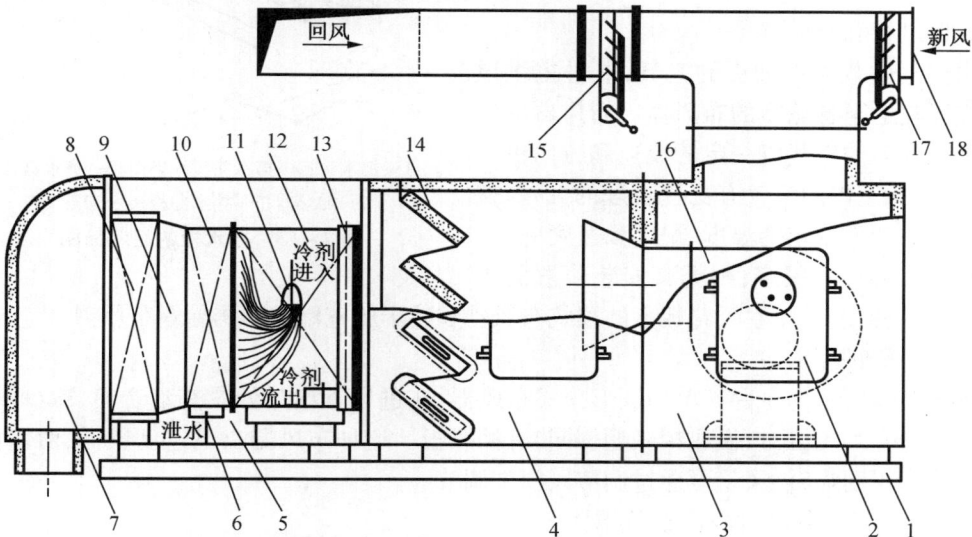

1—底架;2—检查门;3—进气混合室;4—消音室;5—空气处理室;6—集水盘;7—分配室;8—加湿器;
9—空气加热器;10—挡水板;11—制冷剂分配器;12—空气冷却器;13—空气冷却器的制冷剂回气集管;
14—滤器;15—回风调节门;16—风机;17—新风调节门;18—新风吸入口。

图4－62 单风管系统的空气调节器

（1）空气的净化和消音

外界新风和回风由风机吸入，在混合室中混合之后，从风机出口进入消音器，由于通道截面增大使气体流速降低，消除了低频噪声；内壁贴附的多孔吸音材料，吸收高频噪声。在消音器后部装设由滤板组成的过滤器，用于滤除空气中的灰尘，净化舱室的供风，保持热交换器表面清洁。

（2）空气的冷却和除湿

在气温较高时，空气调节器对空气冷却和除湿。空气冷却由冷却器完成。直接冷却式冷却器的冷却剂直接在管内蒸发吸热，冷却管外空气；间接冷却式是用低温的冷媒水在管内循环流动，冷却管外空气。空气冷却时，当冷却器管壁温度低于被冷却空气的露点时，空气中一部分水蒸气就会在冷却器管壁上凝结，使冷却后的空气温度降低，达到除湿的目的。附着在冷却器管上的冷凝水沿肋片流下，聚集在冷却器底部集水盘中，并通过泄水管流出空调器。

（3）空气加热和加湿

在气温较低时，空气调节器对空气加热和加湿。空气的加热由加热器完成，加热方法有蒸汽加热和电加热，加热工质可用低压蒸汽或热水。当空气由低温加热到高温时，相对湿度变得很低，使人感到干燥。因此，加热空气的同时还必须加湿。最简单的加湿器如图4－63所示，就是一根钢管，沿管长迎着气流方向开一排小孔，使蒸汽从小孔喷出雾状小水珠从而加湿空气。

2. 供风管和布风器

由空气调节器处理后的空气，通过主供风管和支管输送至各舱室的布风器。布风器的作用是把处理后的空气以一定的流速和方向供入各舱室，使舱室内的空气有比较合理的分布，在室内形成均匀而稳定的温度、湿度和速度场。

布风器的形式很多，根据其安装位置的不同可分为两种：装于舱室天花板上的顶式布风器和装于舱室壁上的诱导式布风器。

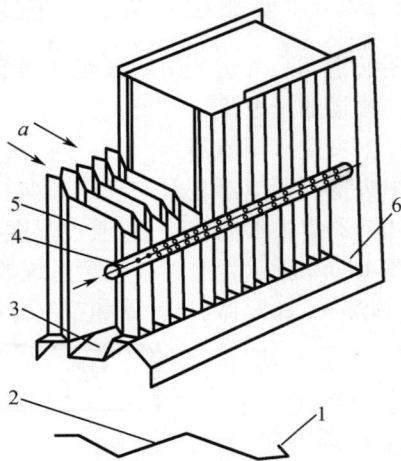

1—挡水沟；2—挡水曲板线条图；3—集水盘；
4—加湿器；5—挡水曲板；6—支架。

图4－63 挡水板的组装简图

（1）顶式布风器

图4－64所示为一种简单的圆形顶式布风器，在进风管出口处设有消音箱，减少噪声。为使空气分布均匀，出口做成喇叭型，并装有挡风板。这种布风器出风速度较低，对室内空气诱导作用不明显，供风量可通过调节风门来调节。

（2）诱导式布风器（简称"诱导器"）

图4－65所示为一常见的带电加热器的壁式诱导器。

供风（称一次风）由风管供入，经调风门进入静压箱，将风管中的动能转换成压力能，然后从许多小喷嘴中喷出，由于喷出的速度较高，将室内一部分风（称二次风）从进风栅吸入，与一次风混合后从顶部出口格栅吹出。若需要对空气加热，则打开电加热器，二次风即可通过电加热器进行加热，调节室温。这种诱导式布风器由于装有对舱室空气进行单独的二次处理的热交换器，提高了温度和湿度的调节范围，满足各舱室的不同需求，但是其噪声大,甚至影响人们正常生活。

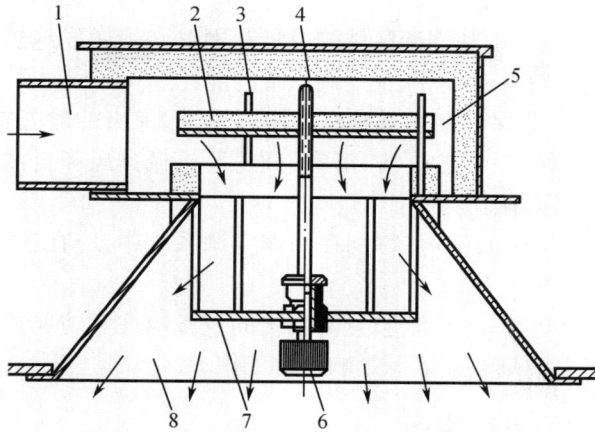

1—进风管;2—调节风门;3—风门导杆;4—调节螺杆;5—出风口;6—挡风板调节旋钮;8—消音箱。

图 4 – 64 圆形顶式布风器

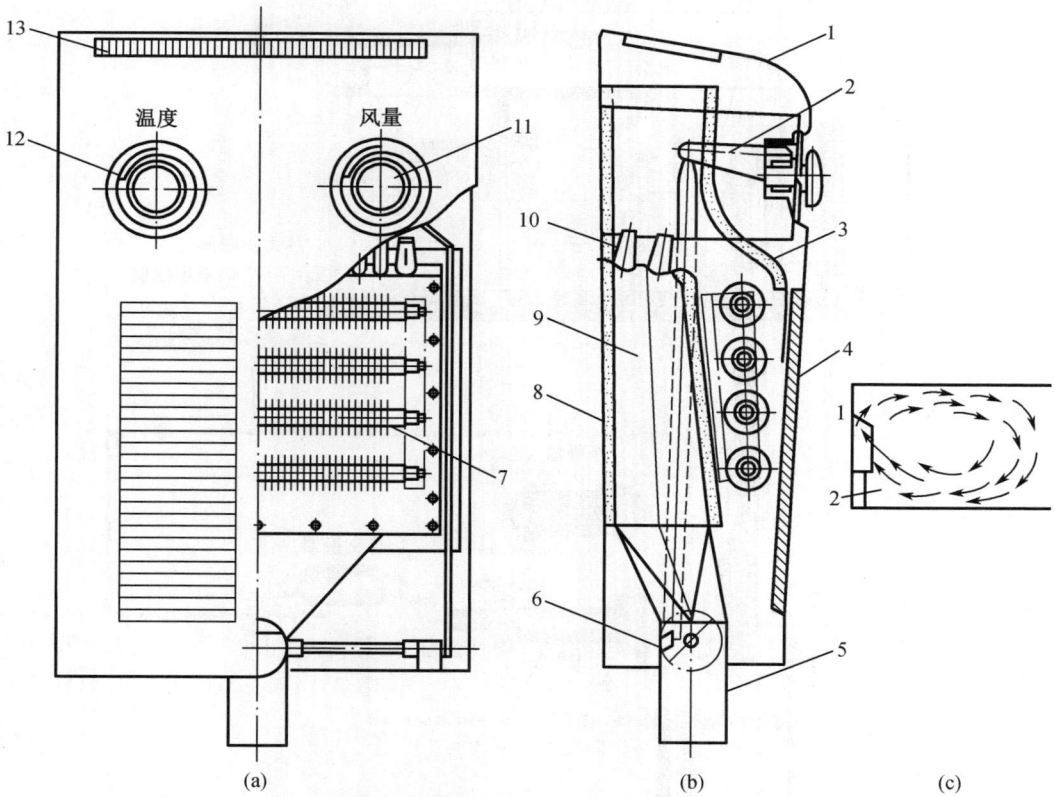

1—外罩;2—通风机构;3—导流板;4—回风百叶窗;5—供风管;6—出口格栅;7—调温旋钮;
8—调风旋钮;9—喷嘴;10—静压箱;11—吸音层;12—电热器;13—调风门。

图 4 – 65 带电加热器的壁式诱导器

4.12.5 空调系统的一般要求

①所有暴露在舱外空气中和空调区域的甲板和围壁必须做成绝热结构,贯穿空调区域的冷、热管件等应包扎绝热外套,以减少空调系统的能耗。

②进风口的布置,应能保证在夏季顺利地吸入清洁、凉爽的舱外空气,因此,进风口必须避开主、辅机舱、贮藏舱室、货舱厕所、浴室、病房等机械排风和自然排风的出口,并注意采取防海浪和雨水进入的措施。

③注意降低空调系统中的噪声,特别在高速空调系统中,应在送风管和回风管中分别装设消声器。

④由于海上空气中含有盐分,海船空调系统的设备应注意防腐蚀,同时还应考虑整个系统的布置不能因船舶的纵倾、横摇等影响正常工作。

4.12.6 船舶空调系统实例

图4-66所示为我国某远洋货轮集中式空调系统原理图。

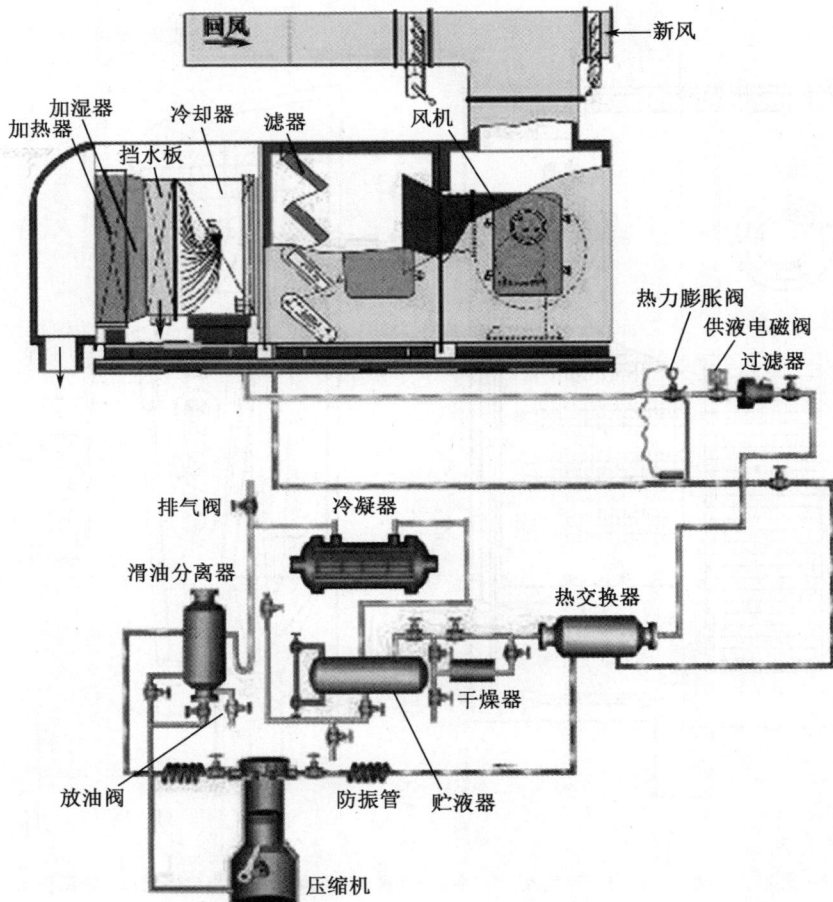

图4-66 某远洋货轮集中式空调系统原理图

　　该船有两套空调系统,图中仅示出了其中的一套。系统属低速型,主风管内风速为 12 ~ 14 m/s,房内的塑料空气分配器出口风速为 4 ~ 5 m/s。

　　该空调机组由冷源(制冷机组)和热源(蒸汽或电加热)设备、中央空调器、空气输送和分配设备以及自动控制设备等组成。

　　船用中央空调器是用来对空气进行混合(新风和回风)、消声、除尘(净化)、降温、除湿或加温、加湿及分配等处理过程以达到空调基本要求的综合装置。它是由空气过滤器、冷却盘管、挡水板、蒸汽加湿器、蒸汽加热盘管、疏水器和通风机等部件组成。空气只在中央空调器中进行处理。图中空调器采用压出式,即通风机安置在空调器入口,室外新风(占总风量的20%)和室内回风(占总风量的80%)相混合,经中央空调器冷却、除湿或加热、加湿后由通风机送入各房间的空气分配器吹出,从而完成空气调节以建立一个适宜的人工气候。

4.13　油船专用系统

　　油船运输的是散装液体石油及其制品,为保证安全、可靠、不污染,一般须设有货油装卸系统、货油舱扫舱系统、货油舱洗舱系统、货油舱透气系统和惰性气体系统等专用系统。

4.13.1　货油装卸系统

　　货油装卸系统是由货油泵、扫舱泵、管路及其附件组成。一些原油油船还有蒸汽加热系统。一般油船的装卸管路按布置位置可分为三部分,即货油舱内管路系统、油泵舱管路系统及甲板管路系统等。

　　1.货油舱内管路系统

　　舱内管路系统布置分线形总管式和环形总管式两类,环形总管又分单环式、双环式和多环式。

　　(1)线形总管式

　　原则上,要求每一货油泵设置一根总管。按装油配置要求(计及不同油种的装载分布)从各总管引出支管至相应油舱。

　　图 4-67 所示为某油船的三线总管式舱内输油管系图。图中 NO.1 总管服务于 1、3 货油舱(左、右),图中 NO.2 总管服务于2、5货油舱(左、右),图中 NO.3 总管服务于4、6货油舱(左、右)及污油水舱(左、右)。

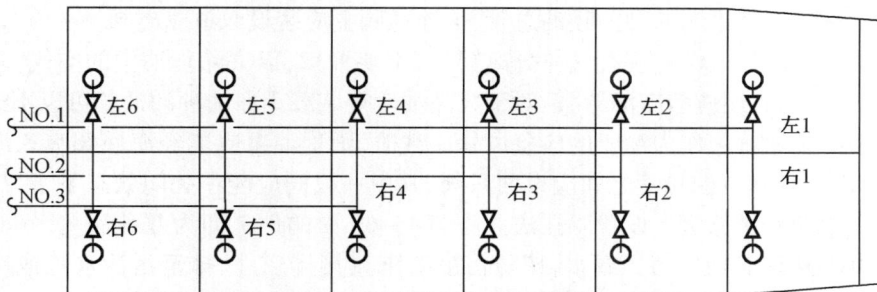

图 4-67　三线总管式舱内输油管系图

这种线形总管式管系布置简单、操作方便、隔离可靠且混油可能性小。但装载油品种类的机动性不高,适用于运输油种固定、运量固定、航线固定的中小型油船。

(2)环形总管式

为提高机动性,可将两根线形总管相接,配以相应阀门,即成单环式总管。对具有三台货油泵的船舶,可形成两个或多个环形总管。图4-68所示为某船的双环形总管式舱内输油管系图。图中NO.1总管与NO.2总管、NO.1总管与NO.3总管及NO.2总管与NO.3总管都相互连通。这种环形总管式布置机动性好,但为避免混杂油须设置较多的隔离阀,操作、管理较为复杂。

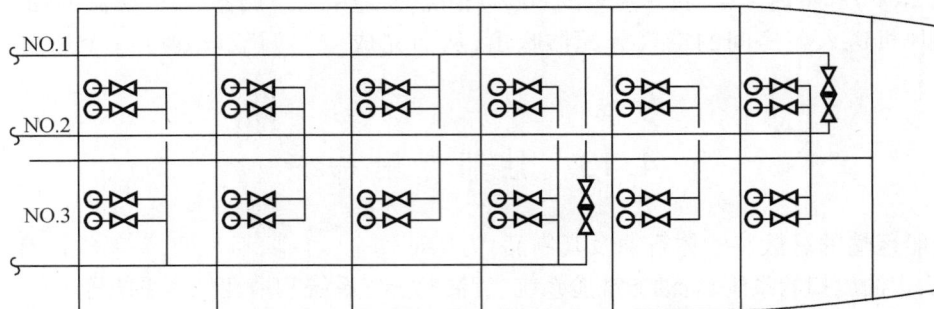

图4-68 双环形总管式舱内输油管图

2.油泵舱管路系统

油船一般都在机舱前部设置油泵舱,为货油舱服务的大部分设备均安装在泵舱内,主要有货油泵、专用压载泵、扫舱泵、洗舱加热器等,因而泵舱内的布置一般都十分紧凑。一般驱动货油泵、压载泵的透平或电动机,均设置在机舱内。在原动机的传动轴通过舱壁处,必须装有密封的填料函装置,用来保持传动轴通过舱壁处的密封性。

图4-69为泵舱内设有三台货油泵、货舱内总管采用环形总管式布置时的管路系统简图。

该泵舱内管路系统应满足下列要求。

①各货油泵的吸入管接自舱内管路系统的各总管。各总管接入泵舱后,必须设置防火型隔离阀。即图中的遥控蝶阀1必须为防火型蝶阀。

②如果货油舱内的总管采用环形总管式,则各货油泵之间不必连通。如果货油舱内的总管采用线形总管式,则各货油泵的吸入管应相互连通,以便任一台泵发生故障时,可由其他泵代替工作。对于不同油种的吸油总管,该连通阀上应装设双道隔离阀。

③各货油泵的吸入端应装有气体分离器(真空装置)2,以去除货油中的空气,防止油泵损坏。对于原油船,还应装有滤器,但对于成品油轮等装载干净油种的油船可以不设。

④如某一货油舱须作为油船的应急风暴压载舱,则货油泵应能经海底阀吸入海水压至该舱(在海水总管和货油总管之间应设两只阀,其中一只阀应能在关闭状态下予以锁住,或在货油泵专用的海水总管上设置双孔法兰。图4-69中的件7即为双孔法兰,平时处于常闭状态),并能从该舱抽出污压载水,按防污染要求直接排舷外、排至污油水舱或岸上接收设备。

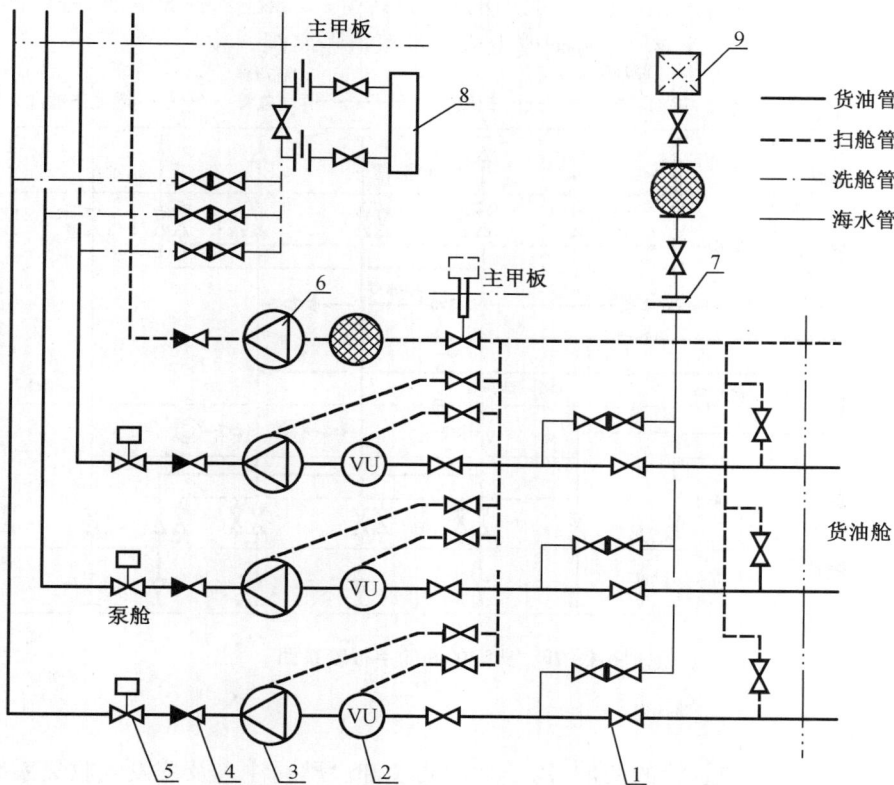

1—防火型蝶阀；2—气体分离器；3—货油泵；4—止回阀；5—排量调节阀；
6—扫舱泵；7—双孔法兰；8—洗舱加热器；9—海水门。

图 4-69　泵舱管系简图

⑤离心式货油泵的排出端应设排量调节阀 5 和止回阀 4，用于调节货油泵的排量及压力和防止各货油泵出口因连通而发生混油。

⑥每台货油泵均由一根独立排出管引出泵舱与上甲板货油管系接通。

⑦用货油泵进行原油洗舱的原油船，洗舱原油供给管可接在货油泵出口排量调节阀之后，以便调节洗舱油压。

3. 甲板管路系统

货油甲板管路系统接自货油泵的排出管，由纵向总管、横向总管及装卸油站等组成。图 4-70 为典型的油舱甲板管系图。

（1）纵向总管

纵向总管自货油泵排出管引出至船中部与横向总管相接。在纵向管路上每隔 15～30 m 应设置一只膨胀接头。各管段的法兰连接处应用导体进行电气连接，并最终接地。防止由摩擦或静电产生火花而发生火灾。

（2）横向总管

横向总管由纵向总管引向两舷的装卸油站。该系统共有三根货油总管（图中的 NO.1、NO.2、NO.3），但为了装卸方便，引至装卸油站后，其中一根总根分成两路在装卸油站的前后各设一只注入/排出接口；每根横向总管上还设有与货油舱总管连通的支管（图中的 A、

B、C 接口),以便货油可直接通过货油舱内的货油总管将货油注入各货油舱;各横向总管之间还相互连通,使货油装卸方便。连通管上应装设双道隔离阀。

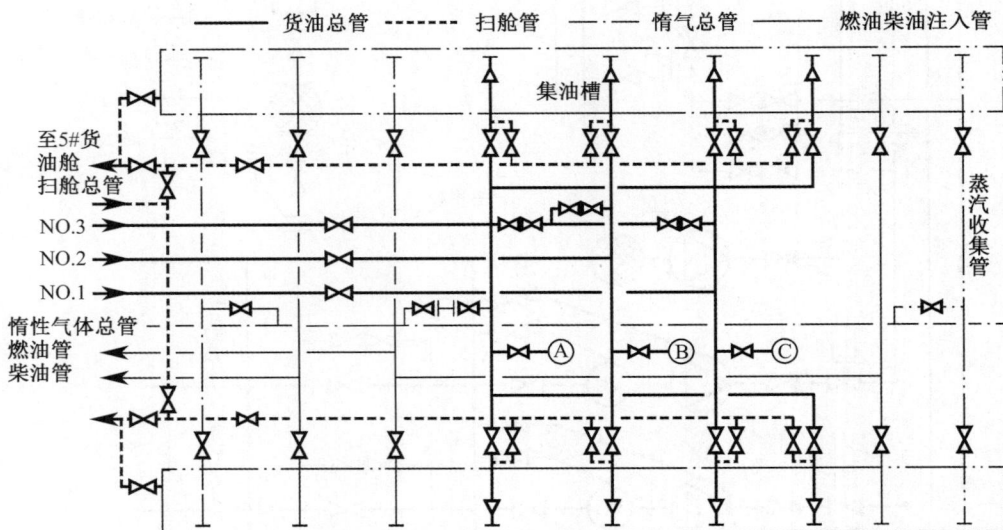

图 4 - 70　典型的油舱甲板管系图

(3)装卸油站

装卸油站设于横向总管的两舷,用于货油的装卸。燃油注入及蒸发气收集系统接岸。总管末端下方设有集油槽。货油装卸管位于装卸油站的中间,两边为燃料油和柴油的注入管,最外边的是两根蒸发气接岸总管。

4.13.2　货油舱扫舱系统

油船的货油装卸管路吸油口的口径较大,不可能过近地贴近舱底,因此,卸油时油位低到一定的位置,由于油类不能及时地从四处流至吸油口附近,这时流体就会产生漩涡,使空气通过吸油口进入管内,从而影响泵的排量,甚至吸不上货油。因此,当油位低于一定高度时,必须利用扫舱系统继续完成卸油工作。另外在洗舱时,舱内的积水也可用扫舱系统排出。

1.货油舱扫舱系统的功能

①货油舱扫舱系统用于抽吸货油舱内的残油、使留舱残油尽可能少。

②货油舱扫舱系统用于抽吸货油管及货油泵等设备内的残油。

2.扫舱系统的形式

扫舱系统主要有自动扫舱系统和独立式扫舱系统两种.

(1)自动扫舱系统

自动扫舱系统适用于采用离心泵作为货油泵的大中型油船,主要用于抽吸货油舱内的残油,使留舱残油达到最少。由于这种系统仍利用货油泵进行扫舱,因而一般仍须设置一台小排量扫舱泵,以抽空货油管及货油泵中的残余货油。

自动扫舱系统主要有真空式自动扫舱系统、喷射式自动扫舱系统和再循环自动扫舱系统三种形式,目前应用最多的是真空式自动扫舱系统。

图 4-71 所示为真空式自动扫舱系统的示意图。系统由气液分离柜 2、排量调节阀 3、气体抽出阀 4、真空装置 6(真空泵、真空柜等)和控制板 10 等组成。

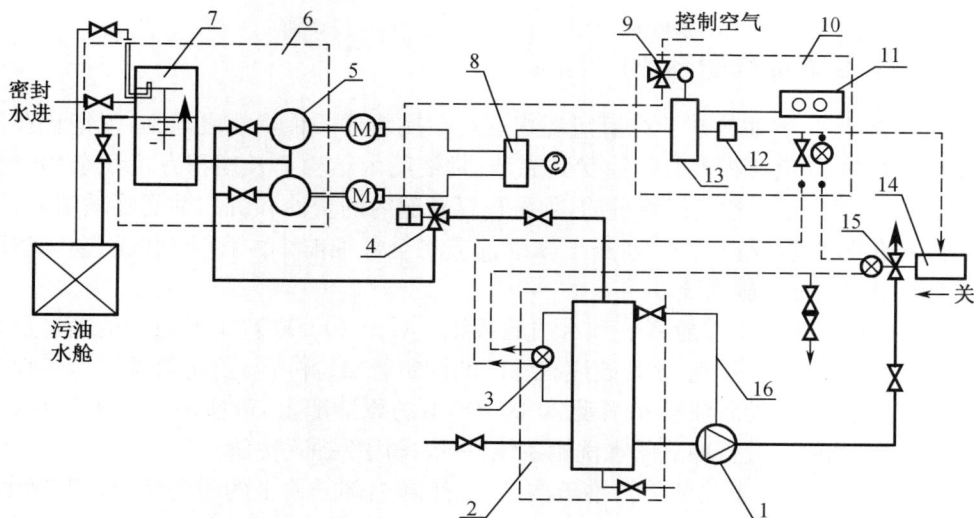

1—货油泵;2—气液分离柜;3—液位传感器;4—气体抽出阀;5—真空泵;6—真空装置;7—水封柜;8—启动器;
9—电磁阀;10—控制板;11—报警灯板;12—压力开关;13—电控箱;14—定位器;15—排量调节阀;16—引水管。

图 4-71 真空式自动扫舱系统示意图

其工作原理如下:

①当货油舱内的货油液位足够高时,该系统不工作,此时气液分离柜 2 中的液位在 70% 以上。

②当货油舱内的液位下降时,吸入压力也下降,当压力接近货油的蒸发压力时,部分货油将变成蒸汽,同时积聚在气液分离柜的顶部,并导致分离柜内液位下降。当液位降到 50% 以下时,分离柜上的液位传感器 3 的气动信号驱动装于货油控制板 10 上的压力开关,使真空泵 5 启动,同时打开气体抽出阀 4 并使排量调节阀 15 关小,进行节流。

③真空泵 5 抽出气体的同时分离柜中的液位升高,当液位恢复到 70% 时,气体抽出阀关闭,在 10 s 后,真空泵停止,排量调节阀恢复到原有的开度。每当出现上述情况时,重复进行②、③的抽气过程。

④当货油舱内液位进一步下降时,吸入口周围会产生漩涡,当漩涡凹陷的底部低于吸入口的下表面时,气体开始被吸入。同样,这些气体积聚在分离柜的顶部,使分离柜内的液位降低,又重复②、③的抽气过程。但由于吸入的空气越来越多,排量调节阀的开度变得越来越小,或真空泵处于一直运转的状态。

⑤当液位再下降时,就会有大量的气体被吸入,气体吸入的量超过了真空泵的抽出量,排量调节阀会完全关闭,如果气液分离器内的液位还会上升时,排量调节阀再开一点;但液位再次低于 5% 时,黄色的信号灯就会发亮,表示卸货工作已进入扫舱阶段。

⑥当真空泵连续操作时,分离柜内的液位也不上升,且排量调节阀随时保持完全关闭,长时间继续这种状态,意味着已抽不到剩余液体,大约 3 min 后,橘黄色灯会闪光,同时峰鸣器发出声响,表示扫舱结束。

（2）独立式扫舱系统

独立式扫舱系统仅利用扫舱泵进行工作，设置独立的扫舱总管，一般适用于中小型油船。

4.13.3　货油舱洗舱系统

在下述情况下，货油舱都要进行清洗货油舱在换装另一种货油之前，必须把积存的原有存油清除出去，以免新装入的货油受到混杂；货油舱内结构上长期积存沉积杂物时须清除；在进入货油舱内进行检查或修理前，须将积存在舱内的货油和沉积油类物质清除，同时还清除舱中的油气，以保证安全；在进厂修理前应将全部油舱中的存油及沉积杂物清洗干净。因而油船均设有洗舱系统。

洗舱系统可分为原油洗舱系统和水洗舱系统。对于 20 000DWT 及以上的新造原油船必须有货油舱原油清洗系统。该系统应有专门的固定管路，并应与消防管及其他任何与洗舱无关的系统分开；在成品油船和不足 20 000DWT 的原油船上，可使用压力水（冷水或热水）对油舱内壁和舱底进行冲洗的水洗舱系统，一般采用手提式洗舱机。

洗舱系统的基本要求是能将货油舱内壁、舱底和内部结构上的附着物、沉积杂物等清洗到舱底。对于用水清洗者，用扫舱系统抽吸，排至污油水舱。洗舱系统的布置应使舱内被清洗到的垂直壁面达到 85% 以上，水平壁面应达到 90% 以上。并能保证安全地进行洗舱作业。

1. 原油洗舱系统

图 4－72 所示为原油洗舱系统甲板上管路的简图。原油洗舱系统可以利用货油泵作为洗舱泵，也可以设置专用的洗舱泵。由于货油泵或专用洗舱泵均与泵舱内的海水门相连接，因而原油洗舱系统也可兼作水洗舱系统。货油泵将货油从货油舱或污油水舱内抽吸至甲板洗舱总管，通过支管送到每一舱的固定洗舱机，喷入舱内达到清洗的目的。在洗舱支管上设有一只截止阀，阀前设有双孔法兰；在支管上还设在一只软管阀，必要时可以通过该阀送入洗舱水，阀前也装有双孔法兰。

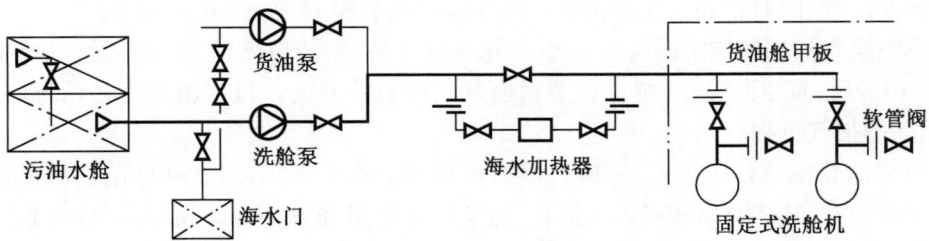

图 4－72　原油洗舱系统甲板上管路的简图

2. 水洗舱系统

（1）原油与水兼用的洗舱管路

由图 4－72 可知，可以利用货油泵抽吸海水，经设在原油洗舱出口管路上并联的洗舱水加热器，便可兼作水洗舱系统。加热器与原油洗舱管之间必须设有双截止阀或盲板法兰。同时管路应设计成在水洗前能排干管路中的存油，将存油排至其他的货油舱或污油水舱。

（2）水洗舱系统

水洗舱系统一般使用手提式洗舱机,可以利用机舱中的消防泵或总用泵吸入海水输送到货油甲板的消防总管,通过消防总管上的消防接头和专用软管,供水给洗舱机。洗舱机的压力应在 0.6 ~ 0.8 MPa。

使用手提式洗舱机时,货油舱甲板上适当位置开有安装洗舱机的通孔,平时用盖密封。当需要洗舱时,打开闷盖,安装手提式洗舱机,接好软管,即可进行洗舱操作。

由图 4 – 72 可知,也可以通过软管阀将机舱来的海水供给固定式洗舱机,进行洗舱操作。这种情况下,可以不设手提式洗舱机。

4.13.4　货油舱透气系统

油轮的货油舱在装入货油时,油舱内的空气会被挤压而使货油舱内的压力增加;当货油舱卸载后,因油舱内的货油减少而使货舱内形成真空。在油船航行中,所有油舱都是封闭的,当外界温度发生变化,引起油舱内的气压升高或降低时,会使油舱壁受到压缩或膨胀而受损。

货油舱透气系统的功能就是在货油装卸和驱除油气的过程中,使大量气体通过透气装置进出货油舱;在正常航行中,由于温度的变化等原因,能使少量油气、空气或惰性气体进出货油舱,保持货油舱内外压力平衡。每个货油舱均应设置透气装置以限制油舱内的压力或真空度。

货油舱透气系统有两种基本的结构形式,即总管式和独立式。一般大型油船上每只货油舱均同时采用这两种透气系统。

1. 总管式透气系统

图 4 – 73 所示的货油舱透气系统中,位于船中的即为总管式透气系统。该系统在上甲板上敷设有一根惰性气体总管并兼透气总管,总管通过支管与每只货油舱相连。在透气总管上还设有一只压力真空释放阀,以确保该系统的安全。在船首装有透气管上升管,其高度一般不小于 8.5 m。上升管的顶部装有火星熄灭器。

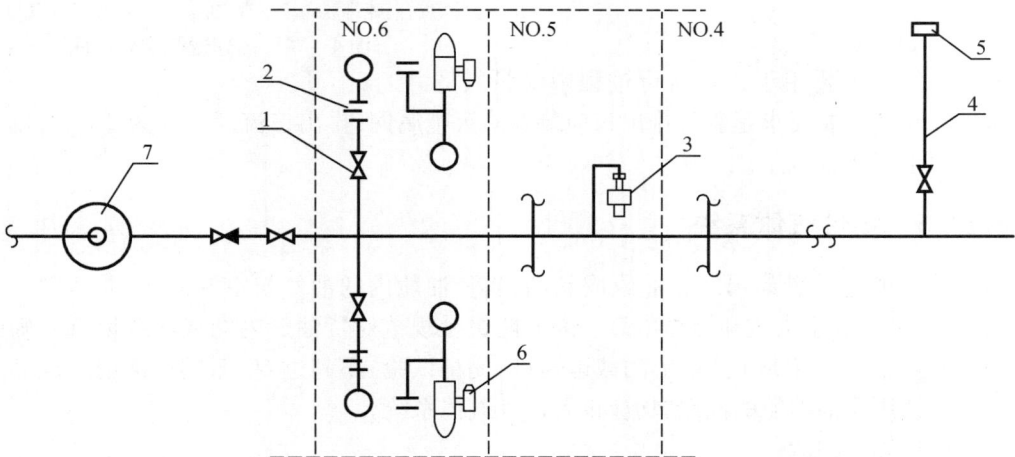

1—带锁蝶阀;2—双眼法兰;3—压力真空释放阀;4—梳理透气管;5—火星熄灭器;6—高速透气阀;7—甲板水封装置

图 4 –73　货油舱透气系统(兼甲板惰性气体总管)

该系统的主要特点是：

①各舱的支管与总管的连接管上应装设带锁闭装置的截止阀以便能进行相互隔断。（图中是带锁蝶阀1和双眼法兰2）。

②货油舱另设呼吸装置（即独立式透气系统）。当支管被隔断时，舱内仍能维持呼吸功能。

③对于同时载运几种油品的油船，可按油品的种类设计几组透气总管，其结构与上述总管式透气系统相同。

④总管上适当位置设一竖直透气总管4，以向上透气，出口处装金属防火网（火星熄灭器5）。

⑤设有惰性气体系统的油船，透气总管与惰性气体总管合用。

2.独立式透气系统

每一油舱单独引出一根竖直透气管，透气管上方安装有透气装置（图4－73中的高速透气阀6）。图4－74所示是高速透气阀外形图，它由三部分组成，高速排放阀1、真空吸入阀2和驱气排气口3。

（1）高速排放阀

高速排放阀的作用是在装载货油时，使舱内大量油气或惰性气体排出。其基本要求是排泄蒸发气混合物的节流速度不小于30 m/s；蒸发气混合物垂直向上排出；排出口在货油舱甲板2 m以上处；使油舱内压力不高于0.021 MPa。

（2）真空吸入阀

当油船在卸载货油时，真空吸入阀将空气吸入舱内。当使用惰性气体补充时，真空阀应自动关闭。它的基本要求是使油舱内真空不低于0.007 MPa；吸入口在货油舱甲板以上1.5 m处；阀最大流量为每舱装载率的1.25倍。

（3）驱气排气口

驱气排气口主要用于正常航行过程中少量气体的排出。它的主要要求是驱气排出口应装有防火金属网；排出口流速至少为2 m/s；排出口在货油舱甲板2 m以上。

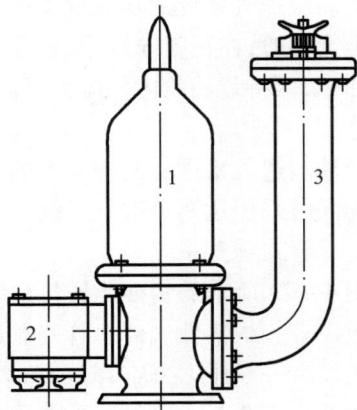

1—高速排放阀;2—真空吸入阀;3—驱气排气口

图4－74　高速透气阀外形图

4.13.5　惰性气体系统

油船装载的是易燃易爆的原油或成品油，当货油舱内的油气与空气混合，并达到一定的含氧量后，极易发生火灾和爆炸事故。因而船级社规范对货油舱内的气体置换有明确的要求。对载重量为20 000 t及以上的载运闪点（闭杯试验）不超过60 ℃的原油船或成品油船以及所有使用原油洗舱的油船，均应设置惰性气体系统。

1.惰性气体的功能

①惰性气体用于降低货油舱内大气的含量，使舱内大气不能支持燃烧，而使空舱惰性化。

②惰性气体使油船在航行中货油舱内的大气含氧量不超过8%（以体积计），并保持正

压状态,但需要排清货油舱的油气时除外。

③除有必要排清货油舱的油气外,惰性气体可保证在正常作业中,空气不进入货油舱。

④惰性气体可驱除空货油舱内的碳氢气体,使其后的除气过程中货油舱内不致形成可燃气体。

2. 烟气式惰性气体系统

惰性气体系统的结构形式取决于惰性气体装置的结构形式。惰性气体系统有以下三种类型:烟气式惰性气体系统、惰性气体发生装置系统和多功能惰性气体系统。目前油轮上基本都使用烟气式惰性气体系统。其供气量大,含氧量一般在4%～5%以下,不需额外消耗燃料,成本低、经济性高。

图4-75所示为典型的烟气式惰性气体系统图。其工作原理是柴油机排出的废气经废气锅炉后进入烟道,由风机5将其抽出,先通过烟气抽气阀2进入洗涤塔3进行冷却、脱硫和除尘;干净的烟气再经过除湿器去除烟气中的水分;然后烟气被风机打入货油舱,进入货油舱之前的管路中设有调节阀7、甲板水封装置8、单向阀16等。由于烟气是从柴油机排出的废气中抽取的,其中的氧气已基本上被燃烧掉,留下的主要是氮气,所以是一种惰性气体。

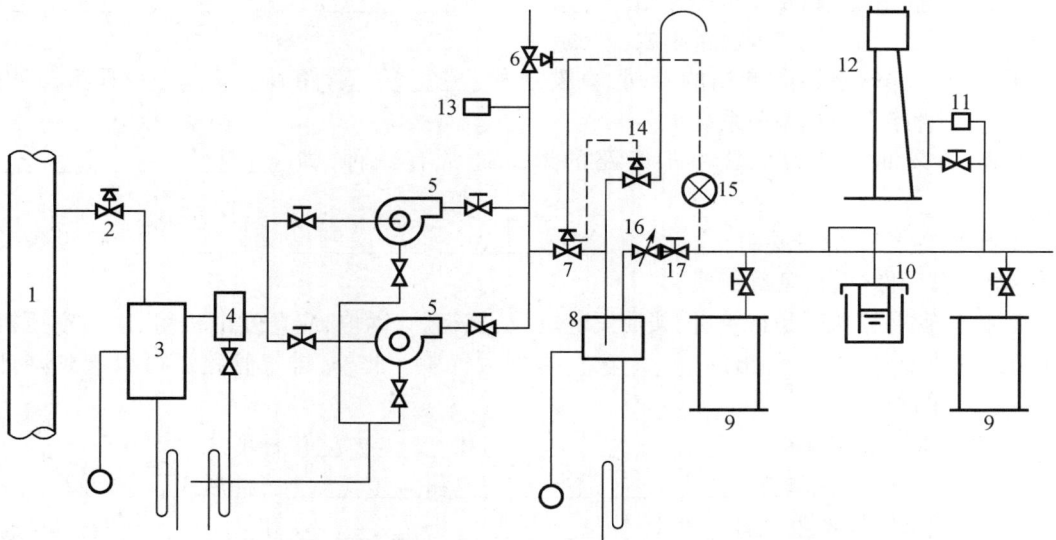

1—锅炉烟道;2—烟气抽气阀;3—洗涤塔;4—除湿器;5—风机;6—压力控制排放阀;7—调节阀;
8—甲板水封;9—货油泵;10—压力/真空安全装置;11—呼吸阀;12—透气桅;13—氧气分析仪;
14—放气阀;15—压力传感器;16—单向阀;17—主截止阀。

图4-75　典型的烟气式惰性气体系统图

3. 惰性气体发生装置系统

惰性气体发生装置系统是利用专门的燃烧器燃烧柴油,产生燃气经洗涤塔冷却、脱硫、除尘和除湿,而后得到高质量的惰性气体。这种系统的优点是所产生的惰性气体含氧量低(1%～4%)、二氧化硫少、烟尘少;缺点是需要额外消耗燃油,经济性差,并要设置专门的燃烧室、燃油泵、燃油柜等设备,造价高。这种系统适用于没有大锅炉的成品油轮。

4. 多功能惰性气体系统

这种装置是惰性气体发生装置系统的改进式,具有以下功能:

①可用锅炉的烟气产生惰性气体;

②当锅炉的排烟含氧量过高时,在燃烧室内进行再燃烧产生含氧量小于5%的惰性气体;

③作为惰性气体发生装置,直接燃烧柴油后,得到高质量的惰性气体。

油船专用系统除了上述系统外,有的还有压载系统、加热系统、排油监测系统、货油舱液位、温度和船舶吃水遥测系统等,限于篇幅,不再一一介绍。

思考与练习

一、填空题

1. 燃油管系按具体功能包括三个部分:_____、_____和_____。

2. 船舶柴油机曲轴箱润滑系统根据柴油机的构造类型分为_____和_____两种。

3. 大型船舶上滑油管路一般由_____、_____、_____、_____、_____及_____等设备组成。

4. 冷却管路根据冷却介质的不同,一般分为_____管路和_____管路,其中_____管路为闭式循环系统。

5. 船舶柴油机动力装置冷却管路的形式通常有三种,即_____、_____和_____。

6. 压缩空气管路主要由_____、_____、_____和_____等设备及各种规格管路和终端设备等组成。

7. 排气管路的功用是将主机、柴油发电机组、焚烧炉、锅炉、应急发电机组、应急空压机组(由柴油机驱动时)等排出的_____排到大气中。此外,排气管路还可以起到降低_____的作用。

8. 舱底水泵的布置有_____、_____和_____三种形式。

9. 压载水管路的布置有_____、_____和_____三种形式。

10. 船舶消防管系主要有_____、_____、_____和_____四种。

11. 船舶供水系统有_____和_____两种供水方式。

12. 通风方式一般分为_____和_____两大类。

13. 一般油船的装卸管路按布置位置可分为_____、_____和_____三部分。

二、简答题

1. 船舶动力管路各有哪几种?

2. 燃油管路有哪些功用?燃油管路系统由哪些部分组成?

3. 主机燃油回油筒有哪些作用?

4. 阐述滑油管路功用及组成?

5. 冷却管路的功用是什么?冷却管路的形式有哪些,各有什么特点?

6. 在采用柴油机动力装置的船舶上,需要散热冷却的机械设备有哪些?膨胀水箱的作用是什么？

7. 按照循环方式的不同,冷却系统分为哪两种？

8. 压缩空气管路的功用是什么？船舶上压缩空气有何用途？压缩空气管路的要求是什么？

9. 舱底水系统的作用及要求是什么？

10. 压载水系统的作用及要求是什么？

11. 压载水管系布置形式有哪几种？

12. 船舶供水系统的作用及要求是什么？

13. 船舶消防种类有哪几种？

14. 机舱通风系统有哪些功用？通风方式一般分为哪两大类？通风管路的基本要求是什么？

15. 集中式船舶空调系统根据其调节方式有哪几种？

16. 油船专用系统主要由哪些系统？各系统的主要作用是什么？

第5章 船、机、桨工况配合特性

【知识目标】

1. 正确叙述船、机、桨的能量关系；
2. 正确叙述船、机、桨的基本特性；
3. 正确叙述船、机、桨的能量转换与配合性质；
4. 正确理解典型推进装置稳态配合的基本原理；
5. 正确叙述船、机、桨在常用的变工况时的配合。

【能力目标】

1. 能理解船、机、桨的能量关系及特性曲线分析；
2. 能掌握船、机、桨的特性、配合点与工况；
3. 能对典型推进装置的稳态特性与配合进行分析；
4. 了解船、机、桨在变工况时的配合。

5.1 船、机、桨概述

船舶推进装置的组成形式有很多种,以柴油机为主动力、螺旋桨为推进器的形式最为普遍。本章重点介绍这种推进装置的船、机、桨的特性和匹配。

5.1.1 船、机、桨三者之间的能量关系

船舶航行时需要螺旋桨提供推力以克服船舶阻力,使船舶以稳定的航速航行,这就需要主机提供旋转力矩以克服螺旋桨的旋转阻力矩,使得螺旋桨在稳定转速下运转,这样就构成了船、机、桨三者之间的能量转换系统。图5-1所示是船、机、桨三者之间的能量转换模型。

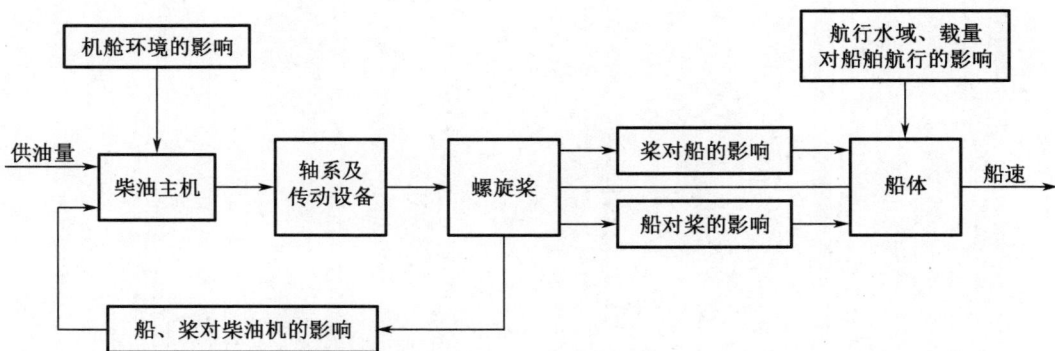

图5-1 船、机、桨三者之间的能量转换模型

主机输出能量,经轴系及传动设备传递给螺旋桨,螺旋桨把能量转换为推力,克服船舶所遇到的阻力,使船舶以稳定的航速航行。

如果忽略轴系、传动设备等的中间损失和船、桨之间的相互影响,那么船、机、桨三者之间的能量应该是相等的。当船舶不带减速齿轮箱并等速直线航行时,主机与螺旋桨的关系是,桨的转速(n_P)应等于主机转速(n_D),桨所需的转矩(M_P)应等于主机所能供给的转矩(M_D),即$n_P = n_D$,$M_P = M_D$;船体与螺旋桨之间的关系是,桨的进速等于修正伴流后的船速,桨的有效推力等于船体所受的阻力。

而在实际航行过程中,能量的转换受到各种因素的影响,要在各种物理参数中找出最佳参数和转换方式,得到最佳的配合方式,使能量的消耗降低到最小限度,为船舶营运的经济性做好基础的准备。

可见,船、机、桨三者构成了一个有机的整体,它们之间在运转过程中相互配合的好坏,关系到能量转换的优劣;影响到柴油机能否输出全部功率,能否在最佳状态下工作;螺旋桨能否吸收柴油机的全部功率,并且能否最有效地将旋转能量转换成有效的推力。如果螺旋桨设计不当或者机、桨选配不当,就会经常出现发动机功率不足甚至主机超负荷运转的现象,例如主机的转速已达到额定转速,但螺旋桨所吸收主机的转矩尚未达到主机额定转矩,若想使螺旋桨吸收主机转矩能力提高,必须提高螺旋桨的转速,但会受到主机额定转速影响。

因此,推进装置的总体设计就是要从船、机、桨配合出发,合理选择特性参数,实现船、机、桨的最佳配合,保证船舶在最佳状态下航行。

5.1.2 特性与特性曲线

1. 特性

广义地说,特性反映了船、主机(柴油机推进装置)和螺旋桨的主要技术、经济指标(功率、转矩、主机的燃油消耗率和排气温度等)随其转速或航速的变化关系,这些关系由船的特性、主机的特性和螺旋桨的特性来决定,具体如下。

①船的特性,可用随航速变化的阻力特性来表示。

②螺旋桨的特性,受到螺旋桨的结构和水动力因素的影响,常用推力和转矩来表示。

③主机的特性,主要用柴油机的供油量、平均有效压力、轴的输出转矩及功率等指标随转速(航速)的变化关系来表示,并受到推进装置的组成和结构形式的影响,具体表现为:

a. 主机是否采用增压,是采用高速机还是低速机;

b. 传动方式与设备的影响,是直接传动还是间接传动(包括齿轮减速传动、电传动或液力传动),是并车还是分车,所采用的离合器的结构形式等;

c. 轴系的数目是单机单桨轴系还是多机多桨轴系等。

2. 特性曲线

把船、机、桨三者随转速或航速变化的一些技术、经济参数分别或集中地在图上用曲线表示出来,此曲线就是特性曲线。

5.1.3 配合

在某一工作条件下船、机、桨三者的转速与能量均相等的点称为配合点,也称为平衡点。在船舶设计转速和负荷条件下的配合点,称为设计配合点,船舶在此点运行,就可以得到设计航速,其螺旋桨效率较高,但是此航速下不一定是经济航速。

当三者中某一方的能量和转速发生变化时,都会使平衡点发生变化,在新的条件下形成新的平衡点,并偏离设计平衡点,这时,转速、功率和效率等参数都将发生相应变化。

5.1.4 推进装置的工况

推进装置的工况指船、机、桨三者配合工作时的运转工况。概括地说有两种类型:设计负荷平衡点的工况和偏离设计负荷平衡点的工况,后者称为变工况。

1. 设计负荷平衡点的工况

这是一种理论工况。按此工况工作时,船舶是在所设计的线型、尺度和载量下运行的:气候条件和海面状况均是设计任务书所规定的,桨的直径和螺距均是设计值;主机的输出功率与转速也是设计所要求的。在上述条件下,船、机、桨三者的能量达到平衡,船舶能按设计航速运行。

船舶在实际航行过程中,难以达到这种理想状态,船、机、桨的工作条件往往是变化的,故设计负荷平衡点常遭到破坏,并使实际营运的船舶偏离设计平衡点的常用工况或是在部分工况条件下工作。

2. 变工况

变工况是指船、机、桨在非设计工况下工作的一切运行工况的统称。通常分为以下几种:

①以转速(或航速)为变量的工况;

②以负荷为变量的工况;

③以转速(或航速)和负荷同时为变量的工况。

一般变工况有以下影响因素和形式:

①船舶航行条件的变化,如当船舶遇到风浪、潮水、上滩或装载质量变化,其工况就会发生变化;

②机动操纵引起的变化,如船舶在起航、加速、减速、转弯、倒退等工况的变化;

③船、机、桨本身的性能变化,如主机与轴系长期使用后效率的下降、船舶的污底、螺旋桨直径或螺距发生了变化等。

上述各种变工况,都会对船、机、桨的配合产生影响,在管理时必须予以充分重视。

5.1.5 研究特性、工况与配合的目的

上述各能量平衡点的稳定与变化,是我们研究工况与配合的归宿点。我们研究船、机、桨的特性和在其不同工况条件下的配合的目的在于:

①合理地确定其设计平衡点的负荷,使其达到能量供求的平衡,既不至供大于求,也不至求大于供。

②船舶的种类、用途及运行方式复杂多样。例如拖、推船及渔船运行时常出现往返负荷不平衡状况;工程船及渔船常要求轴带某些机械设备及微速航行;港作船则要求操纵机动灵活;某些航行于航道复杂的船,要求带紧急制动装置,破冰船及某些工程船则要求带有某些制动保护装置等,这些都要求有相适应的推进装置及螺旋桨(定距或变距等),只有掌握了船、机、桨的特性及它们的配合关系,才能对它们进行合理组合及选优,以提高其经济效益及满足使用要求。

③通过对各种工作条件下船、机、桨的特性及其配合情况的分析,不仅能揭示其特性参数的变化规律,还可以了解其运行的经济性及适应性,以及它们工作的范围和限制,以便能够合理的设计和进行管理。

5.2　船、机、桨的基本特性

5.2.1　船舶柴油机的工作特性

柴油机在运转过程中变化的主要参数为转速和有效功率(或平均有效压力或转矩)。

1. 柴油机的输出功率和输出扭矩

(1)输出功率和输出扭矩

对于结构形式一定的柴油机,其气缸数、气缸容积及冲程数等均为常数,故输出功率和输出扭矩可用下式表示:

输出功率
$$P_D = \frac{V_s \cdot i}{3m} \times p_e \cdot n \times 10^{-4} = B_n \cdot p_e \cdot n \quad (kW) \qquad (5-1)$$

输出扭矩
$$M_D = \frac{0.0318 V_s \cdot p_e \cdot i}{m} = B_m \cdot p_e \quad (N \cdot m) \qquad (5-2)$$

式中　M_D——有效扭矩,Nm;

p_e——平均有效压力,Pa;

n——曲轴转速,r/min;

V_s——气缸工作容积,m^3;

i——气缸数;

m——冲程数,四冲程 $m=4$,二冲程 $m=2$;

B_n、B_m——系数,对于结构一定的柴油机,B_n、B_m均为常数。

如果忽略柴油机喷油泵性能、扫气性能、机械效率在不同转速时的变化,可近似地认为:当柴油机的供油量一定,仅其转速变化时,输出功率 P_D 随转速 n 成正比变化,而 $p_e(M_D)$ 则不变,如图5-2所示。图中虚线表示在供油量一定时,实际柴油机的 P_e、M_D 与 P_D 随转速 n 的变化情况。

为了便于分析问题,本章采用上述经过简化处理的 P_D、M_D 与 p_e 随转速 n 的线性变化关系,作为分析船、机、桨特性配合的依据。

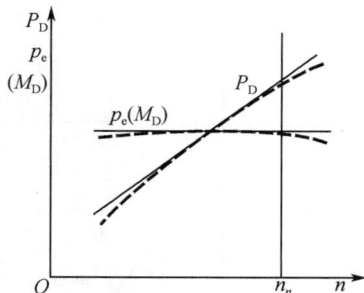

图5-2　输出功率、输出转矩、平均有效压力与转速的关系

(2)功率的种类

柴油机的功率按用途和使用特点分以下四种:

①15 min 功率。它是指柴油机允许连续运转15 min 的最大有效功率,主要只适用于汽车、摩托车、摩托艇、舰艇等内燃机的功率标定。

②1 h 功率。它是指柴油机允许连续运转1 h 的最大有效功率,可用于拖拉机、工程机械、船舶等内燃机的功率标定,通常称之为超负荷功率。一般船用主机允许每12 h 超负荷运转1 h。

③12 h 小时功率。它是指内燃机允许连续运转 12 h 的最大有效功率。

④持续功率。它是指内燃机允许长期连续运转的最大有效(或最大持续)功率。这里采用最大持续(maximum continuous ratings,MCR)表示,即船舶柴油机以最大持续功率作为标定功率,并同时以其相应的标定转速作为设计或选配螺旋桨的依据。

从柴油机原理可知,柴油机功率的不同,其所要求的油泵供油量也不同,所反映的特性也不一样。上述四种功率,其供油量的关系为(按序号排列):

$$① > ② > ③ > ④$$

显然,供油愈多,燃料在气缸中所发出的热量就愈多,柴油机的热负荷也愈高。一般船舶柴油机均为昼夜连续运行,故常采用 MCR 来标定功率及其相应转速。特别是有的船用低速柴油机往往还将油泵齿条的最大供油量限制在这个功率所对应的位置上,以避免柴油机过载。

由于船舶种类不同,对柴油机功率标定的要求亦有差别,例如短期工作的轮渡就可以采用 12 h 功率,并允许有 1 h 的超负荷公里,加之,我国现有小型船舶的主机构成中,陆用机还占了一定的比重,而且还有不少习惯的标定方法。为此,在四种功率中,除15 min 功率外,其他三种功率的特性也有介绍的必要。

2. 柴油机的特性

当柴油机工况发生变化时,柴油机的性能及主要参数(如功率 P_D、平均有效压力 p_e、燃油耗率 g_e、排气温度 t_r、有效效率 η_e 等)随工况的改变而相应变化。所谓柴油机的特性,就是指柴油机的性能指标及主要参数与运转情况之间的变化关系,主要有速度特性、负荷特性、调速特性、万有特性及减额功率输出特性、限制特性、推进特性等。

(1)速度特性(外特性)

在柴油机运转过程中,将油量调节机构固定(只改变转速 n,而 P_e 保持不变),主要性能指标(扭矩、油耗、功率、排温及烟度等)随转速 n 变化的规律。图 5-3 所示是柴油机的速度特性。

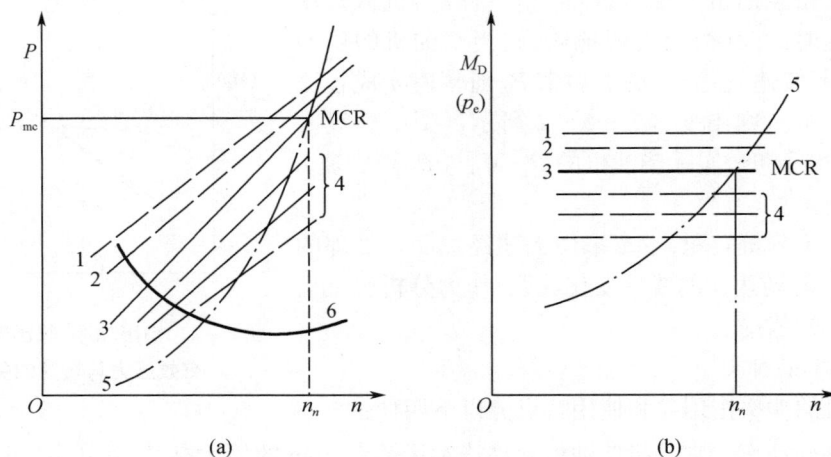

图 5-3　柴油机的速度特性

速度特性反映了柴油机的技术经济指标随转速或航速的变化关系,通常用以表示主机的工作性质。

外特性的测定是在喷油泵的油量调节齿条固定在一定的位置上进行的。根据油泵齿条固定的位置不同,外特性分为以下几种。

①1 h 功率特性,是指将柴油机供油量固定在 1 h 功率所对应的供油量位置时的速度特性,也常称为油泵保险特性,如图 5 - 3 中的线 1。

这种特性由于它的气缸热负荷较高,只适于某些船舶主机短时使用,使用时间应控制在 1 h 以内。国产小型船用柴油机的最大供油量,常用油泵齿条限制在这个位置上,不允许供油量再超过它。

②12 h 功率特性,是指将柴油机的油泵齿条固定在 12 h 功率所对应的供油量位置上的速度特性,如图 5 - 3 中的线 2,其供油量介于线 1 与线 3 之间。

按此特性工作只允许连续工作 12 h,按此标定的功率可作为间歇使用的船舶(如渡船)主机作螺旋桨的设计负荷点。

③标定外特性,是指将油泵齿条固定在标定功率(最大持续功率)所对应的供油量位置的速度特性,如图 5 - 3 中的线 3。

有的船用低速柴油机往往将标定功率所对应的供油量,作为最大供油量,并在油泵齿条上加以限制,其相应的输出功率及转速(即 MCR 点),可作为一般船舶螺旋桨的设计负荷点。

④部分外特性,是指供油量固定在小于标定功率(如 90%、75%、50% 等)供油量的各个速度特性。它由许多条变化形态与线 3 相似的线簇组成,如图 5 - 3 中的线 4(线 3 下面的三条线),船舶在实际运行中常用这类曲线。但应指出,若偏离设计平衡点过大,按部分特性运行的主机,其耗油率较高。

图 5 - 3 中线 5 为螺旋桨推进曲线,线 6 为柴油机有效耗油率 g_e 随转速的变化曲线,由此可见:

①平均有效压力 p_e 与功率 P 随供油量增加而增大;

②在供油量一定时,有效功率 P 与转速 n 呈正比变化;

③柴油机按推进特性运行时,转速愈低,g_e 愈高,当转速接近标定转速 n_n 时,g_e 值较低,最低的燃油耗率 g_e 常发生在 $(0.75 \sim 0.9)n_n$ 处。

外特性的实用意义:

①确定柴油机允许工作的最高负荷限制线;

②用于分析机带桨工作时的匹配情况。

(2)负荷特性

柴油机的负荷通常指柴油机阻力矩的大小,由于平均有效压力 p_e 与阻力矩成正比,所以常用平均有效压力 p_e 来表示负荷。又因负荷特性试验时,柴油机的转速 n 固定不变,所以也有用有效功率 P_e 来表示负荷的大小的。

负荷特性是指在某一固定不变的转速下,柴油机的性能参数标(功率 P、耗油率 g_e、每小时耗油量 G、机械效率 η_m 等)随负荷 $P_e(p_e)$ 变化的关系。图 5 - 4 所示为柴油机的负荷特性曲线。

可见,柴油机按负荷特性运转时,其燃油耗油率曲线 g_e 的最低处发生在略低于标定负荷 P_e 的附近,从图 5 - 4(b)可见,在柴油机按发动机组或电力推进工作时,无论其转矩 M 或负荷 p_e 如何变化,它都将按调速特性线 R 工作,并使其转速基本保持不变。

负荷特性的实际意义主要是：

①确定非增压柴油机的标定工况；

②由于负荷特性易测定，常在柴油机调试、改变设计时用作检验调试效果，所以又称之为调整特性；

③常用于表达柴油发电机组和电力推进柴油机的性能；

④测出不同转速的负荷特性，用于获取万有特性等负荷特性，可与速度特性综合出其他任何一种实用工况的特性。

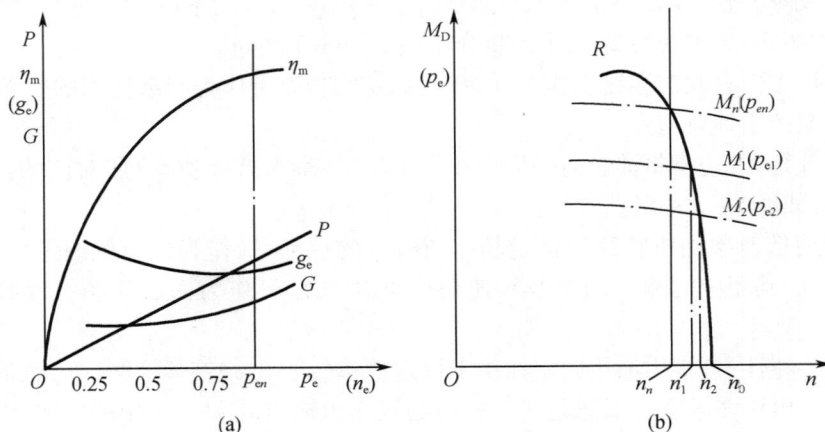

η_m—机械效率；R—调速特性曲线；p_{en}—额定负荷；p_{e1}、p_{e2}—不同供油量时的负荷；

n_{en}、n_1、n_2—各负荷下的相应转速；$M_n(P_{en})$—额定转矩（负荷）；$M_1(p_{e1})$、$M_2(p_{e2})$—不同供油量时的负荷。

图 5 – 4　柴油机的负荷特性曲线

（3）调速特性

柴油机在带动发电机或是主机通过离合器带动桨工作时，必须带有全制式调速器，有些直接带桨的主机也常备有调速器，故在研究推进装置的特性与配合时，尚须反映柴油机的调速特性在中间所起的作用。调速特性一般不表明与柴油机内部的工作过程有关参数的变化，而只标出 M_D、P_e 与 n 的关系，它主要取决于调速器的工作性能。

调速特性曲线是指调速器的转速设定机构固定于某一位置时，在调速器起作用的情况下，柴油机的功率、转矩与转速之间的关系曲线。图 5 – 5 所示是装有全制调速器的柴油机调速特性。

全制式调速器可以任意选定柴油机的工作转速，曲线 1、2、3、4、5、6 分别为当调速器的转速调节机构固定于各个不同位置时的调速特性线。h_1、h_2、h_3 是柴油机在不同供油量时的外特性线；曲线 Ⅰ、Ⅱ、Ⅲ 为不同工况的推进线。

曲线 1 是全负荷速度特性线，点 A 表示推进线 Ⅰ 和柴油机供油量为 h_1 时外特性的交点，B 点表示推进线 Ⅲ 和供油量为 h_3 时外特性线的交点，它表明油量操纵杆的位置虽未变，但由于桨的负荷减轻为曲线 Ⅲ，主机的负荷供大于求，调速器便使油量减至 h_3 的部分特性线与之相配，使其转速保持基本不变。

当负荷减小时，调速器将喷油泵柱塞的工作有效行程从 h_1 逐渐调节到 h_2、h_3 等，则柴油机的特性就逐渐改变到相应的部分特性上，使其转速基本保持不变。如柴油机在推进线 Ⅱ

与 h_1 的交点 a 处运转,其相应的转速为 n_a,如果这时外界的负荷突然减少到空载,若所采用的调速器是相当灵敏的,则其空载的转速仍应是 n_a,但实际上柴油机因其调速器并非绝对灵敏,因此,图中的线5也非垂直向下,而是向右倾斜,配合点移到 b 点,倾斜度与调速器的灵敏度有关。对于调速器的灵敏度或其转速调整的不均匀度,我国钢船规范中规定:对柴油发电机组的稳定调速率 δ 应不大于5%;对主机的瞬时调速率 δ_1 为 10% ~ 12%,稳定调速率 δ_2 为 8%,并应能限制其转速不超过额定转速的 115%。

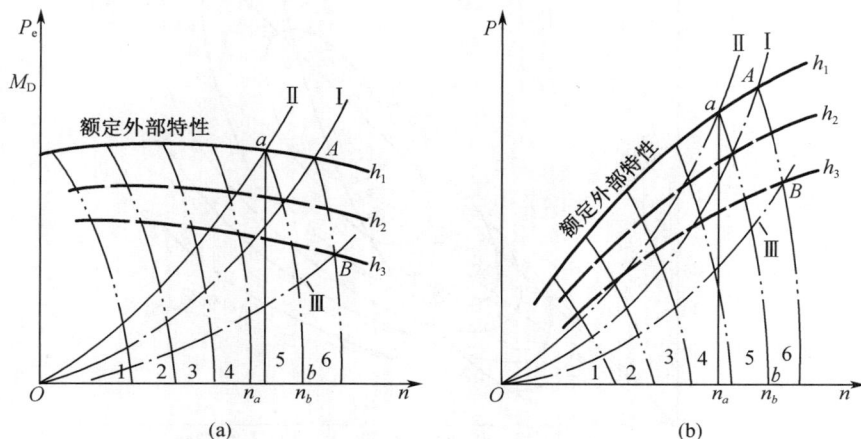

图 5 – 5　装有全制调速器的柴油机调速特性曲线

调速特性是通过试验得到的。先在标定转速 n_b 和标定负荷 P_b 下满足标准试验条件稳定运转时,先卸去全部负荷,使其转速达到最高空载转速,然后逐步增加负荷至标定负荷,记录各测试点的柴油机转速、转矩和油耗等参数并绘成曲线,便得到柴油机的调速特性曲线。

(4)万有特性

万有特性是表示柴油机运行性能变化的多参数特性。

在柴油机的运转范围内,同一转速下用几个不同的喷油量做试验,并将有关结果记录下来;再分别固定各档转速,供入不同喷油量进行试验,将结果按 P、n、g_e、$M_D(p_e)$ 等参数整理绘制成图,即得万有特性曲线,如图 5 – 6 所示。

图中 P 与 n 坐标间的环形曲线,为等耗油率曲线(用同样的方法,可制取爆压、排温、转矩等万有特性曲线),即柴油机在该曲线上各点运转时其 g_e 均相同。图中还列出了机、桨负荷随转速百分数的变化关系,以及 n、P、p_e(M_D)与 g_e 四个参数之间的关系。有了万有特性图,只要知道了柴油机的转速 n 和功率 P,就可从图中查出此时的耗油率 g_e 和输出转矩 M_D,或知道另外两个参数,求得其他有关参数。

万有特性的实际意义:

①选配柴油机;

②确定柴油机的允许工作界限;

③用于检查柴油机的工作状态。

(5)柴油机减额功率输出特性

近年来燃油费用在船舶运输成本中的比重越来越大,因而机、桨按经济功率匹配的方法很受用户的欢迎。降低柴油机的耗油率的方法之一，是提高气缸内的最大爆压力 p_{max} 与平均有效压力 p_e 的比值。

$$g_{e1} < g_{e2} < g_{e3} < g_{e4} < g_{e5}$$

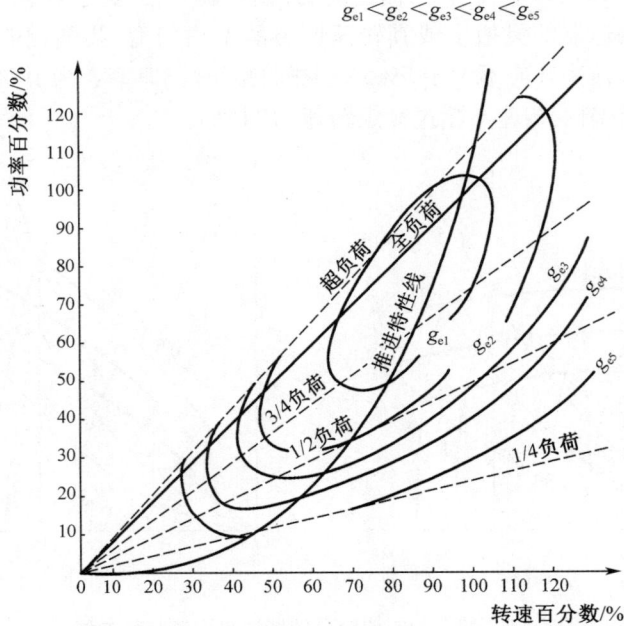

图 5-6　万有特性曲线

所谓减额功率输出是指对同一缸径及冲程的柴油机，通过改变增压器通道截面、气缸的压缩容积（压缩比）和采用可变定时的喷油泵（VIT），使柴油机在功率下降（转速也相应下降或不降）时，保持最高燃烧压力 p_{max} 不变，则其 p_{max} 与平均有效压力 p_e 的比值被提高；加之有关参数也做了相应调整，故柴油机功率在下降至一定的范围内，可起到降低燃油消耗率的作用。

p_{max} 是柴油机结构强度的设计依据，在设计时已确定，而柴油机的功率 p_e 是否和转速 n 的乘积成正比，一般把最大持续功率点（MCR）时的 p_e 值降低（即功率下降，转速相应下降或不降），作为新的标定点，而此时的 p_e 仍维持与 MCR 相对应的值不变，这样就提高了 p_{max} 与 p_e 的比值，实现了比 MCR 低的燃油耗率。这与俗称的减速航行不一样，后者是以 85% ~ 90% 的 MCR 作为主机的常用负荷，且以 50% ~75% MCR 的低负荷连续运转。但以降低航速来减少燃油消耗量，往往会导致耗油率的增加。

减额功率输出特性的实际意义就是降低燃油消耗率。

（6）柴油机的推进特性

当柴油机作为船舶主机带螺旋桨，按螺旋桨特性（$P = Cn^3$）工作时，其性能参数随 n 或 P_e 变化的关系即为柴油机的推进特性。

根据主机的额定功率和额定转速计算出各种转速下的功率值，其相对百分数变化对应值如表 5-1 所示。可见，当主机转速 n 是额定转速的 103% 时，柴油机的功率就已达到额定功率的 110%。

表5-1 机带桨工作时转速与功率的相对百分数变化对应值

转速度百分数/%	63	79.5	91	96.5	100	103
功率百分数/%	25	50.0	75	90.0	100	110

推进特性的实际意义：

①根据柴油机的工作能力合理地设计、选用螺旋桨；

②确定使用中功率与转速的配合点；

③确定推（拖）船在各种工况下的负荷；

④确定船舶的经济航速。

5.2.2 船舶航行阻力特性

船舶在水面上航行时，受到空气和水这两种介质的阻力，即为船舶航行阻力。

在正常的气候（3~4级风）及海况下，航速不高的船舶所受的空气阻力，仅占总阻力的 2%~3%，因此在讨论船舶航行时的阻力特性时，主要是分析水的阻力随航速的变化关系。

船舶的阻力主要由以下几部分所组成：

①附属体阻力，所占比例较小；

②兴波阻力，占40%~80%；

③摩擦阻力，占10%~50%；

④形状阻力，占5%~35%。

实船或船模的试验表明，水对船体的总阻力与航速的平方成正比，即

$$R = A_R \cdot V_s^2 \tag{5-3}$$

式中 R——水对船体的阻力，N；

V_s——船速，m/s；

A_R——阻力系数，与船体线型、排水量、污底程度、拖带、航道及海况等因素有关。

若航速为 V_s 时，其船体总阻力为 R，则直接用于克服船体阻力所需的功率 P_e 为

$$P_e = R \cdot V_s \times 10^{-3} \text{(kW)} \tag{5-4}$$

上述阻力、功率随航速的变化关系，是通过模型及实船试验求出的。图5-7所示为某船的阻力功率随航速的变化关系，由图可见，其阻力约与航速平方呈正比变化，功率约与航速三次方成正比；图中的曲线1为实船试航测试所得，曲线2为裸体船模试航测试所得。由于实船航行时增加了附属体等的阻力影响，故曲线2在相应航速下所克服的阻力要比曲线1大。

5.2.3 船舶螺旋桨推进特性

1. 螺旋桨的进程比（或称进速系数）

螺旋桨在水中同时参与两种运动，即绕桨毂轴线的回转运动和沿桨毂轴线的轴向运动。螺旋桨工作时转动一周，它在轴向实际前进的距离称为进程，用 h_p 表示。实际上，由于水会被螺旋桨推动后移，进程 h_p 并不等于螺距 H，其差值称为滑失 h。它们之间的关系是：

$$h_p = H - h \text{ (m)} \tag{5-5}$$

进程与螺旋桨直径（叶梢圆直径）D 的比值称为进程比 J，即

$$J = h_{\mathrm{p}}/D = V_{\mathrm{s}}/nD \qquad (5-6)$$

式中 V_{s}——实际航速，m/s；

n——螺旋桨转速，r/s。

对于某一几何结构一定的螺旋桨，转速不变时，进程比 J 与船速 V_{s} 成正比。

滑失 h 与螺距 H 的比值称为滑失比 S，即

$$S = \frac{H - h_{\mathrm{p}}}{H}$$

2. 螺旋桨推进特性

船舶螺旋桨推进特性主要反映了螺旋桨的推力 T 和螺旋桨的阻力矩 Q、推力系数 K_T、转矩系 K_Q，以及螺旋桨的效率 η_{p} 等随船速（转速）和进程比（进速系数）J 的变化关系。

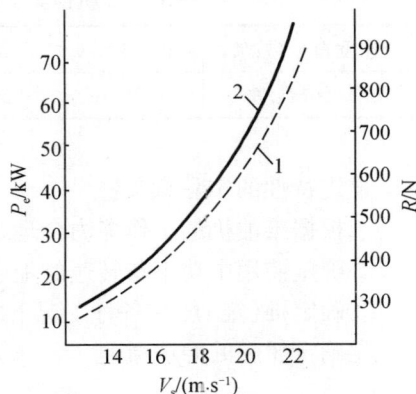

图 5-7 某船的阻力、功率
随航速的变化特性

螺旋桨所发出的推力 T 和螺旋桨的阻力矩 Q，可以用机翼理论计算。

螺旋桨所发出的推力：

$$T = K_T \rho n^2 D^4 \qquad (5-7)$$

螺旋桨的阻力矩：

$$Q = K_Q \rho n^2 D^5 \qquad (5-8)$$

式中 K_T、K_Q——螺旋桨的推力系数和扭矩系数；

ρ——水的密度，kg/m^3；

D——螺旋桨的直径，m；

n——螺旋桨的转速，r/min。

螺旋桨的效率 η_{p} 是有效功率与消耗功率（即吸收功率与得到功率）之比，而螺旋桨的有效功率为 $T \cdot V_{\mathrm{s}}$，消耗功率为 $Q\omega$，因此：

$$\eta_{\mathrm{p}} = \frac{T \cdot V_{\mathrm{s}}}{Q\omega} = \frac{K_T}{K_Q} \cdot \frac{J}{2\pi} \qquad (5-9)$$

式中 V_{s}——实际航速，m/s；

ω——螺旋桨的旋转角速度，rad/s；

J——进程比。

式(5-7)～式(5-9)是螺旋桨工作性能的基本方程式，但是通常更多的是用模型试验测出。

模型试验是把螺旋桨做成模型，使其在试验水池中进行单独试验（不是放在船后），并称之为敞水试验。在试验时使螺旋桨以一定的进速 V_{s} 前进，并以某一个转速 n 旋转，便可测得螺旋桨所发出的推力 T、所吸收的转矩 Q 及 η_{p}。如果逐步改变 V_{s} 及 n，还可测得一系列 T、Q 及 η_{p}。将所测得的数据，用无因次系数绘制成螺旋桨特性曲线图，如图 5-8 所示，也称螺旋桨的敞水特性。图中所示是 K_T、K_Q 及 η_{p} 随 J 的变化规律和关系。

在给定的船舶中，其螺旋桨直径为定值，由进程比公式可知，J 仅随 V_{s}/n 而变化，即取决于船舶的航行工况。当 V_{s}/n 为常数时，K_T、K_Q 为定值，加之 ρ 变化也较小，故螺旋桨的有效推力 T 和转矩 Q 与转速的平方成正比，这样可把螺旋桨工作性能特性表示为

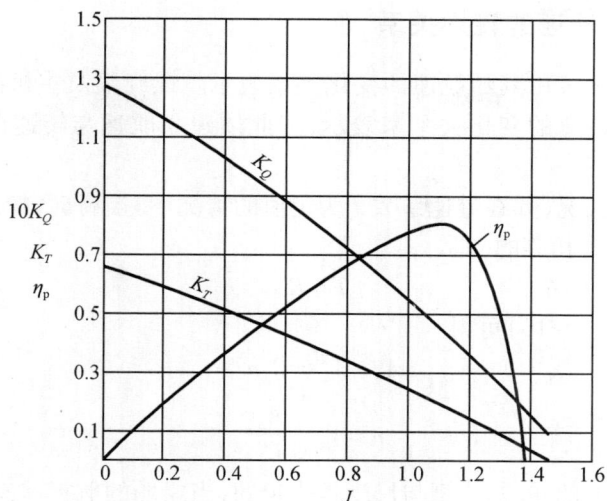

图 5 - 8　螺旋桨特性曲线

$$T = C_T n^2 (\mathrm{N}) \tag{5-10}$$

$$Q = C_Q n^2 (\mathrm{N} \cdot \mathrm{m}) \tag{5-11}$$

式中，C_T、C_Q 为系数，取决于船舶航行的工况，当船舶在不变的工况下稳定航行时，两者均为常数。

螺旋桨的功率 $P_p = 2\pi n Q$，将式（5 - 11）代入，得

$$P_p = C n^3 \tag{5-12}$$

式中，C 为系数，它和 C_T、C_Q 一样，也取决于船舶航行的工况。

可见，螺旋桨的推力和扭矩与转速的平方成正比，而它所吸收的功率与转速的立方成正比。如图 5 - 9 所示，是依这种关系绘制出的曲线，称为螺旋桨特性曲线。

图 5 - 10 所示是在不同的进速系数 J 时，T 和 Q 和 P_p 与 n 之间的函数关系，可知当 n 一定时，随 J 的减小，T、Q 和 P_p 均要相应增大；J 保持不变时，T 与 Q 两参数均随 n 的平方呈比例变化。

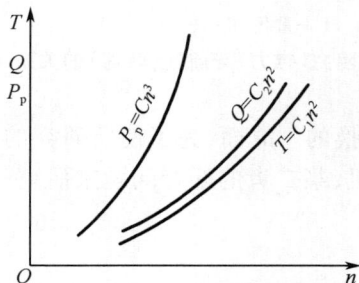

图 5 - 9　螺旋桨特性曲线

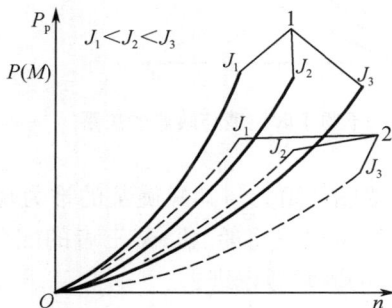

1—$P = f(n)$ 的特性曲线；2—$T(M) = f(n)$ 的特性曲线。

图 5 - 10　不同 J 时的推进特性曲线

5.2.4　航速与转速的转换关系

船舶的阻力特性一般用其随航速的变化关系表示。螺旋桨及主机的特性是以其主要的技术、经济参数随转速的变化关系来表示,为此须建立航速与转速两者之间转换的关系式。

已知船舶在稳定工况(如在进速系数 J 为定值的情况下)航行时,螺旋桨所产生的有效推力 T 和船舶阻力 R 是相等的,即

$$T = R \tag{5-13}$$

由式(5-3)和式(5-10)可得

$$A_R \cdot V_s^2 = C_T n^2 \tag{5-14}$$

$$n = V_s \sqrt{\frac{A_R}{C_T}} \tag{5-15}$$

对于已设计建造的船舶,其线型与尺度是确定的,当船舶的航行状态也保持一定时,上式中的系数 A_R、C_T 可看作是常数。如令 $K = \sqrt{\dfrac{A_R}{C_T}}$,则

$$n = K \cdot V_s \tag{5-16}$$

该式即为航速与转速的转换关系式。

图 5-11 示出了不同 J 值时航速与转速的关系。其中 J_n 为额定工况的 J 值。从图中可知,当 n 为某一常数时,J 值愈大,则航速也相应较高。同时,上式表明,n 与 V_s 只要知道其中一个参数就可求得另一参数,故只要换一个比例尺即可将两者表示在同一图上,如图 5-12 所示。

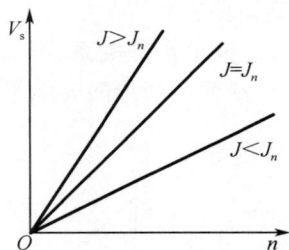

图 5-11　不同 J 时航速与转速的关系

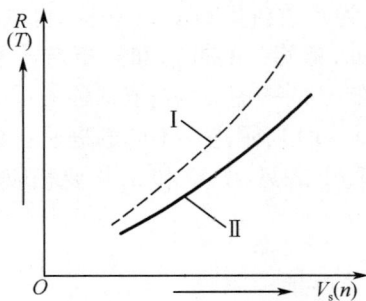

I—重载;II—轻载。

图 5-12　阻力(推力)与航速(转速)的关系

可见,船舶的阻力与其螺旋桨的推力也是可以互相转换的。故而,为了使所研究的问题简化起见,也往往将船、机、桨三者的配合关系,简化为机、桨二者的配合问题来研究,必要时再把船的因素考虑进去。

5.3 船、机、桨的能量转换与配合性质

5.3.1 推进装置机械能的传递过程

船舶主机功率在传递至螺旋桨的过程中,有一系列的损失,如图 5－13 及表 5－2 所示。

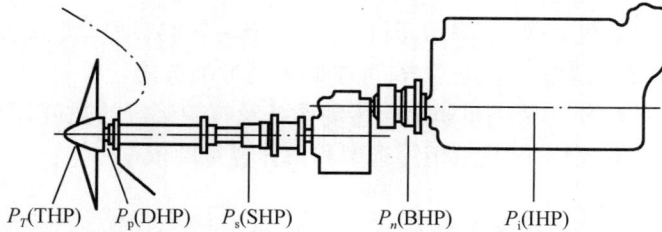

P_T(THP)　P_p(DHP)　P_s(SHP)　P_n(BHP)　P_i(IHP)

图 5－13　推进装置功率传递过程示意图

表 5－2　船舶主机功率传递过程及其损失

序号	名称	损失系数	功率传递过程及其损失
1	指示功率 P_i(IHP)		
2	持续功率 P_n(BHP)	$\eta_m \eta_t \eta_\varphi$	考虑摩擦损失及温湿度修正后的功率
3	轴功率 P_s(SHP)	$\eta_l \eta_{rt} \eta_{rz}$	传动设备及各种轴承所消耗的功率
4	收到功率 P_p(DHP)	η_w	艉轴承及其密封装置所消耗的功率
5	推力功率 P_T(THP)	$\eta_x \eta_0$	螺旋桨与水的摩擦及尾流动能所损失的功率
6	有效功率 P_e(EHP)	η_s	由推力减额及伴流等船体影响所损失的功率

5.3.2 推进装置功率转换计算

1. 指示功率 P_i(IHP)

指示功率 P_i 是指在标准环境状况下,最大持续输出工况时柴油机所发出的指示功率,用下式计算:

$$P_i = \frac{G \cdot H_u}{3\ 600} \eta_i \quad (\text{kW}) \tag{5－17}$$

式中　G——主机在最大持续输出时的燃油消耗量,kg/h;

$\quad\ H_u$——柴油的低热值,kJ/kg;

$\quad\ \eta_i$——柴油机的指示效率,四冲程柴油机,η_i 为 0.35～0.54,二冲程柴油机,η_i 为 0.35～0.54。

2. 持续功率 P_n（BHP）

持续功率 P_n 是指柴油机在标定转速及标准环境状况下所输出的持续运转的最大有效功率。对于船用主机，此标定功率称为最大持续功率，用符号 P_{mc} 表示，通常也称其为额定功率。我国规定船用机的标准大气状况是环境温度为 30 ℃，大气压力为 760 mmHg（1 mmHg = 1.333 22 × 10² Pa），相对湿度为 60%。

在非标准状况时，P_{mc} 可用下式计算：

$$P_{mc} = P_i \cdot \eta_m \cdot \eta_t \cdot \eta_\varphi \quad (\text{kW}) \qquad (5-18)$$

式中　η_m——柴油机的机械效率，非增压机 η_m 为 0.75 ~ 0.85，增压机，η_m 为 0.8 ~ 0.92；

　　　η_t、η_φ——温度与湿度的修正系数，可参照有关标准选用。

通常把持续功率 P_n 作为柴油机、轴系、传动设备及螺旋桨等的强度计算基准，并作为船舶动力装置中各种辅机、设备以及舱柜等选型和估算容量的依据。

3. 轴功率 P_s（SHP）

轴功率 P_s 是指 P_{mc}（或 P_n）在扣除传动设备、推力轴承和中间轴承等传动损失后的实际输出功率，其数值与上述部件的结构形式、数量及在轴系上的测量位置有关。如将测量仪器安装在艉管的前端，则所得的功率为

$$P_s = P_{mc} \eta_i \eta_{rz}^n \quad (\text{kW}) \qquad (5-19)$$

式中　η_i——减速装置效率，减速齿轮箱为 0.95 ~ 0.97，液力偶合器为 0.94 ~ 0.985；

　　　η_{rt}——推力轴承的机械效率（米契尔型约 0.995）；

　　　η_{rz}——每一个滑动中间轴承的机械效率（0.997 ~ 0.998）；

　　　n——中间轴承的数目。

4. 螺旋桨收到功率 P_p（DHP）

螺旋桨收到功率 P_p 是指 P_s 扣除艉轴轴承及密封填料损失后所输出的功率。

$$P_p = P_s \cdot \eta_w \quad (\text{kW}) \qquad (5-20)$$

式中，η_w 为艉轴承及密封填料的机械效率，为 0.985 ~ 0.99。

5. 推力功率 P_T（THP）

推力功率 P_T（THP）是指螺旋桨产生推力 T 和进速 v_j 时所做的功率：

$$P_T = P_p \cdot \eta_\beta = P_p \cdot \eta_x \cdot \eta_o \quad (\text{kW}) \qquad (5-21)$$

式中　η_β——船后螺旋桨效率；

　　　η_x——相对旋转效率，为 0.96 ~ 1.05；

　　　η_o——螺旋桨敞水效率，为 0.55 ~ 0.65，有时可达到 0.75。

6. 船体有效功率 P_e（EHP）

船体有效功率 P_e 是指克服船舶航行阻力所需的功率：

$$P_e = P_T \cdot \eta_s \quad (\text{kW}) \qquad (5-22)$$

式中，η_s 为船体影响系数，$\eta_s \approx 0.95 ~ 1.2$。

5.3.3　机、桨的配合性质

1. 工作区域的划分

螺旋桨的设计负荷点，或主机的最大持续输出点，均要求两者能在所允许运行的工作区域选取一个机、桨合理配合的设计工况点。为此，必须先了解主机带桨在各个工作区域运行时的性质，即其工作的可行性、适应性及所受到的限制等。现以某柴油机带桨工作时

的功率与转速关系为例加以说明。

图 5-14 所示为柴油机带桨位于不同工作区域时的情况。图中纵坐标所表示的功率百分数,横坐标所表示的转速百分数均是取其对数。

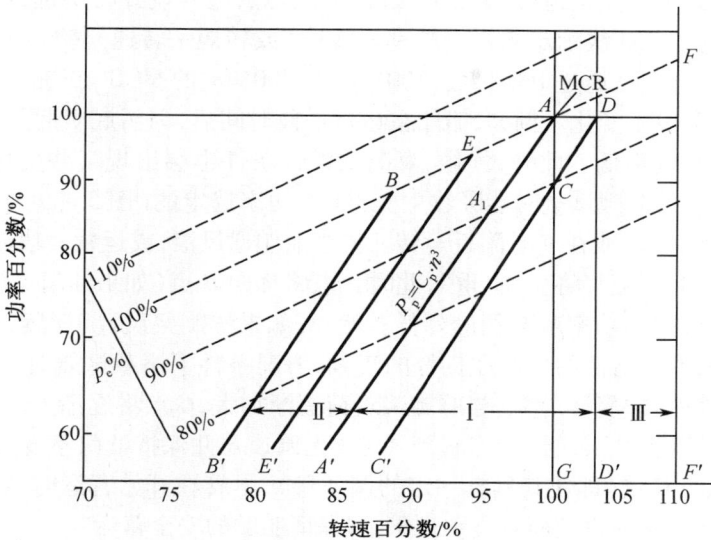

图 5-14　柴油机带桨的工作特性

AA' 线是设计状态的理论推进线($P_p = C_p \cdot n^3$),它通过 100% 功率和 100% 转速的 A 点处(即 MCR 点)。

EE' 和 CC' 分别为桨过重或过轻时的推进线;斜度较小的 p_e% 线为平均的有效压力 p_e(或转矩 M_D)的分数线。

图 5-14 中将柴油机带桨的工况划分成三个区域:

(1)区域Ⅰ——安全区

位于图 5-14 中 AA' 线(右边)与线 DD' 线之间的区域,常称为安全区,在此区域内的负荷 p_e 不可能超过 100% p_e 的负荷线,转速也在极限转速 DD' 线以内。

(2)区域Ⅱ——短时工作区

位于图 5-14 中 AA' 线与 BB' 线之间的区域,称为短时工作区,在此区域内的机桨配合点一般均是在桨过重时发生,例如,假定其中的推进线 EE' 和全负荷 p_e% 线在 E 点相交,这时的转速将低于额定转速 n_n,如果发动机装有调速器就可能出现超负荷,故一般在桨重且转速过低时,主机不能按全负荷 p_e 运行,有时还必须减小油门的供油量,以防止它超负荷。特别是对于增压柴油机,由于转速下降,废气排量减小,废气涡轮前的压力下降,涡轮功率也下降,导致涡轮带动的压气机转速及进气量的减少。因此在降低转速的同时,减少了每循环的充气量,引起增压压力下降和气缸充气量的减少。此时虽然功率及转速已下降,但主机每循环的喷油量有可能不变,其过量空气系数会减少,将引起热负荷升高等多种问题,影响主机的安全运行,在此区域只允许短时工作。

(3)区域Ⅲ——超速运转区

位于图中 DD' 线与 FF' 线之间的区域,称为超速运转区域,新船试航时为能达到设计航速,使其在 100% p_e 条件下短时间内做超转速[(103% ~ 108%) n_n]运转,在此情况下对发动机的磨耗及寿命产生某些不利影响,一般不宜常用。

通常不同的机型其区域划分范围是有差别的。

2. 螺旋桨设计负荷点的确定

螺旋桨的设计负荷点是指机、桨额定工况的配合点,它与设计时所选定的机、桨特性曲线有关,将它们的性能曲线示于同一个功率—转速(或转矩—转速)特性图上,其交点即为配合点。理论上,此点是通过 $100\% P_{mc}$、$100\% p_e$ 和 $100\% n_n$ 的 MCR 点;在实船营运过程中,这个配合点往往会发生变化。例如,船舶在运营一段时间后,因污底引起船体阻力增加,主机的性能会发生某些降低。此外,气候、海况及设计条件也会出现某些变化。如果螺旋桨的设计负荷是按新船满载试航时能吸收主机 100% 功率选定的(图 5 - 14 中的 A 点),则新船试航时,主机将沿 AA' 线在 A 点附近运转。但当船舶遇风浪,或运营一段时间后船体污底而使船体阻力增加,螺旋桨将会加"重",此时 A 点将移向 B 点(如果油门仍保持在额定供油量的位置不变),转速与功率就会相应降低。然而,如果螺旋桨设计工况点取在 C 点,即预先留有一定储备,船底清洁的新船在良好的气候、海况条件下满载试航时,主机将沿 CC' 线运转,这时螺旋桨就要"轻"一些。当螺旋桨负荷逐渐加大,C 点将逐渐上升,一直可升高到 A 点(使用调速器控制时),或将 C 点移到 A_1 点(无调速器并保持油门不变)而不致超负荷。这说明负荷点取在 C 点(即使其具有一定的储备量),尽管在开始营运时负荷较轻,但在以后的长期运行期间,其主机负荷就不致过重,可保证船舶的安全营运。

3. 储备的主要方法

储备常采用以下三种方法:

(1)功率储备法(又称"P 储备")

方法是取主机功率的某一百分比(如 90%),转速为 100%,船体阻力取新船满载试航时的阻力作为设计工况(即该设计点为图 5 - 14 中的 C 点)。

(2)转速储备法(又称"N 储备")

方法是取 100% 主机功率,适当增加转速(如取转速为 $103\% n_n$),而船体阻力取新船满载试航时的阻力作为设计工况(即设计点为图 5 - 14 中的 D 点)。

(3)阻力储备法(又称"R 储备")

方法是取 100% 主机功率,100% 转速,船体阻力取满载运行时船体有一定程度污底,并有风浪时的阻力(如取新船静水试航时阻力的 120%)作为设计工况。(图 5 - 14 中的 AA' 线代表船舶在满载营运时的主机输出曲线,新船试航时的输出曲线在 AA' 线下。)

以上三种方法,虽表现的形式不同,但含义是相同的,即新船在试航时,螺旋桨"轻"一些,经过一定时期的运行或遇到风浪时,虽然逐渐加"重",但仍不致使主机超负荷。当考虑储备后设计的螺旋桨,在新船试航时如要测试 100% 主机功率时的航速,主机就必须要超转速,或加大油门至额定供油量位置。

除这三种方法外,还有将阻力增加某一百分比,又对在 100% 转速时的主机功率打一折扣来设计螺旋桨;也有在设计时先不考储备(即 100% 功率、100% 转速、100% 新船试航阻力,称"0 储备"),待算出螺旋桨参数后凭经验适当加以修正(如对转矩和转速再分别打折扣等)。

5.4 典型推进装置的特性与匹配

5.4.1 单机单桨直接传动推进装置的特性与匹配

1. 基本原理

忽略传动机组(齿轮箱等)及轴系的传动损失,柴油机所发出的功率 P_D 必须等于螺旋桨所吸收的功率 P_p。

柴油机的特性 $P_D = c \cdot n$(c 为比例常数)和螺旋桨的推进特性线 $P_p = C_p n^3$ 变化规律不同,在某一稳定工况条件下,两者的配合只能在一点相交。一旦工况变化,配合点将发生变化。无论推进装置的结构形式如何,都必须符合上述配合的基本原则。

2. 推进装置的特点

推进装置用一台柴油机不经过传动机组,直接带动一只螺旋桨,如图 5 – 15(a)所示。这种装置的性能特点是 $P_p = P_{mc}$;$M_p = M_D$;$n_p = n_D$。

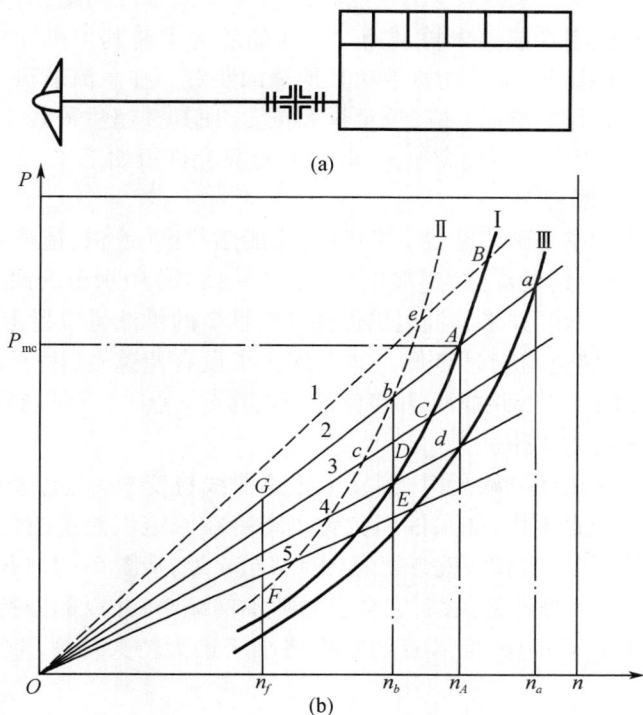

I,II,III—螺旋桨的推进曲线;1,2,3,4,5—柴油机在各平均有效压力时,$p_e = f(n)$ 的变化曲线。

图 5 – 15 单机单桨直接传动推进装置的特性与匹配

这种主机与桨直接连接的装置,只要改变油门,主机的平均有效压力 p_e 就会变化,并使转速发生变化,使二者获得新的配合。

3. 配合特性

（1）机配桨工作的配合

假定柴油机是按其所带动的螺旋桨的设计推进曲线 Ⅰ 工作的。为了便于分析，忽略储备量及传动损失的影响，即将图 5 - 15 中的 A 点看作是按额定负荷 p_e 工作的，并位于 MCR 点上，其相应的功率为 P_{mc}、转速为 n_n。B 点为超负荷时的配合点；C、D、E 和 F 为主机在部分负荷情况下的配合点，如图 5 - 15(b) 所示。

假定船舶按其所要求的航速正常航行，其机桨的配合点为 C 点，在外界条件不变的情况下，若要求船速大于正常航速，只要加大油门，使主机的 p_e 增加（图中斜线变陡），主机和螺旋桨的转速就会相应增加，配合点也会移至相应的 A 点处，这样船速就加快了。当要求减少油门，并以部分特性线 4 或 5 等与之相配，使机、桨的特性在 D 或 E 点相交，这样船舶就可以实现减速航行。

按推进曲线 Ⅰ 工作时，柴油机的转速调节范围是在 A 点至 F 点之间，F 点的转速 n_f，为其最低稳定转速。

主机按部分特性工作时，有一部分潜在功率未能发挥，如按图 5 - 15(b) 中的推进曲线 AF 线段工作时，对非增压机来说有 AGFA 面积的潜在能量未被利用，对某些废气涡轮增压机来说，有 bJFA 面积的潜在能量未被利用。有的船舶为了使其主机在部分特性时的潜在能量得到充分利用，可采用轴带发电机带动其他辅助装置。在急流航段或在川江滩险航段逆水上行的船舶，这时可把主机的油门拉至最大位置，使其按超负荷线 1 工作，配合点也就可移至 B 点处，这样就可进一步提高航速，但在 B 点只允许短期工作。

（2）桨配机工作的配合

设主机是按持久功率外部特性线 2 工作的，当船舶载量（或顶、拖量）增加时，螺旋桨推进曲线将变陡，这种配合情况常称为"桨重"，如图 5 - 15(b) 中示出的曲线 Ⅱ。在这种情况下，主机将随之按 Ⅱ 线工作，如果其油门仍保持在特性 2 的供油量位置上时，机、桨就会在 b 点相交，这时的功率和转速均较 A 点低。如果该主机设有调速器，由于后者有使转速恢复的功能，将会使主机油门进一步加大，并将使配合点移至 e 点，这就可能导致主机超负荷，故在此配合点只允许短时间工作。

当船舶载量（或顶、拖量）减少时，螺旋桨推进曲线将变平，假定这时的工况如线 Ⅲ 所示。这时主机亦会按线 Ⅲ 工作，如果油门位置仍维持在原定供油量的位置上，则因主机所产生的功率大于桨所吸收的功率，就会使配合点移至 a 处，从图 5 - 15(b) 中可见，a 点的转 n_a 已是超转速了。由于调速器的关系，它会自动使油门减小，并以部分特性与之相配，即它与桨的推进特性线 Ⅲ 交于 d 点，但 d 点的功率将小于最大持久功率 P_{mc}，故称这种工况为"桨轻"。

柴油机直接带桨，无论是"桨重"或"桨轻"，其功率均会降低，故这种柴油机直接带桨的推进装置适合于工况改变较少的船舶。

5.4.2 单机单桨间接传动推进装置的特性与匹配

以中速或高速柴油机作主机的船舶，一般在其机、桨之间均采用减速齿轮箱传动，用以获得较低的螺旋桨转速，从而提高其螺旋桨效率。

1. 推进装置的特点

单机单桨间接传动装置，柴油机的功率是通过减速齿轮箱后传送给螺旋桨的，如图

5 - 16(a)所示。如忽略功率在传递过程中的各种损失,则

$$P_D = P_p, \quad M_p = im_D, \quad n_p = n_D/i \tag{5-23}$$

式中　P_D——柴油机的功率;

　　　P_p——螺旋桨的功率;

　　　i——减速比。

(a)

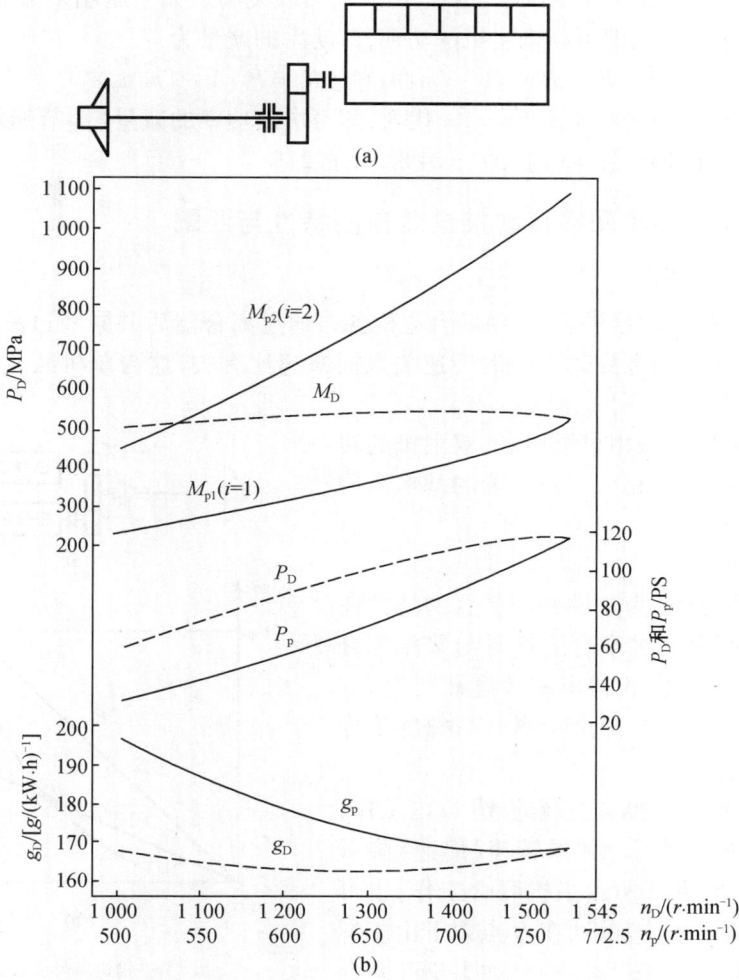

(b)

M_{p1}、M_{p2}—$i = 1$ 和 2 时的转矩特性线;P_D、P_p—主机、螺旋桨的功率;

i - 减速比;g_p、g_D—按推进特性和外特性工作时的耗油率;

1 PS = 0.745 699 9 kW。

图 5 - 16　单机单桨间接传动推进装置的特性与匹配

　　柴油机减速后,螺旋桨的转速降低了 i 倍,转矩相应地增加了 i 倍,故在进行轴系、螺旋桨的计算时应考虑这一因素。

　　2. 配合特性

　　图 5 - 16(b)所示为 6135CaB - 2 型柴油机通过减速齿轮箱带桨工作时的特性曲线实例,其中实线为推进特性曲线,虚线为外特性曲线。

横坐标有两项:一是主机的转速 n_D(上面一行),二是螺旋桨的转速 $n_p = n_D/i$(下面一行)。图中纵坐标表示的是:主机或螺旋桨的 P_D 或 P_p;主机的转矩 M_D 和经减速和不经减速的螺旋桨转矩 M_{P2} 和 M_{P1}。

图中除了示出了有关性能指标随转速 n 变化的特点外,还表示出了采用减速齿轮箱后桨的输出转速为 n_p 时所对应的转矩 M_{P2} 的变化规律。

减速传动的节能效果,可用 $P = (n/n_0)^\alpha \cdot P_0$ 加以说明。如当船舶系数 $\alpha = 0.25$ 时,在等航速线当转速减至 n,即可降低主机的功率,其功率的减量为

$$\Delta P = P_0 - P' = P_0 - (n/n_0)^\alpha \cdot P_0 = P_0[1 - (n/n_0)^\alpha] \qquad (5-24)$$

这样,只要将不同的减速比 $i = n_0/n$ 代入,即可求出功率的减量(即节能量)。如当 $i = 2$ 时,$\Delta P = 16\%$,节能 16%;$i = 3$ 时,$\Delta P = 24\%$,节能 24%。

5.4.3 双机并车间接传动推进装置的特性与匹配

1. 推进装置的特点

双机并车间接传动推进装置,由两台主机各自通过离合器后共同经过减速齿轮箱带动一个螺旋桨,其主机与螺旋桨之间的转速关系同减速比有关,这与单机减速后带桨的情况类似,即 $P_p = 2P_{mc}$,$n_p = n_D/i$,$M_p = 2iM_D$

这种装置一般多采用单级传动,双主机的转向相同,但与桨的转向相反。其装置的基本结构如图 5-17(a)所示。

2. 配合特性

图 5-17(b)所示为这种并车装置的特性曲线。设 A 点是两台主机联合工作时与桨相配合的额定工作点,其相应的功率和转速分别为 P_{mc} 和 n_n。B 点为一台主机开全功率时与螺旋桨推进曲线的配合点。

可见,要使船舶在推进曲线的 AB 段内工作,两台主机必须并联运行。如果转速(船速)降低至 B 点以下时,既可开两台主机联合工作,也可开其中一台主机。但应注意,在 B 点以下由于螺旋桨所吸收的功率本来已经很小,如果仍开两台主机联合工作,那么每台主机所担负的功率将更小,这就造成耗油率的增加;如果只开一台主机,其功率的利用较充分,耗油率也相应低一些。

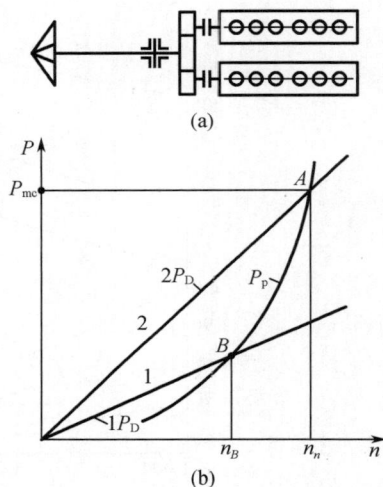

1—推进特性曲线;
1,2—与所开主机台数相对应的组合外特性曲线

图 5-17　双机并车间接传动推进装置的特性与配合

5.4.4　多机多桨传动推进装置的特性与匹配

运输船舶采用的多机多桨装置中，多数为双机双桨推进装置。双机分别直接或经传动设备各带一桨。

1. 推进装置的特点

图 5－18(a)所示，为这种装置的简图，双机分别直接各带一桨。

2. 配合特性

图 5－18(b)所示为双桨推进装置在某些运行工况的特性与配合。曲线 Ⅰ、Ⅱ为同一个螺旋桨在不同工况下的特性曲线(曲线 Ⅰ 为单桨特性)；P_1 为一台主机的额定外部特性线；P_h 为一台主机的部分特性线；线 P_1 与曲线 Ⅱ 的交点 A(MCR)为额定工作点。在曲线 Ⅰ 以上、B 点以下的转速范围，既可以用单桨工作，也可以用双桨同时工作。如设在转速 n_B 的工作条件下，单桨工作时，推进曲线与主机外特性线 P_1 在 B 点相交，这时由于 V_p 较小，进速系数 J 也小，曲线 Ⅰ 较曲线 Ⅱ 陡(实际上，由于拖桨等原因曲线更陡)，尽管主机是按额定负荷 P_e 工作，但其功率 P_B 和转速 n_B 均远小于额定值；如果在转速 n_B 条件下按推进曲线(双桨同时工作时的单桨特性线)运行，则

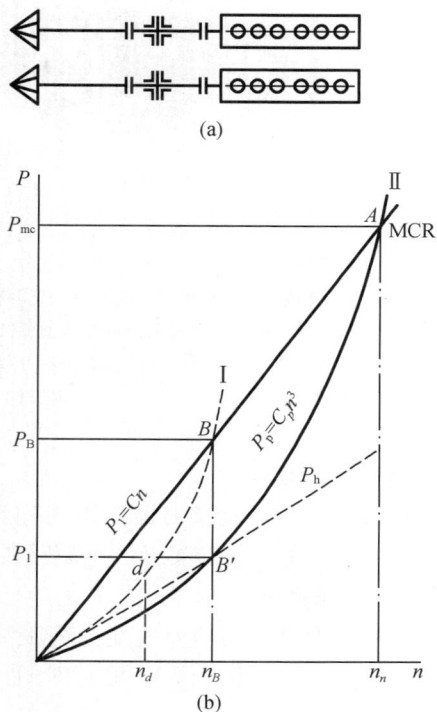

图 5－18

分摊到每个桨上的功率 P_B 约为 $(1/2)P_B$，它只能与主机的部分特性线 P_h 在 B' 点相交。在这种情况下，逐渐增加发动机的负荷，航速就相应增加，直到额定负荷 A 点达到额定航速，船速不再提高。设图 5－18 中的 n_d 为发动机的最低稳定转速，如果只开一台发动机，则发动机就只能在转速 n_d 至 n_B 范围内工作；则两台发动机同时开两台发动机，可在 n_d 至 n_n 间的全部转速的范围内工作。

5.4.5　调距桨推进装置的特性与配合

前面所介绍的螺旋桨特性，均是指定距桨。下面介绍调距桨推进装置的特性与配合。

1. 调距桨推进装置的结构组成

调距桨推进装置一般包括五个基本组成部分：调距桨，传动轴、调距机构、操纵系统等，如图 5－19 所示。

(1)带转叶机构的调距桨

它包括可活动的桨叶 7、桨毂及桨毂内的转动桨叶的旋转机构，如转盘 9、圆柱销 8 及滑板 3 等。

(2)传动轴系

由于调距桨是与轴系相连接的，所以轴的某些部分(一般是艉轴和配油轴)包含在调距

桨装置中。另外,当伺服动力油缸位于桨毂后部时,为了引进和排出液压油,桨轴做成中空的。首端通过联轴器与中间轴和主机动力相连。

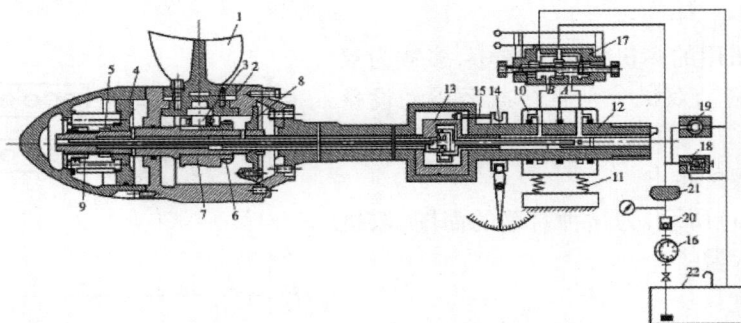

1—弹簧;2,5—螺母;3—滑板;4—支承座;6—活塞;7—桨叶;8—圆柱销;9—转盘;10—支承盘;
11—销止阀;12—拉杆;13—反馈轴承;14—轴套;15—换向阀;16—配油器轴;17—流量控制阀;
18—溢流阀;19—过滤器;20—单向阀;21—油泵;22—油箱。

图 5 – 19 液压调距桨推进装置

(3)调距机构

它通过产生转动桨叶所需力的伺服动力油缸,输送液压油给油缸的配油装置、桨叶定位和桨叶位置的反馈装置及其附属设备等调节螺距、稳距以及对螺距进行反馈和指示。

(4)液压系统

它将船上已有的动力改变为伺服油缸所需的液压油来传动。系统中主要有带传动装置的油泵 21、分配换向阀 15 等阀件、油箱和管路。

(5)操纵系统

它包括操纵台和控制系统。转动操纵台里的遥控操纵手柄时能同时改变螺距和发动机的转速,系统中有附属于此系统的遥控伺服机构,信号发送、接收和指示机构等设备。

2. 调距桨的特性曲线

可调螺距螺旋桨(简称调距桨)装置是通过转动桨叶来改变螺距,从而改变船舶航速或正倒航的一种螺旋桨推进装置。由于调矩桨的螺距是能改变的,因此调距桨在原理上是一系列的定距桨。对于某一特定的螺距(或螺距比),螺旋桨的推力 T、扭矩 Q 和进速 V_s 可以分别表示如下:

$$T = K_T \rho D^4 n^2 \quad (\text{N}) \tag{5–25}$$

$$Q = K_Q \rho D^5 n^2 \quad (\text{N} \cdot \text{m}) \tag{5–26}$$

$$V_s = JnD \quad (\text{m/s}) \tag{5–27}$$

式中 K_Q、K_T 和 J——扭矩系数、推力系数和进速比;

ρ——水的密度,kg/m^3;

D——螺旋桨的直径,m;

n——螺旋桨的转速,r/min。

螺旋桨敞水效率 η_o 等于有效功率($T \cdot V_s$)与吸收功率($\omega \cdot Q$)之比,即

$$\eta_o = \frac{TV_s}{\omega Q} = \frac{K_T}{K_Q} \cdot \frac{J}{2\pi} \tag{5–28}$$

式中,ω 为螺旋桨的旋转角速度,rad/s。

定距桨的特性曲线就是特定螺距下的 K_Q、K_T 和 η_o 对 J 的关系曲线,而调距桨的特性曲线是一系列的 K_Q、K_T 和 η_o 对 J 的关系曲线,如图 5 - 20 所示。

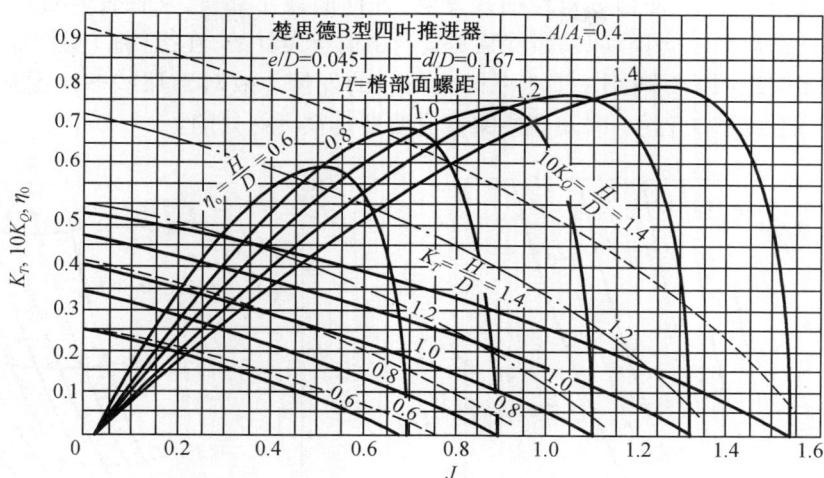

图 5 - 20 调距桨的特性曲线

螺旋桨定律:

①螺旋桨转速与航速成正比;

②螺旋桨扭矩与螺旋桨转速平方成正比;

③螺旋桨吸收和传递的功率与螺旋桨转速的立方成正比。

根据图 5 - 20 可画出调距桨理论功率 - 转速特性曲线,如图 5 - 21 所示。由图可见,在同样的转速下,如增加螺距比,则能增加螺旋桨吸收和传递的功率;如减少螺距比,则减少螺旋桨吸收和传递的功率。或者,在同样的功率下,如增加螺距,则转速下降;减少螺距则转速上升。

由于实际螺旋桨的功率并非正好正比于转速的三次方,而有微小出入(对于排水型船舶而言是如此,对于非排水型船舶则出入较大),实际船舶的特性曲线与理论特性曲线在数值上有微小差别。图 5 - 22 所示是一艘排水型船舶的实际功率 - 转速特性曲线和效率 - 转速曲线。设螺距比 $H/D = 1$ 的状态为设计工况的推进特性曲线。从图可见,螺距比越大则曲线越陡。

3. 调距桨的特性与配合

由于调距桨的螺距是可变的,故在各种工况条件下可使主机功率充分发挥,图 5 - 23 所示是调距桨的功率调整性能特性曲线。

设图中的 OA 为额定外部特性,A 点为设计工况点;曲线 Ⅰ、Ⅱ、Ⅲ 为桨的不同工况和螺距比时的推进特性。对于定距桨来说,往往由于螺距比或某些结构参数选择不当,或是运转状态的变化而导致桨的"过重"(如曲线 Ⅱ,它与主机外部特性线 1 交于 B 点);或"过轻"(如曲线 Ⅲ,它与主机部分特性线 2 交于 C 点),二者均将使发动机功率不能发出。对于调距桨,遇有上述情况,则可通过调节螺距比,例如使它为图示的 H_1/D,这样就会使推进特性按曲线 Ⅰ 运行,使其与线 1 的配合点又回到原来的 A 点,主机功率就可发挥出来。对推(拖)船来说,设图中示出的曲线 Ⅰ 为推(拖)船状态的设计推进曲线,A 点是其额定工况配合点,则在自由航行时因阻力的减少可能使推进曲线按Ⅲ线工作,并与主机的部分特性线 2 交于 C 点,以至产生轻桨现象,功率发不出,航速也达不到。在这种情况下如果是调距桨,就可以通过改变螺距比,使推进特性曲线变陡,并向曲线Ⅰ靠拢,从而使其性能得到改善,功率也可能发挥出来。同样,如果螺旋桨是按自由航行设计的,在推(拖)船作业时,调距桨装置就可以相应地减少螺距比,使功率得到较好的发挥。故对于那些多工况运行的船舶(推、拖船,渔船,某些工程船)采用调距桨推进装置是很有好处的。

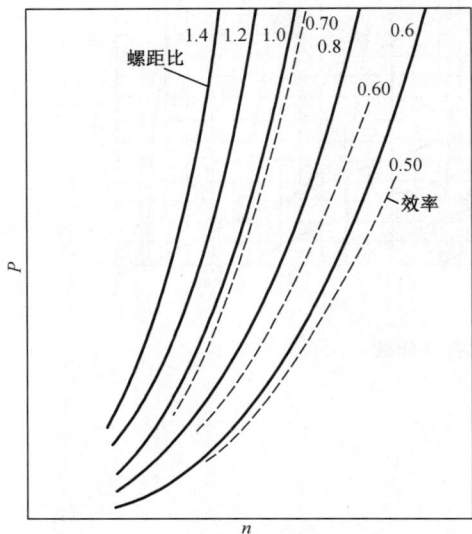

图 5 – 21　调距桨理论功率－转速特性曲线

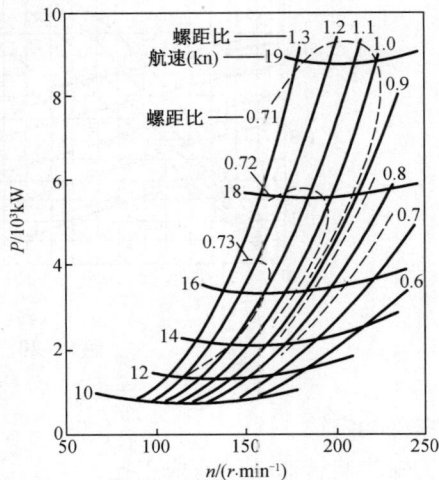

图 5 – 22　调距桨的实际功率－
转速和效率－转速特性曲线

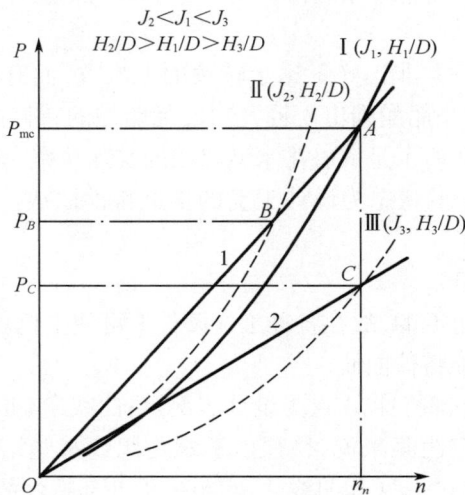

图 5 – 23　调距桨的功率调整性能特性曲线

通过调节调距桨的螺距比,还可获得不同的船速,这可以从图 5 – 24 中看出:图中斜线 P_e 为主机不同供油量时的外特性线;实线为不同 H/D 时的推进特性曲线;虚线表示不同航

速 V_s 时的等航速线;A 点为额定配合点,即通过额定功率和额定转速的交点,其相应的航速 $V_{sn}=19$ kn。从图可见,除在保持其一螺距比 H/D 不变时,改变转速 n 可得到不同的船速 V_s 外,在 n 不变时调节 H/D 也可得到不用的 V_s,如假定保持图中的转速 $n=0.8n_n$ 不变(即在等转速 BB' 线上),采用不同 H/D 推进曲线时,可在 BB' 的转速线上得到 1、2、3、4、5、6、B 诸交点。上述诸点,即为不同 V_s。再如假定保持图中的 $P_{e4}=0.88$ kW 不变,在采用不同的 H/D 推进曲线时,也可在 P_e 线上找到 a、b、c、d 诸点处的不同航速。

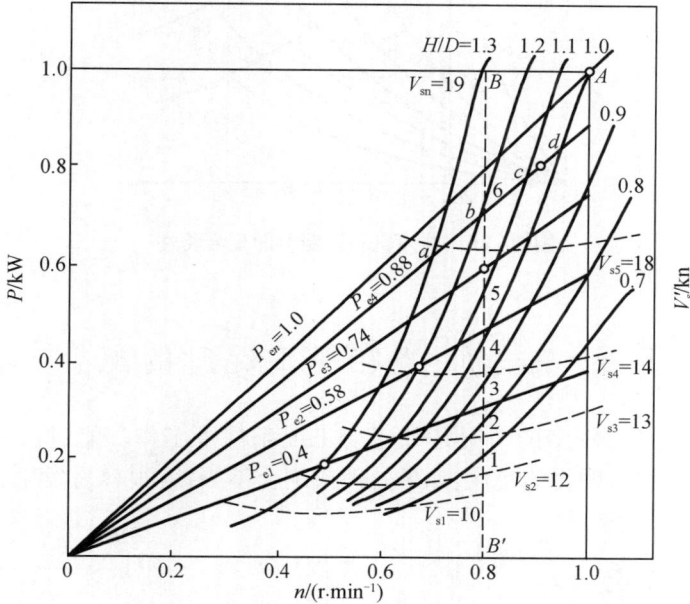

图 5 - 24 调距桨的调速特性

调距桨上述的保持 n 不变可改变 V_s 的特性,将有利于轴带发电机和辅机。

调距桨的另一重要性能是能实现机、桨的最佳匹配,即能使推进装置在不同工况条件下工作时耗油率最经济。

图 5 - 25 所示表明:对于定距桨的船舶,当其推进特性线一定(设它为 OA 线),主机在部分负荷工况时,它只能按照图中的 OA 线变动。而对于采用调距桨的船舶,由于螺距比 H/D 可以变动,它就能处于柴油机最大扭矩的上限曲线 AB、最大转速线 AD、最低稳定转速线 BC 和下界曲线 $H/D=0$ 的扭矩曲线 CD 所围的区城内工作,亦即可在面积 $ABCD$ 中任何一点上工作。如果假定船舶在某一航速 V_s',螺旋桨所需功率 P_p 为图上的 $1/3P$ 时,则调距桨装置在该功率线 $1/3P$ 时就可以由很多组相应的转速 n 和螺距比 H/D 配合来达到(如图中 $H/D=0.6,n=n_1;H/D=0.8,n=n_2;H/D=1,n=n_3;\cdots$)。因此调距桨装置在某一给定航速 V_s' 下,在 $1/3P$ 功率时,借助于主机的万有特性曲线(其等耗油率曲线如图中的虚线 g_e 所示),可以从柴油机和螺旋桨共同运转的很多组的 $n—H/D$ 配合中,找到经济性最好(g_e 最小)的 n 和 H/D 一组配合,这一组配合就称为最佳匹配。可见,只有调距桨装置才有可能获得这种最佳匹配。故对多工况的船舶采用调距桨装置是有很大好处的。

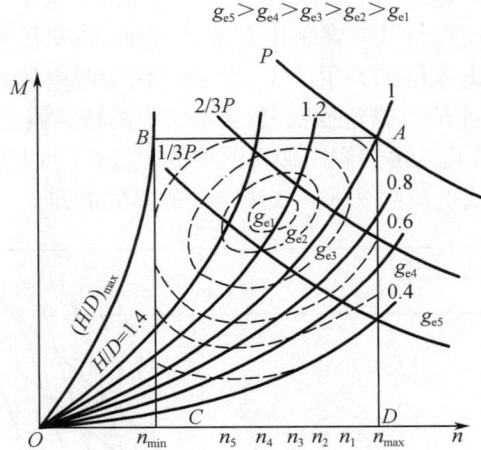

图5-25 柴油机和调距桨的配合特性

5.5 船、机、桨在变工况时的配合

船舶在实际使用中,较多的情况是处于变工况条件下工作。船、机、桨按变工况使用时,其配合特性也将发生明显的变化,如果处理或配合不当,就很容易发生主机超载和桨的过重或过轻现象。

5.5.1 系泊工况

在船舶系泊(不动)的情况下运转的主机和螺旋桨的工况称为系泊工况。这时船速 $V_s=0$,进速系数 $J=0$。船舶在起航的最初阶段,螺旋桨开始转动时,因为船还没有移动,这时的工况与系泊工况相似。

船舶在系泊工况工作时,由于 $J=0$(较小),其推进特性曲线变陡,亦即在同一转速时它将吸收较大的功率。

图5-26所示的Ⅰ为设计状态下的推进曲线,Ⅱ为系泊时桨的推进特性曲线,OA 为主机额定外特性;A 为额定设计

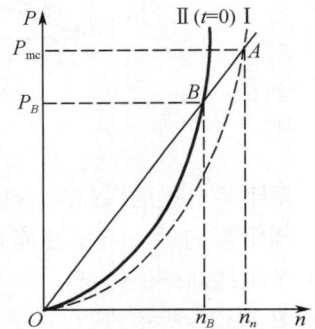

图5-26 系泊工况的配合

工况的配合点,B 为系泊工况的机桨配合点。从图可见,在系泊工况时配合点 B 处的功率 P_B 要比额定值 P_{mc} 小很多,其转速也比额定转速低,通常 $n_B=(0.8\sim0.85)n_n$,且发生在 OA 左侧的短期工作区域,故在装有全制式调速器的主机带桨做系泊试验时,必须充分考虑这一特点,要经常检查其排烟温度等,不能把主机转速开到额定值,否则主机将发生超负荷运行,并可导致某些机务事故。

5.5.2 过渡工况

过渡工况主要反映船舶在起航、加速、转弯、制动与倒车等变化过程的动态特性。机桨按这些工况工作和配合,条件往往比较恶劣,容易发生超负荷现象,驾驶和轮机人员操作时必须特别注意。

1. 启航和加速工况

船舶刚启航时,犹如系泊工况,桨的推进曲线较陡,油门不宜开得过大。

船舶在启航和航行中的加速过程,螺旋桨所发出的有效推力,除用来克服船舶在该航速时的阻力外,有一部分尚须用作克服船舶加速时的惯性力,即

$$T_e = R + (m + \Delta m)\frac{\mathrm{d}v}{\mathrm{d}t} \ (\mathrm{kN}) \tag{5-29}$$

式中　T_e——有效推力,kN;

　　　R——船的阻力,kN;

　　　m——船的质量,kg;

　　　Δm——船的附水质量,kg;

　　　V——船体相对速度,m/s。

从上式可知,船舶加速航行时要求的螺旋桨推力比等速航行时要大。这一特点也可以从图 5-27 所示的机、桨配合特性中的加速特性曲线变化过程看出,图中曲线 Ⅰ 为螺旋桨在某一等速航行工况时的推进曲线,Ⅱ 与 Ⅲ 为加、减速时桨的推进曲线;1、2 为主机不同供油量时的主机外特性曲线。

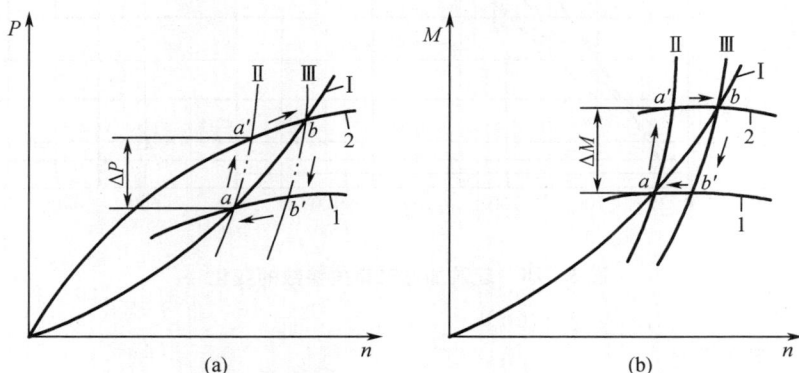

图 5-27　加减速特性

从前面分析得知,要使船舶加速,就必须增加螺旋桨推力,亦即要求主机开大油门。假定以主机外特性 1 的 a 点为起始点,当主机供油量增加后,主机的特性从 1 变为 2,主机与桨的转速 n 也相应增高,而在此瞬间,船速却因其惯性作用尚未增加,致使 V_a/n 值下降,推进曲线变陡,如曲线 Ⅱ 所示,配合点由 a 沿 Ⅱ 线变为 a'。从图 5-27 中可见,在 a 点时主机供大于求,使工作点沿曲线 2 到达 b 点才稳定下来,促使桨的推力增加和船速提高。由此可见,加速过程中(非稳定过程),发动机工作点的变化不是沿 Ⅰ 线上的 $a \rightarrow b$ 变化,而是沿上述的 $a \rightarrow a' \rightarrow b$ 变化。如果把 a 至 b 的加速过程分为许多小阶段进行,即把原来一次增加的喷油量分为多个分量进行,则每一小阶段成为一个小加速过程。阶段分得愈细,加速过程的工作点的变化路线越接近 $a \rightarrow b$ 线。船舶起航时,航速从零逐渐增加至全航速。对于这个最长的加速过程,实际操作都是把喷油量分段提高,使发动机的负荷随着航速一起逐渐增加,这对发动机的运转有好处。

减速情况则相反。当主机减油后,主机的外特性就会从 2 变为 1,这时转速 n 就下降,而 V_a 却暂时未变,V_a/n 值将增大,在 b 点以下的减速线 Ⅲ 将低于 Ⅰ,平衡点也将从 b 点转向

b',并因求大于供的原因,再沿 b' 点回到 a 点。

图 5-28 所示表示船在起航和加速时螺旋桨的转速、航速和转矩随时间变化的情况。实践证明,迅速起航和急剧加速,将导致发动机的机械负荷和热负荷过重。除紧急情况外,不宜采用这种起航办法,特别当发动机的温度还很低,尚未达到正常运转温度时,更不宜采用。起航时慢慢提高螺旋桨转速,使航速较缓慢地提高,对发动机的磨损和负荷都有利,虚线所示即为这种操作情况。

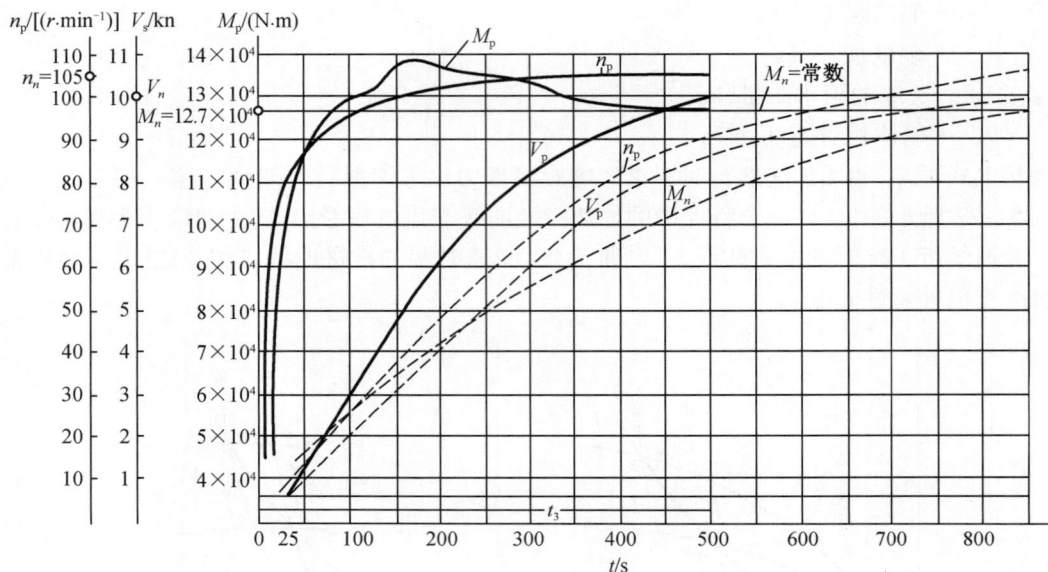

图 5-28 起航加速时有关参数的变化

2. 倒航(反转)工况

船舶在进出繁忙的港口,过狭小、复杂的航道,或在气候恶劣等情况航行时,经常要进行频繁的倒车操纵,以防相碰、触礁等事故;船舶离靠码头,更要频繁倒车。研究倒车工况的目的是为了揭示船舶在倒航或螺旋桨在反转过程中,机、桨的输出转矩随转速变化的特性,以便对它们进行合理的操作与管理,这也是从事船舶动力装置设计必须具备的知识。

船舶倒航(螺旋桨反转)是其实际运行中的一个重要过渡环节,所谓倒车往往是指船舶在朝前运动时,开动主机使螺旋桨反向转动让船倒航或使其停下来。

图 5-29 所示为螺旋桨的倒车特性曲线。图中纵、横坐标分别为螺旋桨转矩和转速的百分数。曲线 A、B 和 C 分别为船舶在全速、半速和系泊情况下根据船模试验测出的螺旋桨倒车特性曲线。在主机全部换向过程中,假定船速均没有变化,图中虚线 D 为船舶在全速前进时实际的螺旋桨倒车特性曲线(它已考虑主机在制动和换向过程船速逐渐降低的影响)。

分析船舶在 $V_p = 1$ 全速前进时,主机从正车紧急换向为倒车的运转情况(曲线 A)。主机在紧急换向过程中,一般经过三个阶段:

第一阶段($a \rightarrow b$),是接到倒车命令后先停止向主机供油,主机转速迅速下降,使螺旋桨的进速系数 J 急剧增加,螺旋桨的推力系数 K_T 和转矩系数 K_Q 明显下降,当下降到 b 点,约 $(0.6 \sim 0.7) n_n$ 时,螺旋桨的转矩为零;

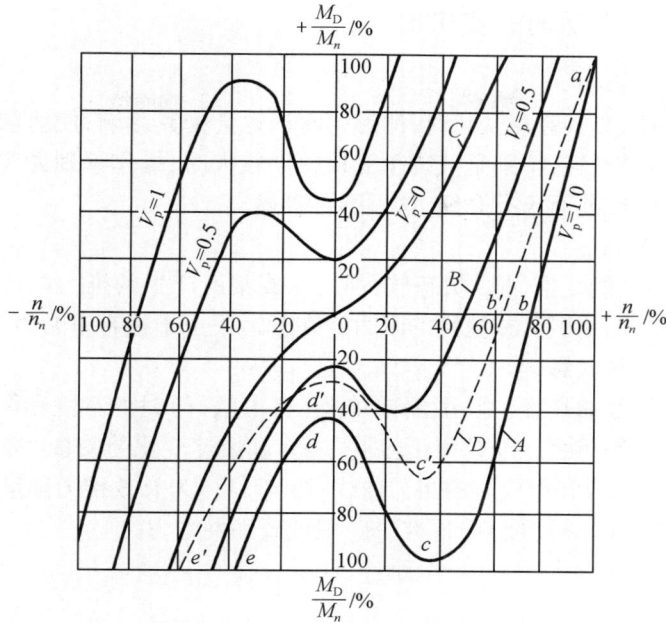

图 5 – 29　倒车工况桨的特性

　　第二阶段($b{\rightarrow}c{\rightarrow}d$)，是在 b 点以后，由于船舶仍在全速前进，J 继续增加，一般会使 K_T、K_Q 转为负值螺旋桨被水冲击产生负转矩，如水涡轮一样带动主机曲轴等仍按正车方向回转，此负转矩为主机各运动部件摩擦损失所消耗，使转速迅速下降。当转速降为$(0.3 \sim 0.4)n_n$时，负转矩达到最大值点 c，c 点为临界点，过 c 点转速再降低时，负转矩就开始逐渐减小。当负转矩下降到与主机各运动部件的摩擦阻力矩相平衡时，螺旋桨就停转(点 d)；

　　第三阶段($d{\rightarrow}e$)，是在 d 点之后，如果倒车启动主机，其启动力矩必须大于螺旋桨的负转矩，使螺旋桨产生负推力，对船速起制动作用。然而，从图可知，按全速前进时曲线 A 上的 e 点表明，在倒车转速为 $-(0.3 \sim 0.4)n_n$ 时，螺旋桨所吸收的转矩即达到额定值 $-M_H$，此时随着主机转速的下降船速已经减慢，因而是按图中的虚线 D 工作(在曲线 A 左方)。尽管如此，按额定转速作全速倒车也是不允许的，因为从图可知，无论是将 de 或 $d'e'$ 线延长至额定转速线上时，所要求的转矩将相当于额定转矩的 3 ~ 4 倍，故倒车转速必须限制在 $(70\% \sim 80\%)n_n$ 以内。当然，如果船速按 $V_p = 0.5$ 或 $V_p = 0$ 倒车，则情况就比较缓和。

　　在使用启动空气系统刹车时，由于各种机型操纵系统的紧急刹车性能不同，当紧急换向时，还必须根据它们的特点进行正确操作。一般来说，必须遵守一个原则，即刹车有效转速为额定转速的40%左右，其次是在刹车过程中，只能向气缸供给压缩空气。刹车时不能一次把主机刹住，应该刹刹停停，直到停车，再倒车启动和进油反转。因为如果我们在主机处于最大转矩时，一下子把主机刹住，将使曲轴受到很大的反力矩，易使缸套处产生滑移及增加其他零部件的受力和冲击等。

　　在图 5 – 29 中，$V_p = 0$ 曲线上方的 $V_p = 0.5$ 和 $V_p = 1$ 时的转矩变化曲线，是船以全速后退时螺旋桨作正转的情况，它们与前进时桨作反转的情况类似。

5.5.3　船舶在营运时的变工况

1. 装载或吃水的影响

对于货船和客船,当其装载变化时,船舶的吃水也会受其影响,使船舶航行时的阻力发生变化,导致桨过重或过轻,特别是载货量变化幅度较大时,操作管理尤应注意。有关载货量对机、桨配合的影响,前面已有介绍,这里不再赘述。

2. 推(拖)船的航行

推船、拖船及网渔船在推(拖)状态航行时,螺旋桨所产生的推力除用来克服船体本身的阻力外,尚须克服推、拖驳队或拖网的阻力。在营运中由于拖带量常发生变化,对其配合性质及航速亦将产生很大影响。

图 5 – 30 所示为船舶在推(拖)驳船或单放(自由航行)时的特性和配合。图中示出了船舶的有效推力 T_e、拖(顶推)力 F 和船舶阻力 ΣR 随航速变化的关系。曲线 Ⅰ、Ⅱ、Ⅲ 分别为船舶推(拖)四驳、二驳和单放时的阻力曲线;$T_e = f(V_s)$ 为有效推力随航速的变化线,$F = T_e - R_T$ 则为不同航速时,推(拖)船顶推(拖)驳船或渔网之力。

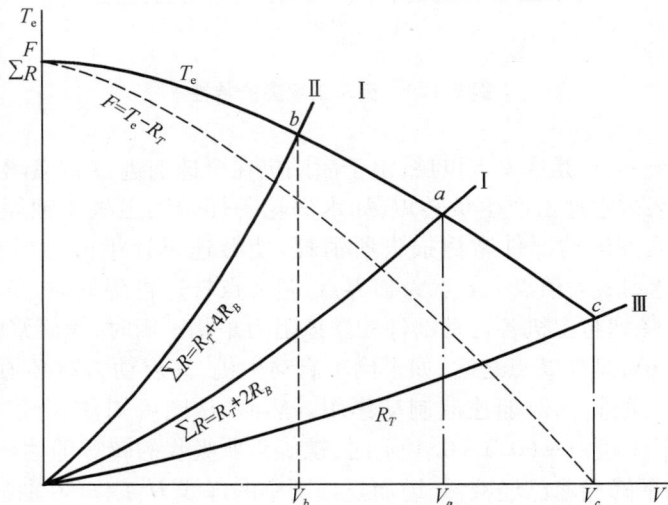

图 5 – 30　推(拖)驳船或单放时的配合特性

由图 5 – 30 可见,T_e 线随航速的提高向右下方倾斜,这是因为 $T_e = K_T \cdot \rho n^2 D^4 (1 - t)$ 中的 K_T 随 V_p 升高而下降的缘故。在系泊时,船速 $V_s = 0$,其 T_e 及 F 均为最大值。而随着航速的增加,拖(顶推)力 $F = T_e - R_T$,也因拖船本身阻力 R_T 的增加而减小;当推(拖)船单放时,其拖(顶推)驳之力 $F = 0$。

如果图中的 a 点为设计状态的有效推力 T_e 与额定推(拖)量的船舶总阻力曲线 Ⅰ 的配合点,那么当推(拖)量变化为阻力曲线 Ⅱ 或 Ⅲ 时,其配合点将变到 b 点或 c 点处,后者将出现桨的过重或过轻现象。图中还表明:在 T_e 一定的情况下,推(拖)量愈大则船速愈慢,反之则船速较快。因此,对于这种类型的船舶,根据其不同的结构形式及性能,分别将它们的 $F = f(V_s)$ 及 $T_e = f(V_s)$ 的变化曲线绘制出来,对用船部门的计划管理与调度是很有好处的。

3. 船舶进入浅水或窄航道航行

船舶从深水进入浅水航道时,由于浅水航道中摩擦阻力和兴波阻力都比较大,船的阻力将增加,螺旋桨的转矩和推力也相应增加。船舶在这种情况下航行,对船舶动力装置也应提出相应要求。轮机管理人员必须认识到这一特点。船舶在深水中航行时,其主机已处于额定负荷,当其进入浅水区域或窄航道航行时,必须减低航速,以免导致主机超负荷。

4. 船遇风浪

船舶在实际营运中,必将遇到风浪,使船舶发生摇摆、升沉、拍击等一系列运动,并消耗能量;水线以上的船体部分受到风力的作用,风的方向与航向一致时,船舶阻力就减少,逆风时阻力增加,如风从侧向吹来则影响船舶的航向,并要通过舵的作用来抵消,以维持既定的航向。船舶偏舵航行亦会使船舶阻力增加。这些对机桨的配合特性均将发生影响。

风力对船舶阻力的影响与风力大小、船体的受风面积以及航速等因素有关,图5-31示出了某船受风力影响的情况。从图中可见,设 A 点为3级风时的额定配合点,此时船舶有效推力 T_e 接近100%的额定值。随着风力的增加,船速 V_s 也因船舶阻力的增加而降低,致使进速系数 J 减少,船舶所需推力相应增加,在8级风时的机桨配合点 B 处 T_e 值已大大超过额定值了。

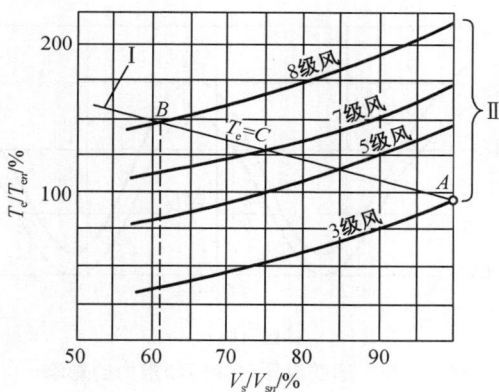

I—主机额定平均有效压力不变时的推力特性线;
II—船在不同推力时的推力特性线。

图5-31 风力对船舶航速及推力的影响

5. 偏舵对航行的影响

船舶受到侧向风力的作用时,为保持航向必须偏舵航行,此时船的阻力相应增加。图5-32所示为偏舵航行时推力的变化情况。从图中可以看出,偏舵航行时船所需的推力随舵角的增大而增大。

6. 摇摆的影响

船舶摇摆时螺旋桨在斜流中工作,造成螺旋桨的攻角加大,转矩和推力也相应增加,其增加值随斜流的角度和摇摆周期而变。以排水量为2 000 t,平均航速为20 kn,在6~7级风的海面航行,转速为230 r/min的某螺旋桨为例进行计算,结果是船舶在纵向摇摆航行时,螺旋桨的转矩和推力随摇摆周期变化,如图5-33所示,图中 ΔM_p 和 ΔT_e 是螺旋桨扭矩和推力的增额,图中的纵坐标表示推力和转矩增加率的百分数。

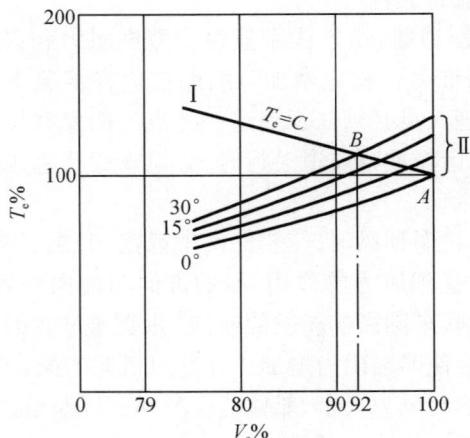

Ⅰ—主机平均有效压力时的推力特性；Ⅱ—不同舵角时船的推力特性线；

A—正常直线航行时的机桨配合点；B—偏舵30°时的机桨配合点。

图 5 - 32　偏舵航行时推力的变化情况

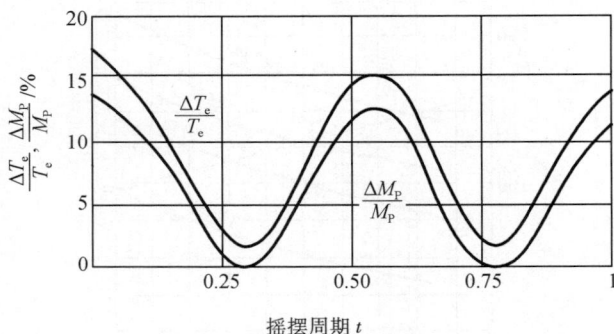

摇摆周期 t

图 5 - 33　船舶纵摇对转矩和推力的影响

7. 污底对船舶航行的影响

水线以下的船壳表面,随着营运时间的增长、油漆的机械侵蚀、船壳的锈蚀及船壳表面生长生物等,其粗糙度日渐增加,摩擦阻力和摩擦伴流也逐步增加,导致航速逐渐下降。这种现象称为污底影响。在船舶设计、管理以及在选定机桨设计负荷点时,必须计及船壳污底所造成的影响。

（1）停泊期间的污底

海洋中的海草、贝类等的生长因气候、海区不同而异,温度越高,盐度越大,生长越快。停泊不动的海船更容易生长生物。在一定时期内,污底的产生按线性规律增加,超过一定时期后,其增长速度逐渐减缓。在淡水中航行的船舶要好一些,油漆的脱落、船壳的锈蚀及附着污泥等,使船壳表面的粗糙度增加。污底的影响程度与涂料、水的温度、碱度等周围环境条件有关,目前仍靠积累有关经验数据大致估算。

（2）营运期间的污底

目前很多船舶研究部门已着手研究船舶营运期间的污底。通常船舶营运期间的功率增长比停泊期间要小得多。

8. 弯曲航道对船舶航行的影响

船舶或船队在弯道中航行时，漂角能使运行阻力增加，推进器所受的偏斜流能使其工作条件恶化，这些都会使船舶或船队航速降低。船舶在内河弯道中航行的特性及对桨负荷的影响，同船舶在稳定回转运动时极为相似，其航速计算常用后者的计算办法进行模拟。

思考与练习

一、选择题

1. 当船舶不带减速齿轮箱并按等速直线航行时，主机与螺旋桨的关系是( )。

A. $n_p > n_D, M_p > M_D$　　　　　B. $n_p > n_D, M_p = M_D$

C. $n_p = n_D, M_p = M_D$　　　　　D. $n_p = n_D, M_p > M_D$

2. 主机的特性，不受下列哪方面的影响( )。

A. 主机是否采用增压　　　B. 传动方式与设备

C. 轴系的数目　　　　　　D. 船的阻力

3. 推进装置的变工况是指船、机、桨在非设计工况下工作的一切运行工况的统称，通常不包括( )。

A. 系泊工况　　　　　　　B 起航和加速工况

C. 停航工况　　　　　　　D. 倒航(反转)工况

4. 推进装置的功率传递过程中，考虑摩擦损失及温湿度修正后的功率是( )。

A. 指示功率 P_i　　　　　　B. 持续功率 P_n

C. 轴功率 P_s　　　　　　　D. 有效功率 P_e

5. 用一台柴油机不经过传动机组，直接带动一只螺旋桨，这种装置属于( )。

A. 单机单桨直接传动　　　B. 单机单桨间接传动

C. 双机并车间接传动　　　D. 双机双桨直接传动

6. 下列( )的特点是 $P_p = P_{mc}; n_p = n_D; M_p = M_D$。

A. 单机单桨直接传动　　　B. 单机单桨间接传动

C. 双机并车间接传动　　　D. 双机双桨直接传动

7. 下列( )的特点是 $P_p = P_{mc}; n_p = n_D/i; M_p = iM_D$。

A. 单机单桨直接传动　　　B. 单机单桨间接传动

C. 双机并车间接传动　　　D. 双机双桨直接传动

8. 下列( )的特点是 $P_p = 2P_{mc}; n_p = n_D/i; M_p = 2iM_D$。

A. 单机单桨直接传动　　　B. 单机单桨间接传动

C. 双机并车间接传动　　　D. 双机双桨直接传动

二、判断题(正确打"√"，错误的打"×")

1. 如果忽略轴系、传动设备等的中间损失和船、桨之间的相互影响，那么船、机、桨三者之间的能量应该是相等的。　　　　　　　　　　　　　　　　　　　　( )

2. 推进装置的总体设计就是要从船、机、桨配合出发，合理选择特性参数，实现船、机、桨的最佳配合，保证船舶在最佳状态下航行。　　　　　　　　　　　　　　( )

3. 螺旋桨的特性受到螺旋桨的结构和水动力因素的影响，常用推力和转矩来表示。

( )

4.船舶在设计配合点运行,就可得到设计航速,其螺旋桨效率较高,此航速下是经济航速。（ ）

5.主机经过减速齿轮箱带动螺旋桨,主机与螺旋桨之间的转速关系同减速比无关。（ ）

6.双机双桨推进装置,不可以用单桨工作,只可以用双桨同时工作。（ ）

三、简答题

1.什么是特性及特性曲线?

2.机、桨配合性质分哪几个工作区域?

3.机、桨设计时常用的储备方法有哪几种?

4.画图说明四种典型动力装置的简图以及配合特性。

5.某船采用 6135CaB – 2 型柴油机通过减速齿轮箱带桨工作,船舶系数 $\alpha = 0.25$, $i = 2$,试计算其减速传动的节能效果。

第6章 船舶动力装置设计

【知识目标】
1. 正确叙述和理解船舶动力装置设计的一般原则、主要要求及主要内容;
2. 了解船舶动力装置设计的发展概况;
3. 正确叙述和理解机舱位置、尺寸和数目的确定方法;
4. 正确理解和掌握船舶机舱布置的原则、要求、方法和步骤。

【能力目标】
能进行船舶机舱设备的一般规划布置。

6.1 船舶动力装置设计概述

船舶动力装置是各机电设备和系统的综合的、复杂的工程系统,它为船舶提供动力和各种二次能源(如电、蒸汽、热水、压缩空气等),它所具有的功能决定于船舶的性能需要。并对船舶的技术、经济性能和船舶的造价有着重要的影响,是造船技术的重要体现。

从船舶动力装置的组成来看,各装置间既密切联系,又相互影响、相互制约,是一个有共同功能目的的复杂整体。为此,工程设计者必须具有全局、协调、优化的观点,才能设计出不仅工作可靠、性能优良,而且经济性、操纵性等方面具有较高水平的船舶动力装置。

全局的观点指设计过程中,综合分析各个因素,强调满足总体性能需要。

协调的观点指的是分析各种情况的相互关系。如机舱布置设计时,动力装置设备的布置应该考虑船体及电气设备的布置及工作要求。主机可以放置在机舱中部或者后部,放置机舱后部可以减少轴系长度,但是不能影响其他设备的安装。

优化的观点是指在多种选择中选择综合最优方案,满足最佳的综合效果。如主机的最优选择应该在满足一定航速条件下所选择的主机具有最高的经济性。

6.1.1 船舶动力装置设计的一般原则

①船舶动力装置设计受控于国防公约、规则、船级社规范、船旗国法规等要求和约束。

②船舶动力装置设计必须符合船舶的特殊使用条件——船用条件,包括环境条件、空间条件。例如,货轮和工程船动力装置的设计有很大区别。

③船舶动力装置设计必须具有必要的目标任务条件和合适的保障条件,包括营运条件、作业条件、研究条件及工作条件、生活条件和生存条件。

④船舶动力装置设计必须具有全局、协调、优化的观点;进行通盘考虑,包括动力装置与总体性能、动力装置与其他专业、动力装置内部各子系统之间的综合平衡和匹配,以实现预定的技术、经济指标。

⑤船舶动力装置设计必须根据市场经济的特点,设计时设备的选用和配套应在目标成本的控制下进行。

6.1.2 船舶动力装置设计的主要要求

船舶动力装置设计时,除满足设计任务书的要求和相应的规范外,还必须满足以下几方面要求:

1. 经济性

经济性指船舶在正常状态下运转所取得的效果和费用的比值,主要包括两方面:一是船舶自身的经济性能;二是船舶营运经济性。船舶本身的经济性能决定于两个方面:一是船体工作方面的性能;二是动力装置方面的经济性能。提高动力装置的经济性能应从提高推进装置的有效热效率方面加以考虑,主要从提高装置的推进效率、热效率,改变船舶操纵,实现经济航速等方面着重研究。船舶营运经济性,应进行周密的计划、合理的调度,有效提高船舶货物周转量。另外对设备精心维护、合理使用,可有效地降低营运费用。

2. 可靠性

任何机电设备,在运转一定时间后,不可避免地会发生故障。对于船舶动力装置而言,如果它的机电设备发生故障,将会失去活动能力和作业能力,严重影响船员、旅客的工作和生活并将造成严重的经济损失。因此,动力装置安全、可靠是极为重要的。

可靠性主要有两方面含义:一方面是动力装置的生命力,指动力装置受外界因素的影响后,仍能继续工作的能力;另一方面是动力装置能正常运行的时间。正常运行时间越长,表示动力装置可靠性越高。为此,动力装置设备的选用和系统的设计应具有高度可靠性,并应有必要的备用设备或具有一定的冗余度。

3. 机动性

机动性指主推进装置从一种工况过渡到另一种工况的过渡能力。如启航、加速、制动、反转性、对外界负荷的敏感性等性能。这些性能直接影响到船舶本身的回转、拖曳、雾天航行、离靠码头和回避紧急事故等的能力。在动力装置设计时,为了更好地完成所设计的性能指标,就必须认真考虑其过渡工况性能。应力求船舶动力装置的设备和系统操纵简单、响应灵敏、动作敏捷、机动性好。

4. 可维性

可维性是指在规定条件下,在规定时间内,对可修复的产品进行维修能完成的概率。而衡量维修性的尺度是有效度,即为可修系统、设备或零部件在给定时间内保持功能处于正常状态的概率。要求船舶动力装置的系统、设备或零部件的可维性要好,保持正常功能。

5. 质量、尺寸指标

设计时应尽可能地做到质量、机舱所占的长度和容积小,而面积饱和度和容积饱和度高。

6. 振动、噪声指标

设计时应使振动、噪声最小,符合有关规定并创造满意的工作和生活环境。

6.1.3 船舶动力装置设计的阶段划分

船舶动力装置设计是船舶整体设计的一个重要组成部分。过去分为方案设计或初步设计、技术设计和施工设计三个阶段。现在,随着造船生产模式的不断改进,一般分为报价设计及合同设计、详细设计和生产设计三个阶段。

按任务来源及不同设计阶段,要完成的设计工作侧重点不同,有时仅完成基本设计阶段前期一些工作,称为方案设计或报价设计,这时需要送审的图纸和文件仅完成一部分或全部未完成。其中由于船东提供的技术要求模式、船厂资历的深浅等方面原因,第一阶段又有若干具体的操作模式,简单叙述如下。

1. 船东提供造船合同规格书

船东有意向建造某一种船,向船厂发出询价或报价。国外一些大航运公司,在建造船舶之前已对其技术要求、指标、状态进行过论证,并由航运公司本身的技术部门或委托其他咨询公司编写了造船合同规格书。在这种情况下,船厂或设计部门的任务就是对该规格书进行校核并提出反馈意见与船东讨论,经修改后定稿签字作为造船合同的附件。这种情况下,报价及合同设计同时进行。

2. 船东仅提供造船的主要要求

对于这种情况,由船厂或设计部门首先进行报价设计,船厂将初步报价及简要技术规格书发给船东。当船东有意向时再做合同设计。

3. 船东提供招标书

招标书相当于合同设计的要求书。在这种情况下,船厂或设计部门便根据招标书进行投标设计,其内容即为合同设计。

4. 船东提供任务书

对于这种模式,设计部门根据任务书的要求进行方案设计或初步设计,以代替报价设计及合同设计。

以上四种情况基本相同,仅操作方式不同而已。

图 6－1 所示是设计阶段划分示意图。

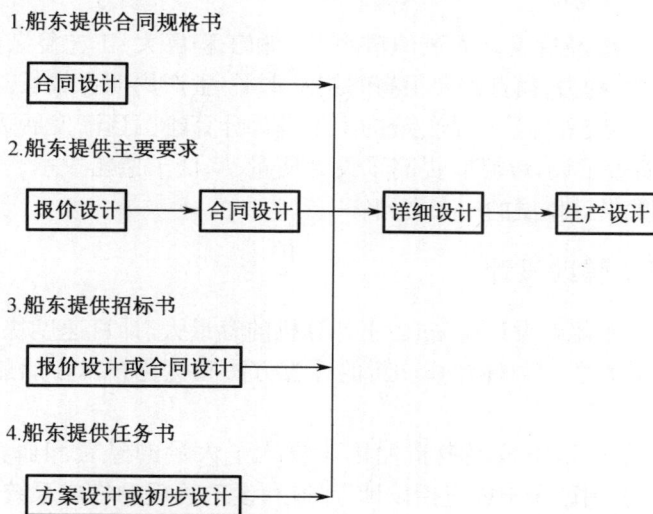

图 6－1　设计阶段划分示意图

详细设计是根据造船合同和用户认可的初步及协商一致的修改意见,按照必须遵循的有关船舶规范、规则和公约等规定,通过各专业项目的设计、计算和关键图纸的绘制,解决设计中的基本和关键技术问题,最终确定船舶的全部技术性能、各项重要材料和设备的选型及订货要求以及相应的技术要求和标准等。通过本阶段的设计工作,应完成验船部门所规定的全部图纸和技术文件;应按合同规定的要求提交用船部门认可的图纸和技术文件;同时,应为工厂生产准备提供所需的材料及设备清单,并为生产设计提供必要的技术条件和依据。

通过上述阶段的工作,解决了应该造什么样船的问题,而怎么样具体建造这种船舶,则是生产设计阶段应该完成的任务。

生产设计是在送审合格或认可的详细设计基础上根据承建厂的具体施工条件和管理体制,为船厂提供指导施工和组织施工的全部施工图纸和技术及管理文件。

轮机部分生产设计主要是生产设计室经综合布置平衡后,输出综合布置、零部件制作图以及各种托盘表。

船舶动力装置设计包括以下主要内容:

①船舶动力装置选型设计,按照不同方案进行主机和所匹配螺旋桨选型,校核主机与螺旋桨的最佳匹配以及发电机、辅机的选型设计等;

②船舶轴系设计,包括扭转振动、回转振动、校中等计算;

③船舶机舱布置设计,包括机舱平面布置设计、机舱横向布置、机舱中纵面上的布置等;

④管路系统设计,包括动力管路系统,船舶系统等的管路的原理及计算及布置。

动力装置的完工文件应该包括轮机说明书、机舱布置图、管路系统原理图、轴系布置图、艉轴艉管装置总图及主要安装图和技术说明书等。

6.2 船舶动力装置设计的发展概况

一条船的建成需要经过设计人员的精心设计和工程巨大、工艺复杂的生产过程,它不仅要投入大量的人力、物力,而且需要很高的技术水平,生产周期也较长。随着计算机技术水平的发展,船舶动力装置的设计从传统的手工设计计算绘图逐渐发展成计算机辅助设计和系统优化设计,缩短了设计周期、提高了设计质量、降低了造船成本。另外,模块造船技术也是船舶动力装置设计发展的一个方向。

6.2.1 计算机辅助设计

自从计算机应用于船舶设计以来,由于计算机的容量大、计算速度快,因此能轻而易举地完成烦琐的船舶动力学的种种计算。新的计算方法和优化技术在船舶设计中得到综合应用。

从 20 世纪 70 年代以来世界各造船国家投入了大量的经费和研究力量,开发船舶 CAD/CAMM 系统。各国已研制成包括设计、建造和生产管理的集成系统,从而初步实现了利用计算机辅助船舶的设计与生产。

随着微型机和微机工作站、图形交互技术的普遍使用及智能技术的迅速发展和应用,船舶智能化设计与生产也有了很大发展。

现在计算机系统的硬件设备日趋成熟,快速绘图和高分辨率图像显示装置的使用为交互设计自动生成船型曲面、各项性能计算、图形的绘制输出提供了强有力的工具,从而使船舶设计到生产建造形成一体化,同时也促进了计算机辅助船舶设计学科的发展。

20 世纪 90 年,代国外就开始把计算机用于造船,当时只用限于单项的设计计算、数控切割和绘图等方面的使用;到了 20 世纪 60 年代,计算机在船舶设计、生产和管理等方面的应用都有了较大的进展;自 20 世纪 60 年代中期起,从"船舶设计、建造和生产管理一体化"的思想出发。陆续研制了许多计算机辅助船舶设计和建造集成系统,大大提高了计算机系统的功能。

船舶动力装置计算机辅助设计是用计算机作为辅助工具进行动力装置设计的一种先进设计方法。为了使设计人员更迅速而有效地提高设计质量,加快设计进度,避免设计中的重复计算以及在判断上易于出错等人为弱点,经过我国造船界的科技人员的不断努力,已经研制出了一系列电子计算机辅助船舶动力装置设计系统。由于动力装置设计的复杂性,这些设计系统还仅限于考虑整个动力装置中的局部子系统的设计,并不断完善,且已在实际设计与生产中得到逐步推广应用。相信随着造船技术的不断提高与完善,将会出现更完备的动力装置计算。

1. 船舶动力装置设备选型集成系统

船舶动力装置设计中需要进行大量的设备选型和比较分析计算,该系统是按照船东提出的技术要求及船体设计提供的信息,在计算机硬件的支持下,辅助设计人员进行船舶动力装置设备的选型优化设计。其主要能实现以下的功能:

①按不同方案进行主机和所匹配的螺旋桨选型,校核该主机与螺旋桨的最佳匹配;

②柴油发电机组辅机选型;

③完成各动力管路、船舶系统及设备的计算与选型;

④完成废热利用热线图计算,提供不同废热利用方案及经济性比较;对给定的废热利用方案,计算其经济指标,提出废热利用设备的技术参数;

⑤打印出规范化的主要设备初步计算书及规格化设备选型计算书和设备明细表。

该系统由以下部分组成:

①程序主控模块,根据设计人员输入的信息,控制整个系统的操作流程;

②执行各种功能的程序模块,有主推进装置选型模块,废热利用设计模块,燃滑油管系设计模块,压缩空气管系设计模块,蒸汽管系设计模块,舱底、压载、消防管系设计模块及辅机发电机组选型模块等;

③专用数据库,数据库内储存设计任务书的数据要求、船体有关数据、主辅机及各辅助设备的型号、规格、参数、价格等各种参数。

2. 船舶轴系设计程序系统

该系统主要是实现在计算机上进行轴系的振动校核与校中计算。它的主要功能和结构模块如下:

①扭转振动计算模块,计算轴系自由振动及强制振动。

②纵向振动计算模块,用我国船舶柴油机纵向振动计算标准或 GOTAVERKEN 方法计算强制振动,并计算纵向振幅许用值。

③回旋振动计算模块,计算横向振动固有频率,正、逆回旋的固有频率和临界转速;计算与固有频率相应的各轴截面上的相对位移、转角、剪力和弯矩。

④校中计算模块,计算轴系校中时各截面上位移、转角、剪力、弯矩和轴承负荷;计算各轴承负荷影响系数,并计算在各种限制条件下的轴承高度的合理变化值和此时轴系变形与受力;计算法兰开口和偏移以及此时轴系受力与变形。

该系统的发展将与满足规范的轴系强度设计、自动生成轴系结构、零件图和轴系附件的选型设计相结合,形成船舶轴系设计集成系统。

3.船舶管路程序集成系统

该集成系统采用电子计算机技术来辅助船舶的管系综合布置设计,能替代人工进行管子零件计算和出图,绘制管路系统布置图,并提供管材统计表格和组织生产的指导性文件等。

该集成系统主要功能与模块结构如下:

①计算机辅助管路布置模块,根据所提供的机舱布置图进行自动排管,完成最佳路径计算,并自动划分管子零件及弯管工艺性检查与干涉检查,需要四个子模块来完成上述功能。

②管子零件计算与绘图模块,完成管子零件计算,绘制符合生产设计要求的各种形式的安装图和视图,需要两个子模块来完成上述功能。

③管材统计模块,完成管材、支架等统计功能及进行质量、重心计算等,需要四个子模块来完成上述功能。

4.船舶机舱布置设计程序系统

该系统能代替人工进行机舱各层子面及有关部位结构图的绘制、机舱及设备图绘制与定位、机舱布置图的修改与绘制,并自动生成必要的文件。

该集成系统的主要功能与模块结构如下:

①机舱平面布置模块,完成机舱平面各层结构图、设备子面视图绘制以及生成机舱平面各层的设备布置图,此外还能够打印设备明细表。

②机舱横向布置模块,绘制和生成机舱设备布置任一肋位横向剖视图。

③机舱中纵面布置模块,绘制并生成机舱布置纵中剖视图。

④文件生成模块,自动生成机舱布置所需的有关文件。

除了上述所研制的较完整并已移植于微机进行推广的集成程序系统外,在船舶动力装置设计的其他个别内容中也已采用了电子计算机进行辅助设计计算。如油舱柜的蒸汽加热计算、机舱通风管路阻力计算、传动设备设计计算等。实践表明,应用计算机辅助船舶动力装置设计具有巨大的优越性,可适用于各个设计阶段。

6.2.2 优化设计

随着生产的不断发展及设计问题的日益复杂化,进行动力装置优化所涉及的因素越来越多,这时仅凭经验和直观判断,难以得出最优设计方案,借助优化设计技术就可使优选更加科学、合理。

最优化设计的思想是:首先确定设计目标;然后选择对目标有影响的设计参数,依据问题的性质及特点建立设计参数需要满足的各种关系,这些关系就构成了设计参数优选过程中的约束条件,将这些设计目标、约束条件转化成设计参数的函效,即建立了优化的数学模型,最后利用最优化技术在计算机上进行优化设计寻找出一组使目标在量值上最优的一组设计参数。

在船舶动力装置设计中,如何选取合理的设计参数,使装置效率最高、油耗最小、材料最省;在机舱管路系统布置设计中,如何使所选设备容量最小、管路最短,而又满足设计要求;在轴系布置中又如何使轴承布置的间距最短,才能使轴承负荷小面均匀……都属于优化设计问题。

近20多年来,船舶工程师们在优化设计方面做出了大量的工作,并已研制出一些船舶动力装置优化设计的软件程序,诸如船用齿轮箱优化设计程序、船机桨工况最优配合设计程序、船舶柴油机余热利用系数优化设计程序、船舶动力装置海水冷却管路温度参数的最优选择程序等。这些程序在船舶动力装置设计中起到了很好的作用并显示出了一定的经济效益和社会效益。

除了常规使用的线性方法、非线性方法、分级优化法、动态规划法外,现在船舶动力装置优化设计中,某些参数或者变量很难用准确的数值或数学公式表示,因此最近20年来模糊数学优化方法在造船界也越来越受到重视,我国造船界在这方面的研究也处于世界前端。

船舶动力装置优化设计是船舶动力装置设计的必然趋势与方向,是新科技、新方法在船舶动力装置设计中的应用之一。目前,优化设计在动力装置设计中还仅限于局部问题上的最优化,今后的发展趋势将向着整个动力装置系统,乃至全船系统,包括船体、轮机和船舶电气综合系统优化的方向发展,以形成船舶设计集成系统。这也需要我们认真学习,并且进一步研究和探索。

6.2.3 模块造船技术

1. 模块造船技术发展及特点

传统的造船方式如图6-2所示。船舶从一开始建造就在船坞中,直至整艘船下水,一直在露天进行。

后来造船业发展了模块造船的新技术。模块的概念可以被定义为具有独立功能并可以被安装到其他船上的单元。模块造船的最初阶段实际上是分段造船。把船舶分成了很多段,同时在车间或其他场所制造,最后在船坞组装,当然在分段时也可能把同一个货舱再分成上下两段,当时的机舱是作为一个整体单元进行建造的,如图6-3所示。

图6-2 传统的建造方法

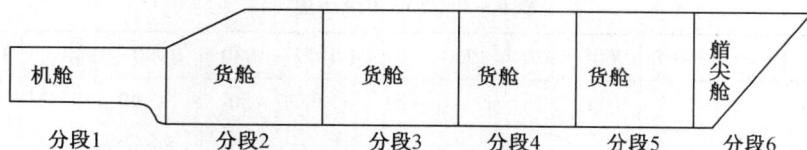

图6-3 模块造船中的典型模块

现在的模块造船技术使机舱内部设备也被分成很多模块。图6-4和图6-5所示分别是压载水系统模块和机舱模块建造图。

机舱的安装历史变化如在表6-1中所示。

图6-4 压载水系统模块

图6-5 典型的机舱模块建造

表6-1 机舱安装历史

年份		1950—1960 年	1960—1970 年	1960—1975 年	1975—1980 年	1980—1990 年	1990 年至今
安装方法	质量/t	0.1~2	1~20	1~20	20~50	20~50	>60
	技术变迁	使用简单的管子单元	机器单元	大型机器单元	分段安装开始	标准单元开始使用(模块)	超大型模块开始使用

最早的模块安装思想从20世纪60年代末、70年代初就出现了。传统造船中存在的最大问题是整个建造过程都在船坞中进行,这样的结果就是造船周期过长,特别是在造船和修船很兴旺的时候就会造成船坞紧张,影响效益;另外一直在露天作业,工作环境不是很好,对吸引一流人才的加盟有一定的影响。

而采用模块建造的方法后,可以对不同的模块在不同的场地同时建造,在船坞仅仅是组合。其具体的优点总结如下：

①船舶设计可以和安装并行进行；

②船舶设备可以并行制造和安装；

③对船壳建造的扰动较少；

④较少的船台时间；

⑤在船体内的安装更快且更舒适；

⑥有利于减少在分承包方面的花费；

⑦采用标准模块后可以减少组装的时间。

日本轮机工程学会对采用和未采用模块造船的船舶在人工、时间方面进行了统计，采用模块造船后，设计时间可以减少30%，现场时间可以减少13%；同时也对使用材料及模块辅助平台方面等进行了比较，管子量减少13%；在最初造价方面也可以减少28%左右。因而模块造船可以产生巨大的利益。

模块造船在世界各国得到了很大的发展。欧洲国家、美国和日本等船厂都大量采用了模块造船法，德国的很多船厂也实现了机舱完全模块化的建造。

2.机舱模块的分类

机舱模块必须要考虑到与其他模块有良好的界面，所以在船舶设计中一般是以独立的系统作为一个模块，并且也可以把管路系统集中到一起成为一个模块。机舱的空间模块要（左,右舷）预先安装在船壳上。

下面是一个1700TEU型集装箱船的机舱模块分类：

①机控室模块；

②高温淡水系统模块；

③低温淡水系统模块；

④包括污水、消防水、压载水及海水冷却水泵等的海水系统模块；

⑤发电机模块；

⑥通风系统模块；

⑦集成电缆模块；

⑧饮用水系统模块；

⑨包括加热器、泵以及污油柜等的燃油净化系统模块；

⑩制冷及空调系统模块；

⑪柴油机启动,做功及控制空气系统模块；

⑫集成消防系统模块；

⑬滑油系统模块。

这些模块先要在相应的工厂内制作成标准尺寸,然后再在机舱内安装和测试。机舱的模块必须有一定的支撑,并且也可做成模块,如图6-6、图6-7所示。

3.模块技术存在的问题

现在的模块造船技术还处于发展阶段,也存在着不完善和需要解决的问题：

①由于模块越来越大,模块上部的振动问题必须要注意,可能要加装防摇设备；

②如何减少由于采用了公共平台等原因引起的质量增加；

③解决在维修空间等方面与船东的沟通问题；

④海上试航时的振动对策；

⑤如何从船东的立场进行设计的问题。

另外对于初次要进行模块建造的厂家,还有:

①初次设计和研究费用的增加问题;

②船舶类型太多,如何规范模块的问题(不同于汽车工业,可以大批量生产同一型号的汽车,因而很容易对设备模块化)。

由于我国的造船界还没有对模块造船进行深入的研究,所以后几个问题就显得更重要。应该说我国现在可以列入世界造船大国的行列,但是还不是造船强国,特别在技术开发和研究方面还有较大差距。如果世界上主要的造船大国大规模采用了模块造船技术,节省了大量的时间和成本后,使得价格和出坞时间缩短,再加上技术上的差异,那么我国造船界的廉价策略将会受到严重的挑战。

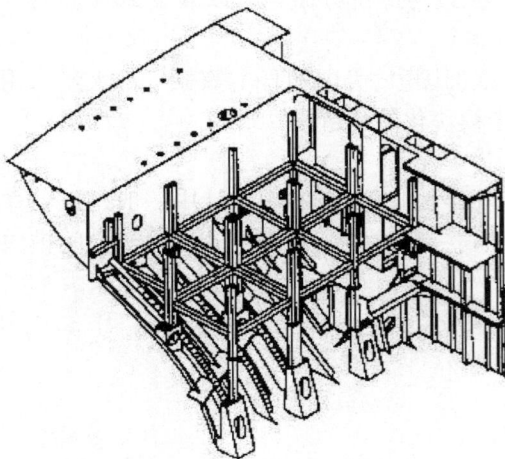

图 6-6 附加有基础的模块

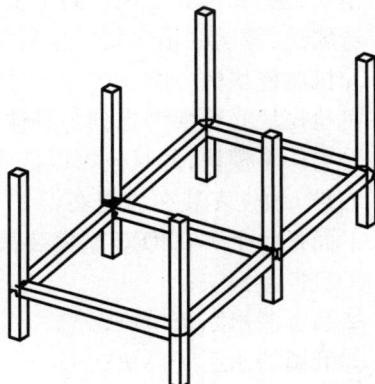

图 6-7 标准模块框架

6.3 机舱的位置、尺寸及数目

机舱是专门用来放置船舶动力装置和机械设备的船舱。机舱的位置、尺寸和数目是机舱规划与布置首先需要考虑的问题。

6.3.1 机舱的位置

机舱的位置是指机舱在船舶纵向的部位。决定机舱位置的主要因素有两个:一是船舶的总体布置规划要求;二是动力装置本身的要求。

机舱位置的确定是船舶总体布置规划中的一个重要问题,它影响船舶上层建筑的结构形式、水密舱的划分和布局,甚至影响船舶的使用效能和技术、经济指标。

对于一般船舶来说,按各类船舶用途之不同,机舱在整个船纵向长度中所居的位置,归纳起来主要可分为中部机舱、尾部机舱和中尾部机舱。

1. 中部机舱

中部机舱位于船舶中部,货舱分布在机舱的前方和后方。这样布置能使动力装置的重心容易布置中纵剖面和中横剖面上,或者离这些剖面很近。

中部机舱的优点为:

①不同装载工况下较小的纵倾,船舶易保持平衡。

②船舶中部船体线型变化平缓,机械设备规划布置比较容易。

③中部机舱的船舶其抗沉性比较好。

中部机舱的缺点:

①船体结构复杂。因为由机舱(中部)伸向船尾的传动轴系必须穿过尾部各货舱,因此在这些货舱的底部,必须沿纵向开设轴隧,将传动轴与货舱完全隔开,保护轴不受损伤,使船体结构变得复杂。

②船舶货舱容积减少,舱内货物的堆积装卸不便。因为传动轴通过尾部货舱时设置轴隧,占用了部分空间。并且由于轴隧的存在,给舱内货物的堆积也带来不便。

③由于机舱设于船的中部,轴系的长度大大增加,轴系效率低,也给维护管理带来了很多麻烦。

中部机舱一般用于客轮、拖轮、军舰及动力装置质量占很大比例的船舶上。

2. 尾部机舱

尾部机舱位于船舶的尾部。其主要的优点是:

①增加货舱舱容。由于没有轴隧,各货舱相毗连,便于管路布置,并能增加货舱容积的4% ~ 5%。

②货舱布置集中、便于装卸。

③传动轴系结构简单,长度短、轴系传动效率高、降低船舶的建造费用,轴系的维护、管理方便。

机舱布置在尾部的主要缺点是:

船舶在空载或轻载时,会发生较大的纵倾,这样必须使用压载来处理。

尾部机舱广泛应用于油轮、矿砂船、集装箱船、冷藏船等船舶。尾部机舱在船舶中占绝大多数。

3. 中尾部机舱

中尾部机舱位于船舶的中尾部。其主要的特点是保持了尾机型的部分优点,克服了机舱过长、船员舱室舒适性较差、纵倾调整困难等缺点。部分客船、客货船、拖轮、军舰等船舶采用中尾部机舱。

6.3.2　机舱的尺寸

机舱容积是根据机舱中全部机电设备的尺寸和保证这些设备的正常运行、维修等需要的空间而决定的。机舱的容积越大,货舱的容积就越小,但机舱尺寸小,又将影响机械设备的布置,并给管路,维修等工作带来不便。为此,在合理的情况下,力求减小机舱的长度、面积、容积,提高船舶营运的经济性。

不同用途的船舶,对机舱尺寸的要求也不尽一致,如对客货船和货船民用运输船和军用舰艇都有不同的要求。在船舶动力装置中,通常用面积饱和度和容积饱和度来衡量机舱底平面与机舱容积的利用情况。

机舱的大小决定于机舱长度、宽度和高度。而机舱的长度、宽度和高度则是由舱内机械设备的尺寸以及它们在舱内的位置的合理安排所决定的。因此,应根据机械设备的实际需要来确定机舱的尺寸大小。

1. 机舱长度

机舱长度主要是根据船舶主机的长度和类型决定的。对于采用直接传动方式的推进装置来说,机舱长度主要根据主机长度来确定;对于采用间接传动方式的,机舱长度还要考虑传动设备的长度。此外,还要考虑主机操纵台前的通道距离。图6-8所示为机舱的长度尺寸。

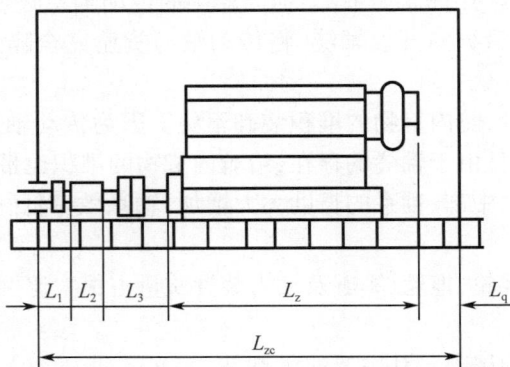

L_1—距尾舱壁的距离;L_2—推力轴承(或减速箱)长度;

L_3—联轴器长度;L_z—主机长度;L_q—距前舱壁的距离。

图6-8 机舱的长度尺寸

机舱长度可用下式表示:

$$L_{zc} = L_1 + L_2 + L_3 + L_z + L_q \quad (m) \tag{6-1}$$

式中　L_1——距尾舱壁距离,m;

L_2——推力轴承(或减速箱)长度,m;

L_3——联轴器长度,m;

L_z——主机长度,m;

L_q——距前舱壁的距离,m。

对于多机装置来讲,当辅助机械(如辅发电机组)因机舱宽度不允许在主机两侧沿两舷布置时,这些设备可能布置在主机前方,这时机舱长度还须考虑安置这些机械设备所需的长度。另外对于尾部机舱,机舱长度还应考虑两个因素;第一螺旋桨轴与中间轴用整体法兰联轴器连接时,要留有螺旋桨轴从舱内抽出时必要的轴向距离,从而确定主机机组输出法兰相对于尾尖舱舱壁的位置;第二,根据船体尾部的结构,决定船舶主机机组允许安装的靠近尾部的位置。

2. 机舱宽度

机舱的宽度一般取为船宽。一般情况下,机舱的长度按主机的要求做出决定后,不少机械设备就必须设置于主机的两侧,有时机械设备在机舱底层两舷的地方无法布置时,尚需要在机舱内筑起一层或两层平台加以安排。因此,机舱宽度取为船宽,往往是动力装置本身的要求,尾部机舱的布置更是如此。图6-9所示是机舱的宽度尺寸。

机舱宽度可用下式表示:

$$B_{zc} = 2B_b + KB_z + (K-1)B_j \quad (m) \tag{6-2}$$

式中 B_b——主机到侧壁的距离,m;

B_z——主机宽度,m;

K——主机台数;

B_j——主机间的距离,m。

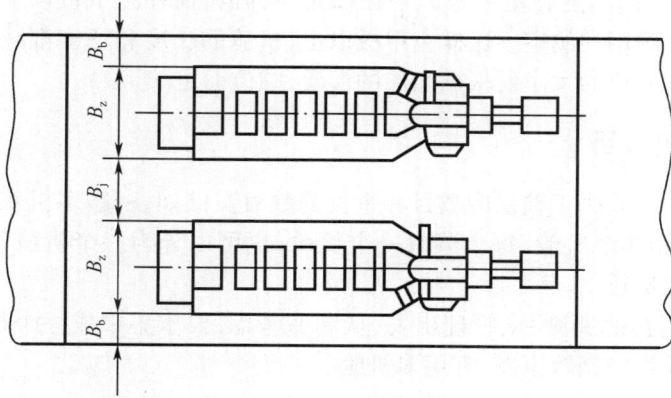

B_b—主机到侧壁的距离;B_z—主机宽度;B_j—主机间的距离。

图6-9 机舱的宽度

3. 机舱高度

机舱的高度主要取决于舱内的大型设备本身的高度,特别是主机的高度以及它们正常运行、维修等所需的高度;首先要保证主机及辅机在修理时能够顺利地向上起吊活塞、连杆等部件;另外还要满足动力装置进行大修时能顺利地将需要在船外修理及更换的机械设备吊出船外。图6-10所示是机舱的高度尺寸。

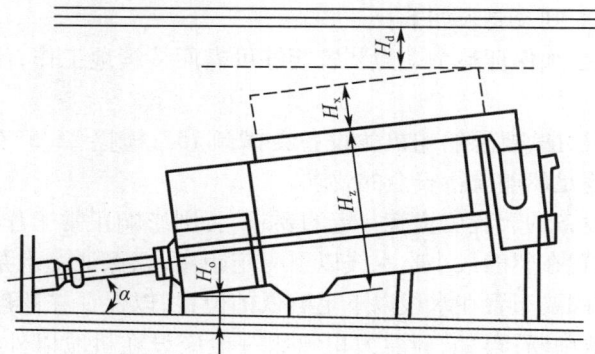

H_o—主机最低点到舱地板的距离;α—轴线倾斜角;H_z—主机高度;

H_x—主机修理高度;L_z—主机长度;H_d—主机维修用吊车安置高度。

图6-10 机舱高度

机舱高度可用下式表示:

$$H_{zc} = H_o + L_z \tan \alpha + (H_z + H_x) \cos \alpha + H_d \quad (6-3)$$

式中 H_o——主机最低点到舱地板的距离,m;

α——轴线倾斜角;

H_z——主机高度,m;

H_x——主机修理高度,一般取吊缸高度,m;

L_z——主机长度,m;

H_d——主机维修用吊车安置高度,m。

一般来讲,机舱的高度在主甲板以下往往是一样的,而在主甲板以上的上层建筑要布置一些供船员生活等用的舱室。这样主甲板以上,机舱的长度和宽度都减少而形成直通大气的机舱棚通道。通道的大小要根据船舶的性质、吨位而定。

6.3.3 机舱数目

机舱的数目主要取决于轴系的数目和主机的数目。例如,一艘多机双桨船可以采用集中式机舱,也可采用两个机舱,每个桨有一个机舱,也可以分为三个机舱,即两个主机舱前面单独设一个发电机舱。

这里有几条简易的原则,从管理出发、从制造考虑,要求集中成一个机舱;但从船舶的抗沉性、生命力、噪声控制等出发,宜用多机舱。

6.4 机舱设备的布置

所谓机舱设备的布置,就是要在机舱中合理安排、解决主机、辅机及有关机械设备的相互位置关系。机舱在船上的位置及其机械设备在舱室内具体布置是新建船舶的一项重要工作,机舱的位置如何、机械设备安排是否合理,直接关系到船舶的建造、管理、维修、安全、经济性等一系列问题。

6.4.1 机舱设备布置的原则及要求

机舱设备布置的原则及要求如下:

①机舱设备布置必须保证整个动力装置能够可靠而持续地工作,保证船舶在各种工况下安全航行。

如船舶发生倾斜摇摆,要求船舶机舱设备在横倾 15°、横摇 22.5° 和纵倾 5°、纵摇 7.5° 时必须正常工作,以满足船舶航行安全的要求。

在船舶上,一些设备的放置位置有一定的要求,否则影响正常工作。例如,主机冷却系统中的海水泵必须布置在船舶最小吃水线以下一定距离,以保证海水泵在任何时候都能够顺利吸水;又如,通海阀要布置在水线以下足够低的位置,以保证在船舶最小吃水或发生横摇时,海水的吸入不致中断;再如,应急发电机组一般应设在机舱以外的上层甲板,以在机舱进水时,仍然能保证正常工作。

②在机舱左右两侧的机械设备的质量,应尽量保持平衡,以免船舶产生倾斜。同时,为了增加船舶的稳性,机械设备特别是质量大的设备宜布置在底层,使其重心尽可能低。

机械设备质量分布对船舶平衡的影响,通常是以设备的质量和重心位置来衡量的。在整个机舱布置完毕后应求出整个动力装置的重心并检查是否达到平衡,必要时要做若干调整。

动力装置总质量的中心位置的计算可按下述方法进行:

对于各种设备,特别是主机等较重的大型设备,首先计算出它们的质量和重心位置。

在初步进行机舱布置时,在缺乏足够资料的情况下,可以用统计的方法进行近似估算,如对于柴油机的重心高度,可按下述经验公式定出:

十字头式　　　　　　$H = (1.7 \sim 1.9)S$

箱式　　　中速机　$H = (1.1 \sim 1.3)S$

　　　　　高速机　$H = (1.1 \sim 1.3)S$

V 形　　　中速机　$H = (1.5 \sim 1.7)S$

　　　　　高速机　$H = (0.8 \sim 1.2)S$

　　　　　高增压　$H = (1.8 \sim 2.0)S$

其中,H 为重心位置在曲轴中心线之上的距离,m;S 为活塞行程,m。

上述经验公式系指柴油机本身,不包括减速齿轮箱在内。

当已知机械设备的质量和重心位置时,则按表 6 – 2 计算动力装置的重心和总质量。

表 6 – 2　动力装置重心计算表

序号	设备项目	质量 G/t	与中横剖面的距离 A/m	对于中横剖面的力矩 $M_1 = GA/(\text{N} \cdot \text{m})$	与中纵剖面的距离 B/m	对于中纵剖面的力矩 $M_2 = GB/(\text{N} \cdot \text{m})$	与主水平线平面的距离 C/m	对于通过主水平线平面的力矩 $M_3 = GC/(\text{N} \cdot \text{m})$
1	主柴油机组							
2	柴油发电机组							
…	……							
		ΣG		ΣM_1		ΣM_2		ΣM_3

表中各项设备与三个面的距离都应具有相应的符号,如图 6 – 11 所示。它们是这样规定的:当所布置的机械设备的位置离开中横剖面而处于船尾方向时,均取为正号,反之则为负,如图 6 – 11(a)所示;各机械设备凡离开中纵剖面而处于右舷时,其到中纵剖面的距离取为正号,反之则为负,如图 6 – 11(b)所示;机械设备凡处于主水线面以上者,其到主水线面的距离取为正号,反之则为负,如图 6 – 11(c)所示。

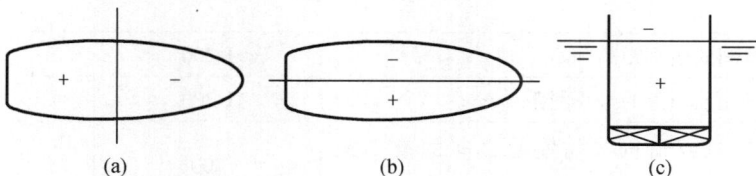

图 6 – 11　计算动力装置重心符号的规定

完成以上计算后,则可求得动力装置的总质量和重心位置。

a. 设动力装置的重心至中横剖面的距离为 L_A,则

$$L_A = \Sigma M_1 / \Sigma G \tag{6 – 4}$$

式中　ΣM_1——各动力装置到中横剖面的力矩和；

　　　ΣG——动力装置的总质量。

L_A值的大小是根据机舱的位置决定的，尾部机舱值大些，但对于中部机舱，一般也不允许出现负值。

b. 设动力装置的重心至中纵剖面的距离为L_B，则

$$L_B = \Sigma M_2/\Sigma G \tag{6-5}$$

式中，ΣM_2为各动力装置到中纵、横剖面的力矩和。

对于L_B的值，我们希望它等于零，也就是说各机械设备对船舶的中纵剖面保持平衡。

c. 动力装置的重心至主水线面的距离为L_C，则

$$L_C = \Sigma M_3/\Sigma G \tag{6-6}$$

式中，ΣM_3为各动力装置到水平面的力矩和。

我们希望L_C值尽可能大一些，以求得船舶具有较好的稳性。

③机舱设备布置应根据各设备的自身功能，考虑各设备间合理的相对位置，既满足各设备相互之间的功能联系要求，又发挥出自身的功能。

机舱设备在布置时应满足其特殊要求，如总配电板在正常工作时，常产生电弧，所以它的布置必须远离燃油和其他易燃物，也不允许在其上方设置燃油柜等设备，以免发生危险。如有需要相互配合工作的机械设备，应尽可能相互接近，以利于操作管理和简化管路，便于建造施工。

对于机械设备的相对位置及这些设备安装位置的有关规定，在一些设计资料中都有推荐，现摘录如表6-3所示，供参考。这些数字只是基本要求，在实际工作中，尚需要根据船舶的实际情况确定。

④机械设备的布置还要考虑操作管理和检查维修方便。

一切机械设备在使用过程中都要进行操纵、检测和维修，以保持其良好的技术状态，因此在布置时，设备周围必须留有足够的空间，以便进行上述各项工作。

⑤应充分考虑各种安全措施，满足入级规范及有关法规、规则的各项要求，尤其要考虑轮机人员的安全。

表6-3　机舱设备的安装位置

序号	项目	海船	河船
1	主机外部凸出部分与隔壁或辅机间的最小距离/mm	700	600
2	两台主机间的最小距离/mm	1 200	1 000
3	主机操纵台前通道的最小间距/mm	1 200	1 000
4	辅机与辅机或辅机与隔壁舱之间的最小距离/mm	700	500
5	花铁板与平台及平台与平台之间的最小高度/mm	1 850	1 700
6	配电板的最大高度/mm	2 000	

表 6-3（续）

序号	项目	海船	河船
7	总配电板前走道最小宽度/mm	800($L<3$ m) 1 000($L<3$ m) L 为配电板长度	600
8	总配电板后走道最小宽度/mm	600(1.2 m$<L<3$ m) 800($L>3$ m)	450(1.2 m$<L<3$ m) 600($L>3$ m)
9	轴隧中,轴或轴承凸出部分与纵舱壁之间的最小通道/mm		500
10	主要通道扶梯斜度/(°)	不小于30	不小于30 小船不小于15
11	主要通道扶梯宽度及阶梯宽度/mm	不小于 540×100	不小于 540×100
12	平台与格栅栏杆的最低高度/mm	900	800
13	花铁板每块最大质量/kg	40	

6.4.2 机舱布置的方法与步骤

1. 机舱布置前的准备

在布置机舱内各机械设备之前,必须对船舶动力装置进行全面了解,掌握主机、辅机、各设备及容器的性能及它们在安装、管路连接、操纵、保养及维修等方面的要求。

首先,应与船体设计人员共同对机舱棚长度、宽度做初步估计,了解机舱位置处的船体线型及结构特点,以及机舱位置处对船体要求。布置尾部机舱更要注意这点。

其次,将机械设备总图或外形安装图按适当比例缩小成简单明了、尺寸准确的三面视图,按船舶的大小可分别用1:50、1:25 和 1:10 的比例在视图上尽可能地表明附属机械位置及其管路接头,小视图最好是用透明蜡纸画,贴在设计图上,以便布置时不断调整和校对。

2. 机舱设备布置的方法和步骤

在进行机舱机械设备布置时,优先考虑体积较大的机械设备,如主机、发电机组、锅炉等,因为这些机械设备对整个机舱规划布置影响最大。一般先从主机、轴系、发电机组、锅炉等大型设备开始布置。对于主机、锅炉、发电机组等的装船要求、顺序、时间和方法应做充分地讨论和协商,以取得最合适的方案;此外,还需要考虑机舱容积的合理利用,在机械设备较多时,可在机舱内加设平台。

目前,国内外某些船厂,为了缩短船台周期,减少造船过程的返工率,以提高其经济效益,已实行了模型造船法,即根据实际船舶先按一定比例制成有机玻璃模型(船型),然后再根据布置好的船模中有关机电设备的结构尺寸、相互关系等绘制机舱布置图。

主机、发电机组和锅炉等大型设备的机舱布置形式大体分为集中布置和分舱布置。

①集中布置是将主机、发电机组和锅炉等大型设备集中布置在同一机舱,这种布置有两种形式:单层集中布置和分层集中布置。

a. 单层集中布置:主机、发电机组布置在同一层。许多小型船只大都采用这类集中式布置,如图 6－12 所示。

b. 分层集中布置:在中大型船上,为了紧缩机舱长度,很多采用分层集中式布置,如图
6－13 所示。

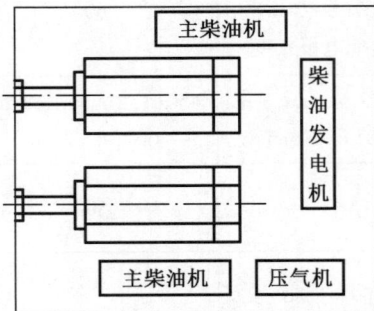

图 6－12　单层集中布置

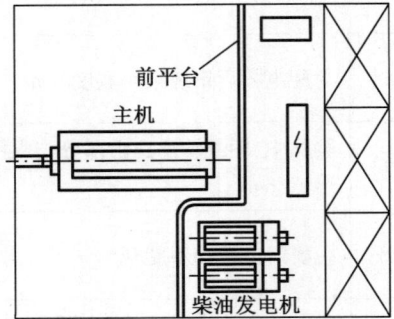

图 6－13　分层集中布置

②分舱布置是将主机、发电机组和锅炉等大型设备分别布置在不同机舱内,这种布置
也有两种形式:单层分舱布置和分层分舱布置。

a. 单层分舱布置,如图 6－14 所示,在机舱同一层内布置主机舱和辅机舱。这种布置形
式在大型船舶和军用船舶经常采用。

b. 分层分舱布置:大型船舶和军用船舶上,现在最经常使用的是分层分舱的布置方法,
如图 6－15 所示。

在机舱布置形式、机舱长度确定以后,一般可以按照下列顺序安排各个设备并确定位
置尺寸:主机位置、发电机组布置、辅锅炉布置、动力管路系统及船舶系统布置、集中控制室
布置、机舱天井、地板、扶梯出口位置等布置。

(1)主机与传动设备的布置

主机的布置必须与船体设计、螺旋桨尺寸和
轴系布置密切配合。主机曲轴线(或减速器输出
轴轴线)应处于轴系理论中心线的延长线上。布
置规划中,对于设置在机舱内的主机要注意以下
问题:

①对于多机装置,主机之间应留有足够的空
间与通道,以便进行操作和维护。

②主机在机舱中的前后位置,一般应考虑主
机后端布置传动设备及推力轴承的需要,并与机
舱棚及其他辅助机械布置等做适当的配合,如主
机与主机大型设备件均应置于主机起重装置作

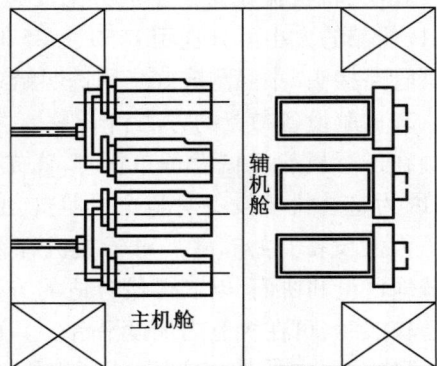

图 6－14　单层分舱布置

业的范围内等。另外,主机后端须留一定的过道、检修所需的尺寸;主机前端也要留有一定
的空间,以满足管理、检修和主机前装置机械设备的要求。

③主机曲轴中心线的高度是根据双层底,或船底结构和花铁板的距离要求以及主机油
底壳的最下端与船体内板或肋板的最小距离、主机本身工作要求等因素决定的。但考虑到

应尽量使轴线平行于基线,这个高度(包括螺旋桨的高度)还要根据实际情况加以调整。安装主机减速器、推力轴承、连接法兰等传动设备的地方,应留有适当的空间,以便进行定位、安装调整和检修工作,同时管路应尽量避免在此空间通过。

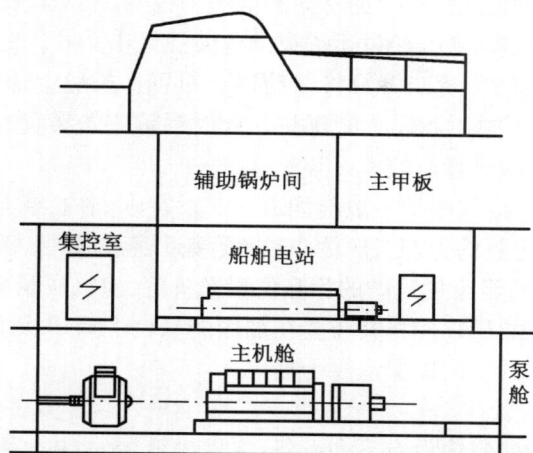

图6-15 分层分舱布置

(2)发电机组及配电板的布置

发电机组的布置,因船舶种类、机舱位置及船方的要求而有所不同。一般是将其布置在主机操纵位置的同一层平面内,使管理人员能够比较方便地进行监视和操作。但从减少振动和降低噪声角度来看,发电机组不宜太靠近主机操纵部位。有些船舶设有集控室,为了便于管理,往往将发电机组及配电板设置于主甲板层,发电机组应沿船舶纵向布置。

对于尾部机舱,目前多将发电机组布置在机舱平台上主机的后端一些,但船体结构应采取加强措施。

对于中、小型船舶,常常将发电机组布置在机舱底层。多机装置的推、拖船,有时将发电机组置于主机前端。单机装置可根据设备台数、船舶稳性、布置的地位等决定,可以布置在主机尾侧、两舷或平台上。但布置在底层时,不论是两舷布置还是在主机首尾端布置,柴油发电机组的操纵位置要设在主机操纵位置的同一侧。另外,还要考虑排放管的敷设。

为了拆装检修发电柴油机的活塞、缸套等部件,在柴油机发电机组顶上的甲板下应有起吊缸套所需的高度和安装起重吊梁或者起重滑车、手动葫芦等起吊装置的设施。

配电板的布置,如果船上设有集控室,配电板可布置在值班轮机室的后面或左(右)边,以便监视。为了操作和保养,在配电板周围留有必要的空间和距离。

不设控制室时,配电板尽可能布置在主机操纵台附近,以便值班轮机员进行监视。为了缩短主电缆,配电板也应尽量靠近主电机布置。配电板应安装在通风、干燥的地方,底座应装坚固,必要时还应设防振装置。为了操作和保养,在配电板的背后需要设有通道(通道宽度根据各船级社的规范确定,一般在475～800 mm)。配电板的下方、后面和侧面不应安装各种管路、油柜和其他液体容器,如不可避免时,应有可靠的防护措施。

(3)锅炉的布置

①辅助锅炉的布置。辅助锅炉布置的一般要求:

a.锅炉周围要留有拆除隔热材料及外壳的空间,并能方便地对锅炉进行检查、清灰和修理。

b.锅炉各附件周围必须有足够的操作与修理空间,其水位表要设在燃烧装置前易见的部位。

c.锅炉必须安装在甲板或肋板上的坚固的锅炉平台上。

d.锅炉及其烟道的布置,务必使发生火灾的危险性最小。

根据以上基本要求,散装货船多数将辅助锅炉布置在机舱上部甲板且靠近废气锅炉。油船上,一般装有水管锅炉或二次蒸发式锅炉。此时锅炉一般布置在主机首端或尾端的平台上,以便从机舱操纵室内进行监控。

②废气锅炉的布置。废气锅炉一般与烟道一起设在烟囱内,或布置在安装主机起重机轨道或起重机梁的那层甲板的上部机舱棚内,以便接近辅助锅炉。其安装高度根据主机的排气集合管(或废气透平)至废气锅炉的相互位置来决定,应该尽量减少气流损失。考虑到废气锅炉具有振动和噪声,所以应将其布置在加固的平台上或甲板上。布置时还应考虑加热管的修理,应留出足够的空间以保证管子抽出。

(4)机舱控制室的布置

一般情况下,机舱控制室内设有下列设备:主机操纵台、主机、锅炉,发电机及分油机等的监视仪表板,主配电板、各辅机的集中控制台和各电气设备的电气开关等。在自动化程度较高的船上,还设有数据记录器、资料处理仪、主机监视器等。

控制室一般应布置在监视主机、发电机组及锅炉等最方便的位置,同时应设在主机遥控操纵装置(指机械式操纵装置)的有效作用范围内。对一些大型船舶,常将其设在主机中层平台的左舷。为了缩短居住区和控制室之间的距离,也有将控制室设在主机顶层平台左舷的。为使控制室具有良好的活动空间,其面积应适当增大,高度适当增高,一般为2 500 ~ 3 000 mm。为防止室内各种仪表失灵,控制室应远离那些易于振动的设备和高温热源设备。控制室内一般要求配备空调器。

控制室出入口的布置,应尽量远离靠近通往居住区及底层的梯子,同时也应尽量靠近锅炉和发电机装置。

监视用的玻璃窗应设置在便于监视主机、发电机、锅炉等的位置,因此,控制室周围的梯子、空调通风管路、船体结构支柱及其他管路均不应妨碍视野。

(5)辅助机械设备的布置

机舱中的辅助机械数量、种类都很多,按其服务对象的不同可分为动力系统、安全系统和生活服务系统三类。布置这些辅助机械时,应按以下原则进行:

①相互关联和互为备用的辅助机械应尽量靠近,并考虑合理分布、方便管理、交替使用和调节;同时应顾及管路的布置及安装方便。目前流行的方法是按不同系统、不同流体进行分区布置。

②辅助机械尽可能沿机舱周围布置,辅机与主机、辅机与辅机之间均要考虑留出一定的间距,以便管理维修。

③较大的辅助机械设备应先布置。有向上连接管子的机械如消防泵等,应尽可能布置在船的两舷,使管子沿舷侧边向上。对于可能引起火灾和妨碍清洁的辅机,应设在单独的舱室内。

④需要有一定压头的容器和箱柜,应设法布置在一定高处。为了保证输送液体的泵可靠吸入,泵宜尽量低放,特别是离心式泵必须考虑这一问题。

⑤为防止电动机、启动器等电气设备吸入水、油气,应将其布置在避免高温且通风良好的地方。如果这些设备上方设有油、水管路,则应在这些设备上装置罩壳,或在水、油管上设置承漏盘等。

⑥布置卧式辅助机械,如空气压缩机、泵、通风机等设备时,原则上应将它们的驱动轴沿船舶纵向排列,并尽可能沿轴线水平布置,以防船舶横摇时,由于回转效应的影响,使机械设备产生额外轴承负荷,导致机械运转困难或产生故障。对于小功率的辅助机械,根据实际条件,亦可按左右舷方向布置排列。尾机型船或小型船舶,由于条件限制,水平方向可略有斜度。

各辅助机械的具体布置,要根据船舶的具体情况,综合考虑后做出决定。一般情况下,应注意以下问题:

①通海阀的海水门位置应布置在船舱底水、油渣柜、锅炉放泄等排出口的相反舷侧;如这样布置困难,只能布置在同一舷侧时,则应设在前面并尽可能相隔远一些,以避免排放出的污水重新进入通海阀。

②吸入海水的离心泵,其叶轮位置应比船的最低吃水线低,特别是对于自动启停的水泵,应布置得尽可能低,以避免船舶摇摆时吸入空气。

③布置各种交换器时,至少有一端应留有拆拉管子的空间,此空间内不能布置其他设备或管路,特殊情况下,可以装设某些易于拆除的设备和管路。

④由于大型空气瓶很重,其安装处的船体部分应予以加强,一般布置在隔舱壁附近;如布置在隔舱壁附近有困难,也可靠近支柱布置;横向布置时,安装支架处的结构要加强,一般希望将空气压缩机和空气瓶作为一个组,安装在尽量靠近主机操作手轮的地方,布置时可以倾斜和竖直安装,以减少安装面积以及便于泄放瓶中残水。

⑤各种水、油舱均应设在双层底,若无双层底,也应设在机舱下部。各种油柜应布置在一定的高度,并宜与船体结构做在一起。主机、辅机的日用油柜、膨胀水箱等,均要布置在高于主机的位置上。

(6)机舱棚、机舱出口及其他构件的布置

机舱中的扶梯、栏杆、格栅、花钢板、起吊设备、机舱棚、机修间、物料备件间等按以下要求布置:

①机舱至少有两个出入口,可以分设于左右舷或前后部,也可以从主甲板或上甲板通至底部花铁板。这些进出口应有单独的、具有坚固扶手的金属梯子。扶梯应尽量沿着船的纵向布置,并有一定的斜度,通常斜度为60°。

②整个机舱须铺设花钢板,以便轮机人员操作管理。花铁板应尽可能铺设于同一高度,必要时亦可局部升高或降低。为了在花铁板下铺设复杂的管路及部分平时不需要检视的设备,花铁板应至少高于双层底(或船体肋板)500 mm。花铁板应为可以拆卸的结构形式。

③轮机人员需到达之处,除应有固定的通道外,还须设置必要的格栅,格栅四周应安装坚固的栏杆。格栅和栏杆均做成可拆卸的结构形式。我国已制定了格栅、栏杆和扶梯标准,可供设计时选用。

④机舱上部的开口称为机舱棚。中、小型船舶的主机是通过机舱棚吊入机舱,故机舱棚尺寸应大于主机外形极限尺寸;大型船舶或小船的甲板不允许有很大的机舱开口,机舱棚仅供通风与透光用。此时其有效面积应为机舱底层花钢板总面积的1/6~1/8。若日用

油柜或废气锅炉也设置在机舱棚中,其尺寸应适当增加。

⑤为便于主、辅机的拆装和检修,机舱棚中应设可拆的起吊横梁。横梁应位于可能用以起吊最重部件的上端,并沿船舶的纵向设置,其长度和高度应能满足起吊主机大型设备件或某些辅机。横梁一般采用标准的工字钢,其强度须能满足最重起吊部件的质量及附件质量,并应进行强度校核。大型船舶一般用行车代替人力操纵的简单起吊设备,它可沿机舱的前后左右移动。在吊车活动范围内,不允许布置任何设备、管子、格栅和扶梯等。

⑥根据规范要求,为了轮机人员的安全,大型船舶机舱除有正式出入口外,尚须设有直通救生甲板的脱险通道。轴隧中已设脱险通道,且机舱至轴隧间又有通道时,可不设脱险通道。

⑦机修间、备件间等的布置,要便于保管备件、工具和其他机械,以及在航行中万一发生故障时便于调换设备及备件等。机修间、备件间一般可设在主机操纵侧,且靠近顶层路台处,但要注意,机修间不应设在集中控制室的上方。机修间要设有起重横梁及起吊装置,以便主机备件能从主机起重机的工作范围内吊入机修间内。

机舱各种设备的规划(包括计算和选型)考虑成熟之后,即可根据考虑的机舱大小绘制机舱设备布置图。机舱布置图包括机舱平面图、纵剖面图和横剖面图等。

绘制机舱设备布置图的总原则是:这些布置图能够说明各个设备的垂直坐标位置和垂直方向的相对位置、纵向坐标位置和纵向相对位置、横向坐标位置和横向相对位置。根据这个原则,机舱平面布置图应包括各层平台平面图(主要反映各设备的纵向、横向的坐标位置)。纵、横向剖面图一般根据机舱内设备较稠密处选取,常常需要数张这样的剖面图,在这些剖面图上,要说明剖面位置。

6.4.3　某远洋货船机舱布置实例

该船是单机单桨直接传动,机舱设于船舶尾部,位于第12号到40号肋骨之间。由于机舱内设备较多,故机舱内共分三层,即机舱底平面、A层平台和B层平台。

主机及大部分系统的泵布置在底层,如图6-16所示。

主机1为B&W-8L55GFCA(D)型柴油机,持续功率为9 826 kW,额定转速为150 r/min,且自带推力轴承及盘车机。由于采用尾部机舱,故其轴系很短,主机通过一根中间轴和艉轴与桨相连。在图中可以看到,中间轴的左侧,设有一根备用艉轴92,并留有相应的为从舱内抽出与更换修理艉轴的空间。在主机两侧分区集中布置有燃油系统、滑油系统、海水冷却系统及舱底水系统的各种泵类和其他有关设备。如在主机右侧,设有燃料油输送泵19及柴油输送泵18、主滑油泵6、舱底水泵4、主机淡水冷却泵12、日用海水泵11及燃油油渣柜10、燃油泄放柜9、舱底油水分离器5并设有一只高位海水门16。在主机的左侧也集中布置有滑油输送泵90、滑油分油加热器31、滑油分油机32和凸轮轴滑油泵28、凸轮轴滑油冷却器27及滑油渣柜33、辅海水泵2、空调冷却水泵30,并设有一只低位海水门26。在主机前端,还集中设置了消防水泵23、主舱底泵22、压载主海水备用泵21、舱底压载扫舱泵24、主海水泵20等。这些泵的管路大多敷设于花铁板下或沿两舷侧及舱壁布置。

该船共设有三台柴油发电机组,每台功率为600 kW,它们均设于机舱内的B层平台上,在主机后端,如图6-17所示。

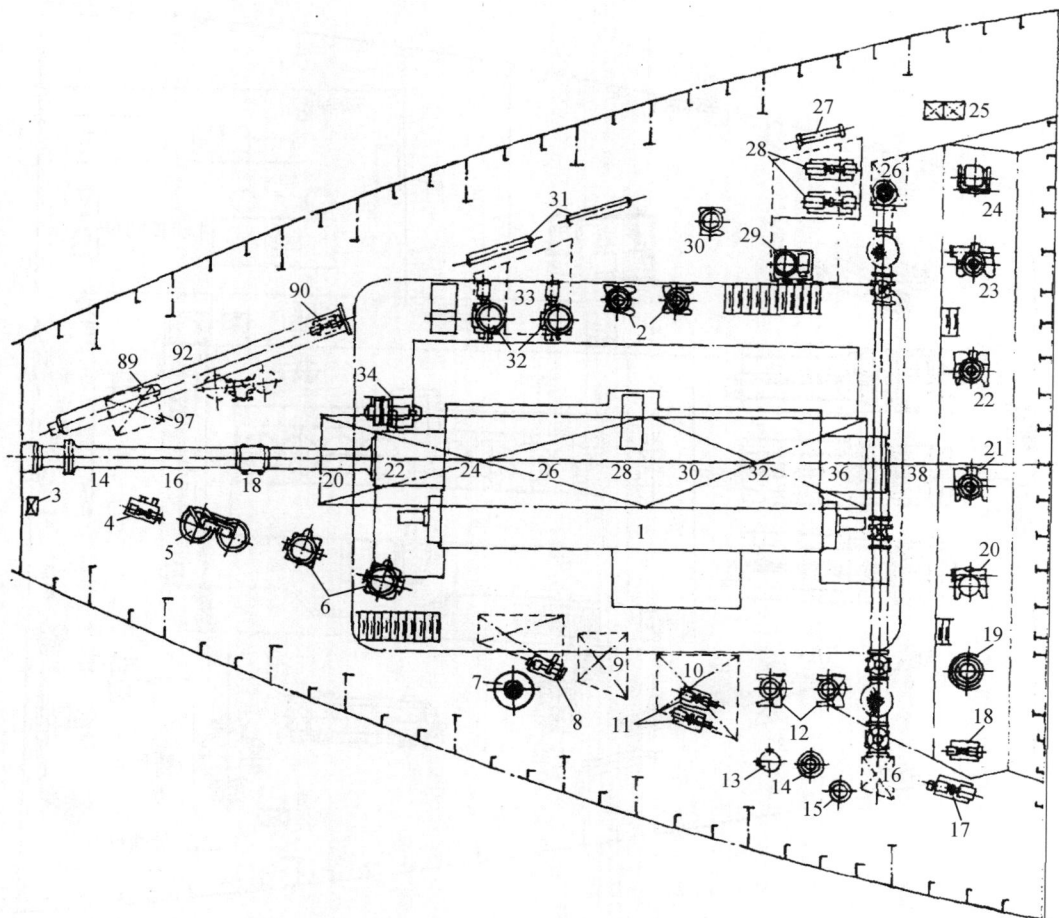

1—主机;2—辅海水泵;3—艉轴前密封滑油柜;4—舱底水泵;5—舱底抽水分离器;6—主滑油泵;
7—滑油滤器泄放柜;8—油渣驳运泵;9—燃油泄放柜;10—燃油油渣柜;11—日用海水泵;
12—主机淡水冷却泵;13—淡水药剂机;14—主机淡水加热器;15—滑油冷却器化学清洗装置;
16—高位海水门;17—造水机工作水泵;18—柴油输送泵;19—燃料油输送泵;20—主海水泵;
21—压载主海水备用泵;22—主舱底泵;23—消防水泵;24—舱底压载扫舱泵;25—零用油柜;
26—低位海水门;27—凸轮轴滑油冷却器;28—凸轮轴滑油泵;29—CJC滤器;30—空调冷却水泵;
31—滑油分油加热器;32—滑油分油机;33—滑油渣柜;34—电动盘车机;89—艉轴滑油泵;
90—滑油输送泵;92—备用艉轴;97—艉管滑油储存柜。

图6-16 某远洋货船机舱底平面布置图

为了便于对主机 1 发电机组 35 进行监视,集控室亦设在 B 层平台,位于该层平台的左舷前部,内设有控制台和主配电板 51。在该层平台的右舷前端还设有分油机室,并在其中设有单独的抽风机。锅炉给水泵 39、凝水观察柜 38、热井 37 也集中安排在右舷后端,主机的大型备件如主机活塞备件 54、主机缸套备件 55 也布置在该层,并紧靠主机,处在机舱起吊装置的工作范围内。

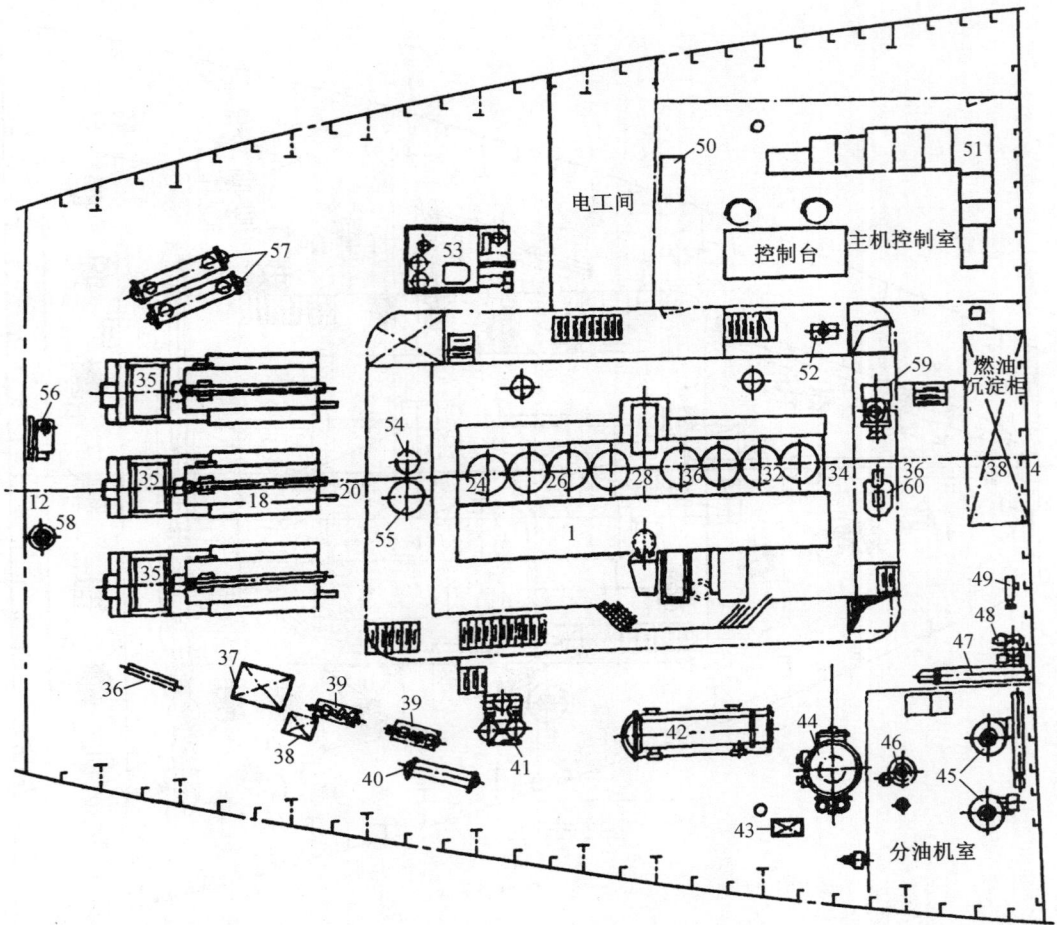

35—柴油发电机组；36—柴油发电机燃油加热器；37—热井；38—凝水观察柜；39—锅炉给水泵；40—疏水冷却器；
41—主机滑油细滤器；42—主机淡水冷却器；43—汽轮机油柜；44—制淡装置；45—燃油净油机；46—柴油净油机；
47—主机燃油加热器；48—主机燃油供给泵；49—主机燃油滤器；50—控制室空调器；51—主配电板；
52—控制空气干燥器；53—污水处理装置；54—主机活塞备件；55—主机缸套备件；56—初始启动空气压缩机；
57—柴油发电机淡水冷却器；58—辅空气瓶；59—排气阀工作台；60—排气阀研磨机。

图 6 – 17　某远洋货船 B 层平台布置图

　　如图 6 – 18 所示，由于柴油日用柜、燃料油日用柜、主机滑油沉淀柜及贮存柜、发电机组滑油沉淀柜 77、发电机组滑油贮存柜 76、气缸油贮存柜、艉管滑油重力油柜 96、柴油沉淀柜等均要求高置以利于各泵的吸入，保证润滑，故这些箱柜均设于 A 层平台上。

　　另外，主空气压缩机 69、辅空气压缩机 70、主空气瓶 73 等压缩空气系统的主要设备也设在该层平台的右舷。机修间设于该层平台左舷后端，备件间设于该层平台左舷前端，并处于机舱起吊装置的作业范围之内，以便于修理、更换备件。此外，生活供水系统的主要设备如淡水压力水柜 63、海水压力水柜 64、热水柜 67、热水循环泵 66、淡水处理装置 61、日用淡水泵 62、饮水泵 65 等也集中设置在本层。

　　排气系统、辅锅炉、废气锅炉和起吊装置等设备的布置情况，如图 6 – 19 所示。

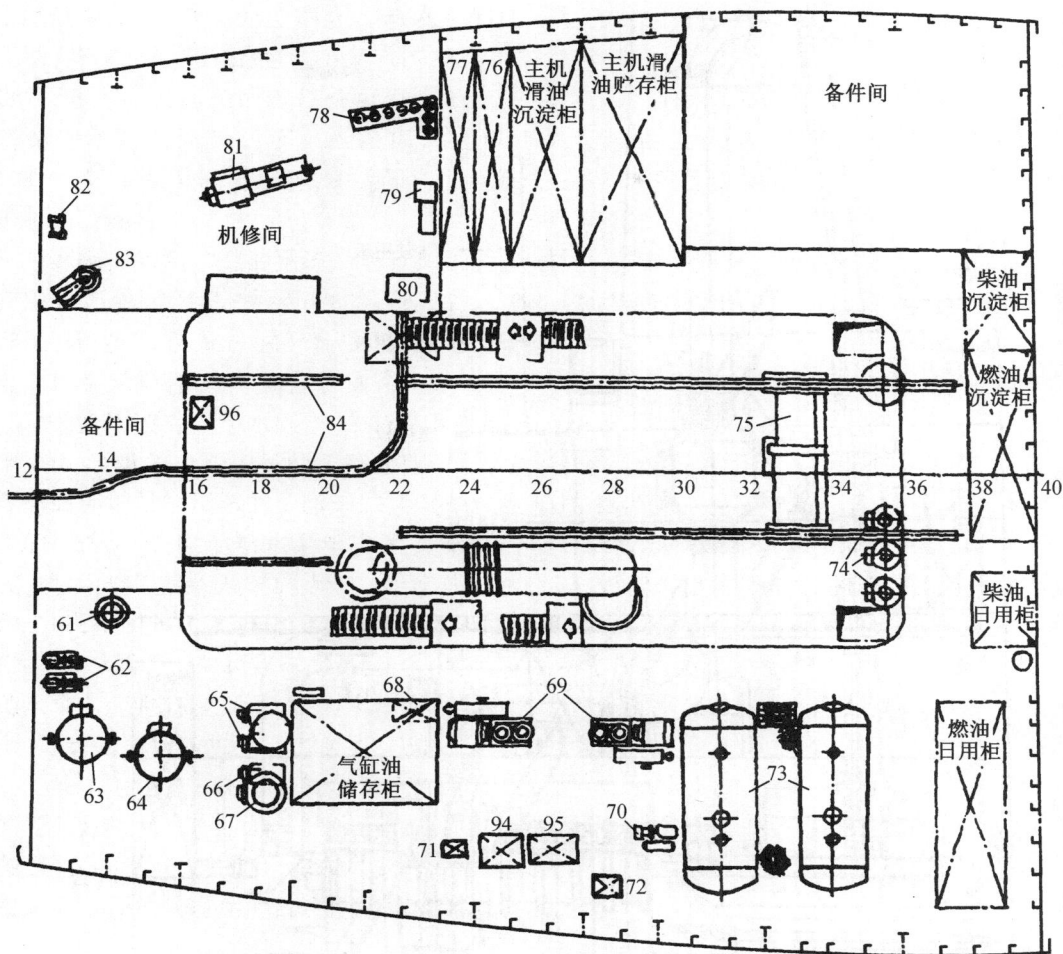

61—淡水处理装置;62—日用淡水泵;63—淡水压力水柜;64—海水压力水柜;65—饮水泵;66—热水循环泵;
67—热水柜;68—气缸油计量柜;69—主空气压缩机;70—辅空气压缩机;71—空压机淡水膨胀水箱;
72—压缩机油柜;73—主空气瓶;74—主机排气阀备件;75—主机起吊装置;76—发电机滑油储存柜;
77—发电机滑油沉淀柜;78—喷油头架;79—喷油头试验台;80—电焊机;81—多功能机床;82—砂轮机;83—钻床;
84—柴油发电机组起吊设备;94—柴油发电机组混合抽柜;95—混油器;96—艉管滑油重力柜。

图6-18 某远洋货船A层平台布置图

在主机1上方设有主机起吊梁91及起吊装置。主机、备件间、主机大型备件等均处于行车作业范围内。在柴油发电机组35上方,也设有起吊装置。燃油锅炉88设于上甲板上,以便靠近废气锅炉86,而废气锅炉86设在烟囱内。辅柴油机的排气管通过增压器后垂直向上,从辅机消声器87排出。主机废气经涡轮增压器后进入废气锅炉86,然后排出。从纵剖视图中还可看到机舱通风机的设置,共有四台机舱通风机(图中仅可见到两台),其中艇甲板两台,尾楼甲板两台,分别通过总风管、干管等将风送至机舱各处。

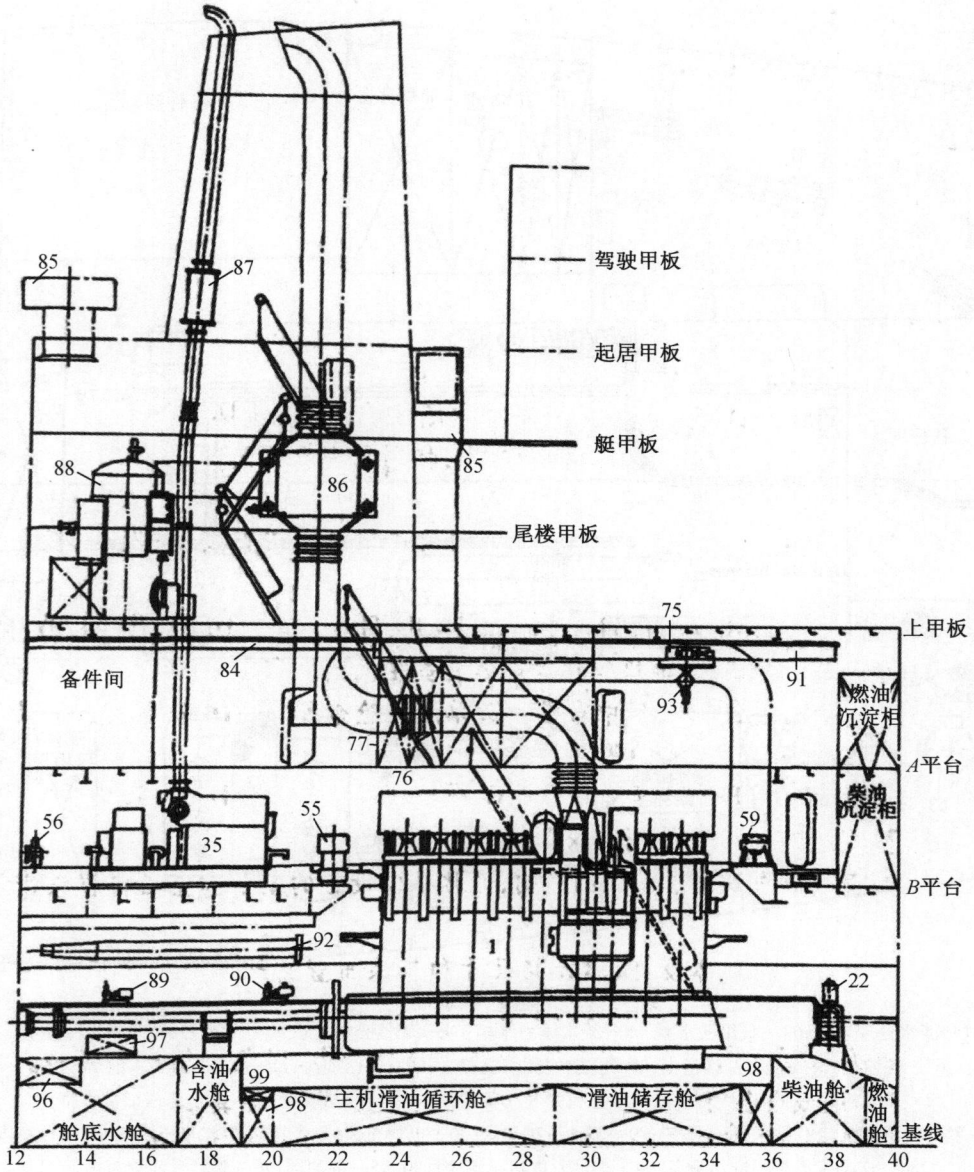

85—机舱通风机;86—废气锅炉;87—辅机消声器;88—燃油锅炉;91—主机起吊梁;

92—备用艉轴;93—起吊钩;96—污水井;97—艉管滑油贮存柜;98—隔离空舱。

图 6-19　某远洋货船机舱布置纵剖视图

思考与练习

一、选择题

1. 油轮机舱的结构形式,一般是(　　)。

A. 中部机舱　　　B. 尾部机舱　　　C. 中尾部机舱　　　D. 前部机舱

2. 机舱的高度主要取决于舱内(　)的高度,特别是主机的高度,以及它们正常运行、维修等所需的高度。

Ⅰ. 主机的高度　　　　　　　　Ⅱ. 主机修理高度

Ⅲ. 主机维修用吊车安置高度　　Ⅳ. 主机最低点到舱地板的距离

A. Ⅰ、Ⅱ　　　B. Ⅰ、Ⅱ、Ⅲ　　　C. Ⅰ、Ⅱ、Ⅲ　　　D. Ⅰ、Ⅱ、Ⅲ、Ⅳ

3. 许多小型船舶的主机、发电机组和锅炉等设备在机舱的布置,大都采用(　　)。

A. 单层集中布置　B. 分层集中布置

C. 单层分舱布置　D. 分层分舱布置

4. 机舱布置图主要包括(　　)等。

A. 机舱平面图　B. 纵剖面图

C. 横剖面图　　D. A、B、C

三、判断题(正确的打"√",错误的打"×")

1. 经济性指船舶在正常状态下运转所取得的效果和费用的比值,主要包括两方面:一是船体工作方面的性能;二是动力装置方面的经济性能。　　　　　　　　　　(　　)

2. 船舶动力装置可靠性主要有两方面含义:一方面是动力装置的生命力,指动力装置受外界因素的影响后,仍能继续工作的能力;另一方面是动力装置能正常运行的时间,正常运行时间越长,表示动力装置可靠性越高。　　　　　　　　　　　　　　　(　　)

3. 在机舱左右两侧的机械设备的质量,应尽量保持平衡,以免船舶产生倾斜。同时,为了增加船舶的稳性,机械设备特别是质量大的设备宜布置在底层,使其重心尽可能低。
　　　　　　　　　　　　　　　　　　　　　　　　　　　　　　　　(　　)

4. 动力装置的重心至中纵剖面的距离,尽可能大一些,以使船舶具有较好的稳性。
　　　　　　　　　　　　　　　　　　　　　　　　　　　　　　　　(　　)

四、简答题

1. 船舶动力装置设计的主要特点是什么?

2. 船舶动力装置设计的主要要求是什么?

3. 船舶动力装置设计分哪三个阶段?

4. 船舶动力装置设计的主要内容是什么?

5. 机舱布置的原则及要求是什么?

6. 机舱的布置位置有哪几种形式? 比较其特点。

7. 简述机舱布置的方法和步骤。

第7章 船舶辅助装置及甲板机械

【知识目标】
1. 熟悉船舶电力系统组成及其基本参数;
2. 熟悉船舶发电机组的组成及其功用;
3. 熟悉船舶配电系统的组成及其作用;
4. 熟悉船舶锅炉类型、主要性能指标及其在船舶上的作用;
5. 掌握海水淡化装置的类型和工作原理、控制调节方法;
6. 熟悉船舶甲板机械的种类,熟悉舵机、锚缆机、起货机的功能和组成。

【能力目标】
1. 具备简单分析船舶电力系统的能力;
2. 掌握船舶锅炉的基本知识,能识别主要锅炉类型并了解内部结构;
3. 具备控制调节海水淡化装置的能力;
4. 掌握船舶甲板机械基本知识,能识别液压舵机、锚设备系缆设备和船舶起货机的组成、安装位置。

7.1 船舶供电装置

7.1.1 船舶电力系统概述

现代船舶上都装备有一个供给电能的独立系统,这就是船舶电力系统。随着船舶日趋大型化和自动化,船舶电力系统的容量也日益增大。

船舶电力系统与陆地上的电力系统有着许多不同的地方。陆地上的电力系统往往是把若干个独立的发电厂以一定的方式互相联结起来,构成一个庞大的电力网络进行供电,这样可以大大提高供电的可靠性和经济性;而船舶电力系统则不然,它仅是一个独立工作的电力系统,所以其供电的可靠性和经济性都比不上陆地上的电力系统。

1. 船舶电力系统的组成

船舶电力系统是由电源装置、配电装置、电力网和负载组成并按照一定方式连接的整体,是船上电能产生、传输、分配和消耗等全部装置和网络的总称,其典型结构简图如图 7-1所示。

①电源装置,将机械能、化学能等能源转变为电能的装置。船舶电源主要是指发电机和蓄电池。

②配电装置,对电源和用电设备进行保护、监测、分配、转换、控制的装置。

③船舶电力网,是全船电缆电线的总称,也是电能的生产者(各种电源)和电能的消耗者(各类用电设备)的中间传递环节。船舶电力网根据其所连接的负载性质和类别可以分为动力电网、照明电网、应急电网、低压电网和弱电电网等。

④负载,即用电设备。船舶负载有甲板机械、船舶舵机、动力装置用辅机(为主机和主锅炉等服务的辅机,如主机滑油泵、海水冷却泵、淡水冷却泵和鼓风机等)、舱室辅机(生活水泵、消防泵、舱底泵以及为辅锅炉服务的辅机等)、电力推进设备(主电力推进装置、首尾侧推装置等)、机修机械(车床、钻床、电焊机等)、冷藏通风(冷藏集装箱、空调装置、伙食冷库和通风机等)、照明设备、船舶通信导航设备(无线电通信设备、导航和船内通信设备)等。

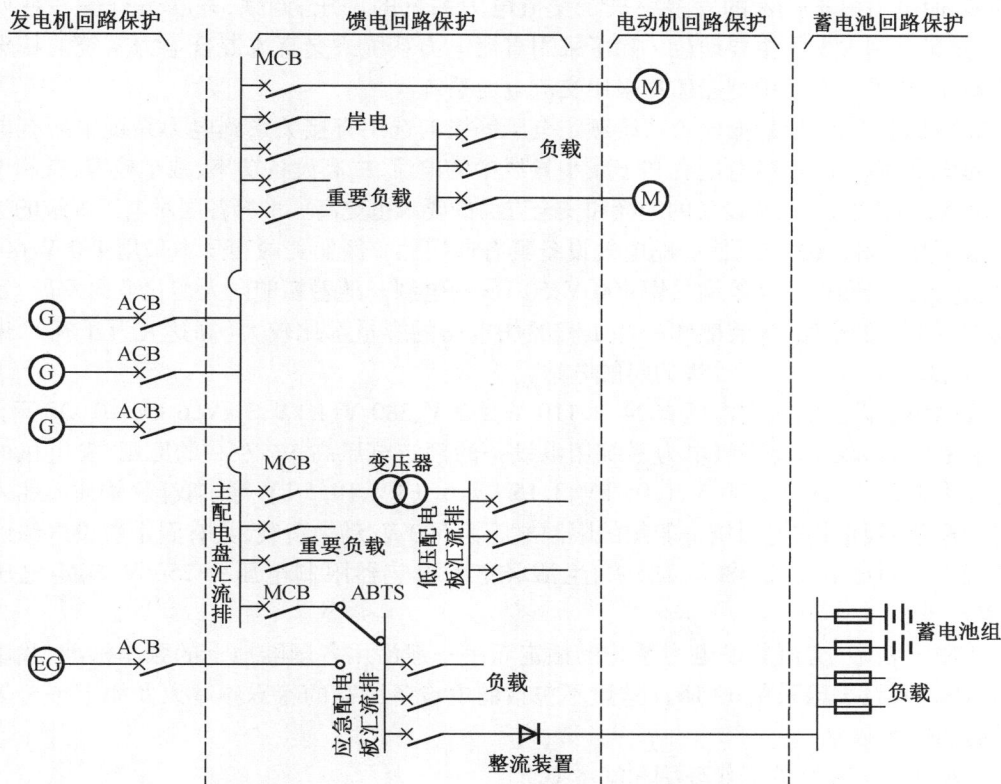

G—主发电机;EG—应急发电机;M—电动机;
ACB—空气断路器;MCB—装置式断路器;ABTS—汇流排转换接触器。

图7-1　典型船舶电力系统结构简图

2. 船舶电力系统的特点

根据船用负载的特点,船舶电力系统的电站容量、连接方式、电压等级、配电装置等与陆上电力系统有着很大的差别。按驱动发电机的原动机形式分类,船舶发电机组有柴油发电机组、蒸汽发电机组、汽轮发电机组、轴带发电机组等。

船舶电站单机容量一般不超过1 000 kW,装机总功率不超过5 000 kW(电力推进船和特种船除外),相比陆上要小得多。船舶电力系统大多采用多台同容量同类型的发电机组联合供配电的方式,以方便管理维护。正常航行时仅有一台或两台发电机向电网供电,但是要求船舶发电机组有较高品质的调速和调压装置来满足负载变化,在突发局部故障时也能保障船舶安全运行。船舶电网的输电距离短,线路阻抗低,各处短路电流大。短路电流所产生的电磁机械应力和热效应易使开关、汇流排等设备遭受损伤和破坏,因此船舶输电电缆采用沿舱壁或舱顶走线,电缆的分支和转接均在配电板(箱)或专设的分线盒内完成,不允许外部有连接点。

3. 船舶电力系统的基本参数

船舶电力系统的基本参数是指电流种类（电制）、额定电压和额定频率的等级。

①电流种类（电制）：早期船舶采用直流电制，主要基于直流发电机调压容易、直流配电装置简洁、直流电动机调速平滑等优点。但直流电制在可靠性、经济性、可维修性方面的缺陷甚多，而电力电子技术的发展突破了交流电力系统的调压、调频、并联运行等一系列难点，使交流电制占据了主要地位。除了采用直流电力系统或交直流混合电力系统的特殊工程船舶外，几乎所有大中型船舶均采用交流电力系统。

②额定电压等级：船舶电力系统额定电压等级的选用直接关系到电力系统中所有电气设备的质量和尺寸，提高电压有利于减小导线中的电流、提高设备功率、减小舱容，有利于提高经济性，相应地，对电气设备的绝缘和安全方面的要求也更高。世界各国对电压等级的选用与本国陆上电制参数一致，使船舶电气设备具有通用性。例如美国和日本采用 450 V、60 Hz 的电制，而我国和俄罗斯等均采用 400 V、50 Hz 的电制。随着船舶向大型化方向发展，目前采用电力推进的商船、滚装船和一些工程船舶电站的容量都比较大（高达几万千瓦），出现了 6 kV、3.3 kV 以上中压等级的船舶电站。

我国用电设备的额定电压有 24 V、110 V、220 V、380 V、1 kV、3 kV、6 kV、10 kV 等。根据电源电压的额定值比同级电力系统用电设备的额定电压高 5% 左右的原则，发电机的额定电压为 115 V、230 V、400 V、1.05 kV、3.15 kV、6.3 kV、10.5 kV 等。我国《钢质海船入级与建造规范》规定：非电力推进船舶的限制电压为 500 V，动力负载、具有固定敷设电缆的电热装置等的额定电压为 380 V，照明、生活居室的电热器限制电压为 250 V，额定电压为 220 V。

③额定频率：交流船舶电力系统的额定频率一般沿用各国陆地上的频率标准，我国采用 50 Hz，西欧、美国采用 60 Hz。这里不包括弱电设备所需的特殊频率以及海上平台等特殊设备的电源频率。

4. 船舶电力系统的工作环境和基本要求

船舶的环境条件往往要比陆上差，所以对船舶电气设备的要求也往往比陆用电气设备要高些。船舶电气设备的工作环境可归纳成下列几个主要特点：

①船舶航行区域广（特别是远洋船舶），气温变化大，湿度高，空气中常常有烟雾、油雾及霉菌等腐蚀物，甚至还混合有爆炸性气体，此外，还因受风浪的作用而产生倾斜和摇摆；

②主机及推进系统运行时会产生振动，舰艇在战斗过程中会受到各种强烈的机械冲击和振动；

③船舶舱室容积小，空间狭窄，周围的隔壁、管路都是导电体；

④电气设备之间有较大的电磁干扰。

根据以上的船舶环境条件，对船舶电力系统提出了下列几点基本要求：

①工作可靠，主要是指电气设备在运行过程中不发生结构和性能上的故障，最大限度地保证不间断供电。

②生命力强，主要是指船舶因故发生破舱进水或失火时，电力系统仍能保持不间断工作的能力。

③应具有防盐雾、防油雾、防霉菌、防水、防燃、防爆等性能和耐冲击、振动、摇摆的能力。

④要求能在 +45 ～ -25 ℃的环境空气温度和空气相对湿度为95%的条件下正常工作。

⑤保证工作人员的人身安全,防止发生触电事故。

⑥电气设备的外壳结构要便于拆装和维修。

⑦要有防止无线电干扰和磁干扰的措施。

⑧尽可能提高系统的工作效率,减少燃料消耗,保证船舶应有的续航能力。

不同类型的船舶对上述几点要求是不相同的,应根据具体情况而有所侧重,对某些特殊用途的船舶更有其特殊的要求。

7.1.2 船舶发电机组

船舶电源是船舶电力系统的心脏。它发出的电能供全船用电设备(负载)使用。各种用电设备对供电的要求不完全相同,因此船舶上往往需要设置多个不同用途的独立电源。船舶常用电源有发电机组和蓄电池。由于柴油机的热效率比较高、启动快、机动性好,所以在民用船舶上发电机的原动机多为柴油机。

柴油发电机组是一个复杂的系统,该系统由柴油发电机、供电系统、冷却系统、启动系统、发电机、励磁控制系统、保护单元、电控单元、通信系统及主控系统组成。发动机、供油系统、冷却系统、启动系统及发电机可统一归纳为柴油发电机组的机械部分。而励磁控制器、保护控制器、电控系统、通信系统及主控系统可以统称为柴油发电机组的控制部分。柴油发电系统是柴油发动机、供油系统、启动系统加上同步无刷发电机的总成。其中无刷同步发电机及控制系统部分是柴油发电机系统的核心部件。

①柴油发动机。柴油发动机是整个发电系统的动力核心,柴油发电机组的第一级是能量转化装置,是将化学能转化为机械能的关键设备。柴油机主要由以下几部分组成:集体组件和曲轴连杆机构、配气机构与进排气系统、柴油机供给系统、冷却系统、润滑系统、启动和电气系统及增压系统等。

②无刷同步发电机。随着军事、工业现代化和自动化程度的不断提高,人们对发电机供电质量的要求也越来越高。作为主要发电设备的同步发电机的改进发展也较快,由原来的有刷同步发电机演化到无刷同步发电机。发电机及其励磁的控制技术也在不断发展和改进。

③发电机控制系统。柴油机和发电机连接好之后安装在公共底架上,然后配上各种起保护作用的传感器,如水温传感器、油压传感器,通过这些传感器直观地将柴油机的运行状态显示出来或进行上位机传送,从而实现自动化控制。这些传感器可根据实际控制要求设定限值,当达到或超过这个限定值的时候控制系统会预先报警,控制系统也可自动将机组停掉,从而实现柴油发电机组的自动保护。传感器作为现场的检测单元,起接收和反馈各种信息的作用,这些数据和保护功能的实现,完全依赖于柴油发电机组的控制系统。

7.1.3 船舶配电装置

配电装置是接收和分配电能,并对电网进行保护的设备。有些配电装置(例如主配电板、应急配电板和蓄电池充放电板等)还具有对电源装置、用电设备进行测量、保护和控制的功能。

1.配电装置分类

船用配电装置种类很多,如面向主发电机的控制和监测的主配电板,面向应急发电机控制和监测的应急配电板,面向蓄电池组控制和监测的蓄电池充放电板。此外还有区域分配电板、岸电箱和交流配电板等。

2.主配电板的构成及功能

船舶主配电板是船舶电力系统的中枢,担负着对主发电机和用电设备的控制、保护、监测和配电等多种功能。一般由发电机控制屏、并车屏、负载屏和汇流排四部分组成。

①发电机控制屏。发电机控制屏包含发电机主开关及操纵器件、指示灯和仪表、发电机励磁控制和保护环节等。每台发电机组均配有单独的控制屏,用于控制、调节、保护、监测发电机。控制屏面板大体分上、中、下三部分,上部装有电压表、电流表及转换开关、频率表、功率表、功率因数表以及原动机的调速开关和按钮等;中部装有发电机主开关;下部一般装有发电机励磁控制装置,控制屏内还装有逆功率继电器和仪用互感器等。

②并车屏。并车屏包含同步表、同步指示灯、投切顺序选择和转换开关、操纵按钮及状态显示指示灯等。有的还设有汇流排分段隔离开关、粗同步并车电抗器、自动并车装置等。并车屏用于交流发电机组的并联运行、解列等操作。

③负载屏。负载屏包括动力负载屏和照明负载屏,通常装有装置式自动空气开关、电压表、电流表及转换开关、绝缘指示灯、兆欧表,以及与岸电箱相连的岸电开关。它们用于分配电能并完成对各馈电线路的控制、监视和保护等。各用电设备或分电箱的电能通过装置空气开关供给。有些动力负载屏上还装有重要泵的组合启动装置。

④汇流排。配电板上主汇流排及连接部件是铜质的,连接处做了防腐或防氧化处理。汇流排能承受短路时的机械冲击力,其最大允许温升为45 ℃。

交流汇流排按从上到下(垂直排列)、从左到右、从前到后(水平布置)的顺序依次为A相、B相、C相。汇流排的颜色依次为绿色、黄色、褐色或紫色,中线为浅蓝色(若有接地线则接地线为黄绿相间色)。直流汇流排按从上到下(垂直排列)、从左到右、从前到后(水平布置)的顺序依次为正极、中线、负极。其正极颜色为红色,负极为蓝色,中线为黄绿相间色。

3.分配电板

分配电板是由过载保护电器组成的集合体,对额定电流不超过16 A的电气设备进行供电的开关板,也称为分电箱,主要有动力分配电板和照明分配电板两种。

区域分配电板由主配电板或应急配电板馈电,是对耗电大于16 A的电气设备进行供电的开关板。

4.应急配电板

应急配电板用于应急发电机的控制和监视,并向应急用电设备供电。它与应急发电机组安装在同一舱室内,一般位于艇甲板上。应急配电板由应急发电机控制屏和应急配电屏组成,其上面安装的仪器仪表与主配电板基本相同。应急发电机总是单机运行,所以不需要并车屏、逆功率继电器和同步表。

应急电网平时可由主配电板供电,只有当主发电机发生故障或检修时才由应急发电机组供电。主配电板连通应急配电板供电联络开关,它与应急配电板的主开关之间设有电气连锁,以保证主发电机向电网供电(即主网不失电)时,应急发电机组不工作。一旦主发电机开关跳闸,经应急发电机组的自动启动装置确认后,自动启动应急发电机组,并合闸向应急电网供电。平时需要检查和试验应急发电机组时,可把应急发电机工作方式选择开关置于试验位置,使应急发电机脱离电网。有些采用自动管理的应急电站,只有在应急发电机工作后应急电网才允许转换为由应急发电机供电,以免与主电网发生冲击。

5. 充放电板

船舶小型应急照明、操纵仪器和无线电设备的电源均采用蓄电池,船舶设置充放电板对蓄电池进行充电、放电,实现向用电设备正常供电。常用充放电板的原理一般如图 7-2 所示。

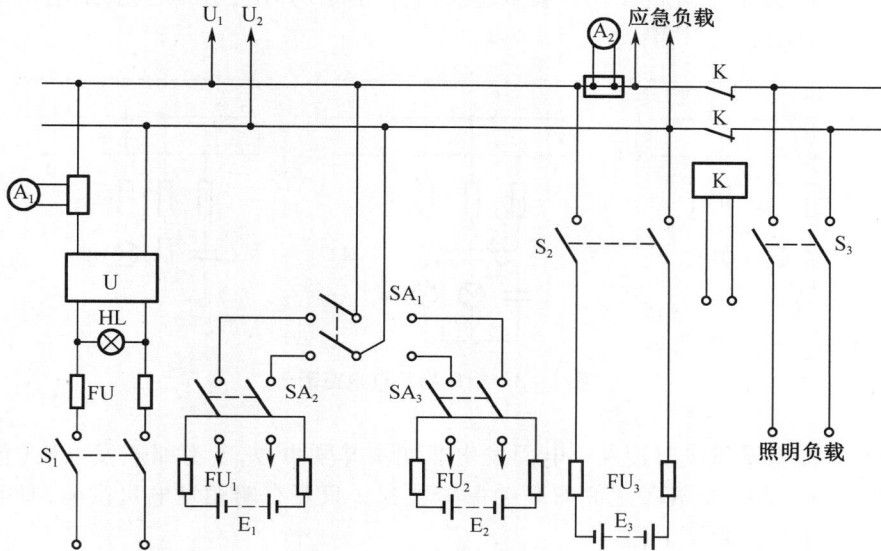

图 7-2　常用充放电板的原理图

图 7-2 中 U 表示充电装置,充电电路用转换开关 SA_1、SA_2、SA_3 和开关 S_2 进行控制。E_1、E_2、E_3 为三组电压相等的蓄电池。由于充电装置输出的电流有限,因此图中采用转换开关进行轮流充电。

若改变图中转换开关 SA_2 或 SA_3 的合闸方向,即可实现蓄电池对外放电。

当蓄电池 E_3 作为应急电源使用时,如果只用一组蓄电池,此蓄电池不能使用转换开关控制,只能将充放电路合一,否则应配用两组蓄电池轮流充电和放电。

当交流接触器 K 的线圈电路由船舶主电站的电网供电,当主电网有电时,低压照明负载由主电网供电,当主电网失电时,则改由应急电源自动供电。

6. 岸电箱

当船舶靠岸或进坞维修时,有时需要接用陆上的电源,即接用岸电。岸电通过岸电箱引入船舶电网,船上发电机组全部停机,既可减少靠岸时的值班人员,又便于对发电机组进行正常的维护或修理。

①对岸电箱的要求:箱内应设有能切断所有绝缘极(相)的自动开关,并有岸电指示灯;设有与船体连接的接地线柱,以便与岸电的接地或接零装置连接;应设有监视岸电极性(直流)和相序(交流)的措施。

②接用岸电应注意事项:

a.岸电的基本参数(电制、额定电压、额定频率)与船电系统参数必须一致才能接用。

b. 岸电接入的相序必须与船电的一致,否则三相电动机将反转;必须是对称三相电,即不能缺相。

c. 三相四线制岸电的地线或零线必须用电缆引入岸电箱的船体接线柱上。

d. 确认船舶电网已确实无电后才能将岸电与船舶电网接通。

③相序的监视与保护:

三相交流岸电箱上常采用指示灯组成相序指示器。其接线方式有多种,如图7-3所示。选用两个指示灯时,亮的指示灯表示超前相,暗的指示灯表示滞后相;采用一个指示灯时,灯亮表示超前相。

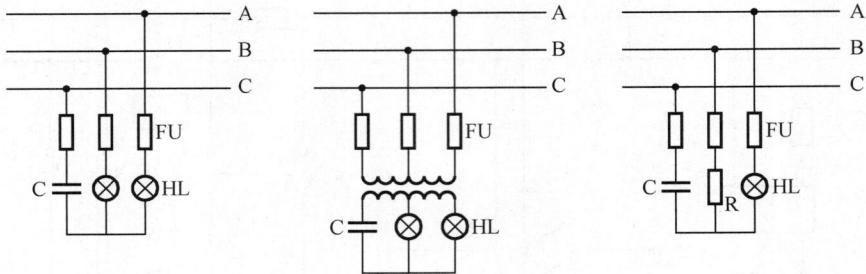

图 7-3 相序指示灯电路图

为避免船舶电网供电时接入岸电而发生非同步并联事故,所有船舶发电机(包括应急发电机)的主开关与岸电开关之间有联锁保护装置。只要有船舶发电机供电,岸电开关将自动跳闸或岸电开关合不上闸。

7.2 船舶供热装置

7.2.1 概述

供热装置的任务在于安全、可靠、经济有效地将燃料的化学能转化为热能,进而将热能传递给水,以产生热水或蒸汽;或将燃料的化学能传递给其他工质,如导热油等,以产生其他高温的工质,如高温导热油。锅炉是供热之源,是利用燃料或其他能源的热能,把工质加热到一定参数的换热设备。

7.2.2 船舶锅炉类型

船舶锅炉是对水加热产生蒸汽或将其他工质加热为高温工质的设备,是船舶动力装置的重要组成部分。它的作用随着船舶种类和主机结构形式的不同而有所差异,相应可分为以下几种类型。

1. 主锅炉

在蒸汽动力的船舶上,船舶蒸汽锅炉产生的高温、高压蒸汽用于驱动主汽轮机运转,以推动船舶前进。同时,也为各种蒸汽辅机和其他需要以蒸汽为热源的设备提供不同质量的蒸汽。这种以驱动主汽轮机运转为主要任务的蒸汽锅炉称为主锅炉。其蒸汽压力为6.0~10 MPa,蒸汽温度为520~545 ℃。一般每艘船上装有两台主锅炉。

2. 辅助锅炉

在柴油机动力装置的船舶上,锅炉产生的蒸汽主要用于加热燃油、润滑油、工作水,以及提供各种生活用汽,如蒸饭、取暖、热水等,这种锅炉称为燃油辅助锅炉,简称辅助锅炉。其蒸汽压力较低,在柴油机动力装置的干货船上,一般装设 1 台产生饱和蒸汽的辅助锅炉,蒸汽压力为 0.5~0.8 MPa,蒸发量为 1~2 t/h;在以柴油机为动力装置的油船上,一般装设 1~2 台产生饱和蒸汽的辅助锅炉,蒸汽压力为 1.3~1.7 MPa,蒸发量为 20~150 t/h;在以柴油机为动力装置的大型客船上,一般也装设 2 台辅助锅炉,以满足船员和旅客正常生活的需要,并提高供汽的可靠性。

3. 废气锅炉

在柴油机为动力装置的船舶上,作为主机的大型低速二冲程柴油机的排气温度为 250~380 ℃,四冲程柴油机的排气温度为 350~400 ℃。因此,在船舶航行时,将排气通入主机烟道特设的锅炉中,利用主机排气的热量,把锅炉中的水加热成饱和蒸汽,以代替辅助锅炉向全船提供蒸汽,同时又提高了动力装置的热效率,这种锅炉称为废气锅炉。

一般情况下,船上需要的蒸汽,在航行时由废气锅炉供应,燃油辅助锅炉补充其不足;在进出港或停泊时,由燃油辅助锅炉供热。为了简化设备,有的船上把辅助锅炉与废气锅炉组合为一体,这种锅炉称为组合式锅炉。

根据锅炉的构造,锅炉可分为火管锅炉、水管锅炉和混合式锅炉。火管锅炉是指燃烧产生的高温烟气或火焰在管束内流动加热管外的水。水管锅炉是指燃烧产生的高温烟气或火焰在管束外流动加热管内的水或汽水混合物。混合式锅炉是指在锅炉的管束中,一部分管子按火管锅炉方式产生蒸汽而另一部分则按水管锅炉方式产生蒸汽。

按水在锅炉中的循环方式可分为自然循环锅炉和强制循环锅炉。利用水与汽水混合物的密度差而产生水的流动的锅炉称为自然循环锅炉。如果管子中水的流动是靠外来动力(如水泵)实现的,这种锅炉称为强制循环锅炉。

锅炉按蒸汽压力可分低压锅炉、中压锅炉、中高压锅炉和高压锅炉。蒸汽压力在 2.0 MPa 以下者为低压锅炉,蒸汽压力在 2.0~4.0 MPa 的为中压锅炉,蒸汽压力在 4.0~6.0 MPa 的为中高压锅炉,蒸汽压力在 6.0 MPa 以上的为高压锅炉。

此外,锅炉按布置形式,可分为立式锅炉和卧式锅炉;按管群的布置走向有横管和竖管之分。

7.2.3　锅炉的特性指标

锅炉的特性指标是表征锅炉规格、性能和技术经济的指标,主要的特性指标有蒸汽参数、蒸发量、蒸发率和锅炉效率等。

1. 蒸汽参数

蒸汽参数表示锅炉所产生蒸汽的质量。当锅炉向外供应蒸汽时,一般用蒸汽压力 p（MPa）和蒸汽温度 t（℃）来表示。

2. 蒸发量

锅炉每小时产生的蒸汽量称为蒸发量。在设计工况下,每小时产生的蒸汽量称为额定蒸发量。蒸发量通常用符号 D 表示,单位是 kg/h 或 t/h。

3. 蒸发率

锅炉的蒸发率是锅炉的蒸发量 D 与蒸发受热面积 H 之比,用 φ 表示,其单位为 kg/($m^2 \cdot$ h)。

蒸发率表示蒸发受热面积的传热强度,也表征锅炉结构的紧凑程度。因锅炉受热面各部分的受热量大小不等,所以蒸发率为平均值。火管锅炉蒸发率较低,仅为 25 kg/($m^2 \cdot$ h)左右,水管锅炉蒸发率为 $30 \sim 50$ kg/($m^2 \cdot$ h)。

4. 锅炉效率

锅炉对水加热产生蒸汽用去的有效热量与向蒸汽锅炉内供应的热量之比称为锅炉效率,用 η 表示。锅炉效率表示燃料完全燃烧所释放出的热量被锅炉有效利用的程度。

5. 受热面积

受热面积包括蒸发受热面积(炉水被加热产生饱和蒸汽的受热面积)和附加受热面积(过热器、空气预热器和加热给水的经济器等附加设备的受热面积),单位是 m^2。辅助锅炉通常设有上述附加设备,故受热面积即为蒸发受热面积。

6. 炉膛容积热负荷

炉膛容积热负荷是指每单位炉膛容积在单位时间内燃料燃烧放出的热量,用符号 q_v 表示。燃油锅炉在燃油耗量和热值一定的条件下,q_v 值越大则炉膛的相对容积越小,燃油在炉膛内燃烧停留时间越短,炉膛内的烟气平均温度也越高。q_v 是影响燃烧质量、锅炉效率、工作可靠性以及锅炉尺寸和质量的一个重要参数。

7.2.4 锅炉的总体结构

锅炉构造主要由三大部分组成:燃油燃烧产生热量的炉膛(或炉胆),即燃烧室;将热量传递给锅炉水使其汽化的管簇(火管或水管);使蒸汽从水中分离出来的容汽空间。

对于大中型锅炉,为进一步提高蒸汽参数和锅炉效率,设有产生过热蒸汽的过热器及预热空气的空气预热器。此设备一般装在烟气出口或烟道后段,所以被称为尾部受热面。

1. 立式火管锅炉

图 7-4 所示是一种船舶上广泛使用的立式火管锅炉。它具有一个直立的圆筒锅壳 1,其顶、底部均为椭圆形。锅壳下部是球形炉胆 6,是燃油燃烧的炉膛,它通过圆形出烟口 7 与上面方形燃烧室 18 相通。在燃烧室和烟箱中装有管板 17 和 10,管板间装数百根水平烟管 11。炉胆和烟管将整个锅壳内部分成两个相互分隔的空间。炉胆和烟管的内部是烟气,外部充水。电动油泵 5 通过喷油嘴向炉膛内喷油,同时风机 4 将空气送入炉膛内助燃,使燃油在炉膛内基本燃烧完毕,部分热量通过炉胆壁传给炉水。未燃烧完的燃油在燃烧室继续燃烧,同烟气一起顺烟管将热量传给外围的炉水后流至烟箱,最后烟气从烟箱经过烟囱排至大气。

锅炉中不能完全充满水,水面只需比蒸发面高出一定高度即可。水面上部为汽空间 13。炉水吸收热量而蒸发产生蒸汽并聚集在汽空间,然后经过顶部的集汽管 14 和停汽阀 15 输出,由蒸汽管输送至各用汽场所。

炉水由于不断蒸发输出蒸汽,水量减少,水位下降。当水位下降到最低工作水位时,自动启动水泵,向锅炉补水至最高工作水位。

在燃烧室背后和烟箱前面都设可开启的检查门,以便清除积存在烟管的烟垢和修复损坏的烟管,另外,在锅炉上部还设有入孔门,便于工作人员进入锅炉内部进行维修和清除积存的污垢。

火管锅炉的优点是蓄水量大、蓄热性能好、气压和水位容易保持平稳,易实现气压和水位的自动调节;对水质要求不高,烟管外的水垢容易清除,管理方便。其缺点是烟管间的水垢难以清除、传热性能差、热效率低、结构笨重。

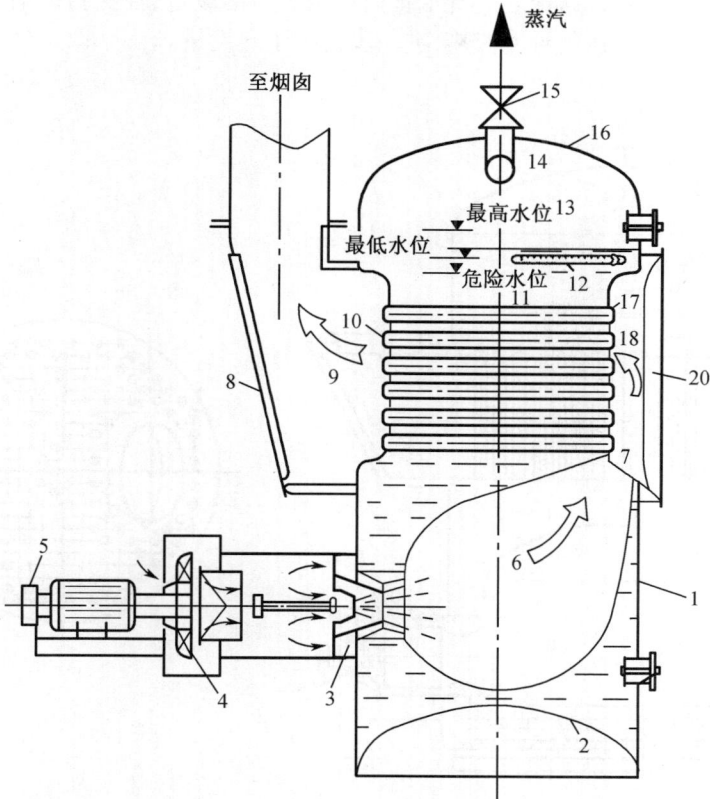

1—锅壳;2,16—封头;3—燃烧器;4—鼓风机;5—电动油泵;6—炉胆;7—出烟口;
8,20—检查门;9—烟箱;10—前管板;11—烟管;12—内给水管;13—汽空间;
14—集汽管;15—停汽阀;17—后管板;18—燃烧室。

图7-4　立式火管锅炉

2.立式水管锅炉

图7-5所示为船舶上广泛使用的立式水管锅炉的结构图。

整个锅炉本体为一直立圆柱体,高度大于直径。其主要部件有:上锅筒1和下锅筒12,中间连接着直立水管束5。炉膛11位于下锅筒内,在炉膛的前方,加装一个完全没有受热面的预燃室10。因此,供入的燃油和空气在其中混合燃烧时,具有很高的燃烧强度和温度,尚有未燃尽的可燃气体,在进入主燃烧室后可进一步燃烧。装设预燃室后可以使燃烧过程进行得比较完善;整个炉膛的热负荷均匀,不会产生局部过热现象;在锅炉低负荷工况时,也能达到较好的燃烧工况;由于预燃室内的温度很高,在燃用劣质燃油时,也能进行良好的燃烧,从而提高了锅炉燃用劣质燃油的适应能力。烟气排出炉膛后,经喉部接管进入直立水管束烟道中,横扫这些蒸发管束受热面。为了加强锅炉炉水的循环,在烟气温度较低的出口处左右方各设有一根粗管作为下降水管15,专供锅炉水由上锅筒流向下锅筒,来保证锅炉水循环的可靠性。在水管受热面的周围外壁上,设有铰链式清理门,可方便地清理管束外壁积存的烟垢。锅炉内部的水垢清理或检修工作可通过人孔门2进入锅筒内进行。

这种燃油辅助锅炉受热面的传热效果好,安全可靠、操作维修方便、制造工艺简单;另外,锅炉的水容积也较大,变负荷工作特性较好,容易管理;水管受热面部分清垢方便,故对水质要求也不高。近年来,这种立式直水管锅炉做了新的改进,在保持原有尺寸的基础上,通过改变锅炉内部结构,强化对流传热,进一步提高了蒸发量。

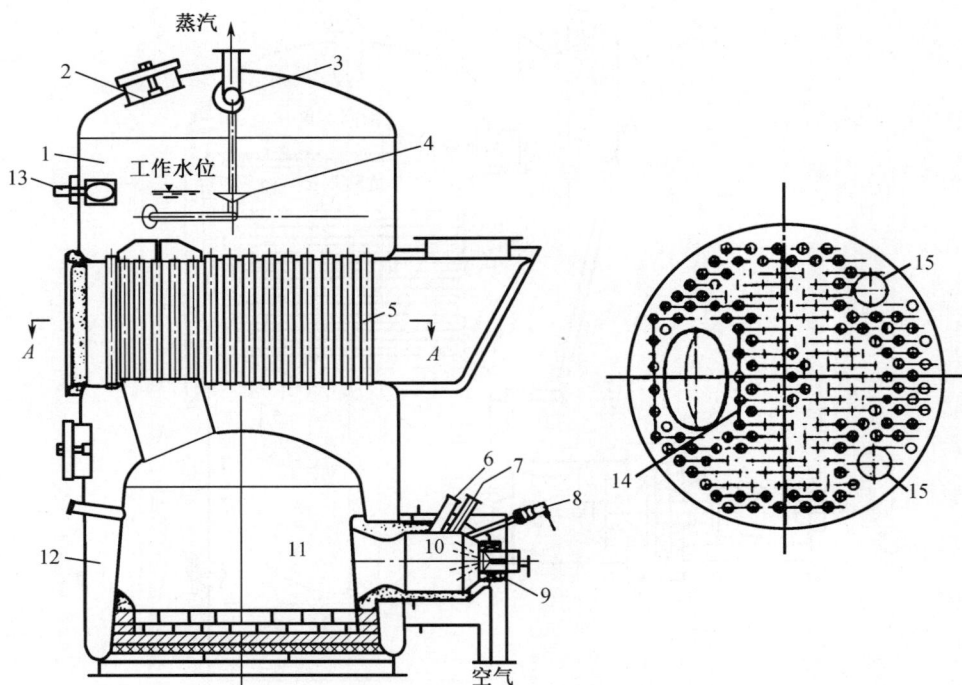

1—上锅筒;2—人孔门;3—汽水分离器;4—上排污漏斗;5—直立水管束;6—火焰感受器;7—点火分油器;8—点火器;
9—喷油调风装置;10—预燃室;11—炉膛;12—下锅筒;13—自动水位调节器;14—挡烟墙;15—下降水管。

图 7－5　立式水管锅炉

3. 废气锅炉

废气锅炉是船舶航行时吸收柴油机排气的余热而产生蒸汽的设备。其蒸汽产量是由柴油机主机的排气量和排气温度决定的,其蒸汽压力一般与辅助锅炉相同。图7－6所示为一立式烟管废气锅炉。其结构极为简单,在圆筒锅壳1中贯穿着数百根烟管2,锅筒两端的封头兼作管板。为了使封头不致向外凸出而造成变形和减少烟管所承受的拉力,在管群中用少量厚壁管子与封头强固连接,这些管子称为牵条管3。实船安装时,在锅炉的上下两端还装有进出烟箱,柴油机排气自下烟箱经烟管释放热量使炉水加热、蒸发,然后从上烟箱排出。与辅助锅炉相同,废气锅炉上还有各种锅炉附件和给水自动控制设备。

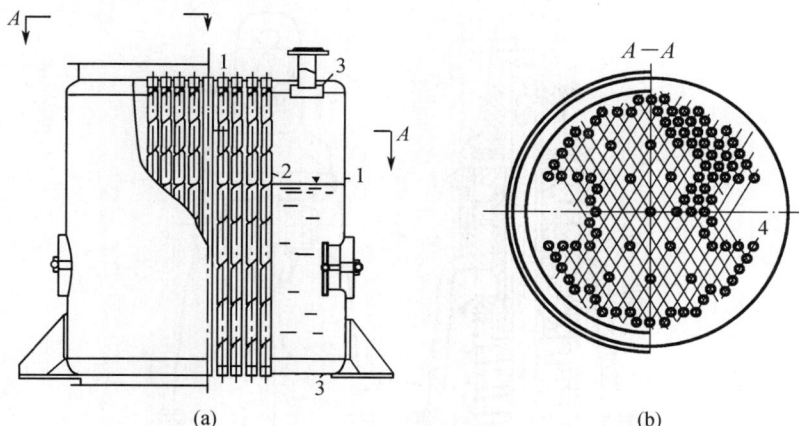

1—锅壳;2—烟管;3—牵条管。

图 7-6　立式烟管废气锅炉

7.2.5　辅助锅炉的附件和附属装置

一个完整的锅炉装置除总体结构外,还需要配有一些必要的锅炉附件和附属装置才能正常工作。

1.锅炉附件

锅炉附件的种类很多,其中最重要的且任何锅炉都必须设置的是安全阀、水位计和压力表。如果它们中的任何一个出了故障,都会影响锅炉安全、可靠的工作,甚至会发生危及人身和设备安全的事故。

①安全阀。当外界用汽量突然减少或炉膛内的燃烧过于强烈时锅炉蒸汽压力都会相继上升,甚至超过额定的工作蒸汽压力。为了防止蒸汽压力过高对锅筒和受热面管子产生损伤,尤其是为了防止在压力表失灵时,锅炉爆炸,锅炉必须装设安全阀,这样当蒸汽压力超过一定值时,将安全阀顶开,大量蒸汽排入大气,使锅炉的蒸汽压力迅速降低。当锅炉蒸汽压力降低到规定值时,安全阀立即关闭。

安全阀要有足够的排放能力和稳定的开启压力,阀关闭后要严密不漏。安全阀的结构形式、数量和安装地点应符合《蒸汽锅炉安全监察规程》的要求。安全阀经船舶检验局调定后铅封,未经该局许可不得随意改变其开启与关闭压力。安全阀顶部装有拉杆,紧急时在机舱或甲板上借用拉杆,人为强行打开安全阀。平时每月拉动拉杆1~2次。

图7-7所示为双座弹簧式安全阀,它是由两只弹簧式安全阀组装在一个阀体内而构成的。它用弹簧8压紧阀盘,改变弹簧的张力即可调整安全阀的开启压力。

②水位计。锅炉工作时,必须随时了解锅炉的水位。锅炉水位有最高工作水位、最低工作水位和最低危险水位。当锅炉正常工作时,允许锅炉水位在最高工作水位与最低工作水位之间波动。

通常在船用锅炉上装有两只水位计,分别布置在左右两侧,一方面是为了互为备用,另一方面是为了在船舶摇摆或倾斜时,通过比较两只水位计中的水位来判断锅炉内的水位情况。

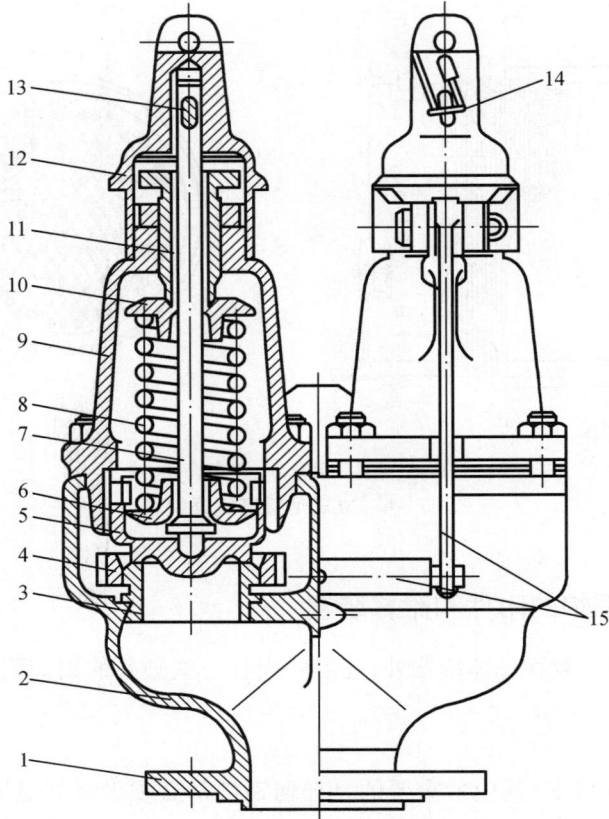

1—法兰;2—下阀壳体;3—阀座;4—调节螺母;5—导向活塞;6—下弹簧座;7—阀杆;8—弹簧;
9—上阀壳体;10—上弹簧座;11—压杆;12—罩帽;13—销;14—铅封;15—手动强开操纵杆

图 7 - 7 双座弹簧式安全阀

水位计有玻璃管式、平板玻璃式、云母片式、低水位计式等几种。

图 7 - 8 所示为玻璃管式水位计,其上下各连通一根水平布置的汽连通管和水连通管,两管分别与锅炉的汽空间和水空间相通。在两个连通管之间装有耐热钢化玻璃管,玻璃管与连通管的连接处由填料保证汽封和水封。

为了提高水位计的承压能力,用在金属框盒镶嵌耐热钢化平板玻璃来代替玻璃管,即可构成平板玻璃式水位计。

低位水位计是安装在远离锅炉而且位置低于锅炉的任何地方,便于值班人员能及时在值班室随时清晰地观察和监视水位。

③压力表。每台锅炉必须装有压力表,用以指示锅炉中的蒸汽压力。因此,压力表是保证锅炉安全工作极为重要的附件。

2. 辅助锅炉的附属装置及系统

辅助锅炉有燃烧装置和燃油系统、给水装置等主要附属装置和系统。

①燃烧装置。辅助锅炉是靠炉膛中燃油燃烧来产生热量的。目前锅炉的常用方法是通过喷油嘴使油呈雾状喷入炉膛,通过调风器,供入旋转的高速空气,使油雾在风口处与空气良好混合,以获得完全燃烧。燃烧装置主要由喷油嘴、调风器、点火器三部分组成,并装

于锅炉底部由耐火砖砌成的圆孔中。喷油嘴的任务是将油喷成很细的雾滴,以利于完全燃烧。调风器的任务是正确引导空气流动,使供入炉膛中的空气与喷入的油雾均匀混合,以保证燃烧良好,并保证火焰在锅炉各种负荷下工作稳定。点火器由两根铬镍合金的电极棒组成。当两极棒通以点火变压器提供的1 000 ~ 15 000 V 高电压时,尖端间产生电弧火花,从而点燃喷入炉膛内的油雾。

②燃油系统。燃油系统是指日用油柜至锅炉前燃烧装置所使用的管路及管路中所装设的各种设备。主要包括液体燃料的升压、输送、预热及过滤等装置,以及适应锅炉负荷变化的各种自动控制元件、仪表和安全装置等。

③给水装置。给水装置的主要组成部分有清水柜、电动给水泵组、给水安全阀、止回阀、截止阀、压力表等。整个装置的任务是向锅炉供给足够的干净炉水。其中清水柜用来储存经过过滤的清洁炉水;电动给水泵组多为交流电动机与双级漩涡泵组

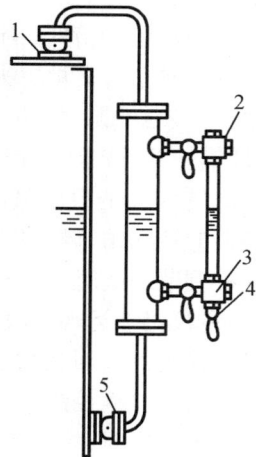

1,2,3,5—旋塞;4—放水旋塞。

图 7 - 8　玻璃管式水位计

成,通过自动控制,及时向锅炉内给水或停水;给水安全阀作为保护给水管系及防止水泵过载之用;止回阀用来防止给水泵不工作时,炉水发生倒流;截止阀用来连通或截断给水管路,它要么全开,要么全关,不应处于中间位置,以免阀盘遭受水流冲蚀而破坏其水密性,启动水泵前应将它全打开;压力表用于指示给水压力,它装在给水泵的输出端。为了保证安全,每台锅炉设有两路给水管系,其中一路备用。

除了上述主要附属装置和系统外,锅炉还有蒸汽系统、凝水系统、排污系统。蒸汽系统的任务是将锅炉产生的蒸汽按不同压力的需要,送至各用汽设备。凝水系统的任务是回收各处的蒸汽凝水,并防止混入水中的油污进入锅炉。排污系统的任务是定期将锅炉工作一段时间或投放除垢后底部可能聚集的泥渣及沉淀物排除。

7.2.6　辅助锅炉的自动控制

目前,柴油机船舶的辅助锅炉大都实现了自动控制。锅炉的自动控制包括自动点火、燃烧过程控制、给水过程控制、自动停炉控制,以及安全运行的各种保护,如熄火保护、极限低水位保护和燃烧器前低风压保护、低油温保护、油压过低保护、超蒸汽压力保护等。具体地讲,就是准备工作完成后,按一下启动电钮,锅炉就按一定程序自动点火升汽;在正常运行时,蒸汽压力、水位、油量和风量自动调节;不需要蒸汽时,自动熄火停炉;发生故障时,发出声、光警报;使用重柴油作燃料的锅炉,冷炉点火和熄火停炉前自动转换至轻柴油系统,锅炉点燃后又自动转换至重柴油系统。以下主要介绍燃烧过程控制、给水过程控制。

1. 燃烧过程控制

锅炉的燃烧过程控制通常采用电气程序控制,其主要工作过程如下:

①启动前,首先对锅炉炉膛进行预扫风,防止炉膛内积存可燃气体而产生爆炸事故,预扫风持续的时间通常超过 30 s。

②高压点火器放电产生电火花,火花持续的时间一般为 5 ~ 10 s。

③燃油从喷油器喷出被电点火器点燃。

④燃烧过程的自动调节根据蒸汽压力的变化,由蒸汽压力调节器来实现。通过对燃油

和空气的双位调节或比例调节,使得蒸汽压力保持在一定的范围之内。

采用双位调节时,当蒸汽压力上升到设定值上限时,压力继电器动作,切断油泵、风机电路,锅炉熄火;锅炉熄火后,蒸汽压力下降,当蒸汽压力下降到设定值下限时,压力继电器又动作,接通油泵、风机、点火变压器等电路,使锅炉点火运行,随之蒸汽压力上升,如此重复,使锅炉的蒸汽压力控制在一个适当的范围内。

比例调节是根据蒸汽压力的变化,使蒸汽比例调节器输出可变电信号,控制电动比例操作器的转动角,调节喷油器的喷油量及与之对应的空气量,从而改变锅炉的产汽量。采用这种调节方式时,当蒸汽压力仍然超过设定值上限时,喷油器的供油电磁阀关闭,停止燃烧,但风机仍然运转一段时间进行扫风,将炉膛中的可燃气体驱除后才停止运转。随后电气程序控制器又回到初始状态。

2. 给水过程控制

锅炉工作时,炉水不断被蒸发并获得补充。如果蒸发量和补充量不平衡,水位必然上下变动,即使采用连续调节,水位也不可能维持在某一位置上。对蓄水量较小的水管锅炉来说,更是如此。在自动化的辅助锅炉中,根据锅炉结构定出最高水位和最低水位(两者相差 $60 \sim 120$ mm),利用双位式水位调节器或比例调节器控制给水泵电动机的电路,实现水位的自动调节。采用双位式调节器时,当锅炉水位降至最低水位时,水位调节器中的水位感受元件发出低水位信号,将给水泵电动机的电路接通,泵启动,向锅炉给水;当炉水上升至最高水位时,水位感受元件发出高水位信号,水泵电动机的电路断开,给水泵停止运转,给水停止。于是,锅炉的水位就自动控制在最高与最低水位之间。

图 7-9 所示是一种常见的磁性浮子式水位双位调节系统。它利用漂浮在水面上的浮子 1 作为水位感应元件。浮子浮动时绕支点 8 摆动。浮子上还装有调节板 9,它的一端装有磁铁 3。浮子随着水位的降低而下降,当水位降至最低工作水位时,浮子杆到调节板上的下定位钉 2,带动调节板一起向下,使磁铁 3 向上摆动。在锅筒外部也有一块磁性相同的触头磁铁 5,可绕支点 4 摆动,它的另一端装有电触头 6。当磁铁 3 向上摆动与触头磁铁 5 相遇时,因同性相斥,于是电触头 6 闭合,接通给水泵的电路,给水泵启动并向锅炉给水,锅炉水位逐渐上升,浮子随之上浮。当锅炉水位达到最高水位时,浮子杆又与调节板上的上定位钉 10 接触,带动磁铁 3 向下摆动,再次与触头磁铁 5 相遇,又将它推斥向上,使电触头 6 断开,切断给水泵电路,停止给水泵向锅炉给水。

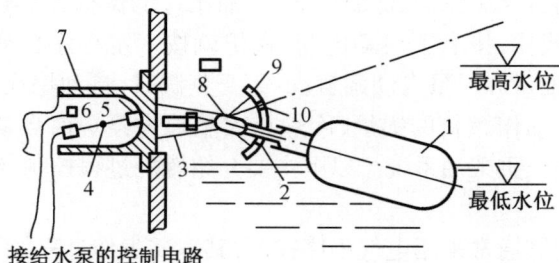

接给水泵的控制电路

1—浮子;;2—下定位钉;3—磁铁;4—支点;5—触头磁铁;
6—电触头;7—外壳;8—支点;9—调节板;10—上定位钉。

图 7-9 磁性浮子式水位双位调节系统

另外,还有将水位感受器用电极棒来代替浮子的电极棒式水位调节器,以及用火花塞作为水位感受元件的火花塞式水位调节器。

7.3　船舶制淡装置

7.3.1　概述

船舶在大海中航行,每天需要消耗大量淡水,一般淡水含盐量(NaCl)应在 1 000 mg/L 以下,远洋船舶的航线长,淡水完全靠携带,势必要降低船舶的装载能力。因此,远洋船舶一般都设有海水淡化装置(俗称造水机),一方面可减少向港口购买淡水的费用,另一方面可以提高船舶续航能力,增加货运量,满足船舶航行中的多变性。

1. 淡水在船舶上的主要用途

①船舶动力装置用水,指柴油主机和辅机等设备的冷却用水。柴油机冷却水只要是淡水即可,每日每千瓦消耗 0.2 ~ 0.3 L。

②生活用水,指洗涤和饮用水等。洗涤水要求氯离子(Cl^-)浓度不大于 200 mg/L [1 mg/L NaCl 相当于 0.606 mg/L 的 Cl^-],硬度不大于 7 mEq/L。饮用水必须不含有害健康的杂质、病菌且没有异味。造水机生产的蒸馏水所含矿物质太少,也不能杀灭病菌,因此作为饮用水时应经过矿化和杀菌处理。饮用水中含盐量不大于 1 000 mg/L,氯离子浓度不大于 500 mg/L,pH 值为 6.5 ~ 8.5。生活用水每人每天消耗 150 ~ 250 L 淡水。

③锅炉补给水,对锅炉补给水的水质要求最高,一般船用海水淡化装置对所产淡水含盐量的要求皆以锅炉补给水标准为依据,我国船用锅炉给水标准规定补给蒸馏水的含盐量应小于 10 mg/L。辅锅炉的补水量可按蒸发量的 1% ~ 5% 估计。

2. 海水淡化装置的主要要求

①要满足船舶的日耗水量;

②要利用余热,节能增效;

③装置的自重要轻,工作可靠性高,便于维护管理;

④淡水质量要满足锅炉用水的要求。

7.3.2　船舶制淡装置

现在的海水淡化方法主要有蒸馏法、电渗析法、反渗析法和冷冻法。除某些缺少热能的作业船和潜艇采用电渗析海水淡化装置外,一般船舶几乎都采用蒸馏式海水淡化装置。

1. 真空蒸馏海水淡化装置的结构组成

真空沸腾式海水淡化装置系统包括其加热系统、给水系统、冷却水系统、凝水系统、排污系统、真空抽气系统六大部分,核心设备是蒸发器和冷凝器。

2. 真空蒸馏海水淡化装置的工作原理

蒸馏法淡化海水,是利用盐分几乎不溶于低压水蒸气的特性,使海水受热汽化,然后将海水产生的水蒸气冷凝获得含盐量很少的淡水,即蒸馏水。因此,海水淡化装置又称为蒸馏装置。

船用海水蒸馏装置一般都采用真空式,其目的一是便于利用温度不太高的柴油机缸套冷却水作热源,提高经济性。例如,真空度为 93% 时,对应的海水沸点为 38.6 ℃,而一般柴油机缸套冷却水为60~65℃,足够用作真空式蒸馏装置的热源。二是保持较低的加热温度能使蒸发器换热面上结垢明显减少,便于清洗。三是有利于蒸汽净化,提高淡水品质。装置真空度越高,蒸汽密度越小,蒸汽与水滴的密度差越大,越有利于水滴的分离。

图7-10所示为真空沸腾式海水蒸馏装置原理图。当装置工作时,海水泵3所供海水的一部分经给水调节阀2流向蒸馏器5下部的竖管式蒸发器,在其竖管内向上流动;缸套冷却水作为加热工质进入蒸发器在竖管外流动,对竖管内的海水加热,海水受热沸腾汽化,产生不含溶解物的蒸汽(称为二次蒸汽);蒸汽经汽水分离器(在冷凝器两侧,图中未示出)除去带有微量盐分的小水滴后从冷凝器上部的开口进入,供冷却用的海水在冷凝器管内流动,管外的蒸汽被冷凝成淡水,由凝水泵4送至淡水舱;真空泵6不断从冷凝器中抽出气体,以保持蒸发器和冷凝器所适合的真空度;排盐泵1将蒸发器内浓缩的海水(盐水)排出舷外。

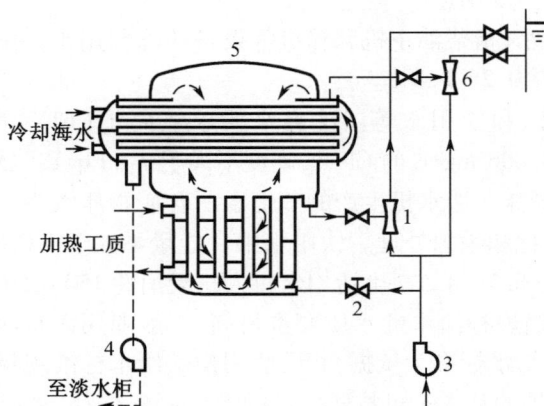

1—排盐泵;2—给水调节阀;3—造水机海水泵;4—凝水泵;5—蒸馏器;6—真空泵。

图7-10 真空沸腾式海水蒸馏装置原理图

如图7-10所示,在蒸发器稳定工作,水位保持稳定时,装置的给水量W_o应等于装置的产水量W和排盐量W_B之和,而给水量W_o与产水量W之比称为给水倍率ε,即

$$\varepsilon = W_o / W$$

排盐量W_B与产水量W之比称为排污率,给水倍率 = 排污率 + 1。

目前在柴油机船上,海水淡化装置一般都使用主机缸套冷却水作为加热工质,只有在主机停车而又需淡化装置工作时,才采用辅锅炉的减压蒸汽来加热。对某些淡水耗量较大的船舶,当其动力装置的余热不足以满足装置的需要时,则可使用低压蒸汽作为补充热源。

3. 海水淡化装置的控制调节

海水淡化装置的控制调节主要用于调节维护装置的给水倍率、真空度、淡水的质量、盐水水位、凝水水位、海水压力在正常范围内。

①真空度调节。真空度一般控制在90%~94%,对应的蒸发温度为45~35℃。装置的真空度可通过调节冷凝器的冷却水流量来控制。一般海水温升控制在5~6℃。真空度太低,海水沸点升高,会使结垢加剧,产水量减少;而真空度太高,则沸腾过于剧烈,又会使产水的含盐量增加。夏季冷却水温度较高,冷凝能力不足,可加大冷却水量或适当减少加热量,使真空度维持在允许范围内;冬季冷却水温低,冷凝能力强,可适当减小冷却水量,当

产水量达设计值时,真空度仍很高,可稍开真空破坏阀,使真空度降低。

②盐水水位调节。装置工作时,盐水水位一般控制在盐水水位计1/2处,过高会使淡水质量变差,过低影响产水量,盐水水位可通过调节给水阀和调节排盐阀来控制,调节水位时要注意给水倍率。

③凝水水位的控制。冷凝器凝水水位一般维持在水位计的 $1/3 \sim 1/2$ 处,水位太高,冷凝能力下降,水位过低,泵会抽空。而凝水水位取决于冷凝器单位时间的凝水量和凝水泵流量,二者相等水位就稳定。装置运行中凝水水位不合适,可通过调节凝水泵出口阀开度来调节。

④产水量控制。装置的产水量由进入蒸发器的加热量和冷凝器冷凝量所决定。加热量可通过加热水进出口阀开度来调节,这是主要的调节方式。冷凝量可通过改变冷却水进出口阀开度来调节,两者要保持平衡,加热水进出口温降为 $6 \sim 9 \, ℃$。

综上所述,海水淡化蒸馏装置运行中的管理,主要是保持适当的给水量,维持蒸发器水位适合;调节凝水泵流量,维持适当的凝水水位;控制冷却海水流量,维持适当的真空度;控制加热水流量,保持适当的产水量。其中真空度又是管理中的关键,只要真空度稳定,其他参数也就容易稳定。

7.4　甲　板　机　械

船舶甲板机械是指在机舱以外所有依靠动力驱动的船舶机械设备,包括舵机、锚机、系缆机、起货设备、侧推装置、减摇装置、舷梯绞车、救生艇绞车、升降机等。此外,一些特种船舶的专用设备,如滚装船的跳板和升降平台、打捞船的打捞设备、挖泥船的挖泥设备、钻井平台的支腿升降设备、渔船的网具收放设备等,都属于甲板机械的范畴。

船舶甲板机械的动力,除在少数场合使用人力或气动力外,主要有三种形式,即蒸汽动力、电力和液压动力。其中蒸汽动力由于存在汽源供应困难和冬季使用不便等缺点,除在大型油轮上因其防火安全性较好仍有使用外,已基本为后两种动力所代替。尤其是液压传动,因为具有较高的工作可靠性及更能适应许多甲板机械对遥控的需要等一系列优点,在甲板机械中得到广泛的应用。

7.4.1　舵设备

舵设备是用来控制船舶航行方向,保证船舶操纵性能的装置。控制船舶航行方向的方法随船舶的类型和用途的不同而异。例如,采用喷水推进的船舶,可利用改变喷水方向实现转向;采用转动导流管舵的船舶,可利用导流管舵的偏转实现转向;装有侧向推进器(简称侧推器)的船舶,可利用侧推器所产生的侧推力实现转向等。但是使用最普遍的是靠船舶尾部舵叶的偏转来实现转向。舵机就是用以控制舵叶偏转的重要机械设备。

1.操舵装置的组成

一个完整的操舵装置(简称舵机)由图 7-11 所示的结构组成。

(1)驾驶台远距离操纵机构

该机构由设于驾驶台的发送器和舵机房的受动器组成。它是操舵装置的指挥系统。

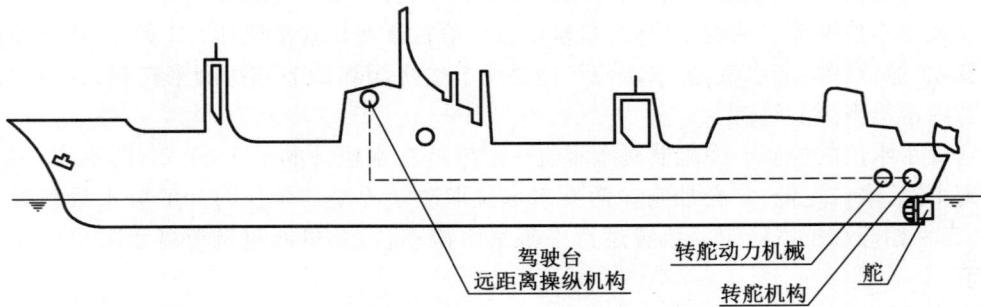

驾驶台
远距离操纵机构

转舵动力机械
转舵机构
舵

图 7 – 11　操舵装置布置示意图

（2）转舵动力机械

其功用是提供转舵动力，根据能源的不同可分为人力、蒸汽、电动和电动液压等形式。

（3）转舵机构

该机构是将转舵动力机械产生的转矩传递给舵杆，并通过舵杆转动舵叶的机构。

（4）舵

舵是一种承受水流作用力，以产生转舵力矩的设备。按舵杆轴线位置分有平衡舵、半平衡舵和不平衡舵，其结构如图 7 – 12 所示。此外还有许多特种舵如襟翼舵、可转导管舵、转柱舵、喷射舵、反射舵、倒车舵、倒航舵、侧推器、主动舵等。

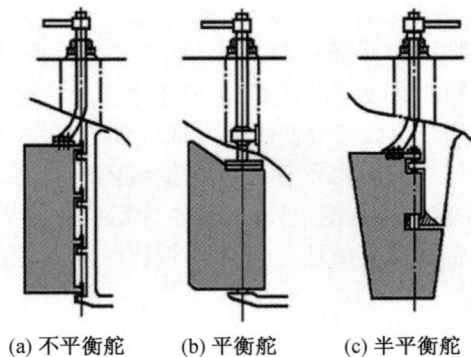

(a) 不平衡舵　　(b) 平衡舵　　(c) 半平衡舵

图 7 – 12　舵示意图

此外，操舵装置还有指示舵叶转角的舵角指示器、最大舵角限器和应急操舵机构等。

2. 舵机的基本技术要求

舵机是保持或改变船舶航向，保证安全的重要设备，一旦失灵，船舶会失去控制，甚至发生事故。因此，各国船舶检验部门和海事组织，对舵机提出了许多具体要求。要求舵机必须具有足够的转舵扭矩和转舵速度，且在某一部分一旦发生故障时，应能迅速采取替代措施，以确保操舵能力。其基本技术要求如下。

（1）生命力强

舵机必须具有一套主操舵装置和一套辅操舵装置，或主操舵装置有两套以上的动力设备。当其中之一失效时，另一套应能迅速投入工作。动力设备可单独工作，需要时可联合工作。每套动力设备至少有两处以上独立供电线路，其中一路由应急配电板供电。

（2）工作可靠

主操舵装置应具有足够的强度和能力,在最深吃水并以最大营运航速前进时能将舵自一舷的35°转至另一舷的30°。自一舷的35°转至另一舷的30°所需的时间,对于海船舵机不超过28 s,对于内河船舶舵机则不超过 12 ~ 20 s。辅操舵装置也应具有足够的强度。能在最深航海吃水,并以最大营运航速的一半但不小于7 kn 前进时,能在不超过60 s 内将舵自任一舷的15°转至另一舷的15°。

操舵装置应设有舵角指示器、舵角限位器、压力保护装置和故障报警装置等。

（3）操作灵敏

主辅操舵装置应在驾驶台和舵机室都设有控制器。主操舵装置设置两台动力设备时,应设有两套独立的控制系统,且均能在驾驶室控制,并能方便地进行切换。

此外,舵机还应工作平稳、噪声小、经久耐用、经济性高及维护管理方便等。

3. 液压舵机的组成和工作原理

大型船舶几乎全部采用液压舵机。电动舵机仅用于一些小型船舶上。液压舵机是利用液体的不可压缩性及流量、流向的可控性来达到操舵目的的。根据液压油流向变换方式的不同,液压舵机可分为两类:泵控型液压舵机和阀控型液压舵机。泵控型液压舵机利用变向泵(如柱塞泵)改变液压油流的方向。阀控型通过换向阀来实现。这里介绍泵控型液压舵机的组成和工作原理。

（1）泵控型液压舵机的组成

图7 – 13 所示为典型的液压舵机——泵控型往复式液压舵机的原理图。液压舵机主要由三部分组成。

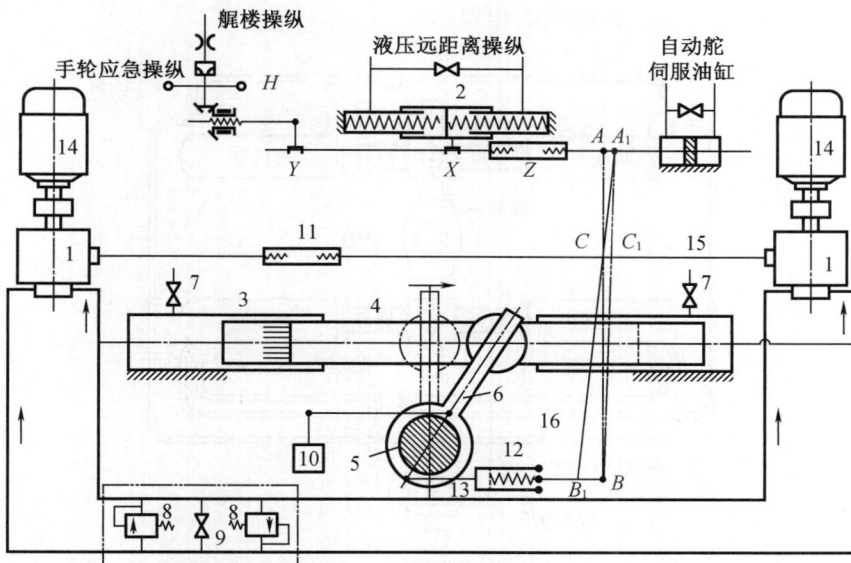

1—双向变量油泵;2—液压遥控受动器;3—往复转舵油缸;4—撞杆;5—舵柱;6—舵柄;
7—放空气阀;8—防浪阀;9—手动旁通阀;10—舵角指示器;11—调节螺母;
12—储存弹簧;13—反馈杆;14—电动机;15—变量泵控制杆;16—浮动杠杆。

图7 – 13　泵控型往复式液压舵机的原理图

①动力装置,提供转舵动力。设于舵机室的两台相同的电动机 14 做单向回转运动分别驱动双向变量油泵 1,产生液压油流。油泵的流量和吸排方向,则通过与浮动杠杆 16 上的 C 点相连接的控制杆 15 控制,即依靠油泵控制 C 点偏离中位的方向和距离,来决定泵的吸排方向和流量。

②转舵机构,用于将油液压力能转换为机械能,并传递给舵杆 5,转动舵叶,包括往复转舵油缸 3、撞杆 4 和舵柄 6 等。

③控制系统,也称操作系统,包括驾驶室遥控系统和舵机室机旁控制系统。驾驶室遥控系统由设于驾驶室的舵令发送装置——操舵仪(也称发送器)和舵机室的接收器组成,用以传递操舵命令。图 7 - 13 示出了液压遥控受动器 2 和电气遥控伺服油缸,未示出驾驶室的发送装置。从图中还可看出机旁控制的手轮应急操纵。

（2）泵控型液压舵机工作原理

图 7 - 13 所示舵机采用往复式转舵机构。由转舵油缸 3（固定在机座上）和撞杆 4（可在缸中往复运动）等组成。当油泵按图示吸排方向工作时,泵就会通过油管从右侧油缸吸油,排向左侧油缸,撞杆 4 在油压作用下向右运动（油液可压缩性极小）。撞杆通过中央的滑动接头与舵柄 6 连接,舵柄 6 的一端又用键固定在舵杆 5 的上端。撞杆 4 的往复运动就可转变为舵叶的偏转。改变油泵的吸排方向,则撞杆和舵叶的运动方向也就随之而变。

4. 转舵机构

图 7 - 13 所示为两缸往复式液压转舵机构,这种机构一般为较小吨位的船舶所使用。在大型船舶上,为了增大舵机的转舵力矩,普遍采用四缸转舵机构,超大型船舶甚至采用八缸转舵机构。图 7 - 14 所示为一四缸转舵机构的舵机。它是在舵杆的两侧分别布置了两个两缸机构,其工作原理与两缸转舵机构相同。

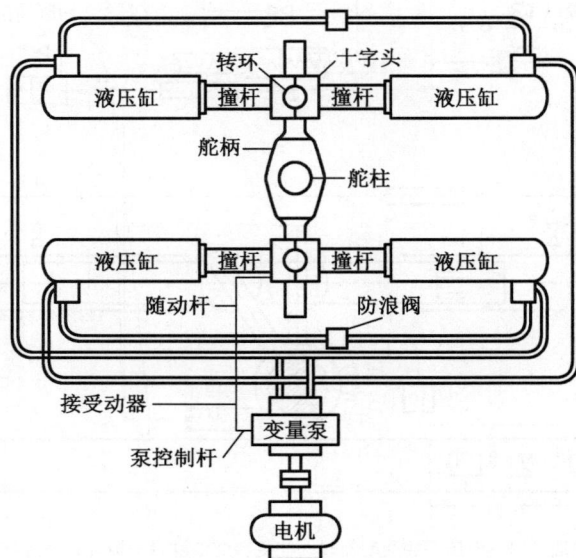

图 7 - 14　四缸转舵机构

除了往复转舵机构外,回转式(亦称转叶式)转舵机构也有使用。采用回转式转舵机构的液压舵机称为回转式液压舵机,它采用一个摆动式液压缸作为转舵油缸。图7-15所示为一固定端盖式摆动液压缸(船上亦称转叶油缸)。筒形缸体4固定连接在机座上,缸体上下由端盖1密封,缸体内安装着两个定叶2;柱型转子3装于缸体内,转子3上装有两个转叶1。定叶与转叶在缸内隔离出四个腔室,每相对的两个腔室由油路沟通成一组,分别在这两组腔室内通入高压油和低压油,就会推动转子转动。转子输出轴端的法兰直接与舵杆连接,转子的转动可直接带动舵杆。显而易见,回转式舵机结构紧凑,体积和质量小,只是因密封性较差而影响工作油压的提高,其产生的转矩较小。回转式舵机的控制原理与往复式舵机完全相同。

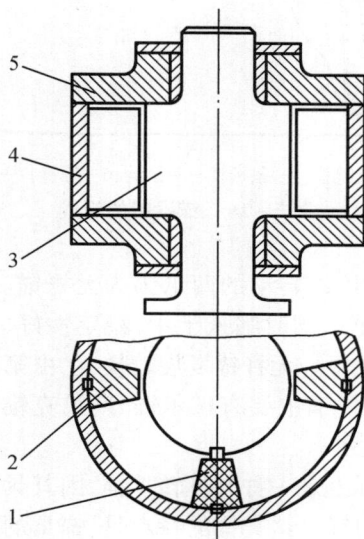

1—转叶;2—定叶;3—转子;4—缸体;5—端盖。

图7-15 回转式转舵油缸

7.4.2 锚设备

锚设备用于水上固定船舶、协助船舶调头或离开码头。把锚抛入水中后,锚爪便啮入水底,产生抓力,再通过锚链的传递把船舶牢固地系于水中。有时,锚设备还可用于船舶的紧急制动、搁浅船舶脱险,以及协助登陆艇登陆退滩等。

锚设备主要布置在船的首部,除小船外,常设两只首锚,称为主锚。较大船还加设一只备用锚。有些内河船或登陆船艇上另设一只尾锚。从抛锚方式看,常用的方式有首抛锚、尾抛锚及首尾抛锚,用得最多的是首部抛单锚,在恶劣条件下可在首部抛双锚。只有特殊情况下才抛首尾锚。

锚设备的基本组成如图7-16所示,主要有锚、锚链、锚链筒、掣链器、锚机、锚链管、锚链舱等。

1.锚

锚的结构如图7-17所示,锚的基本要求是自重小,入土性佳且抓力要大。常见锚的种类有有杆锚、无杆锚、大抓力锚和特种锚。

①有杆锚,具有横杆的锚为有杆锚。该类锚的特点是一个锚爪啮入土中,当锚在海底拖曳时,横杆能阻止锚爪倾翻,起稳定作用。有杆锚包括海军锚、单爪锚、四爪锚等,如图7-18所示。

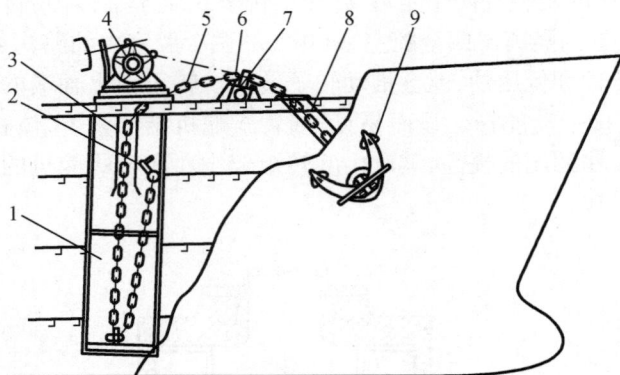

1—锚链舱;2—弃锚器;3—锚链管;4—锚机;5—掣链钩;6—锚链;7—掣链器;8—锚链筒;9—锚。

图7-16 锚设备的组成

②无杆锚,没有横杆,锚爪可以转动的两爪锚为无杆锚。该类锚的特点是,在工作中两个爪同时啮入土中,稳定性好,对各种土质的适应性强,收藏方便。无杆锚发展较快,已由第一代发展到第三代。常用的无杆锚主要有霍尔锚、斯贝克锚等及 AD-14 锚,如图7-19所示。

③大抓力锚,大抓力锚实际上是一种有杆转爪锚,因其具有很大的抓重比,故称为大抓力锚。这类锚的特点是,锚爪的啮入深度深、啮土面积大,抓持力大,但是锚爪易拉坏,收藏不方便。大抓力锚中有丹福斯锚、斯达托锚、穆尔法斯特锚、斯蒂波锚、斯蒂芙莫特锚等,如图7-20所示。

④特种锚,特种锚的形状与用途与普通锚均不同,主要是指供浮筒、趸船、浮船坞等使用的永久性系泊锚,破冰船上所用的冰锚以及帆船和小艇上用的浮锚等,如图7-21所示。

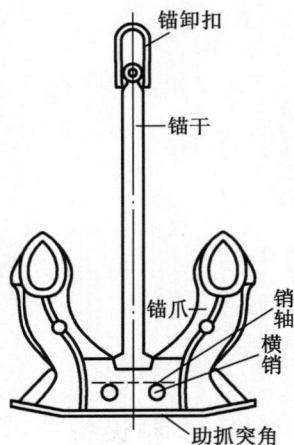

图7-17 锚的结构

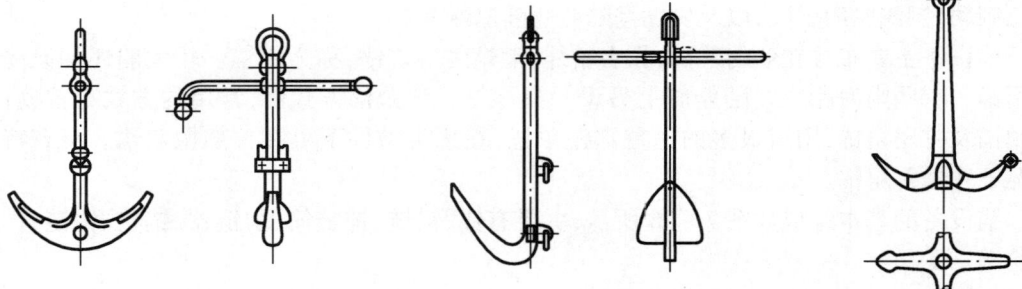

(a) 海军锚　　　　　　　(b) 单爪锚　　　　　　　(c) 四爪锚

图7-18 有杆锚

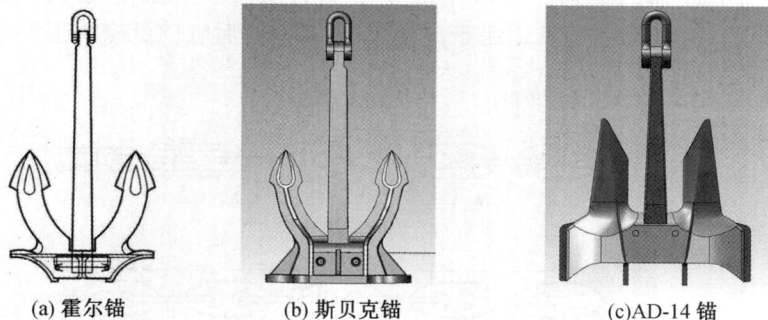

(a) 霍尔锚　　　　　(b) 斯贝克锚　　　　　(c)AD-14 锚

1—锚头;2—锚柄;3—小轴;4—横销;5—a 型锚卸扣。

图 7 – 19　无杆锚

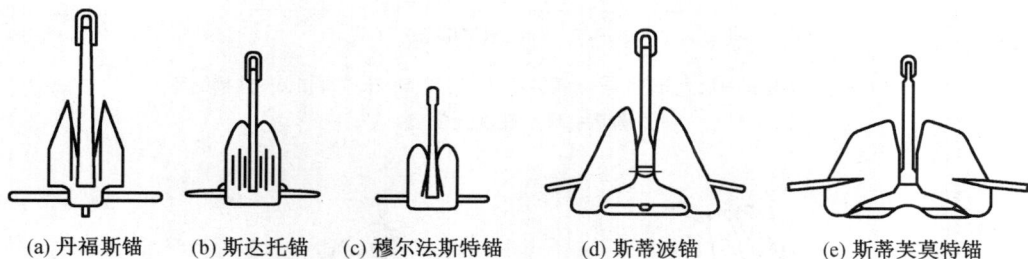

(a) 丹福斯锚　　(b) 斯达托锚　　(c) 穆尔法斯特锚　　(d) 斯蒂波锚　　(e) 斯蒂芙莫特锚

图 7 – 20　常用大抓力锚

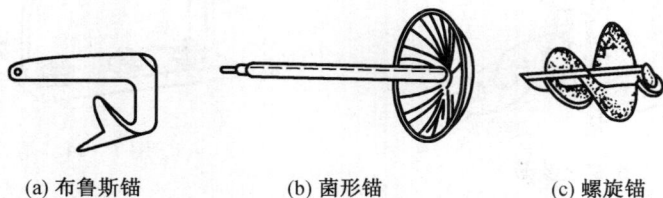

(a) 布鲁斯锚　　　　　(b) 菌形锚　　　　　(c) 螺旋锚

图 7 – 21　特种锚

2. 锚链

锚链用于连接锚和船体,它由链环组合而成,如图 7 – 22 所示。

锚链的长度一般以节为单位,每 27.5 m 称为一节。每节常涂以色漆作标记,以监测锚链抛入水中的长度。锚链总长度通常为 75 ~ 625 m。

锚链节与节间用可拆的卸扣连接,以便于更换锚链和应急时解链抛锚。与锚直接相连的一节锚链中接有转环,以避免船舶受风力和水流作用使锚链过分扭绞。

3. 锚链筒

锚链筒设于船首两舷,是锚链通向舷外的孔道,用于减少锚链滑动阻力,也是无杆锚的收藏处。

4. 止链器

止链器设于锚链筒与锚机之间船首主甲板上,用于船舶停泊或航行时,防止锚链或锚下滑,并承受锚链或锚的负荷。最常用的止链器有闸刀止链器和螺旋止链器两种。如图 7 - 23 和图 7 - 24 所示。前者适用于口径较小的锚链,后者广泛应用于大型商船。

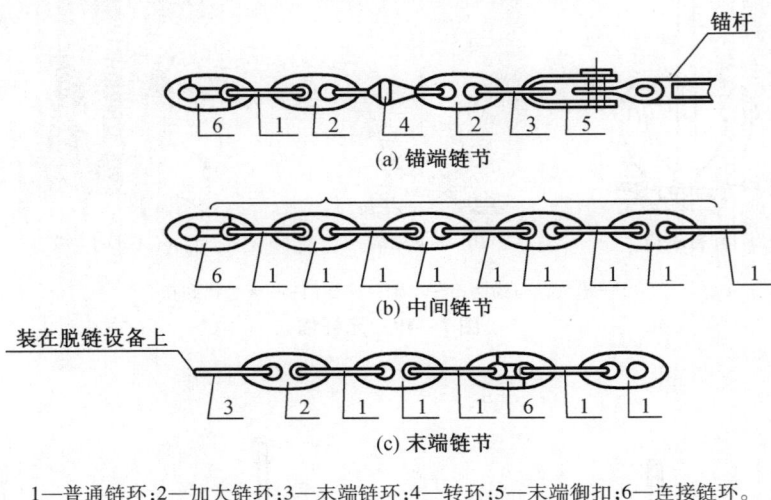

(a) 锚端链节

(b) 中间链节

装在脱链设备上

(c) 末端链节

1—普通链环;2—加大链环;3—末端链环;4—转环;5—末端御扣;6—连接链环。

图 7 - 22　螺旋止链器

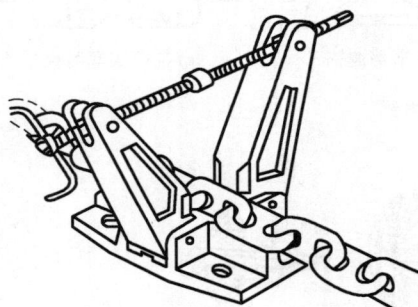

图 7 - 23　螺旋止链器

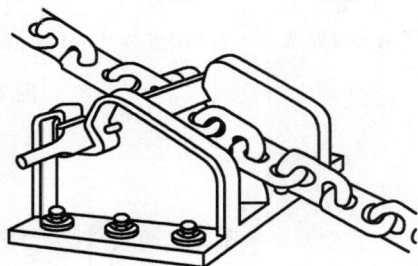

图 7 - 24　闸刀止链器

5. 锚机

锚机是收、放锚和锚链的机械,它主要由原动机、传动机构和锚链轮组成。由于一般锚机也常用于绞缆,通常在锚机的锚链轮主轴上装有绞缆卷筒。锚机的基本工作原理是电动机或液压发动机通过传动机构驱动锚链轮主轴上的锚链轮转动,卷放锚链,实现收绞锚或抛锚。锚机按动力不同,可分为人力锚机、蒸汽锚机、电动锚机、液压锚机。按锚链轴线布置不同,锚机可分为主轴水平布置的卧式锚机和主轴垂直布置的立式锚机(起锚绞盘)。图 7 - 25 所示为卧式电动锚机结构原理图,图 7 - 26 所示为立式电动锚机结构原理图。

锚机是保证船舶营运和安全的重要设备之一,必须满足下列基本要求:

①必须由独立的原动机或电动机驱动。

②在船上试验时,锚机应能以平均速度不小于 9 m/min,将 1 只锚从水深 82.5 m 处(三节锚链入水)拉起至 27.5 m(一节锚链入水处)。

③在满足规定的平均速度和工作负载时,应能连续工作 30 min,应能在过载拉力(不小于工作负载的 1.5 倍)作用下连续工作 2 min,此时不要求速度。

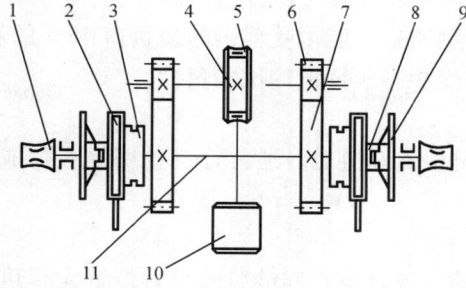

1—绞缆卷筒；2—制动器；3—链轮；4—蜗杆；5—蜗轮；

6,7—减速齿轮；8—牙嵌离合器；9—手轮；10—电动机；11—锚机主轴。

图7－25　卧式电动锚机体结构原理图

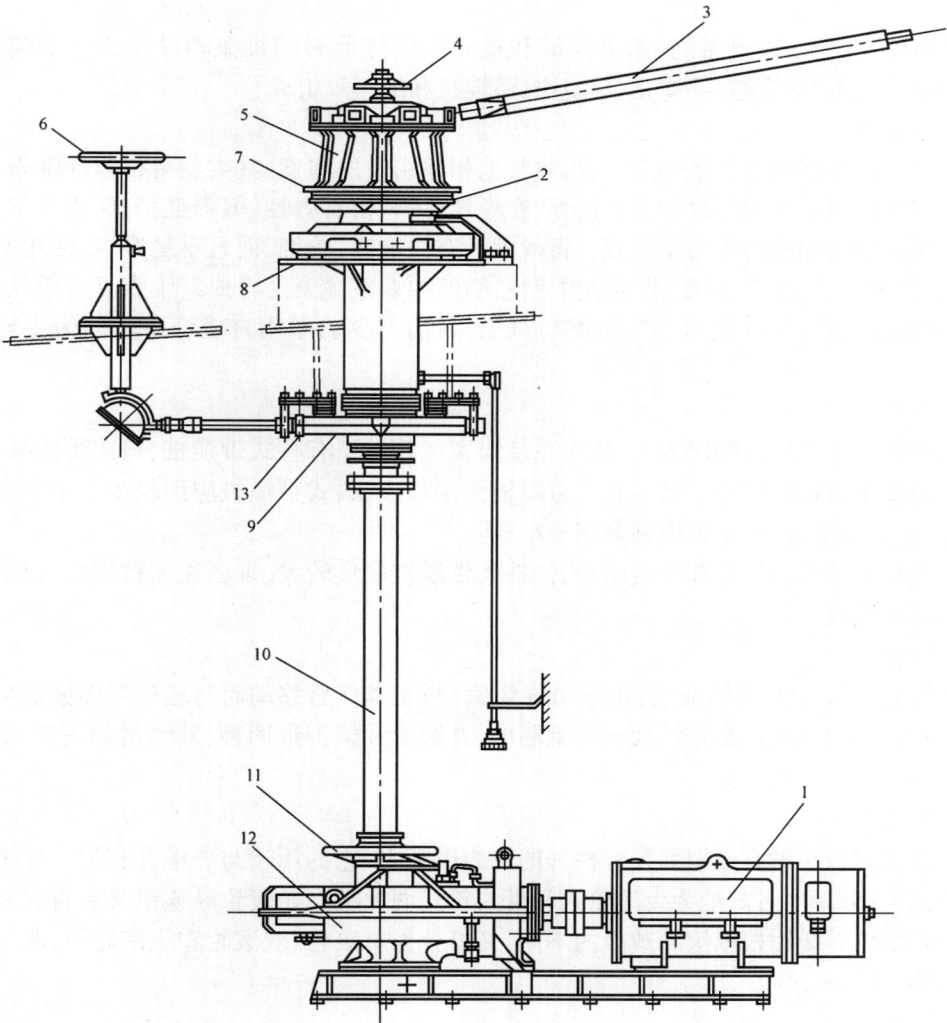

1—电动机；2—链轮；3—推杆；4—手轮；5—绞缆卷筒；6—刹车手轮；

7—牙嵌离合器；8—掣子；9—刹车带；10—传动轴；11—减速器；12—制动轮。

图7－26　立式电动锚机结构原理图

④锚链轮与驱动轴之间应装有离合器,离合器应有可靠的锁紧装置,锚链轮或卷筒应装有可靠的制动器,制动器刹紧后应能承受锚链断裂负荷45%的静拉力。锚链必须装设有效的止链器,止链器应能承受相当于锚链的试验负荷。

6. 锚链管

锚链管的作用是将锚链引入锚链舱。通常锚链管用钢板弯成管状焊接而成,其内径约为锚链口径的7~8倍。

7. 锚链舱

锚链舱是起锚后锚链的存放处所。锚链舱的设置位置应尽可能低些,以降低锚链存放的重心高度。为了便于锚链收放,不易产生缠绕,锚链舱通常为长宽较小而深度较大的箱形结构或直径较小的圆筒形结构。

7.4.3　系缆设备

船舶停靠码头、进出船坞、系带浮筒和拖轮编队等所有的机械和设备称为系缆设备。它主要由系缆索、带缆桩、导缆孔、导缆钳、系缆机和绳车等组成。

1. 系缆索

系缆索用于将船舶系于码头、船坞或其他相邻船只的绳索,其类型有植物纤维索、钢丝索和合成纤维索。植物纤维索耐水性强、有浮性、柔软富有弹性,但强度稍低,多用于小船,也可作为大中型船舶的备用系缆索。钢丝索具有强度高、较细,而且不易腐烂、使用寿命长的优点,但质量大、操作困难,常为大中型船舶的主要系缆索。合成纤维索具有柔软、耐腐蚀、强度高的优点,缺点是与卷筒摩擦易烧损,目前不少船舶用合成纤维索作为主要的系缆索。

2. 带缆桩

带缆桩固定于甲板和码头上,用于系绕缆索。其类型有直式带缆桩、斜式带缆桩、十字带缆桩以及羊角带缆桩等。其中直式带缆桩使用最广,斜式带缆桩应用较少。十字带缆桩又有单头、双头之分,十字带缆桩多用于小船。

带缆桩的结构有铸造和焊接两种,铸造的带缆桩质量较大,现已逐渐被淘汰,目前广泛采用焊接带缆桩。

3. 导缆孔

导缆孔安装在舷墙侧板上,用来引导缆索,防止其任意移动而与船舷摩擦或破坏甲板上的设备。导缆孔通常都是铸铁或铸钢制成,有圆形和椭圆形两种,其结构如图7-27(a)所示。

4. 导缆钳

导缆钳安装在没有舷墙而仅有栏杆的舷边甲板上,它的用途与导缆孔相同。导缆钳的结构形式很多,基本可归纳为无滚轮式和带滚轮式两大类。无滚轮导缆钳又有直式和斜式两种。带滚轮导缆钳根据滚轮数目的不同,又可分为单滚轮、双滚轮和三滚轮等,其结构如图7-27(b)所示。

5. 系缆机

系缆机是收卷缆索使船靠泊或拖驳靠拢本船的动力机械。按原动机类型可分为蒸汽系缆机、电动系缆机和液压系缆机。目前,船舶上主要采用的是电动系缆机和液压系缆机。电动系缆机主要由电动机、减速传动机构和系缆卷筒等组成,由电动机通过减速传动机构驱动系缆卷筒收卷缆索,实现系缆。液压系缆机主要由电动机、油泵、油马达、系缆卷筒等组成,其基本原理是电动机带动油泵产生高压油流驱动油马达转动,从而驱动系缆卷筒回转卷放缆索。按卷筒中心线的位置,又可分为卧式系缆机(卷筒中心线水平布置)和系缆绞盘(卷筒中心线垂直布置)。卧式系缆机占甲板面积大,原动机在甲板上易受损害,但使用维修方便。系缆绞盘占甲板面积小,原动机布置在甲板下,能得到良好保护,而且收绞缆绳的方向也不受限制。但当缆绳直径较大时,在卷筒上卷绕要用人力托持,而且需要注意缆绳在卷筒上的排列,操作不太方便。因此,大型船舶多用卧式系缆机,而系缆绞盘(图7 - 28)则多用于小型船舶。

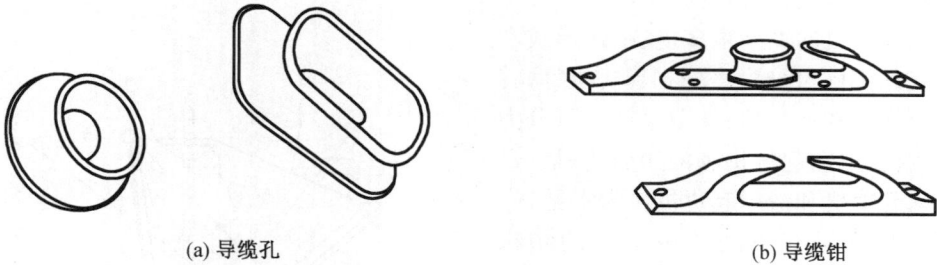

(a) 导缆孔

(b) 导缆钳

图 7 - 27　导缆孔

很多船利用首锚机(图7 - 29)兼作系缆机使用,大中型船舶的船尾部一般设置专用系缆机。有些现代化的船安装了自动系缆机,它能根据潮水涨落及船舶装载变化,自动调节缆索的长度,以避免缆索松弛或张力过大,导致管理不便。

图 7 - 28　系缆绞盘

图 7 - 29　锚机兼作系缆机

6. 系缆卷车

系缆卷车的作用是收卷和存放缆绳。其典型结构如图7 - 30 所示。

图 7 - 30　系缆卷车

7.4.4 船舶起货机

尽管大多数港口都配备有起重能力更强、效率更高的港口货物装卸设备,然而,并非所有的港口都具有足够的起货设备,即使是现代化港口,也往往因在港船舶过多而一时难以应付。另外,考虑到船舶在开阔水面上有时需进行货物装卸和过驳等,大多数船舶仍配备了船用货物装卸设备,用以在锚泊时进行货物装卸或与港口货物装卸设备联合作业,加快船舶周转速度,提高船舶营运效率。

除了液货船、液化气船和滚装船配备专用的货物装卸设备外,大多数货船的装卸设备均为船舶货物起重机,俗称起货机。

船舶起货机的类型很多,按结构形式和作业方式的不同可分为吊杆式起货机、回转式起货机和门式起货机;按驱动动力可分为蒸汽起货机、电动起货机和液压起货机。目前以电动起货机和液压起货机最为常见。

船舶起货机有下列几种不同的结构形式。

1. 吊杆起货机

这是使用较早的一种起货机,至今仍有使用。它有单吊杆和双吊杆两种。如图 7 - 31 所示是双吊杆起货机的组成及作业情况。它有两根吊杆和两台起货绞车,每台绞车拖动一根缆索。吊杆调整并固定妥当后,靠两台绞车分别改变两根钢索长度的联合动作,即可进行装卸作业。

2. 回转式起货机

回转式起货机俗称克令吊,图 7 - 32 示出了回转式起货机的组成。在可绕桅柱 5

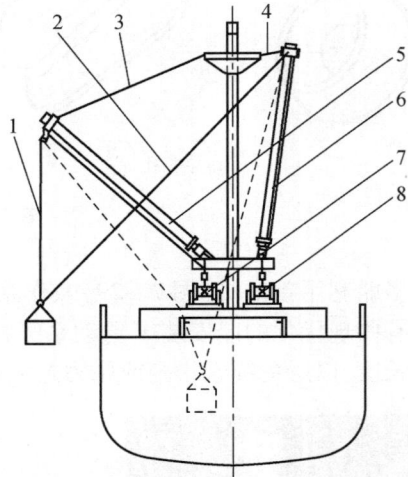

1,2—吊货索;3,4—顶吊索;
5,6—吊货杆;7,8—起货机。

图 7 - 31 双吊杆起货机

旋转的塔身 7 上装有吊臂 3 和两台绞车 6。两台绞车中一台为吊臂变幅绞车,另一台为吊货起升绞车。变幅绞车可以通过变幅缆绳的收放调整吊臂的仰角,从而改变起货机的工作半径。吊货起升绞车可以通过吊货缆绳的收放来调整货物的高度,加以塔身的回转,可在工作空间内任意控制货物的位置,方便地进行货物的装卸。

3. 门式起货机

门式起货机类似于陆地上的门式起重机。船舶甲板沿舱口纵向布置轨道,轨道上方是门形框架(简称门架)。门架由支腿和桥架组成。每个支腿下面装有行走轮,可沿舱口甲板纵向行走。桥架为可伸出舷外的悬臂梁,其结构形式有折叠式和滑动伸缩式两种。吊货时悬臂梁伸出舷外,船舶航行时折叠或缩进。桥架上有起重吊车,起重吊车可在门架上横向移动并可做垂直起升运动。图 7 - 33 所示为一单梁门式起货机,其通过桥架的纵向行走,起重吊车的横向移动及垂直起升运动,可进行货物的装卸作业。当门式起货机停止装卸作业时由制动装置将其固定。这种起货机主要用于集装箱的装卸,少数情况下也可用于散货和杂货的装卸。

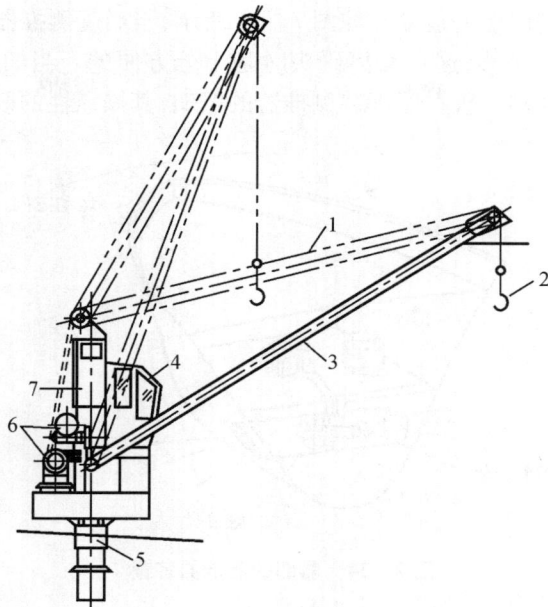

1—钢丝绳;2—吊货钩;3—吊臂;4—操纵室;5—桅柱;6—绞车;7—塔身。

图7-32　回转式起货机

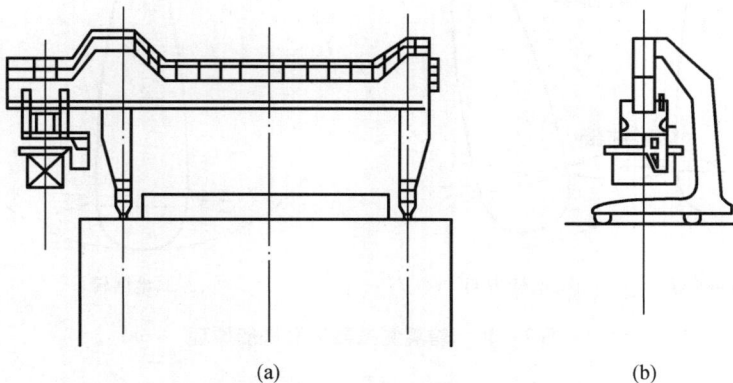

(a)　　　　　　　　　　　　　　　(b)

图7-33　单梁门式起货机

7.4.5　船舶侧推装置

在船舶进出港口、通过狭窄水道等须低速航行的情况下,舵效降低,给船舶操纵带来困难。船舶安装侧推装置,可以增加船舶在低速甚至零速时的操纵性能。它是利用喷水的反作用力,使船体得到一个垂直于中线面的侧向推力。该装置和舵配合能极大地提高船舶的操纵性。根据侧推装置的安装部位,有首推装置和尾推装置之分。在现代船舶上,以艏侧推装置(亦称首推器)应用较多。

如图7-34所示为装在艏部的侧推器装置示意图。当水由左舷吸入,由右舷喷出时。

船体能很快做出转向反应。当船首部和船尾部都装有侧推器时,改变两侧推器推力的方向,可以十分灵活地控制船舶的运动。如图 7-35 所示,当艏艉侧推器向同一方向引发出相同推力时,船舶就向一侧平移,这在靠离码头时是十分方便的。当两侧推器向相反方向发出推力时,船舶在原地回转。仅在艏部装侧推器的船舶,其操纵性的改善也是极为明显的。

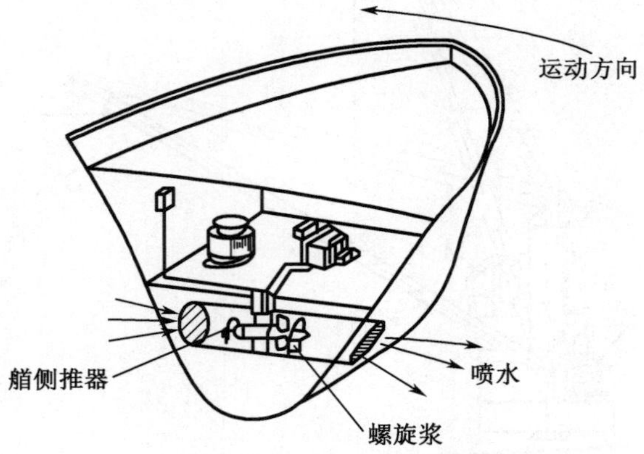

运动方向

艏侧推器

喷水

螺旋浆

图 7-34 艏部的侧推器装置

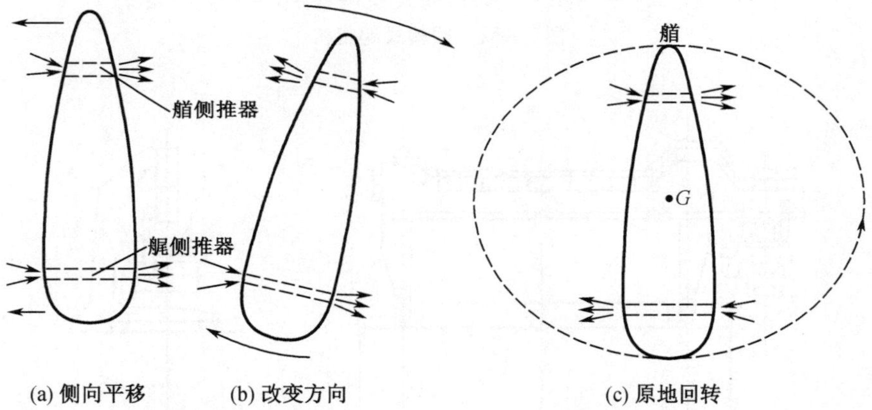

艏侧推器

艉侧推器

艏

•G

(a) 侧向平移   (b) 改变方向   (c) 原地回转

图 7-35 艏艉侧推器装置操船原理

目前使用的侧推装置共有三类,即导管式、变向式和喷射式。图 7-36 示出了它们的结构原理。

1. 导管式侧推装置

如图 7-36(a)所示,在船首或船尾最低吃水线以下的船体内,焊有贯穿两舷的导管,导管内置有侧推螺旋桨及其传动装置。该传动装置采用直角传动机构,用以把经垂直轴输入的原动机动力传递给水平设置的螺旋桨轴,带动螺旋桨转动,产生水平侧向推力。导管和螺旋桨传动机构均保持水密,海水不得进入船体内或螺旋桨传动机构。

2. 变向式侧推装置

图 7-36(b)所示为变向式侧推装置的一种形式,亦称悬挂式侧推器。在可上下伸缩的垂直传动轴套上安装侧推螺旋桨和螺旋桨保护环。直角传动机构设置在传动轴套内,将垂直轴的动力传递给水平的螺旋桨轴。传动轴套下伸时,螺旋桨伸出船体,由于传动轴套可

做360°回转,因而螺旋桨可在水平的任一方向产生侧向推力。

(a) 导管式　　　　　　(b) 变向式　　　　　　(c) 喷射式

图7-36　侧推装置的类型

3. 喷射式侧推装置

图7-36(c)示出了喷射式侧推装置的工作原理。

它使用一台大型工作水泵从船体中线附近的船底或两舷的吸入口吸入海水,在分水阀板的控制下,泵排出的工作水被分配到左、右两舷的喷口喷出而产生侧向推力,分水阀板可调节经两喷口喷出的工作水的比例,从而使左、右侧向推力能按需要进行调整。

7.4.6　船舶减摇装置

海浪对船舶造成的影响,可使船舶产生六个自由度的摇荡,即纵摇、首摇、横摇、升沉、纵荡和横荡。其中对船舶设备、乘员和货物不良影响最大的是横摇。因此,船舶安装减摇装置,均以降低船舶横摇为目的。

设置减摇装置,减轻船舶横摇,其优点是:

①在客船上,减轻乘客晕船的反应,提高客船的舒适性和竞争力;

②在货船上,特别是在集装箱船和滚装船上,减少或防止货物的移位、碰撞或翻倒,降低或避免货损;

③减少船舶因气象引起的误航及横摇引起的偏航、船速下降,提高船舶运营率;

④改善船员工作环境,保证船员工作效率;

⑤改善舰炮和导弹发射基准面的稳定度,提高命中率,改善飞机在母舰上的接口条件,提高飞机装载舰的作战能力。

船舶使用的减摇装置有许多种,舭龙骨这种被动阻尼式减摇装置,因其结构简单,航行阻力小、减摇效果明显而被普遍采用,此外,应用较多的当属船舶减摇鳍。

船舶减摇鳍是一种主动式减摇装置,它能根据船舶横摇角度、速度和加速度(间接反映波浪作用力矩)等信号,主动提供一减摇力矩,纠正或减轻船舶横摇,减摇效果十分明显。工作良好的减摇鳍,可使船舶横摇角度限制在3°~5°以下。

图7-37示出了减摇鳍的减摇原理。在船舶左右两舷各水平或向斜下方倾斜设置一鳍叶,其作用原理类似于舵叶或机翼。当两鳍叶反向偏转并具有反向冲角时,船舶航行水流就会在两鳍叶上产生一对反向升力 L 而形成减摇力矩。对于某一既定船舶的减摇鳍,航速

一定时减摇力矩的大小与鳍叶的冲角 δ 有关。航速越大,减摇力矩越大。低速船(12 kn 以下)不适合用减摇鳍减摇。

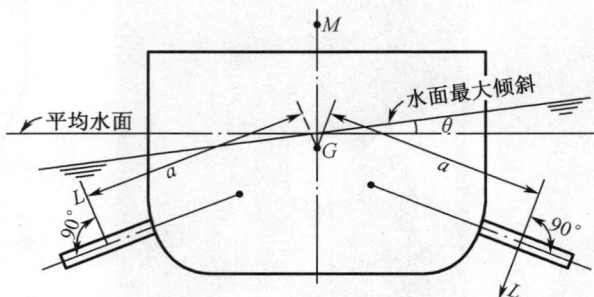

图 7 - 37　减摇鳍的减摇原理

　　根据能否将鳍收入船内,减摇鳍分为可收式和不可收式两种。图 7 - 38 示出了不可收式减摇鳍的总装和布置。为防止靠岸或经过浅水道时减摇鳍被擦伤,不可收式减摇鳍均装在船体舭部圆角处,其外端不超出船体边垂线和龙骨线基面。这种鳍的特点是结构简单,质量、体积小,价格低廉,但其展弦比较小,从而限制了减摇能力,而且当海况平静时,鳍会增加船舶阻力。因此不可收式减速摇鳍只适用于小型船舶。

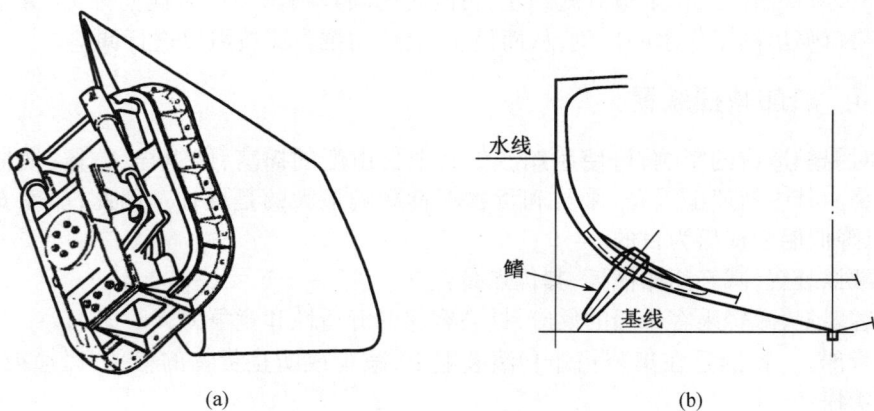

(a)

(b)

图 7 - 38　减摇鳍结构

　　可收式减摇鳍避免了不可收式减摇鳍的缺点,应用较广,又有伸缩式和折叠式之分。尤其是伸缩式减摇鳍能够产生大的减摇力矩,在舱内空间不很紧张的大型船舶上十分适用。图 7 - 39和图 7 - 40 所示分别为伸缩式和折叠式减摇鳍。

图 7 - 39　伸缩式减摇鳍

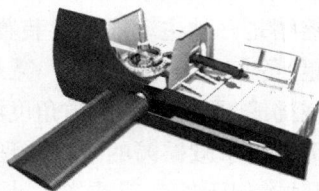

图 7 - 40　折叠式减摇鳍

鳍叶的偏转与舵叶的偏转相似,但其只采用液压作为动力,使用与舵机转舵机构类似的往复式油缸或回转式油缸驱动。

可收式减摇鳍的收、放采用往复式或回转式油缸驱动,由人工手动操作进行。只有在宽敞水域而且需要减轻船舶横摇时,才将鳍放出投入使用。应该注意,只有在鳍冲角为零时才可进行鳍的收放,否则可能造成鳍的损坏。

思考与练习

一、选择题

1. 我国建造的非电力推进交流船舶的发电机额定电压为(　　);照明负载的额定电压为(　　)。

　　A. 380 V/220 V　　　B. 400 V/220 V　　　C. 400 V/380 V　　　D. 230 V/220 V

2. 下列不属于船舶电力系统基本参数的是(　　)。

　　A. 额定电流　　　B. 额定电压　　　C. 额定频率　　　D. 电制

3. 我国民用运输船多采用(　　)作为船舶主电源。

　　A. 轴带发电机组　　　　　B. 蓄电池

　　C. 柴油发电机组　　　　　D. 汽轮发电机组

4. 配电装置是对电源、电网和负载进行(　　)的装置。

　　A. 保护　　　B. 监视、测量　　　C. 控制　　　D. A、B、C

5. 在以柴油机为动力装置的船舶上,蒸汽锅炉靠燃烧燃油产生的蒸汽主要用于加热燃油、润滑油、工作水及提供各种生活用汽(如蒸饭、取暖)等,这种锅炉称为(　　)。

　　A. 燃油辅助锅炉　　　B. 辅助锅炉　　　C. 废气锅炉　　　D. 组合式锅炉

6. 根据锅炉的构造,燃烧产生的高温烟气或火焰在管束内流动加热管外的水,这种锅炉是(　　)。

　　A. 火管锅炉　　　B. 水管锅炉　　　C. 立式锅炉　　　D. 卧式锅炉

7. 锅炉的蒸发率等于(　　)。

　　A. 蒸发量/锅炉受热面积

　　B. 蒸发量/锅炉蒸发受热面积

　　C. 蒸发量/锅炉附加受热面积

　　D. 蒸发量/(蒸发受热面积 + 过热器受热面积)

8. 锅炉自动点火通常采用(　　)点火原理。

　　A. 摩擦　　　B. 电热丝　　　C. 常压电极放电　　　D. 高压电极放电

9. 一般船用锅炉给水标准中含盐量($NaCl$)小于(　　)。

　　A. 1 g/L　　　B. 10 mg/L　　　C. 50 mg/L　　　D. 100 mg/L

10. 船用海水淡化装置绝大多数采用(　　)。

　　A. 蒸馏法　　　B. 电渗析法　　　C. 反渗透法　　　D. 冷冻法

11. 一般称为淡水者含盐量应在(　　)以下。

　　A. 100 mg/L　　　B. 200 mg/L　　　C. 500 mg/L　　　D. 1 000 mg/L

12. 船用蒸馏式海水淡化装置多在高真空条件下工作,主要是为了(　　)。

　　A. 提高热利用率　　　　　B. 利用动力装置废热和减轻结垢

C. 便于管清洗　　　　　D. 造水量大

13. 大多数柴油机船舶海水淡化装置以（　　）为热源工作。

A. 主机活塞冷却水　　　B. 主机缸套冷却水

C. 废气锅炉产汽　　　　D. 辅机（发电机）冷却水

14. 目前船用沸腾式海水淡化装置，海水加热和蒸汽冷凝是（　　）。

A. 基本上在相同的真空压力下　　　B. 在不同的真空压力下

C. 前者在正压力下，后者在真空下　　D. 与 C 相反

15. 船用蒸馏式海水淡化装置的给水倍率是指（　　）。

A. 产水量与给水量之比　　　B. 与 A 相反

C. 排盐（水）量与给水量之比　　D. 与 C 相反

16. 目前大多数船用蒸馏式海水淡化装置设计成在真空度（　　）下工作。

A. 80% ~ 90%　　B. 90% ~ 94%　　C. 93% ~ 97%　　D. 为 0（大气压）

17. 真空沸腾式海水淡化装置的真空度主要靠调节（　　）来控制。

A. 给水量　　B. 冷却水流量　　C. 加热水流量　　D. 凝水泵流量

18. 下列关于舵的说法错的是（　　）。

A. 船主机停车，顺水漂流前进，转舵不会产生舵效。

B. 转舵会增加船前进的阻力。

C. 转舵可能使船横倾和纵倾。

D. 舵效与船速无关

19. 主操舵装置应能在最深航海吃水，并以最大营运航速前进时，将舵在（　　）内从一舷（　　）转至另一舷（　　）。

A. 28 s，35°，35°　　　B. 28 s，35°，30°

C. 30 s，35°，35°　　　D. 15 s，35°，30°

20. 船舶舵机液压系统中通常选用的泵是（　　）。

A. 离心泵　　B. 往复泵　　C. 漩涡泵　　D. 柱塞泵

21. 用于海上固定船舶或协助船舶迅速靠离码头的甲板机械是（　　）。

A. 系缆机　　B. 舵机　　C. 侧推装置　　D. 锚机

22. 船用锚设备主要由（　　）组成。

A. 锚，锚机　　　　　B. 锚，锚链，锚机，锚链制动器

C. 锚链，锚链制动器，锚　　D. 锚，制链器

23. 锚机是按能满足额定负载和速度的条件下连续工作（　　）时间设计的。

A. 30 min　　B. 45 min　　C. 1 h　　D. 任意

24. 用于收卷缆索使船舶靠泊或拖驳靠拢本船的动力机械是（　　）。

A. 锚设备　　B. 系缆机　　C. 舵设备　　D. A、B

25. 回转式起货机工作时，工作机构动作是通过（　　）运动相互配合来实现的。

A. 吊具的升降　　B. 吊臂的变幅　　C. 塔身的回转　　D. A、B、C

26. 门式起货机进行货物的装卸作业时，是通过（　　）运动相互配合来实现。

A. 桥架的纵向行走　　　　B. 起重吊车的横向

C. 起重吊具的垂直起升　　D. A、B、C

27. 船舶设置侧推装置的目的是（　　）。

A. 提高船舶的推进性能

B. 减小船舶的摇荡

C. 增加船舶在低速甚至零速时的转向操纵性能

D. 提高船舶的稳性

28. 海浪对船舶设备、乘员和货物不良影响最大的是（　　）。

A. 纵摇和首摇　　　B. 横摇和升沉　　　C. 纵荡和横荡　　　D. 横摇

29. 船舶设置减摇装置来减轻船舶横摇，应用较多的减摇装置有（　　）。

A. 舭龙骨　　　B. 船舶减摇鳍　　　C. 减摇水舱　　　D. A、B

二、填空题

1. 发动机、_____、_____及_____可统一归纳为柴油发电机组的机械部分。

2. 船舶主配电板由_____、_____、_____和_____四部分构成。

3. 锅炉效率是锅炉对水加热产生蒸汽用去的_____热量与向蒸汽锅炉内_____的热量之比。

4. 现在的海水淡化方法主要有_____、_____、_____和_____。

5. 舵机的基本技术要求有_____、_____和_____。

6. 常见的锚种类有_____、_____、_____和_____四类。

7. 带缆桩的结构有_____和_____两种。

8. 船用起货机按照驱动动力可分为_____、_____和_____。

9. 船舶安装侧推装置，可以增加船舶在_____，甚至_____时的操纵性能。

10. 减摇鳍分为_____式和_____式两种。

三、简答题

1. 船舶电力系统由哪几部分组成？各部分的作用是什么？

2. 船舶电力系统的工作环境有哪些要求？

3. 锅炉的主要特性指标有哪些？

4. 锅炉有哪些附件，其作用各是什么？

5. 简述淡水在船舶上的主要用途。

6. 海水淡化装置的控制调节的主要内容有哪些？

7. 船舶甲板机械有哪些？它们使用的动力有几种？

8. 舵机的功用是什么？一个完整的操舵装置组成有哪些？

9. 液压舵机的组成有哪些？各组成部分的功用是什么？

10. 锚设备的功用是什么？锚设备的基本组成有哪些？

11. 锚机的功用是什么？锚机应满足哪些基本要求？锚机的类型有哪些？

12. 系缆设备有何功用？系缆设备的组成有哪些？

13. 为什么大多数船舶配备有船用起货机？船舶起货机的类型有哪些？

14. 船舶侧推装置有何作用，主要类型有哪些？

15. 船舶为什么要设置减摇装置？试述在设置减摇鳍的船舶上，进行鳍的操作和船舶操纵时，需要注意哪些特殊事项。

参 考 文 献

[1] 刘善平. 船舶动力装置[M]. 北京:人民交通出版社,2012.

[2] 姚寿广,肖民. 船舶动力装置[M]. 北京:国防工业出版社,2006.

[3] 陈铁铭. 船舶管系[M]. 北京:人民交通出版社,2007.

[4] 商圣义. 民用船舶动力装置[M]. 北京:人民交通出版社,1996.

[5] 张志华. 船舶动力装置概论[M]. 哈尔滨:哈尔滨工程大学出版社,2002.

[6] 程国瑞. 船舶动力装置原理[M]. 北京:人民交通出版社,2001.

[7] 吴恒. 船舶动力装置技术管理[M]. 大连:大连海事大学出版社,1999.

[8] 朱树文. 船舶动力装置原理与设计[M]. 上海:上海交通大学出版社,1985.

[9] 张乐天. 民用船舶动力装置[M]. 北京:人民交通出版社,1985.

[10] 杨承参,施润华. 船舶动力装置[M]. 上海:上海交通大学出版社,1996.

[11] 姜兴峰. 船舶管路[M]. 长春:吉林大学出版社,2005.

[12] 中国船级社. 钢质海船入级与建造规范[S]. 北京:人民交通出版社,2001.

[13] 中国船级社. 钢制内河船舶建造规范[S]. 北京:人民交通出版社,2016.

[14] 轮机工程手册编委会. 轮机工程手册[M]. 北京:人民交通出版社,1993.

[15] 中国船舶工业总公司. 船舶设计实用手册:轮机分册[M]. 北京:国防工业出版社,1999.